KB197203

전격 교체된 대한민국 초대 헌병사령관

장흥 자서전

일러두기

1. 이 책은 대한민국 초대 헌병사령관 장흥이 국한문 혼용으로 기술한 자서전을 언해한 것입니다.
2. 자서전을 그대로 언해하는 것을 원칙으로 하되, 다음과 같은 경우에는 일부 수정을 했습니다.
   (1) 소리 나는 대로 적어 현행 맞춤법에 어긋나는 경우이거나 '의', '에' 등 현재와 다르게 쓰인 조사는 문맥에 따라 수정했습니다.
   (2) 현재는 잘 쓰지 않아 이해하기 어렵거나 너무 예스러운 표현인 경우에는 국어사전의 뜻에 따라 문장을 바꾸거나 한자를 병기했습니다.
   (3) 자서전 원문에서는 문장부호를 거의 사용하지 않고 모두 붙여쓰기했으나, 이 책에서는 현행 맞춤법에 따라 문장부호를 사용하고 띄어쓰기를 적용했습니다.
   (4) 문장이 긴 경우에는 문장을 나눠 썼습니다. 이럴 경우 원문의 의미를 벗어나지 않는 선에서 접속사 등을 새로 넣거나 문장을 일부 바꿨습니다.
3. 「해제」와 「서언」에서도 밝혔듯이, 연도나 사건 경위를 설명하는 부분에서 오류가 적지 않습니다. 특히 중국 관련 부분에서는 기억의 착오가 많아 일일이 바로잡기는 어렵습니다. 그러나 이러한 착오가 있다고 해서 이 책의 메시지와 가치를 낮춰 평가할 수는 없습니다. 일부 오류는 각주를 달아 바로잡거나 관련 설명을 덧붙였습니다.
4. 저자가 별행으로 달아놓은 소제목은 본문 내용에 맞춰 일부 수정했습니다.
5. 중국 및 일본 지명과 인명 등은 우리 한자음으로 표기했습니다. 단, 일본 인명이나 지명이 각주나 괄호 속에 쓰일 때는 외래어표기법에 따라 원지음으로 표기했습니다.
6. 원문을 확인하고자 하는 독자들을 위해 책 끝부분에 자서전 원문을 실었습니다.

전격 교체된
대한민국 초대 헌병사령관

장흥
자서전

장흥 지음
한홍구 해제

백범 김구 암살의 전말!

차례

2부 나의 회고: 환국 후

부록 1

부록 2 : 흩어진 기록을 수집했다.

해제

한홍구
(성공회대학교 석좌교수)

이 책은 백범 김구 선생이 암살당한 1949년 6월 26일 당시 헌병사령관으로 재직했던 장흥 장군의 자서전이다. 중국 황포군관학교를 졸업한 장흥은 대한민국 임시정부와 밀접한 연계 속에서 오랫동안 중국군 헌병장교로 근무하면서 독립운동에 적극 참여했으며, 노년에는 광복회 부회장을 10년 넘게 지낸 독립운동 원로였다.[1] 국가보훈처 공훈전자사료관의 독립유공자 공적정보는 장훈에 대해 이렇게 기술하고 있다.

장흥(張興)
이명: 장기진(張基鎭)
출생 – 사망: 1903.1.20~1983.2.6
운동 계열: 중국 방면
포상 연도: 1990년
훈격: 애국장
사망: 경기도 고양

경기 고양(高陽) 사람이다. 1925년 2월 의열단원 오세덕(吳世德)을 따라 상해로 건너가 한국청년동맹회(會長 趙漢用)에 가입 활동하였다. 1927년 8월 여운형(呂運亨)의 추천으로 황포군관학교(黃埔軍官學校)에 입학하였으며, 졸업 후 중국군에 입대하였다. 또한 동기생인 의열단장 김원봉(金元鳳)의 권유로 의열단에 가입하여 단원들의 활동을 적극 지원하였다. 그는 1935년 5월 중국군 헌병사령

1) 이력서에는 장흥 장군이 1972년 4월 광복회 부회장에 선임된 것으로 되어 있으나, 1968년 11월 초대 이갑성 광복회장 임기 중에 처음 부회장으로 선임되어 김홍일 장군이 6대 광복회장 임기를 마치는 1979년 6월 27일까지 10년 넘게 광복회 부회장으로 봉사했고, 퇴임 후에는 곧 광복회 고문으로 선임되어 1983년 2월 6일 별세할 때까지 고문을 지냈다.

부 상위(上尉), 1940년 12월 헌병 제8단 소교단(少校團), 1942년 10월 동제2영 소교영장(少校營長) 등으로 복무하면서 독립운동가들의 신변보호를 위하여 진력하였다. 1933년에는 남경(南京)에서 대일전선통일동맹의 결성을 적극 후원하였으며, 그후 5당 통합으로 민족혁명당(民族革命黨)이 창당되자 이에 가입하여 감찰위원을 지내기도 하였다. 1935년에는 지청천(池靑天)의 요청으로 낙양군관학교를 졸업한 청년 사관들의 보급품을 지원하였으며, 일군내 한적(韓籍) 사병을 광복군(光復軍)에 편입시키는 데도 기여하였다. 광복 후에는 광복군 참모로 전임되어 교포의 안전 귀국을 지원하였다. 정부에서는 고인의 공훈을 기리기 위하여 1990년에 건국훈장 애국장(1977년 건국포장)을 추서하였다.[2]

장흥 장군의 자서전은 지금부터 40년 전 ≪월간 조선≫ 1984년 8월 호(통권 53호), 128~143쪽에 「백범 암살은 신성모의 지령이었다」라는 제목으로 일부가 게재된 바 있다.[3] 또 15년 전인 2010년 장흥이 '자랑스러운 고양인'으로 선정되었을 때 『우석 장흥 장군』이라는 제목의 자료집이 고양시 씨족협의회에 의해 비매품으로 발간된 바 있다. 그러나 오랜 세월이 지나는 동안 장흥이라는 이름은 기억에서 지워졌고, 15년 전에 발간된 자료집은 지역에서 소량만 배포되었기에, 책이 발간되었다는 사실을 아는 사람도 드물다.

2024년 12월 윤석열의 내란을 시민들의 힘으로 진압하기 몇 달 전, 한국 사회는 심각한 역사전쟁으로 몸살을 앓았다. 특히 독립운동을 기리는 일을 해야 할 독립기념관장에 친일파들의 명예(?)를 회복해 주겠다는 인

2) https://e-gonghun.mpva.go.kr/user/index.do#(검색일: 2024.12.16).

3) 1984년 7월 호에는 오효진 기자의 「독점 인터뷰: 안두희 고백 (1부)」이라는 장장 33쪽에 걸친 장문의 인터뷰가 게재되었고, 다음 호엔 「백범 암살의 진상」, 「누가 안두희를 옥에서 빼냈나」, 「암살범이 걸어온 길」 등이 집중적으로 실린다는 예고가 나갔다. 장흥 장군은 안두희의 인터뷰가 ≪월간조선≫에 실리기 1년여 전인 1983년 2월 세상을 떠났다. 어떤 경로인지는 모르겠지만 자서전이 전달되어 1984년 8월 호에 안두희 인터뷰 2부인 「안두희 고백(완): 암살조직의 멤버들과 그 배후」와 장흥 장군의 자서전이 나란히 실린 것으로 보인다.

물을 임명한 내란수괴 윤석열의 막무가내 인사는 뜻있는 사람들의 분노를 불러일으켰고, 독립운동 관련 단체에서도 단호하게 윤석열 정권을 비판했다. 또 1948년 8월 15일을 건국절로, 이승만을 건국대통령으로 내세우려는 뉴라이트와 같은 세력 등은 백범 김구 선생을 '테러리스트'로, 아니 '연쇄 살인마'로 모는 차마 입에 담지 못할 패륜을 저질렀다. 바로 이런 시점에 백범 암살을 지근거리에서 지켜본 장흥 장군의 자서전 발간은 매우 뜻깊은 일이라고 하겠다.

전봉덕을 지워버린 ≪월간 조선≫의 장흥 자서전

지난 10년간 『반헌법행위자열전』 편찬을 준비하면서, 백범 암살의 배후인 신성모와 전봉덕의 행적을 추적하느라 ≪월간 조선≫에 실린 장흥 자서전을 읽고 또 읽었던 필자로서는 한울엠플러스에서 보내준 장흥 자서전 원고를 보고 깜짝 놀라지 않을 수 없었다. 40년 전 ≪월간 조선≫에 실린 자서전은 이 책의 내용이 거의 그대로 실려 있는 듯 보이지만, 아주 결정적인 내용, 즉 신성모와 전봉덕에 대한 매우 중요한 정보가 삭제되어 있었던 것이다. 신성모와 전봉덕의 행적을 오랜 기간에 걸쳐 추적해 온 필자로서는 장흥 자서전 원고에서 과거 ≪월간 조선≫이 삭제해 버린 부분을 찾았을 때 마치 잃어버린 퍼즐 조각을 되찾은 기분이었다.

≪월간 조선≫에서는 장흥이 전봉덕을 부사령관으로 받아달라는 채병덕의 요구를 수락한 뒤에 "나중에 알고 보니 일정 시대에 제국대학 법과를 나와 경기도청 경무과장까지 지낸 사람이었다"라고 기술하고 있다. 그런데 ≪월간 조선≫은 자서전의 원문에는 장흥이 여기에 덧붙여 전봉덕이 "일제 패전 후에 패전하였다는 신문을 보고 일황 만세를 부르면서 통곡까지 하였다는 흉악한 친일 분자였다"라고 서술한 것을 삭제해 버렸다. ≪월

간 조선≫에서는 또 "전(田) 군이 부사령관으로 부임한 이래 자주 채병덕 군에게 접근한다는 소문도 들었거니와 백범 선생께서 저격당하신 후에 그네들의 언동을 살피건대 사전에 서로 접촉하면서 나에 대한 모략중상도 하였을 것이며 진일보해서 우리 독립운동자 인사들의 배척운동도 모의하였을 것으로 추측된다"는 대목도 삭제해 버려 국회 프락치 사건과 백범 암살이 친일파들의 독립운동 출신 인사 제거 작업임을 감춰버렸다.

『반헌법행위자열전』 편찬위원회에서 전봉덕의 행적을 추적하면서 풀지 못한 숙제의 하나는 전봉덕은 헌병사령관을 지낸 뒤 신성모가 국무총리서리를 겸하게 되자 국무총리 비서실장에 올랐다. 처음에는 이 경력이 연속된 것으로 알았으나 기록을 자세히 검토해 보니 전봉덕이 헌병사령관을 그만둔 것은 1949년 11월 27일이고, 국무총리 비서실장이 된 것은 1950년 4월 27일로 5개월의 공백이 있었다. 필자는 국회 프락치 사건과 백범 암살의 실행에서 결정적인 공을 세운 전봉덕이 왜 군에서 밀려나 5개월간 야인 생활을 하게 되었는지 몹시 궁금했는데, 그 의문이 이 책을 통해 깨끗이 풀려버렸다. ≪월간 조선≫에서 삭제한 그 비밀은 다음과 같다.

"그 후 전 군은 자기 가옥을 신축하는데, 헌병사령부에 수감된 죄수 수십 명의 노역을 이용하여 정지 작업 중에 중요한 공산당원 이중업(李重業, 현 이북 정권 내에 중앙 요직에 있는 자)을 작업 도중에 도망치게 한 것이 문제화되어 헌병사령관직에서 파면당하였다가 신성모 군이 이 대통령에게 아부하여 총리 이범석 씨를 몰아내고 자기가 서리(署理)라는 명칭을 붙이어 국무총리 자리를 차지하였다. 본래 헌법상 규정에 의하면 국무총리직은 대통령이 총리 될 사람을 지명하여 국회의 비준을 받은 후에 대통령이 임명하게 된 것인데 이렇게 위헌하여서 그 자리를 박탈하여 간 것을 생각한다면 틀림없이 그 내막에 흉악한 정치적 음모가 개재된 것으로 추측된다. 더욱이 신 군이 총리서리가 된 후에 군직에서 추방당한 전 군을 총리 비서실장으로 등용하였다. 그리하여 세상에서 말하기를 전 군이 이런 요직에 있게 된 것은 백범 선생 사건 처리에 공로를 세운 대가라 한다."

백범 암살 이후의 권력 암투

≪월간 조선≫이 감춘 열 줄 남짓한 장흥의 서술에는 짧지만 매우 중요한 사실들이 많이 담겨 있다. 1949년의 6월 공세는 신성모를 정점으로 한 친일·반공 세력이 백범 김구를 중심으로 친일반민족행위자 청산을 주장하는 공동의 적을 향해 똘똘 뭉쳐 싸워 '승리'한 것이라 할 수 있다. 그런데 공동의 적이 사라지자 친일·반공 세력의 단결은 와해되고, 이들은 각 세력 또는 기관별로 1949년 10월경부터 치열한 권력다툼을 벌이게 되었다. 특히 대한민국 정부가 수립되고 얼마 되지 않아 각 분야에 입법 미비 사항이 산적해 있어서 정보·수사 기관들은 자기들의 권력과 영역을 확대하기 위해 혈안이었다. 이렇게 무리하게 공을 세우려다 보니 당연히 여러 가지 사고가 발생하기 마련이었다.

김창룡이 이끌던 특무대(CIC)에서는 민보단이라는 우익단체의 간부 고희두를 조사하다가 고희두가 고문으로 사망했고 세계적인 식물학자인 서울대학교 사범대 장형두 교수, 변호사 유동준, 중국 대륙을 백마 타고 누빈 대표적인 여성 독립운동가 여장군 김명시 등이 경찰의 고문으로 희생되었다. 당시만 해도 조직의 규모가 작았던 검찰은 이 기회에 막강한 CIC와 방대한 경찰을 누르기 위해 검찰을 정점으로 하는 수사기관 일원화를 추구했다. 원래 군 내에서는 헌병과 CIC 사이에 권력다툼이 심했다. CIC는 미국식 조직으로 일본 군국주의 군대에는 존재하지 않았던 조직이었다. 미군정기에 설치된 CIC에서 다루는 정치적 사건들은 일제강점기에는 모두 헌병대에서 다루던 것이어서, 대한민국 정부 수립 후에도 CIC와 헌병 간에는 암투가 지속되었다.

그런 상황에서 전봉덕의 헌병사령부가 김창룡의 CIC에서 적발한 최대 성과인 이중업을 놓친 것이다. 경성제대 출신으로 일제강점기부터 공산주의 운동가로 유명했던 이중업은 남로당 중앙조직(군사부) 책임자로 활동하다가 1949년 4월 김창룡의 CIC에 검거되었다. 이중업은 1948년 11월 체포된 박정희의 상부선인 이재복(1941년 1월 검거)의 상부선으로 남로당 최고지도부의 일원이었다. 이중업의 체포는 국방장관에 취임한 지 한 달밖에 안 된 신성모에게 큰 선물이었고, 김창룡으로서도 신문에 이재복과 함께 찍은 사진을 크게 실을 정도로 숙군사업 최대의 성과였다. 그런 이중업이 헌병사령부에 수감 중이었는데, 전봉덕의 가옥을 신축하는 데 동원되었다가 1949년 7월 중순경 탈출해 버린 것이다. 전봉덕이 아무리 큰 공을 세웠다 하더라도 김창룡의 CIC에서 검거한 남로당 군사부 책임자 이중업을 각 기관의 권력투쟁이 한창인 때 놓친 것은 치명적인 약점이 아닐 수 없었다. 이 때문에 전봉덕은 백범 암살 직후 장흥을 밀어내고 헌병사령관에 오른 지 5개월 만에 파면되었던 것이다.

1950년 4월 전봉덕이 국무총리 비서실장으로 복귀한 것도 지면 관계상 자세히 설명할 수 없으나, 당시 이승만 추종 세력 내부의 매우 복잡한 권력투쟁과 연결되어 있다. 1950년 1월 한민당이 중심이 되어 구성된 민주국민당이 내각책임제 개헌 추진을 본격화하자 이승만은 민주국민당 소속 김효석을 내무장관에서 해임하고, 다가오는 2대 국회의원 선거를 책임질 후임 내무장관으로 승려 출신 측근 백성욱을 임명했다. 백성욱은 선거를 앞두고 한민당과 가까운 경찰서장과 군수들을 마구 갈아치우는 데 그치지 않고 장석윤, 정운수 등 이승만의 해외파 측근들과 공모해 국내파인 한민당 계열 인사들을 제거하려는 음모를 세웠다. 흔히 정치공작대사건이라고 알려진 1950년 4월에 시행된 이 음모는 친한민당 성향의 국방장관 신성모를 넘어 김성수, 조병옥, 백관수, 김준연 등 민국당 지도

부까지 잡아넣으려는 황당한 것이었다. 해외파의 일종의 쿠데타 시도는 평안도파 공안검찰의 개입으로 좌절되었다. 그러나 사후 처리는 쿠데타 음모만큼이나 황당했다. 사건의 주역 중 하나로, 신성모를 몰아내고 국방장관 자리를 차지하려 한 정운수만 미국으로 도망했을 뿐 백성욱은 내무장관 자리를 지켰고, 장석윤은 엎치락뒤치락 우여곡절 끝에 경찰총수인 치안국장에 올랐다. 쿠데타의 주된 대상이 된 신성모는 대신 장석윤 등과 가까운 백성욱을 몰아내고 서리 딱지를 떼지는 못했지만, 국무총리 자리까지 차지했다. 이런 엄청나게 치열한 권력투쟁의 혼돈 속에서 신성모는 정치 감각이 뛰어난 모사꾼 전봉덕을 국무총리 비서실장으로 재기용한 것이다.

최악의 빌런 신성모와 88구락부

신성모는 이승만이 한마디만 하면 주르륵 감격의 눈물을 흘린다 해서 '낙루장관'이라는 경멸적인 별명으로 불렸지만, 사실 역대 대한민국 장관 중에서 가장 강력한 권력을 행사했을 뿐 아니라, 초기 이승만이 저지른 과오의 거의 대부분이 신성모의 책임이라 할 정도로 중요한 인물이었다. 이승만에게 적대적인 입장에서 독립운동을 시작한 신성모는, 영국으로 건너가 선장으로 큰 성공을 거두었다. 그는 대한민국 정부 수립 후인 1948년 10월 이범석, 허정 등의 주선으로 귀국했다. 신성모는 해군참모총장을 노렸으나, 해군은 이미 손원일 제독이 장악하고 있었기에 이승만이 여러 청년단체를 통합해 만든 대한청년단 단장을 잠시 맡았다가 1948년 12월 내무장관에 기용되었다. 원래 내무장관은 이승만의 최측근인 윤치영이 맡았지만, 그가 미군정 경무부장이던 조병옥, 수도경찰청장이던 장택상과 갈등을 빚어 경찰 조직 장악에 실패하자 신성모를 기용한 것이다. 신성모는 경상남도 동향 출신인 한민당 의원 김효석을 내무차관에 기용하고, 그동안 공석이었던 치안국장에 한민당과 관계가 깊은 친일 검사 출신 이호를 임명했다. 신성모가 내무장관에 취임하기 전인 1948년 10월 여순 사건이 일어났을 때, 이승만 정권은 제주 4·3 사건 진압 명령을 거부한 14연대 병사들의 항명을 무장반란으로 규정했으며, 이 반란의 배후에 김구가 있는 것으로 의심했다. 이런 분위기 속에서 이승만 정부 내에서는 김구를 제거하기 위해 음모를 꾸미는 자들이 나타나기 시작했다.

미군정하에서 한민당은 여당과 같은 역할을 했고, 내각책임제 정부를 출범시켜 이승만을 대통령에 추대하고 실권은 자신들이 차지할 계획을 세웠었다. 그러나 노회한 이승만은 대통령중심제를 고집해 한민당의 의도를 무산시켰고, 국무총리와 장관에 한민당 인사를 배제하고 조각을 단행했다. 그러나 한민당의 협조 없이는 국정 운영이 어렵다는 것이 분명해지자, 이승만은 1948년 10월 한민당 여덟 총무 중 한 사람인 허정을 교통부장관에 임명한 데 이어, 허정의 강력한 추천으로 신성모를 내무장관에 기용했다. 이어 1949년 6월 초까지 각료급 요직에 등용된 한민당 출신 인사로는 김효석(내무장관), 윤보선(상공장관), 이기붕(서울시장) 등이 있다. 여기에 조각 당시부터 재무장관을 맡은 김도연 등을 세간에서는 흔히 88구락부라고 불렀다. 88구락부라는 말의 기원은 허정의 집이 팔판동 8번지라서, 또는 안국동 8번지 윤보선의 집에 8명이 자주 모여서라는 등 설이 구구하나 정확하지는 않다. 이 모임을 주도한 인물로 내각에서 가장 강력한 영향력을 행사한 자는 허정우로, 88구락부는 한민당에 적을 둔 각료들의 모임이지만 당색이 비교적 엷고 이승만에 대한 충성심이 강한 인물들이 많았던 것이 특징이다. 각료급은 아니지만 재력가 오위영(장면 내각 무임소장관), 총참모장 채병덕, 서울시경국장 김태선 등도 허정이나 윤보선의 집에 자주 드나들었다고 한다. 이 88구락부가 백범 김구 암살의 배후 세력으로 흔히 지목되고 있으며, 장흥 역시 그런 의심을 하고 있다.

한민당 당적을 갖거나 한민당과 가까운 입장을 취하며 이승만 정권에 참여한 인사들로 구성된 88구락부는 김구를 이승만 정권의 걸림돌로 생각하면서 그의 제거를 원했을 것이 틀림없지만, 구체적으로 암살을 모의하고 실행하기에는 조직이 느슨하고 구성원들의 결속력도 약했다고 할 수 있다. 암살의 모의와 실행은 이 집단을 배후로 하여, 신성모에 의해 추진되었을 가능성이 매우 높다. 이범석과 허정의 추천으로 내무장관이 된 신성모는 국무총리 이범석이 민족청년단(족청) 해산 문제로 이승만의 신임을 잃게 되자, 1949년 3월 이범석이 겸직하고 있던 국방장관 자리를 차지하고, 내무장관직은 차관으로 있던 김효석에게 물려주었다. 신성모가 내무장관에서 국방장관으로 자리를 옮긴 사실은 백범 암살의 실행 조직이 서울시경국장 김태선을 중심으로 움직이던 경찰에서 군으로 바뀌게 되었다는 것을 의미한다.

친일 경찰의 헌병으로의 피신

그런데 신성모는 오랜 해외생활을 마치고 바로 권력의 핵심에 진입하기는 했지만, 국내 사정에 어두울 수밖에 없었다. 그런 신성모 곁에서 핵심 참모 역할을 한 사람이 바로 전봉덕이다. 1984년 ≪월간 조선≫에서 장흥 자서전을 소개할 때 삭제한 부분도 바로 전봉덕과 관련된 정보였다. 정부 수립 후 반민특위(반민족행위특별조사위원회)가 설치되고 악질 친일 경찰들에 대한 숙청 여론이 높아지자 친일 경찰들이 헌병 조직으로 피신하였다는 것은 잘 알려진 사실이다. 『반헌법행위자열전』 편찬위원회에서는 이에 대한 조사를 진행했는데, 친일 경찰 중 제일 먼저 헌병으로 피신한 자가 바로 전봉덕이었다. 1910년 평안남도 강서군에서 태어난 전봉덕은 경성제대 재학 중 일본의 고등문관 시험에 합격해 경시(오늘날 총경에 해당)로 해

헌병으로의 피신한 친일 경찰

이름	임관	출신	헌병 전직 전 경찰 직위	헌병 전직 후 직위
김정호	1948.12	전남 광양	만주군 / 경무부 공안국장	국방부 3국장, 3대의원
전봉덕	1948.12	평남 강서	경기도 경찰부 보안과장	국방부 군기대 사령부 총무과장 (헌병 소령)
이익흥	1949.7.1	평북 선천	평북 박천서장 / 경기경찰청장	제1사단 헌병대장(헌병 소령) / 내무장관
홍순봉	1949.7.1	평남 대동	만주국 중앙고등경찰학교 교관 겸 연구원	서울헌병대장(헌병 소령) / 치안국장
안익조	1949.7.1	평남 평양	만주군 군의 / 충남경찰청부청장	안익태 형 / 헌병 중령 / 부역 사형
김정채	1949.7.1		평북도경 경부보	헌병사령부 수사정보과(헌병 대위) / 국회 프락치 사건 수사 실무 책임 / 대령
김홍걸	1949.7.1	평북 용천	평북 정주경찰서 경부	제8사단(헌병 대위) / 경기병사구사령관
백원교	1949.7.1	황해 은율	황해도 경찰부 경시	육군 형무소장(안두희 보호) / 병무차감, 대령
박경후	1949.7.1		전북경찰청 부청장	보병5사단
윤우경	1949.7.7	평남 양덕	황해도 송화경찰서장	헌병사령부 제2과 수사과장 (헌병 대위) / 치안국장
노덕술	1950.7.29	경남 울산	평남 평양경찰서장 / 수도청수사과장	육군 제1사단 헌병대장 (헌병 중령)

방을 맞은 대표적인 친일 경찰이다. 1946년 초 경찰 내부에서 친일 경찰 숙청 여론이 일었을 당시 잠시 곤욕을 치른 바 있는 전봉덕은 반민특위가 설치되자 헌병사령부의 전신인 국방부 군기대 사령부 총무과장으로 자리를 옮겼고, 곧 육사 제1기 고급장교반을 거쳐 1948년 12월 10일 대위로 임관했다(군번 12315). 참고로 장흥도 같은 날 중령(군번 12320)으로 임관했으며, 김홍일 장군도 준장(군번 12329)으로 임관했다. 한강 폭파의 책임을 뒤집어쓰고 사형당한 최창식 대령도 같은 날 대위(군번 12318)로 임관했다.

장흥은 자신이 "헌병사령관으로 취임하기 전에 참모총장 채병덕 군이 전봉덕 군을 나에게 소개하면서 당시 국무총리 겸 국방장관 이범석 씨의 명령에 의하여 나를 헌병사령관으로 발령해 줄 조건으로 전 군을 부사령관으로 받아달라 하기에 즉석에서 받아들이기로 응낙하였다"라고 서술했다. 장흥은 자신이 헌병사령관으로 전임 명령을 받은 시기를 1948년 12월로 서술했으나, 『육군헌병50년사』(육군본부, 1999)에는 장흥의 취임 일자가 1949년 1월 5일로 되어 있다. 전봉덕은 같은 평양 출신인 채병덕을 통해 반민특위 숙청의 칼날을 피해 헌병으로 무사히 피신했고, 그 이후 군 출신으로 국내 정치 문제에 어두웠던 채병덕에게 정치 상황, 정치인들의 역학 관계 등을 가르쳐주는 정치 과외선생 역할을 하게 되었다. 전봉덕은 헌병부사령관직에 있으면서 '헌병령'을 기초하는 등 법제화 과정을 주도하는 한편, 윤우경, 이익흥 등 반민특위의 숙청 대상이 된 경찰 출신 10여 명을 헌병으로 피신시켰다. 장흥도 이 점을 지적하고 있는데, ≪월간조선≫은 이 대목에서 윤우경, 이익흥 등의 실명을 삭제했다. 『반헌법행위자열전』 편찬위원회에서는 전봉덕에 이어 1949년 초 헌병으로 피신한 친일 경찰들의 명단을 최대한 복원했다.

이 중 만주군 출신 김정호는 전봉덕이 미군정 경무부 공안과장으로 근무할 때 공안국장으로 직속상관이었던 자로, 『친일인명사전』에 따르면 경무부 고문 소령 밀리어드 쇼(Milliard Shaw)가 미군사고문단장 로버츠에게 추천하여 군으로 전직했다고 한다. 헌병으로 전직한 친일 경찰들은 전남 광양 출신인 김정호를 제외하고 모두 평안도 출신(백원교는 황해도)이거나 평안도에서 경찰로 근무한 이력이 있다. 백범 암살의 실행을 맡은 포병사령관 장은산이나 암살범 안두희도 모두 평안도 출신이며, 헌병, 경찰과 함께 국회 프락치 사건을 주도한 오제도, 선우종원 등 공안 검찰은 그 상부인 장재갑 - 이태희 - 김익진이 모두 평안도 인맥으로 이어져 있었다.

국회 프락치 사건은 남로당 아닌 김구 지지 세력 제거

1949년 3월 이범석에게 허울 좋은 총리만 남기고 국방장관 자리를 떼어 내 차지한 신성모는 내무장관 자리는 단짝이자 차관인 한민당 의원 김효석에게 넘겨주었다. 군과 경찰 양쪽을 모두 장악한 신성모는 이승만 정권 강화를 위해 이른바 '6월 공세'를 준비했다. 1949년 6월에 집중적으로 진행된 '6월 공세'는 ① 반민특위에 대한 공격, ② 국회 프락치 사건, ③ 백범 김구 암살 등 크게 세 부분으로 구성되었는데, 그중 ① 반민특위에 대한 공격은 서울시경국장 김태선의 지휘하에 반민특위의 집중적인 조사 대상이 된 친일 경찰이 담당했고, ② 국회 프락치 사건은 일제 고등경찰 출신 헌병 부사령관 전봉덕의 지휘하에 헌병이, ③ 백범 김구 암살은 만주군 출신 포병사령관 장은산의 지휘하에 포병이 담당했다. 이 모든 공작의 정점에는 국방장관 신성모가 있었다.

장흥은 참모총장 채병덕의 명령으로 헌병사령부에 특별수사본부(본부장은 부사령관 전봉덕)를 두고 민간인인 국회의원들을 잡아들여 국회 프락치 사건에 대해 수사하는 것을 못마땅하게 여겨 "사건 처리를 법원으로 이첩하기를 주장하였으나 결국 채병덕 군의 압력과 반대로 이송하지 못하고 전 부사령관이 직접 취급"했고, 자신으로서는 "이 사건에 모른다는 태도로써 관여하지 아니한 관계로" 채병덕의 견제를 받았다고 회고했다. 장흥은 이 사건이 겉으로는 남로당 프락치니, "이북 김일성 정권의 간첩"이니 하며 누명을 씌운 것이지만, 실제 숙청된 사람들은 "국회 내에서 초대 대통령을 선출할 당시에 임시정부 김구 주석을 옹립하려던 한국독립당파 10여 명의 국회의원"들이었다고 주장했다. 장흥은 사실 매우 중요한 지적을 한 것이지만, 그동안 국회 프락치 사건 연구에서는 이 점을 간과한 것으로 보인다.

국회 프락치 사건은 흔히 남로당 프락치 사건으로 불리기도 하는데,

한발 물러서 있기는 했지만, 당시 헌병사령부 내에서 수사 상황을 지켜본 장흥은 실제 검거된 국회의원들이 남로당이나 김일성의 프락치가 아니라 1948년 대통령 선거에서 김구를 지지했던 사람들이라고 밝힌 것이다. 흥미로운 점은 1948년 7월 20일 제헌국회의 대통령 선거에서 김구가 얻은 표가 13표였는데, 공교롭게도 국회 프락치 사건으로 구속된 이른바 소장파 의원도 13명이었다는 점이다. 국회 프락치 사건으로 구속된 국회의원 13명이 1년 전 대통령 선거에 후보로 나서지도 않은 김구에게 모두 투표했는지는 현재로서는 확인할 수 없다. 그럼에도 장흥이 김구 주석을 대통령으로 옹립하려던 사람들이 누명을 쓰고 제거되었다고 증언하는 것은 매우 큰 의미가 있다.

신성모, 전봉덕 일당이 실제로는 김구 제거의 일환으로 국회 프락치 사건을 추진했음을 잘 보여주는 사례가 있다. 국회 프락치 사건의 주모자로 몰린 국회 부의장 김약수가 김구의 거처인 경교장에 숨어 있다는 루머를 퍼뜨리고, 김약수 검거를 위해 경교장을 급습하여 혼란한 와중에 백범 김구를 암살한다는 계획을 세운 것이다. 이 음모는 정보가 누설되고, 김약수가 다른 곳에서 먼저 검거됨에 따라 실천에 옮겨지지는 않았지만,[4] 백범 암살의 실행자들이 김구와 김약수 등 소장파 의원들을 한 집단으로 보고 제거하려 했음을 알려준다.

국회 프락치 사건과 백범 김구 암살 사건을 거치며 장흥은 매우 위축되었던 것으로 보인다. 장흥은 민간인인 국회의원들을 대상으로 한 국회 프락치 사건을 수사권이 있는 다른 기관으로 이첩해야 한다고 주장하다가 총참모장 채병덕의 눈 밖에 나 "이로 인하여 나에게 미치는 정치적 생명

4) 도진순, 「백범 김구 시해사건과 관련된 안두희 증언에 대한 분석」, ≪성곡논총≫, 제27집 4권(1996), 586쪽; 『안두희 진술 녹취록 (1)』(국회 법제사법위원회 백범김구암살진상규명소위원회, 1994.5), 157쪽.

이 험악하여질 것으로 예감되어 언어, 행동에 극히 근신하여 오던 차에" 백범 암살 사건을 당했다. 장흥으로서는 "해외에서 수십 년 모셨던 정과 의리상" 마땅히 조문을 가야 하나 참모들이 "어느 정파에서 (행한) 계획적인 거사임이 분명"하고 정보국에서 총출동하여 경교장 출입을 금지하고 왕래하는 사람들의 사진도 찍고 있다고 만류하자 조문도 가지 못했다. 그는 "이 사건이 정치적인 음모가 확실함에 따라 앞으로 나의 정치적 생명도 머지않아 위험한 방향으로 빠질 것으로 예측하였던바" 사건 발생 하루 만에 헌병사령관 자리를 전봉덕에게 빼앗기고, 정보국으로 가 조사받은 뒤 "집으로 돌아와 두문불출하고 일체를 함구무언"하고 있어야 했다. 장흥은 "근 10여 일간 집에만 콕 들어앉아 외인과의 접촉을 단절하였다가 백범 선생 장례식 날에야 비로소 효창공원 묘지까지 가서" "일장통곡으로 선생님의 명복을 빌고 돌아왔다"라고 한다. 장흥은 그 후 국방부 정훈국장 같은 요직을 제안받고도 민감한 자리를 맡았다가는 모략중상에 걸릴까 사양하고, 남들이 탐내지 않는 자리를 전전했다.

그의 이런 자세는 안타깝게도 자서전 서술에도 반영된 것처럼 보인다. 장흥은 백범 암살 사건이나 국회 프락치 사건 등에 대해 큰 틀에서만 대략적으로 이야기했을 뿐 헌병사령관이라는 직책상 당연히 알고 있었을 내밀한 부분에 대해서는 입을 다물고 있다. 또한 젊은 시절의 경력 중에서도 의열단이나 민족혁명당 등 좌파적 색채가 나는 단체에서의 활동에 대해서는 입을 다물고 있다. 이런 아쉬움에도 불구하고 이 책은 매우 중요한 의미를 지닌다. 특히 신성모와 전봉덕 등이 중심이 되어 움직인 점, 그리고 국회 프락치 사건과 백범 암살이 서로 독립된 별개의 사건이 아니라 아주 긴밀히 연결된 사건이라는 점들을 깨우쳐 준 소중한 자료이다.

신성모: 반역 수준의 무능과 무책임

특히 ≪월간 조선≫이 완전히 잘라낸 신성모에 대한 평가는 신성모 개인을 넘어 초기 6·25 전쟁의 양상을 이해하는 데에도 매우 큰 시사점을 준다. ≪월간 조선≫에서는 백범 암살과 관련된 신성모의 행적에 대한 장흥의 서술은 거의 삭제하지 않았지만, 6·25 전쟁과 관련된 부분은 전혀 포함시키지 않았다. 장흥은 육군전사총감(陸軍戰史總監)[5] 재임 당시 『6·25사변사』를 편찬하던 중 국방장관의 행적을 수록하기 위해 조사한 뒤 그 원문을 신성모에게 보내주고 신성모의 해명도 참작해 반영하겠다고 했더니 신성모가 국방장관 김정렬과 육군참모총장 송요찬을 통해서 내용 전체를 삭제해 달라고 애걸하는 바람에 정사에 올리지 못했다면서, 자신이 정리한 내용을 자서전에 담았다. 장흥은 1958년 8월 육군 군사감에 임명되어 재직하다가 1959년 4월 퇴역했다. 장흥의 육군 군사감 재직 당시 육군참모총장은 1959년 2월 22일까지는 백선엽이었고, 그 이후 퇴임까지는 이형근이 직무대행을 맡았다. 장흥에 따르면 백범 암살 사건 당시 육군본부 정보국장이었던 백선엽은 이 사건을 "한독당 자가지란으로 조작해 낸 공로로서 육군 준장으로 승진하여 육군 제5사단장으로 영전"한 바 있는 인물로, 백범 암살 사건의 은폐에 가담한 자였다. 이형근은 한국전쟁 발발과 관련하여 신성모의 무능과 무책임을 거의 북한과 내통한 간첩이었기 때문이라고 비난할 정도로 신성모에 대해 부정적인 견해를 갖고 있는 인물[6]이었기 때문에 장흥의 신성모에 대한 비판적인 서술을 삭제하라고

---

5) 장흥은 육군전사총감이라는 용어를 쓰고 있지만, 육군의 편제상으로는 군사감이 정식 명칭이고, 장흥의 병무 기록 카드(이 책 104쪽)에도 그렇게 기록되어 있다.

6) 이형근, 「군번1번 이형근대장의 증언 ②: "6.25때 육본수뇌일부, 적과 내통했다"」, ≪월간 중앙≫, 9월 호(1992).

할 리가 없는 인물이었다. 따라서 장흥에게 압력을 넣어 신성모에 대한 비판적인 기술을 전사에서 빼도록 한 육군참모총장은 백선엽이었을 것이다. 장흥은 한국전쟁 발발 전후의 상황과 관련하여 신성모에 대해 "1949년 10월에 국방장관 신성모 군이 부임한 이래, 이북 정권을 격멸하는데 4~5만 병력과 5000톤 군함으로 넉넉하다고 호언장담"하였지만, "군대라는 '군(軍)' 자도 이해치 못하는" 자였다고 비판했다.

이 밖에 장흥이 신성모의 문제점으로 지적한 것은 다음과 같다. 첫째, 군대는 현역과 예비역 두 역종으로 구분되는 것이 통례이지만, 신성모는 아무 이유 없이 호국군을 해체해 버려 6·25 동란 발발 후 총도 쏠 줄 모르는 "청년들을 마구 체포하여 제일선으로 몰아내는 바람에 무수한 희생자만 내고 전 전선은 파죽지세와 같이 붕궤"되었다는 것이다. 둘째, 예비군 해체의 '죄악적 실책'을 만회하기 위해 국민방위군을 조직했다가 수많은 청년들을 굶어죽고 얼어 죽게 만들었다. 셋째, 6·25 당시 한강철교를 조기 폭파하여 군과 민간인이 적군의 포화에 비참하게 희생되도록 만들었고, 그 책임을 공병감 최창식에게 전가하여 그를 사형시켰다. 넷째, 거창학살 사건이 일어나자 그 진상을 은폐하고 국회가 조사에 나서자 계엄민사부장 김종원을 시켜 국회조사단에 총격을 가해 거창학살의 진상이 밝혀지는 것을 방해했다.

백범 암살의 주역 신성모가 대중에게 흔히 알려진 대로 전쟁이 터지면 "아침은 해주에서, 점심은 평양에서, 저녁은 신의주에서"라고 호언장담한 사실은 잘 알려져 있다.[7] 그런데 이 사실은 신성모의 무책임한 허언으로 치부되어 왔으나, 백범 암살과 관련해 그 의미를 다시 살펴볼 필요가 있다. 이승만을 건국대통령으로 띄우기 위해 백범을 깎아내리는 데

7) 김형욱, 『김형욱 회고록』 2(도서출판 아침, 1985), 230쪽.

혈안이 된 세력은 이른바 「유어만 비망록」이라는 괴문서를 토대로 남북 협상을 다녀온 백범 김구가 북한의 막강한 군사력을 보고 전쟁이 일어나면 남한 정부가 금방 붕괴되리라 생각해 대한민국 정부 수립에 참여하지 않았다면서 백범을 반역자라고 비난했다.[8] 백범 김구는 남한 단독 정부의 수립은 필연적으로 전쟁이 발발할 것이라는 우려에서 북한은 군사력 증강에 힘써 강력한 군대를 육성해 놓았는데 남한은 아무런 준비 없이 단정 수립에 몰두하고 있는 점을 강력히 경고했던 것인데, 이승만 찬양 세력은 이를 왜곡해 터무니없는 주장을 늘어놓았다.

당시의 대중과 지식인들 사이에서는 전쟁 발발의 공포와 우려가 대단히 광범위하게 퍼져 있었다. 전쟁 발발 가능성을 가장 강력히 경고한 사람은 다름 아닌 김구였다. 김구를 제거한 친일·반공·단정 세력은 전쟁 발발에 대한 김구의 우려와 경고를 지우기 위해 국방장관 신성모를 통해 남쪽의 전쟁 준비가 완벽하게 되어 있는 것 같은 허언을 일삼았던 것이다. 이 허언은 단순한 오판이 아니라, 전쟁 위험을 경고한 백범을 암살한 자들이 다가오는 전쟁의 공포에 대해 주문처럼 외웠던 주술적 자기최면이었다. 그러나 막상 전쟁이 터지자 '점심은 평양에서 저녁은 신의주에서'가 아니라 거꾸로 '점심은 대전에서 저녁은 부산에서' 먹을 지경으로 남한 정부는 일패도지했다. 그 순간에도 신성모는 해주를 탈환했다느니, 인민군을 삼팔선 이북으로 격퇴했다느니 하는 허언을 일삼고 있었다. 그리고 이 대한민국의 국가 지도부들은 조갑제의 표현을 빌면 "끗발 순서대로 몰래 서울을 빠져나갔다. 이승만 대통령은 27일 새벽 2시에, 신성모 국방장관은 오후 2시에, 채병덕 육군 총참모장은 28일 새벽 2시에. 채병

8) 이 터무니없는 주장에 대한 반박과 '괴문서'의 정체에 대한 규명은 "오늘, 김구 암살당한 날 … 〈건국전쟁〉의 총질은 여전히 계속된다", ≪프레시안≫, 2024년 6월 26일 자, https://www.ressian.com/pages/articles/2024062608594412894(검색일: 2024.12.23) 참고.

덕은 서울을 빠져나가기 전에 일선 전투부대에 철수명령을 하달하지도 않았다."[9]

조갑제는 "버려진 군인들 가운데 가장 비참한 운명을 맞은 것은 부상자들"이었다고 서술했지만, 버려진 것은 군인들만이 아니었다. 수많은 시민들이 인민군 치하에서 고초를 겪었다. 불행한 일은 인명 피해가 인민군에 의해서만 자행된 것이 아니라는 점이다. 서둘러 한강 다리를 끊고 도망친 자들은 보도연맹원들과 형무소 재소자들 수십만 명을 학살했고, 인천상륙작전 이후 서울이 수복된 뒤 돌아온 그들은 서울에 남을 수밖에 없었던 시민들을 부역자로 몰아 처단했다. 한국전쟁 초기의 엄청난 인명 피해의 상당 부분은 이승만 정권, 특히 백범 암살 세력이 책임져야 할 민간인 학살과 국민방위군 사건으로 인한 것이었다. 전쟁이 발발하자 당연히 여기저기서 백범 암살의 주역이기도 했던 국방장관 신성모와 육군총참모장 채병덕의 무능과 무책임에 대한 질타가 터져 나오지 않을 수 없었다. 신성모와 채병덕에 대한 비판은 일일이 열거하기 어려울 정도로 차고 넘치지만, 그들의 무책임함과 무능은 '반역' 수준을 넘어서고 있기 때문에 신성모나 채병덕이 북한과 내통하고 있다거나, 북한의 간첩이었다는 의심이 육군참모총장을 지낸 이형근을 비롯한 군 지휘관 출신 사이에서 제기되었다.

『(전격 교체된 대한민국 초대 헌병사령관) 장흥 자서전』 발간의 의미

오랫동안 많은 사람들의 기억에서 지워진 장흥의 자서전이 2025년에 세

9) 조갑제, 『박정희 2: 전쟁과 사랑』(조갑제닷컴, 2015), 107쪽.

상에 나오게 된 것은 매우 뜻깊은 일이다. 2024년 한국은 참으로 많은 일을 겪었다. 윤석열 친일 정권에 의해 역사전쟁이 본격화되었고, 독립기념관을 비롯한 역사기관, 교육기관에 뉴라이트 인사들이 둥지를 틀었으며, 연말에는 친일 불통 대통령 윤석열이 느닷없이 계엄령을 선포했다가 탄핵소추 되는 사태를 맞았다. 이런 사태의 원인은 해방과 함께 한반도가 분단되면서 남한 단독 정부로 수립된 대한민국이 친일 잔재를 청산하지 못한 시기까지 거슬러 올라가야 할 것이다. 그 결정적인 순간이 바로 백범의 암살이었고, 장흥은 백범의 측근 중에서는 거의 유일하게 암살 음모 세력의 본진에서 어렴풋이나마 저들의 움직임을 지켜볼 수 있는 위치에 있던 인물이다. 그의 증언이 비록 단편적인 것이라 하더라도 한국 현대사의 수수께끼를 풀어나가는 데에 아주 요긴한 퍼즐 조각이 아닐 수 없다.

원래 자서전이나 회고록은 주관적인 기록이기 때문에 어떤 사건의 전체상을 재구성하기 위해서는 다른 자료들과의 비교, 검토를 통한 꼼꼼한 사료 비판이 요구된다. 장흥의 자서전은 매우 중요한 내용을 담고 있지만, 오랜 시간이 지난 후에 오로지 장흥 장군의 기억에 의해서만 서술된 것이기 때문에 착오와 기억의 혼동에서 비롯된 오류가 적지는 않다. 6·25 전쟁 기간 중에 고양군 원당면 성사리에 있던 장흥의 집이 폭격으로 완전히 불타는 바람에 집에 보관하던 항일운동 시기의 일지나 기록 자료가 전부 소실되었다고 한다. 장흥이 자서전을 집필했던 1970년대 초반에는 요즘처럼 인터넷을 통해 기초적인 역사 사실들을 손쉽게 확인할 수 있는 시절이 아니었고, 장흥 자신도 일일이 역사서를 뒤져가며 서술의 정확성을 기하지 않았기 때문에 기초적인 사실이 잘못 기록된 경우가 허다하다. 특히 자신이 직접 경험한 사실을 서술하기에 앞서 그 상황이 벌어지기까지의 과정이나 배경을 두루뭉술하게 서술할 때 이런 오류가 흔히 나타난다. 예컨대 "왜의 군경은 도처에서 십수만의 애국지사와 의거 민중을 무자비하게 학살한 결과 전국 남녀노소를 막론하고 왜적에 대한 적대심이 갈수록 굳어가며 해외에서는 김좌진(金佐鎭), 이청천(李靑天), 이범석(李範奭) 제씨가 독립군을 조직하여 한·만 국경선에서 부단히 적군과 항쟁하며 상해 방면 우리 임시정부에서는 안중근(安重根), 김상옥(金相玉), 나석주(羅錫疇) 등 여러 의사를 국내외 각지에 파견하여 우리나라 침략의 원흉인 이등박문 등 여러 적 수괴들을 암살하여 적국의 야욕을 세계만방에 폭로하였다" 같은 서술을 보면 강제병합 이전에 거사한 안중근은 물론이고, 의열단이 파견한 김상옥, 나석주 의사 등을 모두 임시정부가 파견한 것으로 잘못 쓰고 있다. 이런 유형의 오류는 너무나 명백하기 때문에 장흥 장군 살아생전에 누군가가 자서전을 꼼꼼히 읽고 바로잡았어야 하는데 그런 과정을 거치지 못한 것이 못내 아쉽다. 필자가 세상을 뜨신 지 오래되었기 때문에 이런 오류는 그대로 두고 각주를 통해 기억의 착오를 지적해 두었다.

장흥 장군은 백범 김구의 암살이 신성모 등 이승만 측근 세력이 음모를 꾸며 실행한 것이지만, 절대로 이승만이 지시한 것은 아니라면서 이렇게 주장했다. "백범 선생께서 돌아가신 후에 사회적 여론이 구구하여 심지어 이 대통령께서 시킨 것이라고 유언비어가 있었으나 실질적으로 아부하여 진급한 친일분자들이 자신들의 정치적 생명을 공고히 하려는 비극에서 빚어진 사실이고, 절대로 이 대통령께서 교사하신 것이 아니라는 것을 과거 그 두 분의 역사적 행적에서 증명할 수 있는 것이다." 장흥은 이승만과 김구의 관계가 결코 적대적인 것이 아니었음을 여러 지면을 할애하여 설명했다. 장흥의 이런 믿음은 그 자체로서 존중받을 필요가 있지만, 백범 암살의 진상을 파악하기 위해서는 장흥의 개인적인 입장을 암살 당시와 전후의 여러 사정과 대조하여 분석해 볼 필요가 있다.

앞서 지적한 것처럼 장흥은 국회 프락치 사건의 시작에서부터 매우 위축된 듯한 속내를 적고 있고, 백범 암살 당시에는 생명의 위협까지 느꼈으며, 십수 년이 지나 이 자서전을 집필할 때까지도 그런 상태가 이어진 듯 보인다. 이승만 정권은 안두희를 철저히 보호했다. 안두희는 1959년도에 이승만 정권의 재일동포 북송 저지 공작을 위한 현지 책임자로 일본에 밀파되기까지 했다. 재일동포 북송은 이승만 추종자들이 만든 영화 〈건국전쟁〉에서 이승만이 4선 도전을 결심하지 않을 수 없게 한 중요 과제인데, 그 저지 공작의 책임자가 바로 안두희였던 것이다. 안두희가 처벌받기는커녕 백범 암살 이후 오히려 보호받고 승진하다가 이런 중요 공작의 책임자가 된 사례만 보아도 이승만이 백범 암살과 무관할 수 있는가라는 의문이 자연스럽게 제기된다.

흔히 1949년의 '6월 공세'라고 불리는 백범 암살과 이 사건을 전후하여 일어난 반민특위 습격 및 국회 프락치 사건은 친일·반민족 세력이 신생 대한민국의 주도권을 장악하는 전기를 이룬 결정적인 사건이었다. 이때 제대로 역사를 바로 세우지 못한 것은 잘못 끼운 첫 단추가 되어 2024년 12월의 윤석열 내란 사건으로 이어졌다. 불행하게도 백범 암살의 진상은 몇 차례의 결정적인 전기가 있었는지만 밝혀지지 않은 채 여전히 흑막에 가려져 있다. 이 책이 백범 암살의 비밀을 밝히는 결정적인 자료라고 하기에는 부족함이 크지만, 그동안 사그라졌던 진상 규명의 불길을 되살리는 데는 충분한 불쏘시개가 될 수 있으리라 믿는다.

과거의 거울로
미래를 비추다

過去之鏡 今後之彰

장흥, 쓰다

서언

내가 이 자서전을 쓰게 된 동기는 첫째, 이 세상에 왔다가 갔다는 흔적이나마 남겨놓고자 지내온 행적을 기록해 두는 것이며, 둘째, 과거 우리 국사(國史)상에 저명한 문무관 중 이퇴계, 이 충무공 등 여러 현인이 저세상으로 가신 지 500~600년[1]이 지난 오늘에도 민족적 추모를 받는 것은 국가 민족을 위하여 노력하신 치적이 위대하였음은 물론이요, 그 업적과 행적을 기록하여 책으로 된 문헌으로 전해져 내려와 우리 후세 사람들이 세상에 처하고 일에 임하는 지침을 만들어주신 데 기인한 것이다.

우리 장씨 선조님 중에도 지식, 직위, 공적이 이분들과 같은 위치에 계셨던 분으로서 도원수 충정공 '만(晩)', 삼영대장[2]을 지내신 무숙공 붕익(鵬翼) 여러 분이 계셨건만 이 세상에 널리 알려지지 아니한 것은 오직 그 분들 행적이 기록된 문헌이 없는 관계임을 심히 유감스럽게 생각했으며, 셋째, 내가 지내온 직위는 그분님네들에 비해 낮은 지위가 되겠지만, 거의 30년 동안 끈질기게 구국운동으로 왜적을 상대하여 싸워서 최후 승리를 거두고 승리 장군의 자격으로 금의환향한 경력은 우리 중조(中祖) 태상경(太常卿) 이래에 전무후무한 공훈을 세웠다고 감히 자랑하고 싶다. 이 귀중한 행적을 나 자신만이 간직하고 있는 것보다는 되도록 기록에 남기어 나의 후예로 하여금 애국애족운동의 정신적 계보를 만들어주려는 데서 이 기록을 쓰기 시작한 것이다.

원래는 제2차 세계대전(일본은 '대동아전쟁'이라 불렀다) 때 중국 군대 근무

1) 400여 년의 오기로 보인다.

2) 무숙공 붕익은 훈련도감, 어영청, 금위영 등 3영의 대장을 모두 지냈다.

중에 기초하여 500여 장으로 책으로 만든 것과 내 부대 작전일지 8권 외에 기타 중국 관헌에서 받은 학교 졸업증, 임관 임직증, 훈장 등 이력을 증명할 문서를 1945년 종전 귀국 때 전부 가져와서 양친 부모님과 원근 친척 제위 앞에서 전시해 드린 후 생명과 같이 소중하게 보관하였다가 1950년 6·25 동란 때 나는 부대를 통솔하여 출전하게 되고 처와 자녀는 부모님 계신 고양(高陽) 본가로 피난을 가게 되어 부득이 그 모든 귀중품을 적군이 서울에 들어오기 전에 본가 부모님께 맡기어 보관하였던바 불행히 가옥이 적탄에 명중되어 전소되는 바람에 30년간 구국운동 해온 기록과 제반 증빙할 문서를 한 장도 건져내지 못하고 송두리째 유실되어서 양친 부모님 상을 당한 것보다도 더 통탄해 마지아니했다. 특히 내가 부대 근무 중에 기록한 8년간 작전 일지 중에 나의 일체 행동과 부대 동태 등의 귀중한 자료를 하루도 빠짐없이 담당 서기관이 매일 기록해 부대 비품으로 보관했던 것인데, 내가 개인적으로 휴대, 귀국한 의도는 뒷날 전기를 정리할 때나 또 독립운동사를 편찬할 때 귀중한 참고 자료의 한 단서로 삼으려고 했던 것이 그만 물거품이 되고 보니 언제든지 이 생각만 나면 전신에 열이 오르고 며칠씩 불면증으로 고통을 느끼게 되었다.

그 후 1959년에 국군에서 퇴역한 후에 한가한 시간을 이용하여 나의 과거를 회상해 가면서 이 전기를 기초·정리하느라고 했지만 참고 자료 없이 순전히 두뇌로만 짜내려 하니 정확하고 상세한 기록이 되지 못했을 뿐더러 행적에 선후 순서와 연월일자 등등 착오 기록이 있을 것을 스스로 인정하니 후일 이 기록을 보는 후세 사람들은 이를 양해하기 바란다. 위에서 말한바 소실된 학교졸업증, 임관증, 훈장 등 여러 문건에 대해서는 1964년 7월에 주중대사 김신(김구 선생 차남) 군을 교섭하여 다시 보충 발급받은 증명서 한 장과 김 대사 및 중국 외무부로부터 보내온 서한을 이 기록 후면(이 책 50, 64쪽 참고)에 첨부하니 참고하기 바란다.

1부

나의 회고

망명 시절

1

장씨의 기원

성씨 가운데 우리 장씨는 대대로 전하여 오는 족보에 의하면 고려시대에 장 태사공[휘는 정필(貞弼)]이라 하시는 분이 중국 절강성 소흥(紹興)현으로부터 고려 왕국에 오시었다.[1] 태사공께서는 국민교화운동을 창도하시어 전 국민의 문화 수준이 날로 향상, 발전됨에 따라 우리 국가·민족의 유일한 스승으로서 추모를 받으셨다. 당시 공과 같이 교화운동에 협력하셨고 겸하여 의형제까지 맺으셨던 김 태사[휘는 선평(宣平)], 권 태사[휘는 행(幸)] 두 분께서도 국민 교화의 공적이 위대하셨다. 서거하신 후 전국 유림계에서 세 분 스승의 공덕을 추모하기 위하여 현 경상북도 안동군 성곡리 천등산 아래에 능묘를 모시고 또 읍내에는 묘사를 건립하여 매년 봄가을에 관헌과 각지 지사들이 운집하여 제사를 지내는 전례가 지금까지 계속되고 있다. 이 세 분 태사공을 시작으로 장, 김, 권 세 성의 기원이 되었으며, 또 본관을 안동이라 붙인 것이다.

그 후예 자손들이 각자 성이 다른 시조를 모셨으나 세 분께서 생존 시에 친형제와 같이 지내셨던 의리를 추모하여 동문, 동족이나 다름없이 화목 단결해 지내는 동시에 지금껏 같은 혈통과 같은 관념을 가지고 서로 통혼도 하지 아니한다고 한다.

나는 이런 집안 역사를 미성년 시절에 조부님으로부터 들어왔고 또 족보에서도 보고 알았다. 그러나 근 30년 동안 망명 생활하였던 관계로 묘

---

1) 저자가 「서언」에서 밝혔듯이 연도나 나이, 일의 경위나 세부 내용 등에서 잘못 기록된 경우가 많다. 자료 확인이 용이하지 않았던 당시 사정과 개인의 기억에 의존했다는 점을 감안해 주기 바란다. 태사공 장정필은 안동 장씨의 시조로 888년에 절강성 소흥부에서 태어나 다섯 살(892)에 신라로 이주했다고 전한다("김성회의 뿌리를 찾아서: 〈54〉 장씨, 안동 장씨", ≪세계일보≫, 2013년 8월 6일 자).

소를 참배할 기회를 얻지 못하였다가 귀국 후 1950년 6·25 전란 시에 전적(前敵) 총사령부 인사처장직으로 군을 따라 작전차 안동에 주둔했을 때 비로소 세 분 태사공 묘사(廟祠)만 참배하고, 당시 묘소 부근은 적군이 점령한 구역이므로 불행히 참배하지 못하였다.

장씨 성의 본관은 안동이 시초이나 그 후에 후예 자손이 인접한 군(郡)인 인동(仁同)과 울산 등지로 이주한 후에 그 땅이름 각각을 인용하여 혹은 인동 혹은 울산 등으로 개칭한 것이다. 그러므로 지금까지 세칭 본관이 안동이나 인동이나 불구하고 성씨가 장씨이면 다 동문, 동족으로 인정한다. 그러나 장씨 본관이 안동, 인동, 덕수(德水) 등의 48개 본관으로 분파되었고 그중에도 인동 본관을 가진 장씨가 큰 성일 뿐 아니라 역대로 나라가 위태로울 때 중요한 유명한 선비와 장수가 속속 이어져 나와 가문의 영예를 선양하였으므로 세상에서 장씨라 하면 본관 인동을 손꼽게 되었다. 우리 집안의 계보는 나에게 18대조 되시는 태상경[휘는 백(伯)]파의 후예로서 그중 세상에 알려지신 분으로서는 증손 되시는 이조판서공(哲堅), 고손 되시는 사인공(舍人公, 季文), 6대손 되시는 충정공(忠定公, 晩), 11대손 되시는 무숙공(武肅公, 鵬翼), 13대손 되시는 형조판서공(志恒)이신데 나는 사인공(季文)의 둘째 형 되시는 사정공(孝文)파로서 황해도 평산에서 4대를 사시다가 나에게 10대조(興周)께서 고양군 원당면 성라산 아래로 이주하시여 현재까지 10대를 선영 산 아래에서 대대로 거주하고 있다.

2
문중의 정황

성라산 선영 아래서 여러 대를 대대로 거주하는 동안에 나라의 중요한 큰 재목과 고관의 각 작위로 출세하신 분은 별로 없었으나, 근근이 소과에 합격해 진사 혹은 참봉, 현감 등 직으로서 집안을 보전하고 처세하여 왔을 뿐이었다.

3
동네 정황

우리나라는 이조 500년 동안 소위 위정자들이 쇄국 정치를 위주로 하였으므로 세계정세에 어두워 동서양의 과학적 문명을 받아들이지 못하고 완고한 사상을 고집하여 온 관계로 국민문화 수준이 극히 저열하게 되어 공·상업 생산 기관이 전혀 없었고 더욱이 일본제국주의자의 침략을 당한 이래 전 국민에게 노예 교육을 실시함으로써 백성의 지식수준이 극히 낮아졌다. 그리하여 국민 경제생활이 단지 농업 외에는 아무런 생산이 없을 뿐만 아니라 일제의 가혹한 납세 정책하에서 국민은 피와 땀으로서 얻은 농작물이나마 전부 착취당하고 전체 국민은 기아 상태에 허덕이고 있었다. 우리 동네는 호구 숫자가 100여 호의 큰 마을로 우리 장씨 문중이 90여 호나 되는데, 전부가 농가로서 자급자족하는 집이 전혀 없다. 심히 생활 상태가 극도로 빈한한 참담한 상태였다.

4
동네 청년 정황

자고로 그 나라의 청장년은 국가의 기둥과 들보요 민족의 정화인 고로, 어떠한 국가를 막론하고 청장년에 대한 교육정책의 좋고 나쁨으로써 국가의 흥망을 좌우하는 것이 부인할 수 없는 역사적 사실인 것이다. 우리나라의 청장년 생활을 회고하건대 질적으로 보아 타국 청년층에 비교하여 세계 수준에 손색이 없이 우수하다 하겠으나 불행히도 일제의 경제적

압박과 노예적 교화에 중독되어 용감한 활기를 상실하였다. 또한 안으로는 완고한 교육 지도자들이 과학, 문화는 반대하고 낙후한 옛날의 주자학설만을 숭상하여 지도하여 온 관계로 청장년들의 발전적인 앞길에 장벽을 치게 되었다. 우리 동네의 청년들도 이런 난관에 부딪히게 되어 다수 청년이 취학하지 못하고 태반이 문맹 상태로 생활하면서 앞날이 가련하게 되었다. 약간의 청년이 취학한 자가 있으나 역시 완고한 부형들의 지도로서 옛날 학문만을 숭상하고 과학 지식을 배우는 사람은 하나도 없었다. 나 역시 이러한 사회 환경과 완고한 가정에서 응당히 배워야 할 지식을 배우지 못함에 정신상 무한한 고통을 느끼게 되었다.

그러나 나는 이런 나쁜 환경에서 나의 진로를 개척할 용기를 얻게 되어, 항상 이런 사회악을 극복할 계획을 구상해 왔다. 그러던 어느 날 ≪동아일보≫에서 상해로 망명한 우리 임시정부에 대한 기사를 보고 어떠한 방법으로든지 상해로 망명하여 우리 정부 밑에서 독립투사가 되기를 혼자 맹세하였다. 그러나 당시 일본이 우리나라를 소위 합방 통치한 이래 군인과 헌병을 경향 각지에 파견하여 국민의 일체 행동을 억압하여 조금의 자유도 없었다. 기미년 삼일독립운동 이후로 국내에서는 의암(義庵) 손병희(孫秉熙) 선생 외 33인[2] 여러 분의 지도로 독립운동이 날로 팽창하고 확대하여 가는 중이고, 국외에서는 이승만(李承晚), 김구(金九), 김규식(金奎植), 안창호(安昌浩) 씨 등 여러 분의 영도하에 상해에 대한민국임시정부를 세우고 세계만방에 나라의 주권을 되찾고자 외교력에 호소하고 있었다. 한편으로는 한·만 국경지대에 김좌진(金佐鎭), 이청천(李靑天)[3], 홍범도(洪範圖), 이범석(李範奭) 씨를 파견하여 신흥사관학교[4]를 창립하고

---

2) 손병희 선생을 포함해 33인이다.

3) 이청천(李靑天)과 지청천(池靑天)을 같이 쓰이고 있으나, 하나로 통일하지 않고 자서전 원문대로 표기했다.

독립군을 조직, 육성하여 하루도 그침 없이 일본군과 계속 격전하는 때였다. 따라서 우리 청년들은 항상 적 경찰의 삼엄한 감시하에 한만 국경선으로는 조금도 접근할 수 없으므로 이곳을 경유하여 중국을 왕래하기는 전혀 불가능하였다. 그러나 당시 외국으로 가려면 일본을 경유하여 가는 것이 비교적 편리하다는 것을 탐지하고 이 경로를 통해 출국할 계획을 확정하고 기회를 노리고 있다. 그러던 중 마침내 파주 고모부 되시는 황금주(黃錦周) 씨와 그분의 친우인 오세덕(吳世德) 씨가 같이 일본과 상해 방면으로 왕래하시면서 장사를 하신다는 소식을 듣고 1925년 22세 되던 해 8월경[5]에 일본으로 건너가서 황 씨 고모부를 뵈옵고 소회를 말씀드리고, 그해 10월경에 같이 장사하는 것으로 가장해 중국 상해로 망명하였다.

5

내 가정의 정황

나의 증조부께서는 삼 형제이신데 맏형 분은 일찍이 돌아가셔서 후손이 없으시고, 둘째 분은 장수하셨으나 역시 후손이 없으시고, 셋째 분께서 나의 조부님 삼 형제 분을 두시어 맏형 분이 나의 양증조부 휘 칠급(七汲) 앞으로 입양되시어 나의 부친 한 분을 두셨고, 나의 부친께서는 우리 5형제를 두시었다. 내가 대여섯 살까지 나의 생가 증조부(杓汲) 내외분이 생

4) 정식 명칭은 신흥사관학교가 아니라 신흥무관학교이다. 신흥무관학교는 신민회에서 이동녕, 이회영, 장유순 등을 만주로 파견해 1919년 5월 3일 개교한 독립군 양성 학교이다. 이청천, 이범석은 교관으로 있으면서 독립군을 양성했고, 이 학교 출신들이 홍범도·김좌진 휘하에서 봉오동 전투와 청산리 전투를 치렀다고 한다.

5) 국가보훈처 공훈전자사료관의 독립유공자 공적 정보를 보면 "1925년 2월 의열단원 오세덕(吳世德)을 따라 상해로 건너가 한국청년동맹회(會長 趙漢用)에 가입 활동하였다"라고 한다.

존하셨고, 양가의 서증조모님께서도 생존하셔서 우리 형제들을 양육하여 주셨다. 그 후 나는 장성하여 17세에 조부님이 혼사를 주선하셔서 고양군 은평면 구산리 이 씨의 장녀와 결혼하여 1년간 동거하다가 서로 뜻이 맞지 않는 관계로 이혼했다. 그 뒤 20세에 광주군 금사면 궁내리 김기제(金琪濟) 씨 차녀와 결혼하여 사이좋게 동거하다가 21세 되던 해 해외로 망명하게 됨에 따라 조국으로 돌아오지 못하는 환경이므로 자연히 이혼하고 십수 년간 독신 생활을 하다가 34세 되던 해 10월 4일에 남경에서 김순경(金旬卿) 양과 결혼하여 자녀 6남매를 두고 지금껏 화목하게 가정생활의 행복을 누리고 있는 중이다.

내가 망명할 당시에는 조부모님 내외분이 생존해 계셨다. 25년[6] 만에 귀국한즉 벌써 십수 년 전에 다 세상을 떠나셨으며, 부모 양친께서는 칠순 고령에 심히 노쇠하셔서 얼른 알아뵈옵기 어려울 정도였다. 특히 내 조모님께서는 나를 극히 사랑하시어 내가 망명하던 그날부터 세상을 떠나시던 그 시간까지도 나의 장래 발전을 위하여 하루도 빠짐없이 매일 밤 자정에 정성스레 물을 떠놓으시고 신과 하나님께 기도를 드리셨다는 말씀을 부모님으로부터 듣고 내가 이만한 지위라도 가지고 환국한 것이 나의 조모님이 지성으로 기도하여 주신 은택인 것을 비로소 깨닫게 되었다.

6

망명한 동기

기미만세운동 당시에, 소위 을사조약에 의하여 강제 합병된 후 왜적이 총독을 파견하여 폭정을 감행한 이래 국민이 도탄에 빠져 살 수 없을 뿐 아

6) 장흥은 1925년 상해로 망명했고, 1946년에 1차 귀국 후 중국 군적 문제로 중국으로 돌아갔다가 1947년 7월에 다시 귀국했다.

니라 우리 국민들이 국부로 모시고 있는 고종황제 내외분을 계획적으로 비밀리에 독살함에 따라 민의 원망이 들끓던 이때에 의암 손병희 선생 등 33인의 민족대표가 고종황제의 장례식 시기를 이용하여 독립선언문을 공포했다. 그러자 전 국민이 앞을 다투어 봉기하여 "독립 만세"를 높이 외치고 일제 폭정에 항거하였다.

왜의 군경은 도처에서 십수만의 애국지사와 의거 민중을 무자비하게 학살한[7] 결과 전국 남녀노소를 막론하고 왜적에 대한 적대심이 갈수록 굳어가며 해외에서는 김좌진(金佐鎭), 이청천(李青天), 이범석(李範奭) 제씨가 독립군을 조직하여 한만 국경선에서 부단히 적군과 항쟁하며 상해 방면 우리 임시정부에서는 안중근(安重根), 김상옥(金相玉), 나석주(羅錫疇) 등[8] 여러 의사를 국내외 각지에 파견하여 우리나라 침략의 원흉인 이등박문 등 여러 적 수괴들을 암살하여 적국의 야욕을 세계만방에 폭로하였다. 이때 내가 비록 열네댓 살 소년 시대였으나 종종 왜경들이 우리 마을에 와서도 우리 동네 부형(父兄)께 대하여 불손한 언사와 폭행하는 광경을 볼 적마다 분심이 폭발하여 참을 수 없는 지경이었다. 이런 현상을 목격하는 나를 독립운동의 길로 이끌어 해외로 망명하게 한 것이다.

7
망명 초기 정황

이상 서술한바 내 소원이 독립군이기 때문에 독립운동의 총본부인 상해로 망명하였다. 상해라는 곳은 중부 중국 강소성에 속한 양항(良港)인데

7) 3·1 운동 당시 사망자 수는 대한민국임시정부 임시사료편찬위원회에서 낸 『한일관계사료집』에는 6,821명, 박은식 선생이 쓴 『한국독립운동지혈사』에는 7,509명, 김병조 선생이 쓴 『한국독립운동사략』에는 6,670명으로 기록되어 있다.

8) 안중근은 독자적으로 거사했고, 김상옥·나석주는 의열단에서 파견했다.

웅장하고 화려한 건물과 500여 만의 인구밀도로서 동양에서 제일 큰 도시라고 칭한다. 정치적으로는 영국, 미국, 독일, 이탈리아, 러시아 등 세계열강들이 소위 조차지라는 미명하에 각각 조차행정구역을 할양해 경제적으로는 각 열강의 압박으로 문호개방조약을 체결한 이래 세계 각 인종들이 모여 거주하는, 행정상 극히 복잡다단한 사회가 되어 있었다.

고모부 황금주 씨와 같이 상해에 도착한 후 영국 조계 내의 낙군여사(樂群旅社)에 수개월 기거하는 중에 사람과 땅이 생소하고 언어가 통하지 않으므로 사회에 나가 행세하기 매우 곤란했다. 당시 그 여관에 같이 거주하는 분 중에 오세덕(吳世德), 류홍수(柳弘秀) 두 분이 중국어에 능통하여 매일같이 이분들에게 중국어를 강습받았다. 그 후 오세덕 씨의 소개로 혁명 선배이신 몽양(夢陽) 여운형(呂運亨) 씨를 알게 되어 바로 그분의 지도를 받아 혁명운동에 헌신하게 되었다. 이에 따라 군사학을 전공할 기회를 얻어 결국 황포사관학교에 가서 투신하게 되었다.

8

중국에 거주하는 교포 정황

당시 상해에는 정치적으로 두 부류의 교포가 거주하고 있었다. 하나는 친일파요 또 하나는 배일파로 구분되었다. 친일파는 대부분이 일본 영사관의 보호 아래 홍강(虹江)에 기거하며 아편, 매음, 주점 등 정당하지 않은 업체를 경영하면서 생활을 유지했다. 반일파는 전부가 프랑스 조계에 거주하며 우리 임시정부의 보호, 지도를 받아 국내외 혁명운동에서 활약하고 있었다. 최초의 정부 조직을 기미 3·1 운동의 정신을 계승하여 우리 민족의 자주독립을 목적으로, 현 대한민국 대통령이신 이승만 박사를 수반으로 모시고 망명 임시정부를 조직하고 세계만방에 선포함과 동시에 국내외를 통해서 열렬한 민족·자주운동으로써 일제 침략 정책에 막대한 타격을 주게 되었다.

그 후 내부적으로 약간의 파벌싸움이 일어나면서 정신적인 단결이 결여되어 우리 운동사상에 다소 불미한 사실도 있었다. 그러나 왜적이 우리 강토에서 물러가는 최후 순간까지 국내외 각종 혁명단체를 지도, 육성하였다. 특히 망명 당시 수십 년 동안 중국 정부의 후원을 받아 제2차 세계대전 중에 수만 명의 우리 광복군을 조직하여 중국, 베트남,[9] 태국, 인도 등 나라에서 직접 일본군과 항전하였다. 또 종전 후에 국내, 해외 각지에 산재한 수십만 교포들의 생명과 재산을 보호하여 국내로 수송해 들어오게 한 것과 그리고 백범 김구 주석 영도하에 각 각료 제위가 귀국 후 민족이 총단결하여 미·소 양국의 군정을 물리치고 대한민국을 수립한 그 위대한 업적은 우리 민족운동 사상에 찬란한 역사가 되는 것이다.

9
군대에 투신한 전후

황포사관학교[10]에 입학한 동기는 내가 망명할 때 처음 세운 뜻은 혁명 투사가 되기를 맹세하였던바, 이 투지의 목적을 달성하려면 우선 혁명 지식이 필요하다고 생각하고 있었다. 그러던 차에 당시 중국의 대혁명가이신 손문(孫文) 씨 영도하에 만주족 청나라의 전제정권을 전복하고 민주공화국을 건립하였으나 국내적으로는 각 성(省)의 군벌들이 할거해 영웅을 칭하며 중앙 정권 통일을 방해했다. 국외로는 세계열강의 침략을 받아 국가주권을 상실케 되어 민생이 도탄에 빠져 정권이 붕궤될 위기에 부닥치게 되

9) 베트남은 미얀마의 오기로 보인다.

10) 장흥 입학 시 이 학교의 정식 명칭은 국민혁명군중앙군사정치학교였지만, 주강의 황포 장주도(長洲島)에 있다고 하여 주로 황포군관학교라고 불렀다고 한다.

손문 묘비 앞에서 의열단 가입 후 찍은 기념사진

위: 위쪽 난간 뒤 오른쪽에서 세 번째(검은 코트), 아래: 앞줄 왼쪽에서 네 번째.

자 손문 씨는 혁명재건운동을 촉진시키기 위하여 남부 중국 광동성에서 다시 혁명 정부를 조직했다. 그런 한편 혁명 무력을 육성하기 위하여 주강(珠江) 유역인 황포 섬에 혁명군사정치학교를 세우고 장개석 씨를 교장으로 임명 후 국내 청장년들을 모집하여 혁명간부교육을 실시했다. 그 결과 전국 청년들이 앞다투어 응모할 뿐만 아니라 국내의 혁명 분위기가 극도로 고조됨에 따라 전 아시아 약소민족 국가까지 파급되어 우리 한국에서도 적지 않은 청년들이 그 학교 3기부터 앞다투어 입학하므로 나 역시 이 기회를 이용하여 1919년 3월 14일[11]에 황포사관학교 5기생 보병과에 입대하여 처음으로 군사교육을 받게 되었다.

10
사관학교 생도 시절

당시 손문 선생께서 혁명재건운동에 치중하는 시기이므로 학교 당국의 교육 목적이 혁명간부 인재를 육성하는 데 있었다. 따라서 교육방침에 있어 군사 학술보다도 손문의 학설을 근거로 하는 정치교육에 치중하므로 훈련 배정 시간 중의 절반 이상이 정치교육이었다. 교수진에 있어서는 군사학을 가르치는 보정사관학교 및 일본사관학교 출신자 수십 명 외에 소련인 고문관과 국내의 저명한 공산당 지도자인 진독수(陳獨秀), 등연달(鄧演達), 웅웅(熊雄) 등이 전교 학생의 훈육을 담당하였다. 전교 학생 총수 3,000여 명 중에 우리나라 학생이 전 의열단장인 김원봉(金元鳳), 현재 북한

11) 입학 연월일을 오기한 것으로 보인다. 황포군관학교 5기생은 1926년 11월~1927년 8월 기간에 교육받았다. 한국인으로는 장흥 이외에 박시창(박은식 선생 아들, 예비역 육군 준장, 광복회 회장, 무한 분교), 신악(조선의용군 제1지대장) 등이 있다. 이 자서전에는 1925년/1926년 3월 입학, 1926년/1928년 8월 졸업으로 기술된 부분도 있다.

군 총책임자인 최용건(崔鏞健) 외 40여 명[12]이 있었다. 본래 손문 씨가 이 학교를 설립한 목적이 자기가 손수 만든 삼민주의 학설에 근거한 국민당 혁명군사 간부를 양성할 계획이었으나 불행히도 그가 혁명 대업을 완성하지 못한 채 세상을 떠난 지 3년이 되었다. 이때를 기화로 하여 공산분자들이 정부 산하 각계각층에 대거 침투하여 자기 당의 세력을 심는 데 급급하였다. 우리 학교도 이런 환경에 처하였기 때문에 명실공히 공산당 간부 양성소로 변질되어 세상에서 '제2의 모스크바'라는 칭호를 받았었다.

교장 장개석 씨는 초지일관으로 손문 씨의 유지를 받들어 혁명 재건의 큰 포부를 완수하려 하였으나 주위의 공산당들에게 포위를 당하여 속수무책인 위기에 처하게 되었다. 그런 차에 공산분자들이 장 교장의 반공 정신이 철저함을 알고 비밀리에 숙청할 음모를 책동하다가 도리어 교장 장 씨에게 알려졌다. 장 씨가 선수를 쳐 교내 우익 학생과 하응흠(何應欽) 씨가 통솔하는 제1군 장병을 총동원하여 교내 공산당원을 전부 숙청하여 버리고 순수한 손문주의를 신봉하는 환경으로 회복하였다. 이때부터 장 씨가 열렬히 반공 투쟁을 계속하여 왔으나 현재에 와서는 도로 공산당에게 몰리어 그 광대한 대륙을 송두리째 뺏기고, 해도(海島) 가운데 대만으로 쫓기어 망명 생활을 하게 되었으니 세상 정세의 무궁한 변화는 참으로 예측하기 어려운 것이다. 장 씨의 친공 정책으로부터 반공 작전에 이르기까지의 성패 경위는 다시 한 편(編)을 잡아 상세히 쓰기로 하고 여기에 그친다.

---

12) 김원봉은 황포군관학교 4기생이다. 최용건은 운남 육군강무당을 졸업하고 황포군관학교에서 견습교관, 교관, 구대장 등을 역임했다. 그는 1927년 12월 광주봉기에 참가했다. 40여 명은 무한 분교 학생까지 헤아린 숫자로 보인다.

11
황포사관학교 졸업 후

서기 1920년에 장개석 장군이 북벌을 시작한 지 3년 만에 중국 남방의 요충인 남경과 북방 요충인 북경 등지를 점령하고 남북통일 대업을 거의 완성하였다. 1923년 그해 3월경에 국민정부를 광동으로부터 남경으로 천도한 후 황포사관학교도 8월 10일에 남경으로 이동하여 중화민국육군사관학교[13]로 개칭하였다. 그 당시 재학 중인 제5기 학생 3,000여 명이 도착한 지 불과 일주일이 못 되어 때마침 일본제국주의자가 중국 통일을 방해할 야욕으로 군벌 괴수인 손전방(孫傳芳), 장종창(張宗昌) 등을 시켜 수십만 대군으로 하여금 남경을 침범하게 하여 군사적으로 붕궤될 위기에 빠졌다. 또 정부 내부에서는 공산당의 음모로써 무뢰 정객인 왕정위(王精衛), 호한민(胡漢民), 손과(孫科) 등이 야합하여 반(反)장개석 운동을 전개함으로써 정국이 지극히 혼란한 상태에 빠져 수습하기 어려운 위기에 봉착하였다. 그리하여 장개석 장군은 진퇴양난인 곤경에서 부득이 은퇴하지 아니할 수 없는 관계로 돌연히 졸업 시기도 되지 아니한 우리 학생을 8월 15일에 졸업하도록 한 후 그 즉시로 은퇴 성명을 발표하고 자기 고향인 절강성 영파 계구(溪口)로 돌아가 버렸다.

우리 3,000명 학생들은 목자를 잃어버린 양 떼같이 기로에 방랑하게 되었고, 적군은 점차 남경 부근까지 침투되어 함락될 위기가 경각에 달렸다. 다행히도 우리 학생들로 조직된 혼성 여단과 기타 국부군들이 합세하여 필사적으로 저항한 결과 적군의 주력을 남경 시외 용택(龍澤)에서 격멸

13) 장개석의 북벌은 1926년부터 1928년까지이고, 국민정부가 남경으로 천도한 것은 1927년의 일이다. 황포군관학교 개교일은 1924년 6월 16일이며, 중화민국육군사관학교는 중화민국육군군관학교를 말한다.

하여 버리고 위기를 극복하였다. 나는 그때 계영청(桂永淸) 장군이 지휘하는 혼성 여단에 편입되어 이 전쟁에 참전하였다가 위험한 포화 속에서 구사일생으로 살았다. 그러나 전후에 부대를 해산하므로 부득이 그해 10월경에 우리 임시정부를 찾아 상해로 출발하였다. 이 전쟁이 끝난 지 근 1개월이나 지났건만 그때까지 전장을 정리하지 못하여 전사자의 시체가 연도(沿道)에 노적되어 코를 찌르는 악취는 숨을 쉴 수 없는 지경이었다.

상해에 도착한 후 몽양 여운형 씨와 죽산(竹山) 조봉암(曺奉巖, 당시는 朴哲煥[14]이라 개명) 여러 분을 방문하여 따뜻한 위로를 받고 십수 일 동안 휴양하는 중 그분들이 나를 공산당으로 유인하여 상해시의 공산당 선전대원의 책임을 맡으라 하였다. 내 본래 황포학교 재학 중에도 공산당원들의 유혹을 누차 받았으나 제국주의자의 식민지 백성으로서 민족 사상을 버리고 공산당에 충성한다는 것이 도대체 납득이 되지 아니하므로 이를 거부하였다. 그런데 오랫동안 그리웠던 친구로 알고 찾아왔더니 뜻하지 않게 이분들이 나를 이런 함정에 쓸어 넣으려는 의도에 심히 불쾌히 생각하고 그네들과 왕래를 끊고 그 즉시 황포 학생 동창회를 찾아가서 취직자리를 소개하여 달라는 신청을 하는 동시에 약간의 생활비를 타가지고 다시 광동으로 출발하여 황포 모교의 교육장으로 계신 방정영(方鼎英) 씨를 찾았다. 그때 제6기생을 황포 모교에서 훈련 중인데 우리나라 학생으로서 이춘암(李春巖), 장익(張翼) 등 5~6명이 재학 중이고 학생대장 중에는 채원개(蔡元凱), 박효삼(朴孝三) 군이 있어 그분들의 소개로 학교 당국에 교섭하여 학교 도서관에서 근무하게 되었던바 다음 해 1923년 12월경에 국군 제4군 장발규(張發奎) 부대 5,000~6,000명이 공산당 유격대와 합류하여 광동성 성도(省都)인 광주시를 습격하여 무고한 양민들을 학살하고 또 공적·

14) 朴鐵丸이라고도 한다.

사적 재물을 약탈하여 일시 대혼란을 조성하였다가 다행히 광주 부근에 주둔하고 있던 이복림(李福林) 장군의 부대가 반격하여 반란군을 격퇴하여 버리고 원상으로 복귀하였다.

그때 공산군 만여 명은 모택동(毛澤東) 영솔하에 광동성과 호남성의 두 성 접경지대인 해풍(海豊), 육풍(陸風) 등 양 현의 산중으로 도주하여 그곳에서 근거지를 두고 군대 확충에 전력을 경주하였다.15) 이것이 오늘의 전 중국을 공산화시킨 근원이 된 것이다. 우리나라 사람으로서는 현 북한 괴뢰집단에서 군대 총책임자로 있는 최용건[일명 최추해(崔秋海)] 이하 오명(吳明), 양도부(楊道夫), 김무정(金武丁) 등이 이 반란에 참가하였다가 모택동(毛澤東)과 같이 해·육풍에서 공산군 확장 조직에 협력한 것이 이것이 오늘의 북한 괴뢰집단의 소위 연안파의 무력 집단 시초가 된 것이다.

그때에 나는 황포학교 도서관에서 근무하던 중에 병이 나 광주 시내 일본인이 개설한 박애병원에 입원 치료 중에 이런 불의의 변란을 당하게 됨에 병원 내의 의사와 환자들이 전부 도망가고 병원 밖에는 군민이 혼란 중 선혈이 낭자하고 피신할 도리가 없었다. 그러나 죽기를 각오하고 병원 밖으로 나서고 보니 노상에는 시체가 쌓여 있고 공중에는 총탄이 빗발쳐 열 걸음도 나갈 수가 없었다. 이런 당황한 중에도 피란민들의 뒤를 따라 도망하여 광주시 후면의 관음산 아래에 이르고 보니 수만 피난민들이 집결되었다. 때는 12월 제일 추운 때에 병원에서 탈출할 때 경황이 없어 잠옷 하나만 걸치고 나왔기 때문에 말할 수 없는 고통을 받으면서 하룻밤을 새우고 보니 총성이 잔잔하고 시민들은 열을 지어 귀가하기에 그들의 뒤를 따라 도로 병원으로 찾았다. 의복을 주워 입고 우선 우리나라 학생이 모여 있는 광동대학을 찾아가 보니 우리 학생 중에서도 30여 명이나 공산

15) 1927년 12월에 일어난 광주봉기에 대한 설명인데, 모택동은 1927년 12월 이 봉기에 참가하지 않았다.

군에 가담하여 폭동에 협력하다가 국군에게 체포되어 즉결로 사형을 당했다. 그 나머지 열몇 사람 학생만이 남아 있었던 중에 현재 민혁당 간부급으로 있는 김성숙(金星淑) 군도 그중 한 분이었다.

12

고급군관단에 재입교하여 훈련을 마친 후

상기에 서술한바 공산당의 반란을 숙청한 후 1924년 3월경[16]에 은퇴하였던 장개석 장군이 다시 중국 정부 주석으로 취임한 후에 황포학교 각 기수 졸업생을 소집하여 군관단(軍官團)을 편성하고 재훈련을 시작했다. 나 역시 군관학교 도서관원직을 사임하고 다시 남경으로 돌아와 군관단에 입대하여 10개월간 훈련을 받고 다음 해 1925년 2월경[17]에 졸업한 즉시로 헌병 제2단에 배치되어 육군 소위급 소대장으로 근무하게 되었다. 동년 12월경에 헌병단이 산동성 청도로 이동되어 나는 일개 소대를 인솔하고 청도(青島)와 제남(濟南) 간 열차 경비책을 맡아 그로부터 약 1년 동안 근무하다가 1927년[18] 1월경에 헌병단과 같이 다시 남경으로 이동 주둔하였다.

당시에 국민정부가 남경으로 천도한 지 몇 해 되지도 아니할뿐더러 아직도 군벌 군대의 패잔병이 경향 각지에 산재하여 비적들과 합류하여 남경 부근의 치안을 소란케 하는 사실이 수시로 발생했다. 우리 헌병 부대가 이 비적을 소탕시키는 임무를 맡게 되어 내가 영솔하는 중대는 남경

16) 1927년 8월 무한정부와 남경정부의 통합 조건이 장개석 하야였으므로, 장개석은 국민혁명군 최고사령관에서 물러났다. 그러나 12월에 송미령과 결혼하고 1928년 1월에 복귀했다.

17) 장흥은 1929년 10월에 헌병 제2단에 배치되었다고 한다.

18) 1930년의 오기로 보인다.

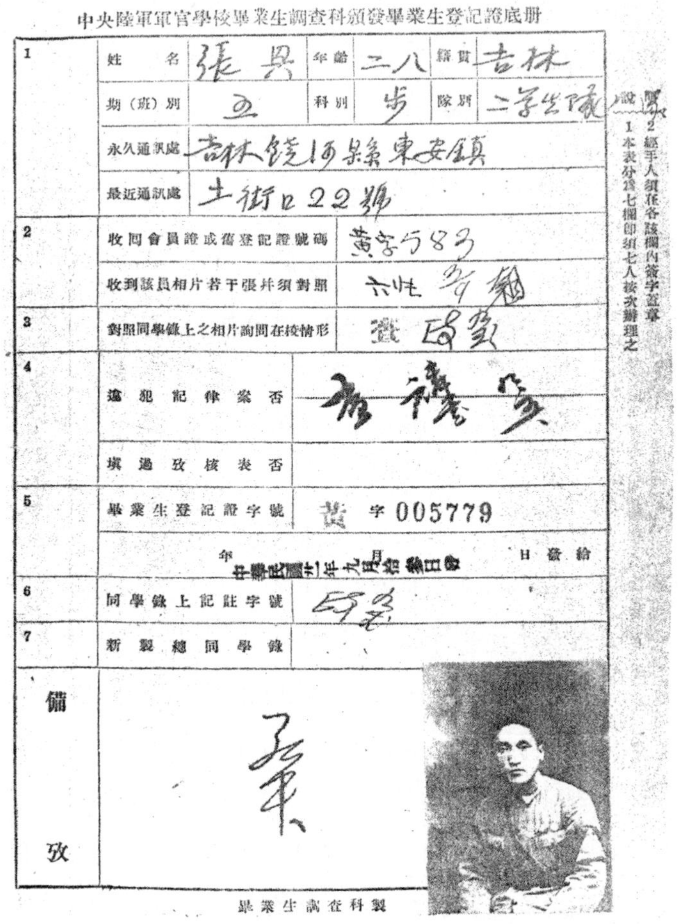
中央陸軍軍官學校畢業生調查科頒發畢業生登記證底冊

1	姓名	張興	年齡	二八	籍貫	吉林
	期（班）別	五	科別	步	隊別	二学生隊
	永久通訊處	吉林饒河縣東安鎮				
	最近通訊處	土街口22號				
2	收回會員證或舊登記證號碼	黃字583				
	收到該員相片若干張并須對照	六張				
3	對照同學錄上之相片詢問在校情形					
4	違犯紀律案否					
	塡過考核表否					
5	畢業生登記證字號	黃 字 005779				
	年 月 日發給					
6	同學錄上記註字號					
7	新製總同學錄					
備考						

說明 1 本表分會七欄即須七人按次辦理之 2 經手人須在各該欄內簽字蓋章

畢業生調查科製

중앙육군군관학교 필증

대만 국방부 제공.

인접 현인 구용(句容), 담양(潭陽), 진강(鎭江) 등지의 소탕 작전책을 전개했다. 어느 날 비적 200여 명이 담양 경내 대제산(大第山) 부근 산중에 숨어 있다는 정보를 받고 현지 경찰과 합동 수색한 결과 마침내 비적들이 산중 사찰 내에서 식사를 하던 때에 불의에 포위, 습격했다. 그 결과 한 사람도 탈출한 자 없이 전부 소멸하여 버리고 각종 군마와 총검 등 다수를

헌병 제2단 시절 단장 및 참모진과 함께 서 있는 사람들 중 오른쪽에서 다섯 번째.

노획하였다. 예하 장병들이 전승에 기뻐하는 모습은 이루 무어라 말할 수 없고, 또 이 전공으로 인하여 중위 대리 중대장으로부터 정식 대위 중대장직에 승진하였다. 반년이라는 시일을 거쳐 모든 비적 잔당을 숙청한 후 다시 남경시로 이주하여 남경과 북경 간 열차 경비 책임을 지고 1년간이나 근무하였다.

13
헌병부 대장직을 사임한 후

1929년[19] 3월경에 중대장직을 사임하고 헌병총사령부 경무처 처원으로

19) 1935년의 오기로 보인다.

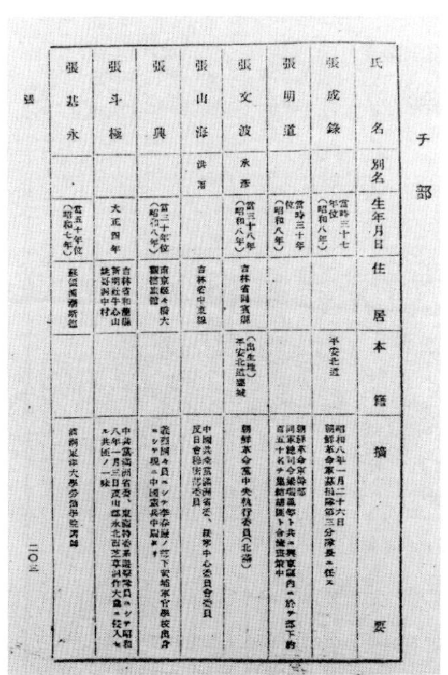

昭和九年六月

㊙

國外ニ於ケル容疑朝鮮人名簿

朝鮮總督府警務局

チ部

氏名	別名	生年月日	住居	本籍	摘要
張成錄		當時三十七年位(昭和八年)		平安北道	昭和八年一月二十六日朝鮮革命軍募捐隊第三分隊長ニ任ス
張明道		當時三十年位(昭和八年)			朝鮮革命軍參謀部同軍總司令梁瑞鳳等ト共ニ興京縣内ニ於テ部下約百五十名ヲ集結胡匪ト合流畫策中
張文波	永[illegible]	當三十八年(昭和八年)	吉林省[illegible]	(出生地)平安北道[illegible]城	朝鮮革命黨中央執行委員(北滿)
張山海	洪[illegible]		吉林省中東線		中國共產黨滿洲省委、[illegible]中心委員會委員 反日會[illegible]部委員
張興		當三十年位(昭和八年)	南京[illegible]		義烈團々員ニシテ[illegible]ノ部下[illegible]軍官學校出身ニシテ現ニ中國軍[illegible]中尉ナリ
張斗極		大正四年	吉林省和龍縣[illegible]		中共黨滿洲省委、東滿特委[illegible]ニシテ昭和八年一月三日[illegible]ル共匪ノ一味
張[illegible]永		當五十年位(昭和七年)	[illegible]		滿洲東洋大學勞働學院[illegible]

張

二〇三

총독부에서 보낸 체포 대상자 명단

전근되자 당시 일본이 중국을 침략하려는 음모로써 다수 정보원을 각지에 파견하여 국내 정세를 정탐하고 군정 각계에 침투하여 이간(離間), 모략중상 등의 제반 수단으로 맹렬한 정보전이 전개된 때이므로, 나로 하여금 이 일본 정보원 활동을 감시, 조사, 분석하는 책임을 맡게 하였다. 이 책임을 맡고 보니 일본 관헌에서 본래부터 우리 망명한 한인에 대하여 항상 경계하여 오고 각종 술책을 다하여 체포하여 갈 기회만 노리고 있던 중 적과 아군 쌍방 간에 서로 임무를 집행하는 경우에 있어서, 정면으로 충돌되는 때가 항상 있었다.

그리하여 일본 대사관에서는 나를 비밀리에 체포할 계획으로 다수의 사복형사를 파견하여 뒤를 따르는 행동과 직접적으로 나에게 서신으로 경고 혹은 전향하기를 권유해 오는 등의 사실이 열몇 차례나 있었으나 결국은 자기들의 음모대로 되지 아니함을 알고 최후로는 일본 대사 명의로 정식 공문을 중국 외교 당국을 경유하여 헌병사령부에 발송하여 나를 자기네 대사관으로 인계하여 달라는 강력한 교섭이 있었으나 당시 헌병사령관 곡정륜(谷正倫) 씨와 경무처장 한문환(韓文煥) 씨의 거부로 목적을 달성하지 못하였던 것이다.

그 후에도 계속해서 교섭이 있으므로 양국 간에 외교상 갈등이 생기어 부득이 나의 신분을 감추기 위하여 성명 석 자를 외가댁 성을 따라 송정헌(宋鼎憲)으로 변경하고 중국 국적으로 입적하는 귀화 수속을 하였다가 1936년 7월경[20]에 중일전쟁이 정식으로 선포됨에 따라 다시 장흥으로 복귀하였다. 그러나 나의 호적 또는 족보상의 원명은 장기진(張基鎭)인데 황포사관학교에 입학하던 그날부터 왜경의 이목을 피하기 위하여 장흥(張興)으로 이름을 바꾸었던 것이다. 귀국 후 원래의 이름으로 되돌리려다가 친지간에 서로 숙지한 성명을 갑자기 변경하게 되면 정치생활상 곤란한 점이 있을 듯해서 장흥 두 글자 그대로 행세한 것이다.

14

결혼 문제

나의 결혼생활 문제는 상기 제5항에서 말한 바와 같이 첫 번은 이씨 여인과 이혼한 후 광주 금사(中坐)면 궁내리 김기제 씨의 차녀와 결혼하여 의좋게 9개월 동안 살다가 내가 해외로 망명한 후 왜경에 요주의인물의 한 사람이 되어 나 자신이 귀국할 수 없고, 그녀 역시 출국하기 불가능한 고로 부득이 각자 장래를 위하여 서신으로 서로 협의 이혼하였다. 그 후부

20) 중일전쟁은 1937년 7월 7일 노구교사건으로 시작되었다.

터는 십수 년이라는 장구한 세월을 두고 독신생활을 하다 보니 연령이 벌써 서른다섯 살이나 됨에 적당한 기회에 상대자를 구하려 하였으나 당시 중국으로 망명한 분 중에 대부분이 남자뿐이고 여성은 극소수인 고로 동포 여성을 택하기는 사실상으로 곤란한 형편이었다.

그리하여 부득이 중국 여성과 부부 생활을 할 수밖에는 없었던 상황에 어떤 중국 친우의 소개로 광동 여자 한 분을 알게 되어 거의 약혼까지 할 예정이었으나 마침내 우리 혁명 선배이신 신익희(申翼熙), 지청천(池青天), 윤기섭(尹琦燮) 제씨께서 우리는 독립운동자의 신분으로서 경우에 따라 동분서주에 정착처가 없어 안정된 생활을 할 수 없는 고로 가정적인 행복한 생활이란 있을 수 없고 오직 고생살이 밖에 없는 것은 필연적인 사실인데 중국 여자로서 이런 각오를 하고 고생살이를 하면서라도 능히 우리 독립운동자의 내조가 되기는 기대하기 어려울 것이니 아무리 병신이고 못났다 하더라도 우리로서는 내 민족의 여성과 부부를 맺는 것이 먼 장래를 보아서 행복할 것이니 심사숙고하라고 권유하여 주셨다. 그 후로 그 혼약을 파기하여 버리고 윤기섭 선생의 사촌형제 해섭(海燮) 군의 중매로 상해에 거주하시는 김명제(金明濟) 씨의 제4녀 김순경(金旬卿) 양과 약혼을 했고 1936년 10월 4일 남경 화패로(花牌路) 대화반점(大華飯店)에서 결혼식을 거행하고 부부의 연을 맺게 되었다.

결혼사진

상해에서

그 당시 우리 동지들 중에 중국 여성과 국제결혼을 한 분이 다수 있었으나 결국 8·15

해방과 더불어 가족 동반 귀국 후에 그 여성들이 사람도 생소하고 땅도 생소한 우리나라에 와서 살 수 없으므로 남편과 자녀를 버리고 도로 자기 나라로 돌아가, 가정이 파탄 나는 현실이 비일비재했다. 이런 현실을 볼 때마다 신(申), 지(池), 윤(尹) 여러 선생의 지도를 받고 국제결혼을 하지 아니하였던 것이 자녀들에게 대하여 행복은 물론이고 내 일신상에 대하여서도 더할 수 없는 행복이 되었으므로 항상 나는 그분들에게 감사하여 마지아니한다.

15
중·일 양국 전쟁 전후의 경위

중·일 양국이 정식으로 선전포고하기 전에 발생한 여러 사변 경위를 서술해 보려 한다.

1) 만주 왕으로 자처한 장작림 씨의 피격 및 봉천성 심양 북대영사건

원래 장작림(張作霖) 씨는 본래 마적단(즉, 도둑 집단) 출신인데 러일전쟁 때 일본군에 협력한 공로로 만주의 실권자가 된 사람이었다. 말하자면 친일을 한 때문에 출세를 한 사람이므로 일제도 장작림만은 꼭 자기 사람으로 굳게 그를 믿어왔던 것이다. 그러던 것이 중국 광동에서 혁명이 일어나고 일본이 후원하던 북경의 군벌 오패부(吳佩孚)마저 혁명군에게 굴복을 하고 마니, 장작림도 점차로 마음이 변해서 그전처럼 일제의 말을 잘 듣지 않게 되고 한걸음 더 나가서 일본을 배척하기에 이르렀었다. 이에 격분한 소위 일본의 관동군은 어느 날 북경에서 봉천으로 오는 기차를 폭파시키어 그 차에 타고 있던 장작림 씨를 폭사하게 하였던 것이다. 이와 같은 일은 과거 일제의 상투적인 수단이었으니 구한말 시대에 일본을 배척한다고 해서 보부상패(지금의 깡패)를 궁내로 침입시켜 명성황후를 참살한 것[21]

이나 똑같은 것이었다. 그 후 만주에서 실권자가 된 장작림 씨의 아들 장학량(張學良)은 아버지를 살해한 원수라고 해서 일제를 극도로 미워하게 되었으며, 그 반면에 장개석 총통은 장학량에게 대하여 하루바삐 국민정부로 돌아와서 함께 나랏일을 하자고 열심히 권고하였다.

일이 이쯤 되고 보니 일제는 장작림을 암살한 것이 도리어 큰 화근을 초래하였으므로 이 사건을 조작한 일본인 하본(河本, 가와모토) 대좌를 형식상 처벌하고 장학량에게 사과했으나 때는 이미 늦어 만주가 국민정부 산하로 들어가는 것은 오직 시간문제가 되었다. 일본은 언제까지나 만주가 따로 떨어져 있어야 자기네 이익이 되겠으므로 장학량에 대해서 국민정부로 들어가지 말 것을 혹은 꾀기도 하고 혹은 협박도 했으나 복수심에 불타고 국가의식에 눈을 뜨게 된 장학량은 좀처럼 이에 응하지 않았다. 그래서 만일 만주에서 쫓겨난다면 자연히 조선에서도 손을 떼지 않을 수 없을 것이므로 일제는 참으로 어려운 고비에 당면하였던 것이다. 그리하여 만주에서 물러나고 조선에서도 손을 떼게 된다면 명치유신 이래 러일전쟁과 청일전쟁의 효과와 소득이 하루아침에 물거품으로 돌아갈 것이므로 일제의 초조는 극도에 달하여 무슨 수단을 써서라도 중국의 혁명 세력을 저지하고자 하였었다.

그런데 하루는 청천벽력 격으로 갑자기 청천백일기(青天白日旗: 중국 국기)가 봉천성 정부 옥상에 높이 휘날리게 되었다. 그것은 다시 말할 것도 없이 장학량 씨가 드디어 국민정부에 합류한 것임을 표시하는 것이었다.

이에 격분한 일제는 마침내 궁여지책으로 최후의 비상수단으로 1931년 9월 18일 밤 봉천정거장 부근에서 정체불명의 괴한들 수십 명이 나타나 철도를 파괴하였다는 핑계를 대고 당지에 주둔한 관동군을 출동시키어

---

21) 을미사변 당시 일본은 대륙 낭인들을 동원해 명성황후를 시해했고, 이 과정에 우범선, 구연수, 이두황 등 일부 조선인 친일파들이 참가했지만, 보부상들이 동원되지는 않았다.

그 길로 장학량 부대가 주둔하고 있는 북대영을 기습하여 모든 군대 무장을 해제함과 동시에 전 만주를 자기네 손아귀에 장악하게 된 것이, 즉 만주 북대영사건(北大營事件)이다.

2) 만보산사건의 경위

이 사변은 왜적이 우리 한국을 합병한 이래 소위 동양척식회사라는 경제 침략과 이민 정책의 총본부인 기관을 우리나라에 두고 전문적으로 우리 국민의 토지 몰수와 재산을 강탈하여 자기 국민을 이식하는 데 제공했다. 이에 따라 우리 국민은 점차적으로 만주와 러시아 연해주로 내쫓고 그들이 정착한 후 그들을 보호한다는 미명하에 만주 지역 내에 소위 수비대를 파견하여 무뢰한 한인(韓人)들을 앞잡이로 내세우고 중국인의 토지, 재산을 강점 혹은 몰수시켜 중·한 양 국민 간에 원수로 상대하는 현실을 조성했다. 한·중 양국의 전통적인 우의를 파괴하는 데 경주하는 동시에 한 발 더 나아가 이른바 일본, 조선, 만주 공동체라는 구호를 내걸고 만주를 병탄하려는 야욕이 갈수록 노골화되어 가는 곳마다 고의적으로 갖은 수단과 방법을 써서 사건을 만들어 확대시킨 후 군대를 파견하여 무력 충돌을 조성하는 것이 일관적인 통례이다.

이 만보산사변의 발단이 된 정황을 보건대 한국 교포 농장에서 물을 대는 수로를 구축하려면 주변 지형상 반드시 중국인 농장을 거쳐서 물을 끌어와야 했다. 그런 관계로 수로를 개척하려 한즉 중국인 농장에서 절대 반대를 초래하게 됨에 당지 주둔한 수비대가 이 기회를 천재일우의 기회로 이용하여 한국 교포를 시켜 굴착을 강행케 한 결과 양국 농민 간에 대대적으로 충돌이 발생하여 양측에 살상이 수백에 달하게 된 것이, 즉 만보산사변이라 한다. 이 사변을 기화로 하여 국내에서는 우리 국민을 충동시키어 배척운동을 조장하고 무수한 화교를 학살케 한 사실을 빚어내어 한·중 양 민족 사이가 원수와 같은 상태를 조성하였다.

16
천진사변[22] 경위

천진사변으로 인하여 소위 하매협정(何梅協定)을 체결할 당시에 일적(日敵)이 중국을 침략하기 위한 이른바 탁목조(啄木鳥, 딱따구리)식의 외교 정책을 실시하던 때이다. 이 딱따구리 외교라 함은 딱따구리가 이 나무 저 나무 앉는 데마다 쪼아 흠집을 내는 것같이 일본인은 가는 곳마다 무슨 트집을 잡든지 반드시 중대한 사고를 연출하여 처음에는 외교적으로 교섭하는 것처럼 하다가 자기네 소기의 목적대로 달성치 못하면 최종에 가서는 군대를 동원하여 강행하는 실례가 부지기수였다. 이런 악독한 정책을 실행하는 데 있어서는 언제나 자기네 군인과 민간인은 뒤에다 모셔놓고 반드시 무뢰한 한인(韓人)을 앞에 내세우는 것이 일관적으로 취하는 악랄한 계책이었다.

이 천진사변의 발단이 된 내막을 살핀다면 현지에 주둔한 일본 군부에서 구리와 철을 수집할 방책으로 불량 한인을 사주했다. 아편을 중국 내지로 밀수시키어 동전을 교환해 오는 행상을 장려해 오던 무렵에 몇백만 원 가격이 되는 동전을 수송 도중 중국 관헌에게 압수됨에 화주(貨主) 한인 수백 명과 서로 격투 끝에 화북정무위원회 위원장 하응흠 장군 사무실까지 쳐들어가서 갖은 만행을 감행했다. 그런 중에 하 장군 호위병에게 한인 몇 사람이 살상당한 것이 발단되어 결국에 가서는 일본군이 일관적인 계획대로 군대를 동원하여 일촉즉발의 험악한 국면을 조성하였다. 그 당시 중국 정부로서는 공산군과 한창 치열하게 작전 중 거의 섬멸

---

22) 일본의 만주 침략(세칭 만주사변) 직후, 일본이 청의 마지막 황제 부의를 빼내 괴뢰 만주국을 세우려 했던 천진사변(1931년 11월)과 1935년 관동군이 하북성, 산서성 등 화북 5개성을 국민정부로부터 분리하여 기동자치정부를 세운 화북사건을 혼동한 것으로 보인다.

단계에 도달한지라 정략상 불가불 대외적인 충돌을 될 수 있는 한 회피하지 아니할 수 없는 곤경이므로 하응흠 씨로부터 피해자 한인에게 상당한 조위금과 기타 위문품 등을 주어 분함을 참고 화해하고 또 당지에 주둔하고 있는 일본군 사령관 매진(梅津, 우메즈)이라는 자와 치욕적인 협정으로 귀결한 것이 소위 천진사변의 하매협정이라 하는 것이다.

이상 서술한 바와 같이 중국 각지에서 발생되는 유사한 대소 사건이 계속 부단히 있으므로 중·한 양 국민 간의 감정이 갈수록 악화되었다. 우리 망명해 온 독립운동가에게까지도 이러한 영향이 미치게 되어 중국 국민들에게 미움을 받게 되었을 뿐만 아니라 심지어 상해에 거주하는 우리 교포에게 식량까지도 매매 거래를 끊으려는 경향이 있었다.

중·일 양국의 국교가 갈수록 갈등이 되어 가던 때인 1934년 9월경에 상해[23]에 주둔하고 있던 국군 19로군(路軍)과 일본군과의 대충돌전이 다시 일어나 적군과 아군 쌍방에서 대병력을 집결하여 3~4개월간 격전하다 결국에는 미국, 영국, 프랑스 등 여러 열강이 직접 나서서 조정하는 바람에 중국 측에서 부득이 정전협정을 체결하고 말았다. 이 협정이 체결되자 일본군 측에서는 전승의 위엄을 띠고 일황의 생일 소위 천장절(天長節)을 이용하여 현지 홍구공원에서 적장 백천(白川, 시라카와) 대장 이하 각 장병과 일본 교포 수만 명이 운집하여 전승축하식을 성대히 거행하던 찰나에 우리 윤봉길(尹奉吉) 의사께서 백범 김구 선생의 지령을 받고 용감하게 삼엄한 경계망을 헤치고 뛰어들어 폭탄 하나를 연단에 던지자 벼락치는 일성(一聲)에 적장 백천 대장 이하 식전(植田) 대장, 중광(重光) 대사 등 6~7명[24]을 즉석에서 꺼꾸러뜨리고 우리 민족의 혁혁한 독립운동의 위력

23) 일본군과 중국 국민군인 19로군이 크게 충돌한 것은 일제가 만주국 수립을 위한 시간을 벌기 위해 1932년 1월 28일 상해에서 군사 침략 행동을 시작하면서부터이다. 흔히 1차 상해사변이라 부르는 이 사건 후 4월 29일에 열린 일제의 축하 행사에서 윤봉길 의사가 폭탄을 투척했다.

을 세계만방에 과시하였다.

이 소식이 중국 각지에 전파되자 중국 국민들의 태도가 돌변하여 우리 독립운동가에게 식량과 옷 등을 무료로 제공하며, 또 중국 정부에서는 상해에 있는 우리 임시정부와 혁명 지도자이신 백범 김구 선생 이하 1,000여 명의 각료 및 가족들을 남경으로 초치하여 거대한 예산으로 전체의 생활을 보호하고 유지하게 하여주었다. 이와 동시에 국내외 청년을 대대적으로 모집하여 한국광복군 조직 육성에 적극 협조하기로 한중군사협정까지 체결하였다.

그 후 백범 김구 선생께서는 다년간 한·만 국경에서 독립군으로 활약하시던 이청천(일명 지청천), 이범석 등 여러 장군을 소환하여 광복군을 확장, 조직하고 훈련시킨 후에 중국 각 전선과 인도, 안남(安南, 베트남)[25] 등지 항일 전선에 참가하여 혁혁한 전공을 세우고 최후 중일전쟁이 종결되던 서기 1945년 8·15 해방을 맞이하여 전부 귀국 후 국군 창설에 참가하였다.

17
중일전쟁의 선포

중일전쟁의 시발은 1937년 7월 7일에 북경 노구교(老構橋) 북쪽에 주둔하고 있는 일본군 매진(梅津, 우메즈) 부대와 남쪽에 주둔하고 있던 중국군 송철원(宋哲源) 부대 간에 최초로 일어난 경미한 충돌로서 점점 확대되어 중

24) "시라카와 요시노리(白川義則) 대장, 해군사령관 노무라 요시사부로(野村吉三郞) 중장, 제9사단장 우에다 겐키치(植田謙吉) 중장, 주중공사 시게미쓰 마모루(重光葵), 거류민단 행정위원장 가와바타 사다쓰구(河端貞次), 주중총영사 무라이(村井倉松), 민단서기장 도모노(友野盛) 등 7명에게 중상을 입혔다"[김상기, 「尹奉吉의 金澤에서의 순국과 순국지」, ≪한국독립운동사연구≫, 제41집(2012)].

25) 광복군은 연합군과 함께 인도, 미얀마 전선에 참가했다.

국 측에서는 될 수 있는 한 국한된 지방 사건으로 해결하려고 누차 외교적 교섭을 진행했다. 일본 측에서는 당시 서유럽에서 독일과 프랑스 사이에 전쟁이 일촉즉발할 위기에 있으므로, 영·미 두 강대국이 동쪽 아시아를 돌아볼 여지가 없는 기회를 천재일우로 이용하여 중국을 완전히 침탈할 야욕을 품었다. 비밀리에 육해공군을 대대적으로 출동시키어 각 중요 도시에 투입해 적극적으로 침략전을 전개하려는 음모가 폭로되자 중국 정부로서는 부득이 수십 년간이나 불구대천의 원수로 투쟁하여 오던 공산당과 다시 합작하고 또 십몇 년이나 국교 단절로 불화하게 지내오던 소련과도 다시 국교를 회복한 후 정식으로 일본에게 선전을 포고하였다.

당시 일본군이 화북에서는 수세를 취하고 주공격을 화남으로 돌리기 위하여 대병력을 상해 방면에 파견하여 직접 중앙정부 소재지인 남경을 공격 목표로 하고 대거 진공하여 왔다. 중국 측에서는 부득이 전쟁을 아니할 수 없으므로 장기 항전할 계획으로 당년 11월경에 정부 및 산하 각 중요 기관을 사천성 중경으로 천도 중 동월 말경에 상해가 함락됨에 남경이 위급하게 되어 관민 전체가 철수하게 되었다.[26]

우리 대한민국임시정부도 백범 선생 영도하에 여러 각료와 교포 1,000여 명이 중국 정부를 따라 우선 한구(漢口) 방면으로 철수하였다. 그 당시 내가 근무하는 헌병사령부도 귀주성 지강현(芷江縣)으로 이동하였고 나 개인은 적 정보 책임을 맡은 고로 동료 위지초(魏志超) 군 이하 수백 명을 인솔하고 남경 부근에 잔류하며 계속 근무하게 되었다. 이 지령을 받은 후 가족 식구에 칠순 되시는 빙모님과 내 처 두 사람 외에 동서 이재상(李載祥)[27] 내외 이 네 사람을 우선 우리 임시정부를 따라 이동케 한 후에 불

26) 1937년 일본은 2차 상해사변을 일으켰고, 12월에 남경을 점령했다.

27) 민족혁명당에서 활동한 이재상은 남경에서 공작 활동 중 일경에 체포되어 1939년 12월 19일 경성 지방법원에서 이른바 '치안유지법' 위반 혐의로 징역 2년형을 받고 옥고를 치렀다. 1990

과 십수 일도 못 되어 불행히도 남경이 또 함락됨에 부득이 최후로 철수하는 배편으로 한구 방면으로 후퇴하는 도중에 구강(九江)에 도착하였다. 구강이라는 곳은 남경에서 한구로 가는 도중에 제일 큰 도시이고 또 강서성 성도인 남창(南昌)으로 통하는 감강(贛江)의 입구이다. 따라서 모든 성의 물자가 여기에 집결되어 외국으로 수출될 뿐만 아니라 특히 중국에서 유명한 도자기가 생산되는 경제도시이다[도자기로 유명한 생산지가 강서성 경덕진(景德鎭)이다]. 여기서도 목적지인 한구까지는 천 수백여 리나 되어 배편으로 이틀이 걸려야 도착할 수 있었다.

그러나 그간 제일선에서 또 그 무서운 포탄 속에서 생사를 새털과 같이 가볍게 생각하고 동분서주하기에 심신이 피곤함은 물론이고 더욱이 패전의 고배를 맛보기에 정신상 무한한 고통을 형언할 수 없었다.

나는 이 생에서 일본 놈과 무슨 불구대천의 원수로 태어났던지 본래 놈들의 학정하에 살 수 없어서 그리운 고국과 부모형제를 저버리고 의지하고 의탁할 데 없는 만리타국으로 망명했다. 그랬건만 또 무엇이 부족하여 여기까지 쫓겨 와서 사랑하는 처자와 눈물을 머금고 애처롭게도 이별케 하며 생명까지 뺏으려는 놈들의 심보도 비할 데 없이 악독하려니와 기구한 나의 팔자 무슨 죄를 저질렀기에 이렇게 험악할까. 이것이 내가 타고나온 팔자소관인가, 나라 없는 설움인가? 이렇게 울어도 보고 웃어도 보면서 조국에 계신 부모님을 사모하고 또 앞에 먼저 피란 떠난 처자를 그리워 탄식하면서 심신의 피로를 잠시라도 풀기 위하여 구강 부두에 내려 휴식할 여관을 찾았다. 그 참에 우연히 김윤서(金允敍) 동지를 만나서 우리 임시정부 일행의 향방을 물은즉 마침 몇 시간 전에 이곳에 도착하였다 하기에 즉시 김 동지와 같이 김구 선생 일행이 타신 선척을 찾아

년에 건국훈장 애국장이 추서되었다.

여러 선배님께 일일이 위문했다. 그때 나의 아내 순경은 나의 음성을 듣고 죽었던 사람 다시 만난 듯이 반가워서 반울음과 눈물 젖은 낯으로 나를 포옹하고 어쩔 줄 몰랐다.

20여 일 전에 남경을 떠났기에 벌써 한구에 도착하였을 줄로 생각하고 이곳에서 만날 줄은 꿈에도 생각지 않다가 뜻밖에 서로 만나 그리웠던 부부의 정을 주고받던 기쁨이야말로 일생을 통하여 기억에 남아 있게 되었다. 이날 선중에서 하룻밤을 지내고 다음 날 내가 타고 온 배편으로 내 가족만 데리고 한구로 향하여 출발하였다. 한구라는 곳은 양자강 유역의 화남, 화북을 통하는 교통 중심지이며 군사상 요지로서 삼국시대의 제갈량 선생이 화공으로써 적군 팔십만 대군을 격멸하였던 소위 적벽대전의 전장이 바로 이곳이다. 지금에 와서는 중국 현대식 도시의 하나이며 인구는 150~160만이나 거주하고 있다. 당시 북경과 남경이 함락된 뒤 군과 민간인 수백만이 집결되어 사회질서가 대단히 혼란할 뿐 아니라 적군이 급전직하로 한구의 문호인 구강까지 도착했다. 중앙정부는 예정대로 중경으로 천도하였고 우리 임시정부는 잠시 호남성 장사(長沙)로 이동하여 제일선과 가까운 지역에서 우리 광복군을 확충할 제반 준비를 진행 중이었다.

본래 광복군 기간요원은 만주 신흥무관학교 출신 200여 명[28]과 중국 군사학교 출신 200여 명을 합하여 전부 400~500명으로 조직된 것이다. 그중 중국 군사학교 출신자는 백범 김구 선생님이 직접 지휘하시고 그 나머지 신흥 출신자인 오광선(吳光鮮), 김학규(金學奎) 등은 이청천 장군께서 따로 군관대(軍官隊)를 조직하여 남경 시내 중화문(中華門) 내 화로강(華露崗)에 집

28) 광복군의 절반가량인 200여 명이 신흥무관학교 출신이었다는 것은 명백한 착오로 보인다. 신흥무관학교는 광복군 창설 20년 전인 1920년에 폐교되었기 때문에, 광복군 간부 중에 김학규, 오광선 등 약간 명이 신흥무관학교 출신이고, 20대가 대부분인 일반 대원 중에는 신흥무관학교 출신은 없었다.

(53)任退字第1804號

學經歷證明書

查張興係大韓民國漢城人中華民國前柒年壹月貳拾日出生於拾伍年叁月拾肆日入我國陸軍軍官學校第五期第一總隊步科至拾陸年捌月拾伍日畢業嗣於叁拾陸年肆月一日以(三六)除乙字第零零叁叁陸柒號令核定以陸軍步兵中校除役有案其在我國服務經歷依部存記錄查證如左

服務單位級職	任職 年月日	離職 年月日	離職原因
陸軍第二十二師第五十八團准尉見習官	16.8.15.	16.10.1.	免
陸軍軍官學校第六期步尉區隊附	16.11.1.	16.12.30	調
陸軍軍官學校政治部黃埔書社少尉社員	17.1.1.	17.3.1.	免
憲兵第二團第三營少尉排長	18.1.1.	18.10.1.	升
憲兵第二團第三營中尉排長	18.10.1.	20.12.31	調
憲兵第一團第一營營本部中尉副官	21.1.1.	21.6.1.	免
憲兵司令部下關船舶檢查所中尉檢查員	21.10.15	24.5.1.	升調
憲兵司令部警務處上尉處員	24.5.1.	28.7.1.	升調
憲兵第八團第一營少校營附	28.7.1.	29.12.1	調
憲兵第八團少校團附	29.12.1	31.10.1.	調
憲兵第八團第二營少校營長	31.10.1.	32.3.1.	升
憲兵第八團第二營中校營長	32.3.1.	34.11.28	調
憲兵司令部中校附員	34.11.28	35.7.1.	調
中央訓練團第十七軍官總隊第五大隊第二十四中隊中校隊員	36.1.1.	36.4.1.	除役

右給張　興收執

中華民國國防部 部長 俞大維

中華民國伍拾叁年捌月　日

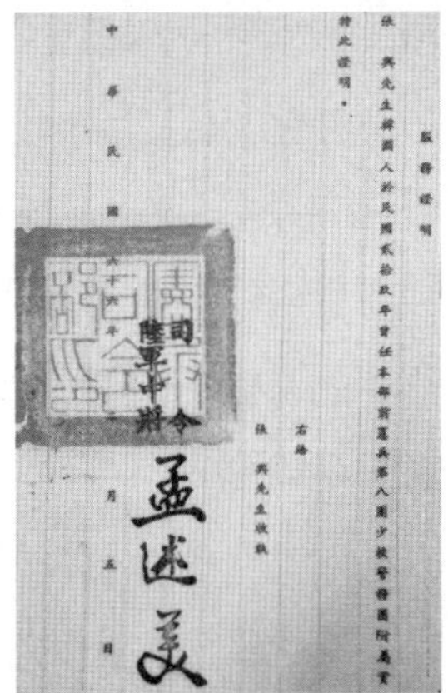

학력 및 경력 증명서 대만 국방부 제공.

결하였었다. 그때에 내가 헌병사령부 직원으로서 남경시 장정총대(壯丁總隊, 우리 병무청과 같음) 기요간사(機要幹事)직을 겸무하고 있을 때였다. 그리하여 이 군관대 200여 명을 장정총대 소속 정원(T.O.)으로 가편입시키어 일부 경비를 인출하여 2~3년간이나 생활비, 훈련비 등으로 전부 부담하였다. 그러다가 중일전쟁 중에 임시정부와 같이 중경으로 이동 후 정식으로 한국광복군에 편입하여 각지 전장에서 열렬히 싸웠다. 종전 후에는 귀국하여 국군 창설에 전부 참가하여 국방상 중대 책임을 지고 활약하였다.

18

종군 작전 중 가족을 상해로 보내다

1937년 12월 말경에 가족을 데리고 한구에 도착한 후에, 앞으로 행동을 계산해 보았다. 암만 생각하여도 이 장기 전쟁 중에 가족을 인솔하고 다니기가 너무나 불편이 클 뿐만 아니라 더욱이 칠순이 넘으신 빙모님을 6,000~7,000리나 되는 중경으로 모시는 것이 선책(善策)이 아닐 듯 생각되었다. 부득이 동서 재상 씨로 하여금 빙모님과 자기 부인 두 분을 우선 상해 처가댁으로 가시도록 하고, 재상 씨를 시키어 홍콩까지 가서 선편에 태워드린 후 다시 중경으로 돌아가게 하였다. 나는 처 순경과 같이 해를 보내고 신년을 맞이하여 서너 달 지내던 중에 마침 아내가 임신 중에 중병을 치르는 것같이 신음하고 있는 때에 적군은 벌써 한구 부근에 침입하였다. 부득이 병석에 누워 있는 사람을 데리고 호남성 장사로 이주하였다. 때마침 지강(芷江)으로 이동하려던 헌병사령부가 계획을 변경하여 잠시 장사에 주둔하게 되어 나는 다시 원대로 복귀하여 경무처에서 계속 근무하였다.

아내 순경이 임신한 지 5개월이 지나므로, 심사숙고 끝에 장기 전쟁 중이고 또 생소한 타향으로 동행하여 다니기가 지극히 불편할 듯하여 부득이 자기 친가로 보내기로 결심하였다. 중경에 가 있는 동서 이재상 씨를 오라 하여 그와 같이 홍콩까지 가서 상해로 가는 배편에 태워주고 돌아오라 하였다. 그가 그 길로 아내와 같이 상해로 가서 근 1년 동안 은거하고 있다가 불행히 일본 경찰에 체포되어 중경 임시정부 연락원이라는 죄목으로 재판을 받고 5년간이나 서대문 감옥에서 옥살이를 하였다.[29] 아내 순경은 친가에 도착한즉 일본 영사관으로부터 수십 차례나 호출을 받

29) 이 책 61쪽 각주 29) 참조.

아 우리 임시정부와 무슨 연락이나 있지 않은가 추측하고 무리한 심문에 고초를 받았다고 한다.

19

김구 주석께서 저격당하신 사건

1938년 6, 7월경[30]

우리 임시정부 내에는 김구 선생이 인도하시는 한국독립당, 김원봉 씨가 영도하시는 조선민족혁명당, 현 북한에서 칭하는 연안(지명)파,[31] 신익희 씨가 영도하는 한국혁명당파 등 파벌로서 항상 분쟁이 심하여 우리 운동상에 지대한 지장을 초래하여 왔다. 중일전쟁이 정식으로 선포됨에 따라 거족적으로 단결하여 일치 항쟁하여야 할 대업을 앞에 두고 있었다. 따라서 이런 유해무익한 당파 분쟁으로만 종사(從事)하는 것이 결국엔 민족 자멸을 초래할 것밖에는 아무런 이익이 없을 것이며 또 우리 민족혁명 투쟁사도 영원히 사라지고 말 것이었다.

각 당파 지도자와 김구 선생 등 제위 선배께서 무조건 대동단결을 촉진키 위하여 각 당 대표들이 합석하여 정중히 회의를 진행하고 있었다. 뜻하지 않게 불량 청년 이운한(李雲漢)이라는 놈이 평소에 백범 선생께서 자기에게 풍족한 생활비를 주지 아니한다는 불평불만을 부리던 차에 권총을 가지고 회의석상에 뛰어들어 난사한 결과 백범 선생께서는 흉부를 관통당시고 류동열(柳東悅), 이청천 제씨는 비교적 경상을 입으셨다. 현익철(玄益哲) 씨는 두부 관통을 당하시어 그 자리에서 즉사하시었다.

30) 1938년 5월 7일 발생한 남목청 사건이다.

31) 조선청년전위동맹파의 착오로 보인다. 연안파란 김두봉, 최창익, 허정숙, 무정 등 조선독립동맹과 조선의용군에서 활동하다가 북한으로 귀국한 공산주의자들을 지칭하는 용어이다.

이 현 동지께서는 우리 독립운동의 저명한 맹장으로서 한·만 국경에서 열렬히 투쟁하시었다. 중일전쟁 중에 관동에서 관내로 들어와서 임시정부에서 근무하다가 슬하에 어린 아들 하나를 두고 이런 불의의 변고를 당한 후 동지장(同志葬)으로 장사(長沙)에서 장례를 지내었다. 김구 선생께서는 흉부 관통상을 입으시어 거의 절명하실 번한 위경에 처하셨다가 천우신조하여 장사시 국립상아병원(國立湘雅病院)에 입원, 치료하여 완쾌하시고 건강을 회복하셨다. 그러나 탄환이 흉부 뒤 뼈 사이에 박히어 수술이 불가능하므로 끝내 빼내지 못하신 채 귀국하신 후 안두희(安斗熙) 놈 흉탄에 저격을 당하시어 서거하시었다. 그때 흉악한 범인 이운한 군은 거사 후 도망하여 종적을 감추었다가 한 달 만에 광동에서 중국 관헌에게 체포되어 법에 의하여 처형되었다. 종범 혐의자로 강창제(姜昌濟), 박창세(朴昌世), 신기언(辛基彦) 등을 체포·수감하였다가 하등 증거가 없으므로 석방되었다. 이상 사건으로 말미암아 각 당 통일운동은 잠시 중지되었다가 그 후 임시정부가 중경으로 이동한 뒤 통일 정당을 조직하고 광복군도 본격적으로 조직하여 중일전쟁 종전 시까지 각지 전장에 참가, 활약하였다.

20

한구와 장사를 함락당한 후의 상황

1938년 이른 봄에 한구에서는 별로 전투도 하지 아니하고 적에게 함락당한 후 적군이 무인지경같이 장사 부근까지 와서 침범하는 지경이었다. 우리 임시정부는 그 즉시 중경으로 이동하고 나는 헌병사령부를 따라 지강으로 이동하였다. 그곳에서 거의 1년을 지내는 동안 상해 친가에 가 있는 아내로부터 장녀 한옥(漢玉)을 순산하였다는 편지와 사진을 받아보고 심히 반가웠으나 직접 얼굴을 보지 못하여 대단히 유감스럽게 생각했다. 그

뿐만 아니라 상해가 적군 점령 지대인 고로 통신조차 용이치 못하므로 생활비를 보내주지 못하니 참으로 답답한 사정이었다. 어느 날인지 또 아내의 편지를 받고 보니 처남 되는 김동석(金東錫) 씨가 돌연히 신병으로 서거하였다는 소식을 들었다. 그는 50 미만의 나이로, 위로는 칠순 고령인 양친이 모두 살아 계시고 아래로는 미성년인 자녀 네 사람을 두고 세상을 떠나는 그의 가정이야말로 참으로 비할 수 없는 비극에 빠졌을 것으로 생각되어 나도 모르게 흘러나오는 눈물을 금할 수 없었다. 시국이나 평화스러운 때 같으면 빙부모님 두 분이나 모시어 위안이라도 하여 드리었으련만 아침에 나서 저녁에 죽을지 모르는 전쟁판에 그조차 못하겠으니 오직 한탄만 할 뿐이었다.

주둔지 지강현은 호남과 귀주 두 개 성의 접경지인데 이곳에서 동료 중에 동포인 나월한(羅月煥) 군이 같이 1년 동안이나 객고를 같이하였다. 그러던 중 하루는 나 군이 중경 광복군으로 가겠다며 사표를 내고 떠나겠다는 의사를 표시하기에 그 의도에 대하여서는 가히 칭찬할 만하나 당시 광복군 내에 파벌이 심하여 제반 사업이 정상적으로 추진되지 아니할 뿐더러 서로 중상모략에 정치적으로 매장당하는 전례가 누누이 발생하였다. 그리하여 아직 시기상조인 듯하니 좀 더 시기를 보아서 같이 동반하기를 권고하였다. 그러나 끝내 듣지 아니하고 결국 사표를 제출하고 중경으로 가서 무정부주의자들과 같이 섬서성 서안 방면에다 광복군 징모처(徵募處)를 두고 적군에서 돌아오는 한적(韓籍) 장병을 유인, 모집한 결과 처음에는 상당수의 병사를 모집하여 광복군 제1지대를 성립하게 됨에 일시 명성을 날리었으나 결국은 파벌싸움에 빠져서 불행히도 암살을 당하고 말았다. 나 군은 고향이 전남 나주읍인 사람으로서 스무 살이 안 되어 중국으로 망명하여 황포사관학교 8기로 졸업하고 헌병사령부에서 4~5년간 근무하였다. 사람됨이 가장 용감하고 강직하여 대단히 전도유망한 청년으로서 혁명 선배 여러 사람에게서 극진한 총애를 받았으나 투쟁 역사에 경험이 부족하여 결국은 뜻하였던 사업에 있어서 유종의 미를 거두지 못하고 불행히도 생명만을 희생하여 버린 것이 실로 유감천만이었다.[32] 1945년 8·15 해방을 맞이하여 백범 김구 주석께서 귀국하실 때에 나 군의 유해를 친히 가지고 오셔서 나 군의 큰형인 일환(日煥) 군에게 전달하시며 안장하게 하셨다. 또 내가 1951년도에 전남병사구사령관(兵事區司令官) 재임 시에 그의 가족을 찾아서 그들의 생계를 돌보아 주기 위하여 적산가옥을 불하해 주어 신라여관이라는 명패를 달고 여관업을 하도록 주선하여 주었다.

1938년 초 여름에 지강에서 나 군과 작별한 후 쓸쓸히 나 혼자 그 벽지에서 1년을 지내다가 동년 11월경에 소령급으로 진급과 동시에 헌병 제8단(연대) 경무부장으로 전임 발령을 받고 단 본부 주둔지인 상요(上饒)로 부임하였다. 단장은 방척하(方滌瑕) 씨인데 군은 나와 황포군관학교 동기생이고 또 평소에 나와 교의가 가장 두터워서 중일전쟁이 끝날 때까지 제일선에서 생사고락을 같이 한 친구이다. 또 이 헌병단이 각 헌병대 중에서 가장 우수한 부대이므로 장개석 장군의 신임이 두터워서 전략상 가장 중요 지역의 임무만을 담당하여 왔다.

21

그리웠던 아내와, 생후 처음 보는 장녀 한옥을 만나다

1938년 하반기부터 적군이 국제노선을 통한 우리의 외국 원조를 단절시

32) 나월한은 1912년생으로 1932년에 상해로 망명해 1936년 황포군관학교를 졸업(8기)했다. 그 해 9월부터 남경 중국헌병학교 교관을 지냈다. 1939년 한국청년전지공작대를 결성해 대장으로 취임한 후 초모한 병력이 100여 명이었다고 한다. 광복군 창설 후 청년전지공작대가 광복군 제5지대로 재편되면서 지대장에 임명되었다. 1942년 대원들과의 갈등 속에 살해되었다.

키기 위하여 전국 해안을 전부 봉쇄하였다. 바닷길로서는 오직 절강성 영파를 경유하여 상해로 통하는 길과 육로로서는 인도를 경유하여 운남성 곤명으로 들어오는 두 개 노선밖에 없었다. 특히 영파항이 우리 부대 주둔 지역 내에 있으므로, 우리 부대의 임무 중점이 외국의 원조 보급 노선을 확보하여 군수물자를 호송하는 책임을 맡았다. 그리하여 그 당시 나는 한 개 헌병 대대를 인솔하고 영파항 안에 주둔하여 전적으로 군수물자를 반입하는 총책임을 지게 되었다. 이곳에서 상해까지 뱃길로 하룻밤이면 갈 수 있으나 적군 점령지인 고로 갈 수 없었다. 그러나 왕래하는 선편을 이용하여 아내에게 통신하고 기회 보아서 데려 내오려고 하던 차에 마침 내가 데리고 있는 하사관 중에 양유복(楊有福)이라는 병사가 있었다. 본래 상해 사람으로서 지리를 잘 아는 고로 그 병사를 밀파하여 가족을 데려오라는 임무를 주었더니 떠나간 지 일주일 만에 과연 무사히 데리고 와서 2년 동안 그리웠던 모녀 두 사람을 반가이 맞이하였다. 영파에서 임시 가정생활을 수개월 하다가 다시 부대 본부가 있는 상요에다 집을 정하고 4~5개월 지내는 동안 불행히 내자가 악성 치질에 걸려 행동을 못하게 되었다. 부득이 영파로 데리고 가서 미국인이 경영하는 화미병원(華美病院)에 입원시켜 치료를 받는 중에 적군이 돌연히 이 항구를 봉쇄하려고 해상으로부터 침범하여 이미 함락될 위기에 처하게 되었다. 부득이 병자를 데리고 계구(장개석 씨 고향)를 경유하여 상요로 후퇴한 후 대만 독립운동자 이우방(李友邦) 군이 경영하는 병원에서 계속 치료를 받고 완치되었다.

22
한인 사병 탈출 사건

1938년 6월 18일 주둔지 상요에서 차녀 계옥(繼玉)이 출생하여 전 가족 네 사람이 전쟁 중 생활이지만 가장 행복하게 지냈다. 또 때마침 이소민(李蘇

民) 동지가 조선의용대 대원 50여 명을 인솔하고 이곳에 와서 상해와 소주(蘇州) 부근에 침투하여 적군 내의 한국 출신 사병 귀순 공작에 주력한 결과 동년 7월경에 소주에 주둔한 적군 내에의 한적 사병 5,000~6,000명을 집단 탈출시키다가 불행히 적군에게 발각되어 수십 명이 사살당하고 40여 명만이 다행히 무사 탈출하여 그 의용대에 편입 후 계속적으로 이런 귀순 공작에 활약하여 대단히 큰 공을 세우게 되었다. 그 후 적군 측에서는 소주 한적 사병 탈출 사건이 전군에 전파되자 전군 내의 한적 사병을 각 분대로 2명씩 분산, 편입하여 엄중 감시하였다 한다.

가족사진
장녀 한옥, 차녀 계옥과 함께

본래 상요에는 고축동(顧祝同) 장군이 영도하는 제3전구사령부가 주둔해 전구 내에 총병력이 30만가량이나 있었으나 장비가 너무 열악하여 전투력이 박약하였다. 그러므로 언제나 적이 우리를 공격하지 않으면 우리도 적을 공격하지 않는다는 식으로 방어에만 치중하고 적군과 격전해 본 기회가 없었다. 또 적과 아군 간에 전략상 그다지 중요한 지역이 아닌 고로 2~3년간 전투가 없는 상태로 편안히 지내다가 1942년 여름에 돌연히 적군 대부대가 급습하여 왔다. 전구 내의 각 부대들은 졸지에 응전도 못하고 전부 퇴각하게 되어 우선 나의 가족 세 사람을 은행 차편을 이용하여 강서성 서금(瑞金)으로 보내고 나는 부대와 같이 한편 저항하면서 서서히 퇴각하다 보니 어느덧 3개월 만에 서금에 도착하여 가족을 만나게 되었다.

중국 군대는 수송 장비가 열악한 관계로 기동력이 부족하여 언제나 도

보 행군인 고로 전쟁 시에 가족을 데리고 행동하기가 심히 곤란한 데다가 특히 나의 가족은 낯설고 물 설은 이역 생활이므로 이런 곤경을 당할 때마다 잘살든 못살든 간에 제 고향 그리운 생각이 더욱 간절하여진다. 또한 군인의 몸으로서 생사가 어느 때 어찌 될는지 자신도 모르는 신세이므로 전란 중에 가족을 만날 적마다 다시 새 사람을 만나는 느낌을 가지게 된다.

서금이라는 곳은 지형이 험악한 산지이다. 원래 중국공산당이 오랫동안 점령하고 있던 근거지이므로 문화수준이 심히 낮고 인민생활이 말할 수 없이 빈곤한 데다가 십수 년 전쟁에 시달리어 집 한 칸 제대로 있는 마을이 보이지 않았다. 인민들은 5~6년 동안이나 중일전쟁을 치르건만 누구하고 전쟁하는 줄도 모르고 그저 동족끼리 싸우는 홍백전쟁으로 알고 있을 정도이니 참으로 문화인으로서 살기 답답한 고장이었다. 이번 전투에서 영파(寧波), 금화(金華), 상요(上饒), 소흥(紹興) 등 여러 요지를 적에게 빼앗기고 우리 부대는 영도(寧都)라는 곳에 주둔하여 5~6개월을 지낸 후에 나는 중령 대대장직으로 승진했다. 그 뒤 3개 헌병 중대를 인솔하고 강서성 임시 성도인 태화(泰和)에 주둔하는 동시에 부대는 흥국(興國), 길안(吉安), 감주(贛州) 등 여러 요지에 흩어져 주둔하여 치안 책임을 담당케 되었다. 1944년 4월경에 화남 광동에 주둔한 적군이 남창의 적군과 합세할 목적으로 감주를 경유하여 남창 통로를 침범하는 바람에 내 부대는 잠시 수비 지역을 포기해야 했다. 흥국에 집결한 지 3개월 후에 또 적군이 병력을 집중할 목적으로 감주, 태화 등지를 포기하고 남창으로 집결할 무렵에 나는 다시 부대를 인솔하고 감주, 태화 지구에 진주하였다.

감주라는 곳은 강서성과 광동성 두 개 성에 접경인 중요 도시인데 장개석 씨의 장남인 경국(經國) 군이 행정 전문요원으로 재임 중에 건설적인 행정을 하여 왔기 때문에 다른 곳보다 민중의 문화수준이 비교적 고상하였다. 또 도시나 농촌에 있어서도 제반 건설이 가장 발전되어 가던 중에 적군이 3개월 동안 점령한 기간에 인민을 무자비하게 학살하고 일체 건물을 철두철미하게 파괴하고 퇴각하였기 때문에 전 도시가 폐허가 되었다. 우리 부대가 주둔한 후에 치안 유지와 건설 복구의 임무를 집행하기 위하여 관공서와 지방법원 등 여러 기관과 협조하여 감주시 숙간부흥위원회(肅奸復興委員會)를 조직하고 장경국 씨를 위원장으로 추대하고 내가 사무총장으로 선임되어 사무 전반을 총괄하게 되었다. 우선 치안을 확보하기 위하여 적군에게 아부하여 민중을 살해한 매국노 수백 명을 색출해 전부 사형에 처하고 민심을 수습한 후 관민이 한마음으로 협력하여 제반 전후 부흥 사업에 전력을 경주하고 전쟁 전과 다름없이 복구하였다.

23

적군이 투항 선언을 선포한 후 행동

1945년 6월경[33]에 독일군이 패망하므로 동서 유럽 전쟁은 종식되고 오직 극동에서 일본이 영·미 군대와 대전 중 6~7년간 긴 시일을 두고 중국과 고전하기에 사기가 저하되고 전국적으로 반전사상이 날로 농후하여 가는 이때에 영·미 강국을 단독 대항하게 되므로 머지않은 시일 내에 그의 패망은 누구나 막론하고 예측하였던 것이다. 당년 7월경[34]에 일본 해군은 필리핀 해협에서 영·미 해군에게 전멸을 당하였고, 또 8월 초에는 일본 국내 히로시마와 나가사키 두 곳에 원자탄을 투하하여 40~50만 명[35]의 국민이 순식간 내에 전멸을 당하고 보니 이로써 전쟁은 더 지속할 수 없게 되었다.

33) 독일은 1945년 5월 8일 항복 문서에 서명했다.

34) 1944년 6월 19~20일 필리핀해 마리아나 제도 인근에서 벌어진 해전으로, 일본 해군은 궤멸적 타격을 입었다.

35) 총피폭자 69만 명, 사망자 23만 명, 그중 조선인 피폭자는 7만 명, 피폭 사망자는 4만 명으로 추정된다[이치바 준코, 『한국의 히로시마』(역사비평사, 2003), 33쪽].

나는 그 당시 수복된 감주에서 부흥 사업에 전력을 경주하면서 적군의 패망을 손꼽아 기대하던 중 동월 9일 자정[36]에 당지 총상회(總商會) 증(曾)씨의 초청을 받아 한창 취흥을 누리던 중 별안간 시가 중에서 폭죽을 울리며 만세 소리가 천지를 진동하였다. 나는 무슨 폭동이나 일어난 줄로 오인하고 그 자리에서 부대로 전화를 걸어 물었더니 숙직 장교의 대답이 적군이 투항을 선포하였다 하여 시민들이 열광적으로 환호하면서 시가 행진을 하는 중이라 한다. 이 말을 들은 나는 꿈인지 생시인지 너무나 기쁨이 넘치어 곧장 집으로 달려와서 처자를 부둥켜안고 30년 동안 그리웠던 고국산천을 보게 되었고, 부모님과 형제들도 만날 수 있게 된 기쁨으로 참으로 미칠 지경이었다. 그다음 날 아침 일찍 라디오 방송을 통하여 과연 적군이 투항 선언을 발표하였고, 적국과 아군 양군은 현 주둔지에서 치안을 유지하는 동시에 중·일 양국 정부 명령을 기다려 금후 행동을 취하라는 방송 소리를 들었다.

감주, 남창에서의 행적

같은 달 30일 헌병총사령부로부터 우리 부대는 강서 성도인 남창과 구강 등지에 진주하여 전체 성 치안 유지의 총책을 맡았다. 이와 동시에 전 성내에 주둔하고 있는 적의 헌병부대 무장해제의 총책을 맡으라는 명령을 받고 즉시 전 부대에 출동 명령을 하달하였다. 나는 14일에 1개 중대 헌병을 인솔하고 내 가족과 같이 선발대로 남창을 향하여 출발하였다. 감주에서 남창까지가 근 700여 리나 되어 자동차로 가려다가 연도 민중들의 환영을 받으면서 가느라고, 부득이 가마와 자동차를 교대로 타고 가게 되었다. 우

36) 날짜에 착오가 있다. 일본이 포츠담 선언 수락, 즉 미국에 항복 의사를 밝힌 것은 8월 10일이고, 이 소식이 중국공산당 기관지 ≪해방일보≫사에 전달된 것은 8월 11일이었다. 한국에서는 1945년 8월 15일에야 일본 천황 히로히토의 라디오 방송으로 일본의 항복 소식이 알려졌지만, 연합국 중 하나였던 중국에는 8월 11일에 대중에게 알려졌다.

리 부대가 통과하는 길 양쪽 600여 리의 주민들이 술과 안주를 들고 나와서 열광적으로 환영하면서 만세를 부르는 소리가 천지를 진동하였다.

강서성 영역이 우리나라보다 훨씬 크고 인구는 4,000여 만이나 되는 지방이다. 이 광대한 지역 내에 치안책을 맡고 또 7~8년이나 적군이 점령하였던 이 땅에 선발대로 진주하게 됨에 민중들의 환영은 물론이고 나의 과거를 회고하건대 일본 헌병 경찰들 폭정하에서 견디다 못하여 망명 생활을 하던 신분으로서 이자들의 무장을 해제하는 책임자가 되고 보니 그 통쾌한 심정이야말로 형언할 수 없으나 오직 우리 국민과 나의 친지, 친족들 앞서 이런 현실을 보여주지 못함이 심히 유감이었다.

당시 일본 헌병의 무장을 전부 해제한 후에 규정한 장소에 집결시킨 다음 조치는 상부의 명령을 기다리고 있었다. 그리고 당지에 거주하는 교포 또는 왜군 중에 근무하던 선량한 한적 장병들이 일본군을 이탈하고 한국광복군에 지원하고 집결된 자 만여 명과 독신 여자(營妓類) 1,000여 명을 상해 경유 본국으로 귀환시켰다.

동월 16일에 남창에 진주한 후 적 헌병 무장을 전부 해제하고 치안 유지에 전력을 다하던 중 동년 9월경에 우리 한국광복군 총사령관 이청천 장군으로부터 현직을 사임하고 즉시 광복군으로 복귀하라는 전보를 받았다.

내가 본래 황포사관학교에 입학하였던 목적은 중국군에 복무하려던 것이 아니었고 우리 독립군에 헌신하여 국토를 찾으려는 것이 유일한 숙원이었다. 그러나 졸업 당시에 우리의 독립군 근거지인 만주 전역이 일본군에게 점령당하고 우리와 상부상조하면서 투쟁하던 중국 군대가 전부가 관내로 이동하는 바람에 우리 독립군 장병도 부득이 중국 군대와 행동을 같이하다가 일부는 중국 군대에 편입하여 복무하고 일부 간부는 남경에 집결하여 광복군을 조직하려고 활약하던 가운데, 편성된 부대는 없고 해서 잠시 중국 군대에 입대하여 경험을 쌓으려던 것이었다. 그런

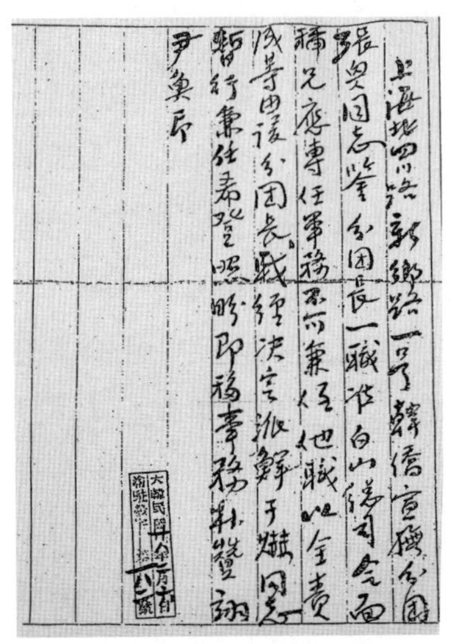

광복 직후 대한민국임시정부에서 받은 상해지구 선무단장 임명장

데 어언간 십수 년이란 세월을 보내게 되었다. 이 장군의 전보를 받은 즉시로 상해로 가서 이 장군을 뵙고 금후의 거취에 대해 지시를 받고 다시 수비 지역인 남창에 돌아왔다. 중국군 헌병대직을 사임하고 우리 광복군 총사령부로 전근되어 동 사령부 소장고급참모(少將高級參謀)로 취임하였다.

당시 우리 임시정부는 백범 김구 선생 이하 각급 각료들은 벌써 입국하였고,[37] 다만 주화대표단장 박찬익(朴贊翊) 씨와 이청천 장군 및 민필호(閔弼鎬)[38] 씨 등 몇 분만이 남아 있어서 광복군 정리와 재화 교포들을 보호하면서 귀국 시기를 기다리는 중이었다. 그때에 광복군으로서는 원래부터 조직되어 있던 서안 제1지대 외에 기타 장병은 대부분이 일군 항복 후에 일군 내에 있던 한적 사병으로 모집하여 조직된 서주(徐州)에 주둔한 제2지대, 남경의 제3지대, 상해의 제4지대, 한구의 제5지대, 구강에 내가 통솔하는 제6지대가 있었다. 교포 보호 기관으로서는 임시정부 주화대표단 산하에 북경에 화북선무단, 상해에 화남선무단이 있어 교포들의 생명과 재산을 보호하는 동시에 본국으로 송환시킬 제반 준비차 중국, 미국 두 정부와 교섭 중이었다.

37) 김구는 1945년 11월 5일 중국 정부에서 제공한 비행기 편으로 중경을 떠나 상해로 갔다. 김구와 임시정부 요인 1진은 상해 체류 18일 만인 11월 23일 환국했다.

38) 민필호는 민석린(閔石麟), 임동반(林東潘), 왕량성(王良誠) 등의 이름을 사용했다.

한국광복군 총사령부와 각 통신처

구별	계급	직별	성명	통신처	비고
총사령부	정장	총사령	이청천	남경 태령로 44호	
	부장	참모장	이범석	상해	
		고문	민석린	중경 연화지전가 4호	
	참장	참의	김은충	동우	
	참장	참의	왕조계	상해	
	참장	참의	송수창	중경 남안	
	참장	참의	이집중	동우	
	참장	**참의**	**장흥**	**상해**	
	정령	참의	김자동	상해	정대선반국
	참장	참모처장	이준식	남경 태평로 44호	
	참장	정훈처장			
	정령	부관처장	이석화	남경 태평로 44호	
	정령	경리처장	진작해	동우	
	정령	군의처장	장운한	동우	
	정령	군법실장			
	부령	경위대장	한성	중경 토교	정대선반국
국내 지대	부장	지대장	오광선	한성	
제1지대	참장	지대장	제원개	중경 남안	정대선부경
제2지대	참장	지대장	노태준	개봉	즉부경
제3지대	참장	지대장	김학규	서주	즉부경
북평변사처	참장	처장	최용덕	북평	
주두변사처	참장	처장	김은충	중경 연화지전가 4호	

자료: 한국재향군인회, 『광복군전사』(기문당, 1993), 229쪽.

당시 광복군 총병력이 3만여 명인데 원래 계획으로서는 적당히 훈련 후에 전군을 통솔하고 귀국하려 했다. 그러나 불행히도 미·소 양국이 우리 국토에 삼팔선을 한계로 남북을 할거하고 소위 군정을 실시하고 있는 중 우리 광복군의 입국을 거절하고 또 중국 정부에 압력을 가하여 해산하라는 교섭으로 말미암아 부득이 부대를 해산하고 교포들과 같이 개인 자격으로 입국하게 되었다. 나는 당시 중경 광복군 총사령부에서 근무하다가 다시 상해 선무단장으로 전임되어 동년 12월경에 상해로 부임하고 보니 각지에서 모여든 교포들이 7만여 명이나 되었다. 그들의 생명과 재산은 일본 교포와 동등 취급을 받는 고로 처지가 심히 곤란에 빠져 있는 차에 내가 도착하니 그네들은 나를 구세주같이 생각하고 환영하였다. 나는 선무단장에 취임한 즉시로 선무단의 각 부서를 만든 후 전체 교포를 대광명극장(大光明劇場)에 집합하여 금후 시책을 설명하고 교포들의 행동을 단속하여 질서를 확립하는 동시에 중미 양 당국에 교섭하여 본국으로 귀환시키도록 강력 추진하였다.

그때 우리나라에는 소위 카이로 국제협약에 의거하여 삼팔선 경계를 두고 국토를 남북으로 양단하여 북한에는 소련군, 남한에는 미군이 진주하여 각각 군정을 실시 중이었다. 남한 미군정으로부터 상해의 군정 대표로 신국권(申國權), 김한기(金漢起) 군 두 사람이 파견되어 우리 선무단과 협조하여 교포들의 귀국 사무를 처리하게 되었다. 나는 7개월 동안에 사무를 완전히 마치고 동년 10월경에 만주 봉천 등지의 교포 위문차 가서 보니 당지 교포들은 일본 교포와 같이 패전 국민 대우를 받고 있는지라 그 생활 정황은 이루 형언할 수 없이 비참하였다. 실례를 들어 말하자면 모든 재산은 적산(敵産)으로 취급받아 전부 몰수당하였으므로 먹을 것이 없어서 자기 처, 자녀를 매음 행위로 공공연하게 내놓은 가정이 얼마든지 있었고, 집단수용소에는 매일 굶어 죽는 사람 숫자가 수십 명씩이나 속출하였다. 이런 비참한 현상은 참으로 목불인견이었다. 이 상황을 가지고 당지 주둔군 사령관 두립명(杜立明) 장군과 교섭하여 구제 대책을 요구하였던바 전체 귀국시키는 것으로 결정을 보았다.

1947년 7월 중순에 다시 상해로 와서 최후의 배편으로 아내와 장녀 한옥, 차녀 계옥, 삼녀 태옥(泰玉) 네 식구를 데리고 긴긴 25년간의 망명 생활에 종지부를 찍고 우리 독립운동의 발상지인 상해를 떠나 그리웠던 조국으로 돌아오게 되니 너무나 기쁨에 넘치어 눈물이 앞을 가리었다. 원래 상해는 나의 처 가족이 30년 동안 이곳에서 망명 생활하다가 빙부님 김명제 씨와 처남 김동석 내외분은 6년 전 적군 점령 시에 다 별세하시고, 빙모님 이하 처조카 남매 등 전 가족은 어디로 분산하여 갔는지 거처를 알 수 없었다. 그러던 중 얼마 후에 사촌 처남 김동훈(金東勳) 군이 남경에 있다는 소식을 듣고 찾아가서 비로소 빙모님과 처조카 남매들이 국내로 들어온 줄 알게 되었다. 최후 상해를 떠나기 며칠 전에 빙부님의 묘소를 찾아 마지막 성묘나 하려고 묘소 부근을 헤매면서 분묘를 찾았으나 결국 찾지 못하고 오직 처남 동석 형의 묘소만을 찾아 참배하고 돌아오니 뒤에서 우리 내외를 따르면서 부르는 듯이 발길이 떨어지지 아니하였다. 특히 나의 아내는 너무나 비통해서 땅을 치며 통곡하는 광경은 참으로 볼 수 없었다. 그때에 나의 권한과 능력으로서 그분들의 분묘를 국내로 이장하여 들일 수도 있었으나 당시 형편상 불가능할뿐더러 특히 빙부님의 분묘를 찾지 못한 관계로 후일에 다시 와서 이장할 예정이었으나 내가 입국 후에 군대 일에 바빠 국내에서 떠날 시간 여유도 없었고, 또 중국 정치 체제가 공산화로 변경되어 다시 가지 못하게 됨에 따라 불행히도 의지하고 몸을 맡길 곳 없는 만리타국에서 불귀의 원혼이 되시게 하여 이것이 나의 아내 가슴속에 영원히 풀리지 아니한 비통이 되어 있다.

24

중국공산당의 시말

중국과 우리나라는 강토가 붙어 있는 관계로 수천 년 이래 정치, 경제, 문화, 군사 모든 방면에 있어서 이빨과 잇몸의 관계와 같이 밀접하였다. 또 앞으로도 우리 민족의 사활 문제가 중국과 밀접한 관계이므로 중국의 정치 문제는 곧 우리 정치 문제나 다름없어 동일하게 중요시해야 할 것은 다시 말할 필요가 없을 것이다.

지금 중국공산당이 중국 대륙을 통치한 지도 벌써 20년에 가까워감에 따라 그 기반이 날로 공고, 확장되어 가는 동시에 원자탄과 수소탄 등 여러 과학 무기까지 보유하고 있어 국제적 진출을 향한 큰 걸음을 딛고 있다. 이런 현상을 보니 머지않은 장래에 국제무대에서 지배적인 위치에 임하리라는 예감이 없지 아니하다. 이런 견지에서 나 개인으로서 보고 들은 중공의 시초와 현재를 대략 기록하여 참고하고자 한다.

중국은 청조 말기에 이르러 안으로는 정치가 극도로 부패하였고 각 성에는 장작림(張作霖), 장종창(張宗昌), 손전방(孫傳芳), 오패부(吳佩孚) 등 여러 군벌이 웅거하여 영웅을 칭함에 따라 중앙정부가 통치권을 행사하지 못하였다. 밖으로는 세계열강인 영국, 미국, 프랑스, 독일, 일본 등의 제국주의자들의 침략으로 인하여 거의 망국 위기에 처하였을 차제에 대혁명가이신 손문 선생께서 국내의 혁명 동지를 영도하여 민족, 민권, 민생의 삼민주의를 부르짖으면서 구국운동의 기치를 들었다. 그런데 이 기회에 국제 공산당 영도자인 진독수(陳獨秀), 등연달(鄧演達), 팽덕회(彭德懷), 주덕(朱德), 모택동(毛澤東) 제씨가 참가, 합작함으로부터 그 일당들이 대거 혁명정부, 즉 현 국민정부 산하 군정 각계각층에 침투하여 당세를 확장했다. 또 한편으로는 소련의 군사원조와 경제원조를 얻어 국교를 맺은 후 정치 고문에 보로딘, 군사 고문에 갈렌 등 외에 수십 명의 소련 기술자를 초빙하여 명실공히 국민당과 공산당 양당이 연합전선을 형성함으로부터 중공이 탄생한 시초이다.

당시 중국 전역이 세계열강들의 각축장으로서 대도시마다 소위 조차지를 설정하고 치외법권 등 불평등조약을 강제로 체결하여 대거 침략을 감행하는 시기였다. 이런 위급한 환경하에 대내로는 거족적 단결이 필요하였고 대외적으로는 국제적인 제휴가 없이는 당면한 제반 위기를 극복할 역량이 없으므로 부득이 정략, 군략상 국내 공산당과 그리고 소련과 힘을 합쳤던 것이다.

25

군대 내의 공산당 활동 정황

위에서 말한 바와 같이 공산당이 각계각층에 침투하여 그 활동 범위와 수단 방법이 그 직위에 따라 형형색색, 각종각양이겠지만 나 자신이 군인생활을 계속하여 왔기 때문에 국한된 군대 내에서 그들의 활동 상황만을 보고 들은 대로 기록하여 볼까 한다. 내가 처음으로 황포학교에 입학하고 보니 학교 조직에 있어서 교장 아래 교육장이 있고 교육장 아래는 훈련부와 정훈부가 있어서 전교생 교육, 훈련을 총괄하고 학생대는 연대, 대대, 중대, 소대별로 편성하여 있다. 이에 국공 양당의 직위 분포를 보면 교장은 국민당의 장개석 씨, 교육장은 공산당의 등연달, 훈련부장에 국민당 오사예(吳思豫), 정훈부장은 공산당 웅웅(熊雄)으로 안배되었고, 학생대에는 연대로부터 중대까지 각 부대장 외에 공산당의 지시를 받는 소위 정치지도원을 배치하여 훈련, 작전 등 여하한 명령을 막론하고 부대장과 지도원이 같이 서명하여야 효력이 발생케 되어 있었다.

그리하여 군명령 지휘 계통이 항상 문란할 뿐 아니라 양당 간에 지휘권을 쟁탈하려는 암투가 갈수록 노골화되자 결국 1923년 3월경에 장개석 교장께서 해군의 중산함을 황포강(학교 부근)에 정박해 놓고 교내 우익계 장병과 하응흠 씨가 통솔하는 제1군을 지휘하여 교내 공산분자를 전부 숙청하여 버리고 소련계 고문들을 전부 축출하였다.[39] 이것을 중산함 사건이라 칭하고, 이로부터 공산당은 지하로 들어가고 재기할 기회를 노리던 중 1924년 말[40]에 장개석 교장께서 북벌 출전하는 기회에 후방 광동에 주둔군인 제4군 장발규(張發奎) 부대 내에 교도대 장병 5,000명이 공산

39) 중산함 사건은 1926년 3월 20일에 일어났다.

40) 1927년에 일어난 광주봉기를 말한다.

당의 사주를 받아 대폭동을 일으키며 비참한 도살전을 감행하다가 결국 국민군에 추격으로 패배하고 호남성 접경지대인 해풍, 육풍 산간벽지로 패주하였다.

본래 장발규라는 분이 좌익 사상 소지자로 세평을 받던 자이기 때문에 그의 부대가 공산분자들의 은신처처럼 되었던 결과의 이런 비극을 빚어내고 호남, 광동 접경지대를 근거지로 하여 후일 재기할 책략으로 제반 전력을 육성, 확장한 것이 오늘에 호칭하는 팔로군의 모체요, 즉 중공군이다.

26

광동성 공산당 폭동과 한인 학생들

본래 우리 한국 국적 장교가 황포군교 출신자로서 제3기로부터 6기까지 총 200여 명이고 제4군 교도대 내에 40여 명의 재학생이 있었는데, 국공 양당이 분열되는 바람에 우리 장교 학생들 간에도 은연 중 좌우 양 파로 갈리어 서로 암투가 계속되어 왔었다. 1924년[41] 말에 소속 교도대 폭동 사건에 가담하였던 우리 학생들 40여 명은 폭동 중에 제5군 이복림 부대에게 포로가 되어 현장에서 전체 총살을 당하였다. 그분들은 황포군교에 있는 우리들과는 사전에 서로 접촉이 없었던 관계로 사후에 그분들의 성명조차 알아볼 도리가 없었다.

그리고 황포군교 출신자 중에도 좌익계 생도 수십 명은 현 이북 정권하에 군 책임자이고 그 당시에는 학생 중대장이었던 최용건(崔鏞健, 또는 추해), 무정 김책(金策), 박효삼(朴孝三) 등 지휘하에 모택동과 합류하여 해풍, 육풍

41) 1927년을 오기한 것이다.

지방으로 같이 철퇴하였다. 이때부터 우리 한국인으로서 중국공산군과 인연을 맺기 시작하였고, 그 후 1937년 중일전쟁 중에 중국 정부가 중경(重慶)으로 천도하였을 당시에 김원봉(전 의열단장) 군이 영도하는 조선의용대원 100여 명을 광복군 제1지대로 편성 후에 현 이북 정권 내의 제2인자로 행세하는 백연(白淵) 김두봉(金斗鳳 또는 枓鳳)[42]군 영솔하에 모택동 근거지인 연안으로 가서 합류하였다. 이것이 즉 그들이 호칭하는 연안파(延安派)라 한다.

27

공산당 토벌부터 선전포고까지

전술한 바와 같이 장개석 씨가 10여 년간 북벌전쟁 중에 뒤를 돌아볼 틈이 없는 시기에 해풍, 육풍 지방에 잠복하였던 공산군이 점점 세력을 확장하며 강서성의 벽지인 서금(瑞金), 흥국(興國) 등지에다 근거지를 옮겨놓고 무장 부대를 대대적으로 편성하여 후방 치안을 소란케 했다. 1930년경에 정부는 수십만의 병력을 투입하여 4~5년간 공산당 토벌전을 전개하여 거의 섬멸 단계로 돌진할 무렵에 일본제국주의는 중국이 통일되기 전에 자기네 수중에 넣고 전 아시아를 지배하려는 맹주가 될 야망에서 만주에서는 만보산사건, 북경에서는 노구교사건, 상해에서는 경호철로(京滬鐵路)침범사건 등등을 위시하여 계속 도전하여 왔다. 이에 따라 전국 여론이 우선 외적을 물리쳐야 한다는 것이 비등하였고, 또한 세계 각국도 이에 성원하면서 군사, 경제 각 방면으로 원조해 줄 것을 자원하여 왔다. 그리하여 정부는 부득이 공산당 토벌전을 정지하는 동시에 또다시 국공합작을 제의하고 대

42) 金枓奉을 오기한 것이다.

일항전을 선포하게 되었다.

28
대일항전 중 공산당의 성장

1938년[43] 중국이 대일작전을 선포한 이래 정부군 주력은 제일선에 배치하여 대일항전 중이고, 공산군의 소위 제8로군과 새로 편성된 제4군은 적 후방에서 유격전으로 활약한다는 미명하에 적의 내습을 피하여 가면서 안전지대로 철수하여 군력 확장에만 치중하였던 것이다. 이렇게 6~7년을 끌어오다가 1945년 8월에 일본군이 투항하자 공산당은 재빨리 친일파 왕정위(汪精衛) 정권에서 조직, 편성하였던 소위 화평군 대부분을 흡수, 개편하였다. 또 한 방면으로는 임표(林彪)라는 고급 지휘자를 만주에 급파하여 소위 만주제국 군대 40~50만 명으로 전부 공산군에 편입하고 단시일 내에 훈련된 병력 100여만 명을 확보하게 되었다. 이 외에도 정부군은 종전 후 정부로부터 복원 명령에 의하여 군대를 축소, 개편함에 따라 퇴역해 나온 수만의 각종 지휘관들을 암암리 불러 모아 임용함으로써 공산군은 양과 질적으로 확장, 향상으로 돌진하였다.

이상 사실을 내가 아직 귀국하기 전이므로 일일이 목격하였다. 또 1950년 6·25 동란 전선에서 포로가 된 중공군 2만 명 중에 대부분의 장교는 황포군교 출신이고, 장비는 전부가 일본군이 소지하였던 것으로 확인되었다.

---

43) 1936년 12월 중국이 국내의 공산당 토벌에서 대일항전으로 입장을 선회하면서, 1937년 7월 중일전쟁이 전면 발발했다.

29
국공전쟁의 결과

1945년 종전 후 중국 정부는 전후 정리, 복원에 급급하였다. 중공군은 7~8년간 실력 확장에만 치중하다가 별안간 신예 병력과 각종 장비를 획득하였고, 또 소련이 배후에서 공공연히 군사, 경제 원조를 뒷받침하여 주므로 사기가 충천하여 정부군과 일전을 불사하려던 차였다. 그런데 미국으로서 소위 '마셜 플랜'이라는 계획을 내어놓고 국공 연립정권을 세우도록 주창하였으며 국내 저명인사와 각지 신문들도 이를 호응하는 분위기가 농후하였다. 이때 중공은 전 국민의 의도를 자기들이 장악한 듯이 백년전쟁이니 십년전쟁이니 하면서 전군에 전투 명령을 하달하자 1947년 10월경에 흑룡강성, 길림성에 주둔한 임표 군대가 봉천, 심양 방면으로 진출하여 정부군 두립명(杜立明) 장군 부대와 작전을 개시하였다. 양방이 대전한 이래 장춘, 사평가(四平街) 등지에서 격전 끝에 정부군이 파죽지세로 전군 붕궤되어 개전한 지 불과 3~4개월 내에 북경, 천진 등 여러 요지를 빼앗겼다. 이렇게 곳곳에서 전투를 치른 2년 만에 정부군 대부분이 공산군에 싸우지 않고 귀순 혹은 투항으로 전군이 궤멸을 당하여 대륙 전역이 공산 천하로 기치를 바꾸게 되었다. 그리하여 수십 년간 전국을 통치하여 오던 장개석 정권은 대만으로 망명하게 된 것이다.

30
대공(對共)전쟁의 패인은 무엇인가?

인생이란 곧 전장이다. 인간이 이 세상에 탄생하여 생활을 영위한다는 그 자체가, 즉 삶을 위한 하나의 전쟁인 것이다. 당신이 진심으로 원하건 원치 않건, 이해하건 이해치 못하건, 인정하건 인정치 아니하건 간에 사람마다 인생에 전투병이란 이름 아래 복무하고 있는 것이다. 다만 이 전투 과정 중에 있어서 우열승패의 차별은 있는 것이다. 그러나 자신이 주동적이건 피동적이건, 정복자이건 피정복자이건 간에 반드시 이 전쟁 방식을 습득하여야 하고 또 이 전쟁에 참여하여야 하며 나아가서는 전쟁을 완성시켜야만 하는 것이다. 누구를 불문하고 도중에서 타협할 수 없으며 더구나 이 전쟁에서 빠져 도망할 수 없다. 단지 죽음이 당신에게 정전 명령을 발할 수 있고 그때에야 비로소 당신은 그 전투 서열에서 물러나게 되고 휴식을 취하게 되는 것이다.

인생이란 투쟁을 함으로써 생존하게 되고 투쟁으로써 죽음의 종말을 짓게 됨으로써 투쟁이라는 것은 악을 행할 수도 있고, 선을 위하여 이바지할 수도 있다. 예수께서는 천병(天兵)을 찬미하셨고, 회교(이슬람교)에서는 경전과 보검을 똑같이 중요시한 것을 본다면 모두가 다 투쟁 정신을 표시한 것이라 한다.

생명과 생활이란 부단한 투쟁과 정복인 것이다. 인생의 전장에 있어서 두 가지로 구분된 전선이 있으니 그 하나는 정신 전선이요 또 하나는 물질 전선인데, 정신 전선이란 생활의 목적을 추구하며 생명을 완수하는 데 있고, 물질 전선은 생명을 유지하는 수단 방법으로 생활을 완수하는 데 있다. 다시 말하면 정신은 생명을 완성하는 데 있고, 물질은 생활을 완수하는 데 있다.

수단은 목적을 위하며 존재하므로 이에 복종하여야 하고, 생활은 생명을 위하여 존재하므로 이에 복종하여야 하며, 물질은 정신에 의하여 존재케 되므로 또한 복종하게 되는 것이다.

생명에도 정신적 생명과 물질적 생명이란 구별이 있으니 물질적 생명이란 단지 각종 유기물질의 화합물이며 그 생명은 육체와 더불어서만이 같이 존재할 수가 있다.

그러므로 육체가 썩어지는 데 따라서 같이 썩어지는 것이다. 그러나 정신적 생명이란 그와는 반대로 감화로써 재덕(才德)을 이룰 수 있는 위대한 인격의 도야체(陶冶體)로서 육체를 떠나서 존재할 수 있고 비록 육체가 죽는다고 하여도 정신은 일월을 따라 같이 빛나며 장생하는 것이다.

생활도 역시 정신적 생활과 물질적 생활의 두 가지가 있다. 즉 정신적 생활이란 생명을 위하여 생활을 극복하는 것이요, 물질적 생활이란 생활을 위하여 생명을 훼손시키는 것이다.

군사 전투란 다만 인생 전장에 부속된 한 개의 지엽(枝葉)에 지나지 않는다. 고로 군사 전투를 인식하는 데 있어서 인생 관계와 명확한 한계를 획정할 수는 결코 없는 것이다. 이 인생 전장을 가리켜 어떤 사람은 인생철학이라 부르고, 인생관이라고도 부르고, 또는 세계관이라고도 부른다. 그러나 거기에 대한 근본적인 인식과 파악을 한 연후에야 비로소 군사전쟁의 변화와 발전을 파악할 수 있는 것이다.

이 인생 과정 중의 한 지엽의 전장인 군사 전장도 역시 본질적으로 정신 면과 물질 면의 두 가지 노선이 있는 것이다. 먼저 말한 바와 같이 정신이 모든 물질적 문제를 결정하고 물질은 정신에 따라가게 되는 것이다. 이런 원칙에 입각하여 군사 전쟁을 논할 때 이 역시 정신적인 면에서 먼저 승리를 얻어야만 비로소 물질적으로도 승리할 수 있는 것이다. 그렇지 않고 그와 반대로 정신상으로 패배를 당한 전투병은 반드시 물질면에 있어서도 동일한 패배를 당하는 것이다.

31
중국이 반공전쟁에서 실패한 이유

중국 대륙의 반공 전쟁에 있어서 어찌하여 불과 2~3년 내에 완전한 패배를 당하였는가? 중국은 8년간에 대일항전 당시에 서남, 서북, 화서 등지에 이르기까지의 광대한 지역을 종전 시까지 확보하고 있었다. 그러나 반공전쟁에 있어서는 겨우 2~3년 내에 하나의 완전한 읍면도 확보치 못하고 그 광대한 지역을 모조리 상실하였으니 이런 쓰라린 예는 역사상 볼 수도 없고 있을 수도 없었던 대패배였다. 참으로 그 패배란 너무나 빨랐고 비참하여 경악을 금치 못할 기이한 현실이므로 얼굴을 들고 국민 앞에 무어라고 변명할 수 없었다. 이 패배의 원인은 비단 군사상에만 국한된 것이 아니라 정치, 경제, 교육 등 전반에 걸쳐 패배한 것이다. 왜 패배하였는가. 그 원인조차 구명할 여유도 없이 자기 자신도 모르는 가운데 혼란 무질서하게 그 광대한 대륙으로부터 밀려 나온 것이다.

그 당시 군사상 패배하여 밀려 나오는 현실을 회고하건대 여러 가지 형형색색, 각양각종의 형식이 있으니 그 예를 들면 전쟁에 임하여 싸우지도 않고 적에게 투항하는 것이다. 양양(襄陽)방위사령관 강택(康澤), 장춘(長春)의 정상국(鄭相國), 심양(瀋陽)의 료요상(廖耀湘), 신민(新民)의 범한걸(范漢傑), 제남(濟南)의 왕요무(王耀武) 등이 모두 그런 자들이다. 또 하나의 예를 들면 방위함네 하고 적에게 투항하는 것인데 북경(北京)의 전작의(傳作儀), 장사(長沙)의 정잠(程潛), 서안(西安)의 마홍빈(馬鴻賓), 곤명(昆明)의 노한(盧漢) 등등이고 그 외에 항주(杭州)의 진의(陳儀), 강음(江陰)의 대융광(戴戎光), 장사(長沙)의 진명인(陳明仁), 적화(迪化)의 도치악(陶峙岳), 유림(榆林)의 등보산(鄧寶珊) 등은 군민 대중을 거느리고 떳떳이 투항하였다.

정치상으로서는 장치중(張治中), 유비(劉斐), 유부동(劉不同), 양옥청(楊玉清), 소역자(邵力子), 경제상으로서는 전창조(錢昌照), 손월치(孫越峙) 등 인물들이 적 앞에 무릎을 꿇고 자진 투항한 자들이다. 교육상으로서는 남경금릉여자대학(南京金陵女子大學) 총장 오태방(吳貽芳)은 단체를 조직하여 가지고 강을 건너가서 적군들이 입성하기를 환영하였고 상해복단대학(上海復旦大學) 총장 장익(章益)은 직접 적군공작대에 가입하였으며 호남대학(湖南大學) 총장 호서화(胡庶華)는 청년단 부서기장까지 역임하였다. 남경중앙대학(南京中央大學) 총장 오유훈(吳有訓), 무한대학(武漢大學) 총장 주경생(周鯁

生) 등등이 모두가 몰염치하고 비겁하게도 적에게 아부하여 교육가의 인격을 여지없이 땅에 떨어뜨리고 말았다.

내가 이상 여러 사람들에게서 재학 때 교육도 받았고 군복무 시에 상관으로도 모시고 있었다. 그때 그야말로 입만 열면 자칭 애국자요 나라에 충성을 다하여야 한다고 떠들며 국가에 중직을 차지하고 있었을 뿐만 아니라 모두가 다 대통령의 측근자로서 정부로부터 특별한 후대와 은총을 받던 자들이다. 그러나 종국에 가서는 각자 형식을 달리하여 적에게 아부, 투항하고 말았으니 그 원인 소재를 추구하고자 한다.

우리가 반공전쟁을 논할 때 형식상이나마 군사상 활동이 최고 위치를 차지하고 있었기에 먼저 군사상 패배를 말하고자 한다. 군사상으로 볼 때 전쟁 중에 투항한 자, 전쟁도 하지 않고 투항한 자, 전쟁도 하기 전에 투항한 자, 그 외에 투항보다 조금 나은 편으로는 싸우다가 도망하고 전멸을 당한 것이 있다. 이런 각종각양의 비통한 현상은 이루 무어라 표현할 수가 없다. 그러나 다른 양상은 고사하고 우선 싸우지 않고 패한 것과 싸우기도 전에 패한 것을 논하자면 이 자들이야말로 공산당이 반란을 일으킨 것과 마찬가지로 나라에 극심한 해를 준 자들이다.

서북, 서남은 지형이 험악한 산악지대이다. 그 지역에 수십만의 병력을 거느린 고관들은 매번 후퇴할 때마다 실력을 확보하기 위함이라고 하였고 그렇지 않으면 험준한 산악을 이용하여 사수함에 있다고 변명을 하였다. 그러나 오늘날 그 험준한 산악의 요새는 계속하여 함락되었고, 그 확보한다던 실력조차 어디에다 보존하여 두었는지 알 수 없다. 그 책임자인 장군들은 계속하여 대만으로 도망하였고, 간부와 부대는 제각기 뿔뿔이 흩어지고 말았다. 나는 이런 현실을 생각할 때마다 무모한 이상론일지는 모르되 나 자신이 만약에 사단장이나 연대장 직위에 있어 수만은 고사하고 수천, 수백 명의 병력이라도 지휘할 수가 있었다면 그런 유리한 지리적 조건하에 자신 있게 영웅적인 항쟁을 할 수 있었으리라고 본다. 인간으로서 죽기를 영예스럽게 죽는 것도 소망의 하나이건만 수백, 수십만의 정예 부대를 가지고 이 험준한 지역을 방어해 지키지도 못하고 도리어 꼬리를 물고 붕궤되는 동시에 정치, 경제, 군사 제 요지를 쌍수로 내어 바친 듯이 전부 상실하고도 지휘책임자이었던 장군이나 총사령관이나 성장(省長)들 중에서 영웅적인 전사 혹은 책임감을 느끼고 자살자가 있었다는 말조차 듣지 못하였다. 우리는 이런 패배를 타산지석 격으로 경시할 것이 아니라 소위 삼팔선이란 전선 밑에 목숨을 걸고 있는 우리로서는 더욱이 그 원인을 규명하여 승리의 지침을 얻어야 할 것이다.

32
모든 실패는 정신 전선의 붕괴에 기인한다

우리는 이런 장군과 원로 중신, 경륜가, 교육가가 무엇 때문에 죽음을 겁내고 삶을 탐하였든가 좀 연구하여 보려 한다. 자기의 인격과 양심을 저버리고 국가와 영수를 배반하고 변절하여 왜 적에게 투항하였는가. 항일전 승리 초기에 있어서 '남북조'설의 여론이 한때 비등한 것을 우리는 아직도 기억하고 있을 것이다. 민중의 신문이라고 불리던 ≪대공일보(大公日報)≫도 이 문제에 관하여 수차에 걸쳐 논의하였다. 이 문제는 중화민국 역사가들 간에 유행하는 숙제가 되었고, 미국의 신문들도 이에 호응하는 듯이 보였다. 그러나 이와 반대로 공산도배(共產徒輩)들은 어떠하였던가. 그 대변인 주은래(周恩來)는 공공연히 백년전쟁을 주장하여 자기 도당들을 격려하여 반란의 결심을 발표하였고, 두목 모택동도 정식으로 그 도당들에게 '15년 장기전쟁' 방략을 제시하였다. 그러면 사실은 어떠하였던가. 그네들이 떠들 듯이 100년, 15년은 고사하고 제3자로서 이해할 수없이 불과 2, 3년이란 단시일 내에 전국 광대한 대륙에서 완전히 패하였으니 왜 이렇게 급속도로 패하였으며 그 원인은 어디 있는가?

만일 군사상에서 찾는다면 도저히 그 이유를 찾을 길이 없을 것이다. 왜냐하면 그 당시의 정부군과 중공군 양방의 병력을 비교하건대 ① 병력상 정부군은 500만의 대병력을 보유하고 있었고 중공군은 수십만의 오합지졸밖에 없었고, ② 장비상 정부군은 대부분 미국식 새로운 장비였으나 중공군은 재래식 소총과 대도, 장창 등으로 장비를 갖추었고, ③ 군제상 정부군은 육·해·공 삼군을 완전히 보유하였으나 중공군은 수십만 보병 외에 전혀 그런 명칭조차 갖추지 못하였고, ④ 주둔한 지리적 조건으로 보면 당시 양자강, 황하(黃河) 유역의 광대 지역과 4, 5억만 명의 인적자원이 전부 정부군 장악하에 있으며 중공군이 점유하고 있던 지역은 궁촌벽지(窮村僻地)에 불과하였고, ⑤ 군 간부들의 지휘 능력으로 보면 정부군 내의 소·중 대장 이상 대개가 황포사관, 육대 기타 구미 각국 군사 전문학교의 유학 출신으로서 중공군과는 비교할 수 없는 지휘 실력을 가지고 있었다.

이상 서술한 바와 같이 수십 배의 우월한 실력을 갖추고 있었던 정부군은 단시일 내에 여지없이 패배를 당하고 도리어 양과 질적으로 보잘것없는 중공군은 승리하였으니 군사상으로서는 그 패배의 이유를 설명할 수 없을 것이다. 그러면 정치상으로 그 이유를 찾고자 하면 중화민국 정부는 세계 각국의 승인을 받은 합법정부이고 외교 면에 있어서도 다방면으로 각국의 많은 원조를 받았다. 그러나 당시 중공은 비록 소련으로부터 약간 원조를 받았다고 하나 도저히 국민정부와 같은 국제적 지지를 얻지 못하였다. 또 수십 년간 집권한 국민정부는 제도와 법규가 확립되어 정통적인 정부로서 전 국민 심혈에 깊이 뿌리를 박았을 뿐만 아니라 항일정신의 승리를 얻은 위력으로써 전 국민의 지지와 옹호를 받을 수 있었으며 각급 정부 관리의 질적으로 논하더라도 수십 년간 정당정치에 대한 인식과 행정 경험이라든가 모든 점에 있어서 행정 경험이 전혀 없는 중공 출신의 관리들과는 비교가 되지 아니하였다. 그러나 정부 측은 비단 군사 면에서 패배뿐만 아니라 정치적으로도 마찬가지로 패배를 당하였으니 그 이유를 어떻게 해명해야 할지 역시 불가해의 숙제인 것이다. 경제 면으로 보더라도 정부는 전국 각지의 거대한 국영 공업 시설과 광대 비옥한 강남지역을 장악하고 있었으며 그 외에도 영·미 각국의 계속 부단한 원조까지 받고 있었으니 중공의 경제력보다는 수천백 배나 우월하였던 것이다.

교육 면으로 검토하건대 중화민국 헌법 제1조에 중화민국은 삼민주의 민주공화국이라 하였다. 이에 준하여 중국정부는 집정 수십 년 이래 교육시책상 소학교로부터 최고 학부 대학교에 이르기까지 삼민주의「당의(黨義)」교육에 철저하였고 공산주의는 법적으로 교육계에 침투치 못하게 되었으나 결국에 가서는 공산당이 침투한 곳에 군대나 학교들이 단체를 지어 공산당 만세를 부르짖으며 아부, 투항하였을 뿐만 아니라 최고 교육 원로자들까지도 적에게 투항하였다. 수십 년 동안 피와 땀으로 싸운 공적이 하루아침에 붕괴되어 와해되었다는 것은 역시 이해 못 할 숙제인 것이다.

이상 서술한 바와 같이 군사, 정치, 경제, 교육 등등 다방면으로 비교하여 볼 때 과연 그 패배 이유를 찾아볼 수가 없으나, 단 한 가지의 원인을 추구한다면 그것은 바로 정신상의 패배라 한다.

정신이 물질을 지배한다는 원칙을 근거로 하여 볼 때 정신상으로 패배한 모든 전투자들은 물질상에 있어서 패하지 않을 도리가 결코 없었던 것이다. 만약 군사적으로 패배한다면 반드시 싸움을 한 후에야 비로소 투항하든가 도망하든가 패하든가 하는 것이지 적과 뚝 떨어져 있는 원거리에서 투항하고 도망한다는 것은 다만 정신적인 패배에서만이 그 해석을 얻을 수 있는 것이다. 그러므로 정신 전선에 있어서의 붕궤가 중국 대륙에 있어서 패배를 조성하였으며 또 그 패배의 총원인인 것이다.

2부

나의 회고

환국 후

1
귀국 후 행적

1946년 7월경에 교포 송환 임무를 완전히 마치고 또 선무단도 결속한 후에 집사람과 세 딸아이 등 가족을 데리고 최후 배편에 올라 25년 만에 인연 깊은 중국을 작별하고 그리운 고국을 향하여 떠나오니 기쁜 마음 다할 데 없어 눈물이 앞을 가리었다. 3일 만에 인천항에 도착하여 방역 관계로 10일간 선상에서 유숙하였다가 넷째 동생 기용(基鏞) 군과 동서 박훈양(朴薰陽) 씨 등 여러 친척 및 친우들의 영접을 받고 땅을 밟으니 당시 미군정청의 정보원 즉 CIC 요원 2명이 앞을 막으면서 "당신이 장흥이냐?"고 묻기에 그렇다고 하였더니 "미안하지만 잠시 동안 자기네들의 사무실을 들러 쉬어가라"고 하기에 서슴지 않고 그네들과 같이 가족을 데리고 갔다. 마침내 준비하여 두었던 양식으로 오찬을 내어주기에 일가족이 며칠간 뱃멀미로 먹지 못해 주렸다가 맛있게 든든히 먹은 후에 한 미군 장교가 나타나 인사를 하더니 나의 과거 경력을 묻기에 일일이 답변한 것을 기록한 후 돌아가라고 하기에 가족을 데리고 나와서 영접 나온 일행과 같이 서울로 달리었다. 나중에 알고 보니 귀국한 지 2개월 만에 중국 군적을 가진 군인 신분이라 하여서 군정부로부터 출국 명령을 받게 된 근거가 된 것이었다.

서울에 도착하고 보니 25년 전에 보던 서울과는 약간 발전된 듯하나 30여 년간 일제의 침략과 제2차 세계대전을 겪은 직후이므로 사회 각 방면의 생활 상태가 지극히 빈곤 속에서 허덕이는 것이 역력해 보인다. 그리하여 고국이라고 돌아오니 반갑기는 하나 생활 빈곤의 공포심이 생기게 되었고, 또한 미군정 압제하에 자유를 상실한 듯이 생각되어 도로 중국으로 되돌아갈 생각도 없지 아니하였다. 그러나 이미 귀국하였던 길이라 수십 년 그리웠던 부모님을 찾아뵈옵고 형제, 친척도 만나보기 위하여 3일간 서울에 유숙하여 여로를 풀고 3일째 되던 날에 처, 자녀를 데리고 열차편으로 서울역을 떠나 능곡역에 다다르니 양친 부모님과 원근 친척, 친우 수백 명의 영접을 받고 차에서 내려서 먼저 부모님께 배알하니 수십 년간 돌보지 못한 관계로 생김새가 노쇠하시어 얼른 알아뵈옵기 어려울 정도였다. 중국 옛 시에 이른바 "少小離家老大回 鄕音無改鬢毛衰 兒童相見不相識 笑問客從何處來"라 하더니 나를 두고 지은 것같이 생각된다.

고향에 돌아와 보니(回鄕偶書) _하지장(賀知章)

少小離家老大回	어려서 떠난 고향 백발 되어 돌아오니
鄕音無改鬢毛衰	고향 사투리는 그대로인데 귀밑머리는 하얗게 쇠었네
兒童相見不相識	동네 꼬마들 날 보고도 알아보지 못해
笑問客從何處來	웃으며 "손님은 어디서 왔소"라고 묻는구나

마중 나오신 중에서 부모님을 제외하고는 기타 형제들과 친척들은 누가 누군지 도저히 분간하여 알아볼 수 없었다. 내가 집을 떠날 적에는 조부모 두 분께서 생존하셨으나 벌써 십수 년 전에 다 별세하시고 오직 종조모님 한 분이 생존하시어 반갑게 뵈었다. 2, 3일간 고향에서 여행의 피로를 풀고 선조 묘소에 성묘도 하고 일가친척, 친우도 방문한 후에 다시 처자를 데리고 상경하여 임시정부 백범 김구 주석 이하 제 요인들을 일일이 예를 갖추어 찾아뵙고 귀국 보고도 하고 또 앞으로 진행할 국사도 논의하였다.

당년 11월경에 미군정 소속의 통위부장(統衛部長)으로 계신 류동열 선생께서 나를 불러 하시는 말씀이 앞으로 경비군 내에 헌병을 조직하겠으니 이 책임을 맡길 터이니 우선 미군정에서 설립한 태릉사관학교에 입학하여 1개월만 훈련받고 나오라고 하시기에 그 말씀을 들은 다음 날에 그

학교에 입학했다. 훈련을 받은 지 20여 일째 되는 날에 돌연히 류 부장의 소환을 받고 나갔더니 그분 말씀이 미군정청으로부터 퇴교시키는 동시에 출국하라는 명령이 내리었다 한다. 그 이유를 질문한즉 그들이 어찌 조사하여 알았는지 내가 중국의 군적을 가진 현역 군인이라는 것을 탐지하고 도로 중국으로 돌아가라고 하는 것이라 한다.

본래 내가 중국 강서지구 헌병부사령관으로 재직 시에 김구 주석께서 귀국 도중에 나를 불러 하시는 말씀이 이제는 우리나라가 해방이 되었으니 중국 군직을 그만두고, 당신 귀국하신 후에 이청천 장군을 도와 광복군을 정리하고 또 주화선무단을 도와 우리 교포들의 귀국 사업에 책임을 다하라 하시기에 군적을 둔 채 부사령관이라는 관직만을 사임한 후 중경과 상해 등지를 왕래하면서 상기와 같이 맡은 바 책임을 완수하고 귀국하였던 것이다. 그리고 귀국 시에 중국 군적에서 퇴역을 필할 것이로되 당시 나의 심산으로서는 국토가 남북으로 양단되어 미·소 양국이 나누어 점령하여 있고 또 국내에는 좌우익 정파 투쟁이 극심함에 사회질서가 심히 혼란하다는 소식을 듣고 우선 귀국하였다가 형편 보아서 다시 중국 군직에 복귀하였다가 시기를 기다릴 계획으로 현역 신분을 그대로 두고 귀국하였던 것이다. 결국 신세가 이렇게 되고 보니 이렇게 계획을 세웠던 것이 가장 현명하였던 것으로 생각된다. 당시 출국 명령을 받고 그해 12월경에 주한 중국 대사였던 소유인(蘇琉麟) 씨를 찾아 귀국 수속을 마치고 처, 자녀는 넷째 동생 기용 군에게 맡기고 중국행 배편으로 다시 중국으로 떠나갔다.

2
이승만의 남한 공산화 저지

중국에 도착한 후 다시 전일 근무하던 헌병총사령부를 찾아 총사령관 장진(張鎭) 씨를 찾아뵙고 귀국하였던 경위와 국내 정세를 대면 보고하고 다시 그 사령부 부원으로 잠시 있으면서 국내 정세를 살피던 중 1947년 7월경[1]에 이승만 박사께서 국민 외교 대표[2]로 미국에 가셨다가 중국 정부의 초청을 받고 중국에 오신 차제에 처음으로 선생님을 뵈옵고 국내외 정세에 대한 훈시를 들었고, 기념으로 선생님 휘호도 받아 가지게 되었다.

휘호 내용

願與三千萬	내 간절한 소원은 삼천만 백성들과 함께
俱爲有國民	나라가 있는 국민들이 되는 것일세
暮年江[3]海上	늙어서는 한적한 시골로 내려가서
歸作一閑人	한가한 사람으로 지내려고 할 뿐이네

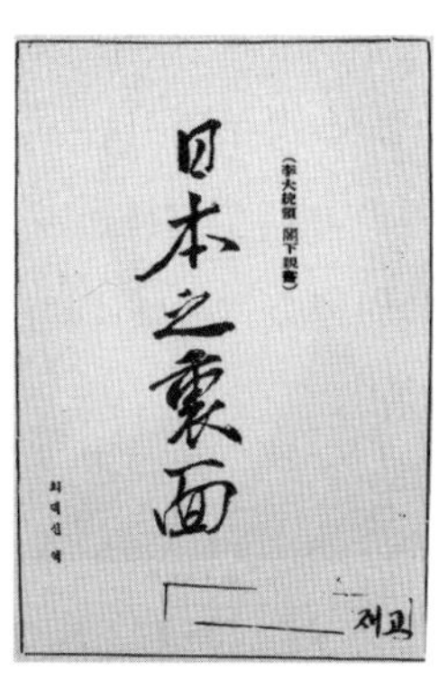

『일본지이면』 표지

이 휘호가 이 박사께서 미국 망명 당시에 저술하신 『일본지이면(日本之裏面)』이라는 책자 내에 박사님 초상 아래에 나에게 하사하셨다는 기록이 기재되어 있으나 이 친필로 휘호하여 주신 족자는 6·25 동란 시에 유실되었다.

이 박사께서 국민 외교 대표로서 도미 활약하신 동기는 당시 미국 군정하에 소위 미소공동위원회가 있어 신탁통치를 실시할 계획이었고, 국내적으로는 여운형(呂運亨), 박헌

1) 이승만은 1946년 12월 4일 남한 단독 정부수립을 UN에 호소한다는 명목으로 도미외교에 나섰다가 1947년 4월 5일 귀국길에 올랐고, 도쿄를 거쳐 4월 13일 중국에 들러 장개석 총통을 만난 뒤 4월 21일 귀국하였다. 본문의 1947년 7월경은 1947년 4월경의 착오이다.

2) 이승만은 미군정이 조직한 남조선대한국민대표민주의원 의장 자격으로 미국에 갔다.

3) 자서전 원문에는 '湖'로 쓰여 있으나 『일본지이면』에 따라 '江'으로 표기했다.

영(朴憲永), 허헌(許憲) 등 정상배들이 소위 자칭 인민공화국을 조직하여 정권을 쟁취하려 하였다. 미 주둔군사령관 '하지' 장군은 공산당 활동을 합법화시켜 사회 각계각층은 물론이고 심지어 국방경비대 내에까지 공산당 분자들을 받아들여 실질적인 공산군으로 되어가는 경향이 농후하였다. 그리하여 남한 일대가 거의 북한보다도 먼저 공산화될 위기에 처하게 된 때에 이 박사께서는 이런 위기를 타개하실 목적으로 미국에 가시어 미국 조야 인사들을 만나 교섭하신 결과, 우선 용공적(容共的)인 주둔군사령관 '하지' 장군을 본국으로 소환, 해직하게 하시어 공산당 활동을 제지한 대성과를 얻으시고 귀국하신다는 소식을 들었다. 당시 중국에 있던 이청천, 박남파(朴南坡), 민석린, 나까지 여러 사람이 각자가 중국 정부에 건의하여 이 박사를 귀국하는 길에 중국을 방문하시도록 초청하였던 것이다. 이 초청 의의는 장래 중·한 양국의 친선에 지대한 관계도 되려니와, 특히 이분을 초청하여 줌으로써 임시정부 김구 선생과의 정치적인 연결 고리를 맺어 드리기 위한 것이었다. 그리하여 중국 정부에서는 국빈으로 모시고 성대히 환영하여 드린 동시에 중국 각지의 명승고적을 10여일간 체류하시면서 일일이 관람하신 후 장 총통의 특별기로 귀국하시게 하였다.

이때 이청천 장군께서는 광복군 마무리 업무 등 미결된 사무를 나에게 맡겨주시고 이 박사를 모시고 같이 귀국하시도록 하였던 것이다.

대동청년단과 민족청년단

1948년 3월경[4]에 국내 계신 이청천 장군께서 귀국하라는 전보를 받고 다시 귀국차 정식으로 현역에서 퇴역하고, 또 퇴역금 400만 환까지 받아가지고 5월경에 귀국하였다.

---

4) 이청천은 이승만과 같이 입국했으므로, 1947년 4~7월 사이의 일을 오기한 것으로 보인다.

귀국하고 보니 국내에는 좌우익 투쟁이 극심하여 사회질서가 여전히 혼란하였고 가정에서는 제3녀 태옥이가 천연두병으로 사망하였다. 운명이라 할 수 없으나 그 무서운 전쟁 통에 데리고 다니다가 무사히 귀국하였던 것을 불행히 잃어버리고 보니 참으로 섭섭하였다. 며칠 후에 이청천 장군을 방문하였더니 당시 대동청년단의 훈련소를 맡아달라고 하시어 그 후 훈련소를 창설하여 매 기 300여 명을 훈련생을 모집하여 3회생까지 배출하였다. 본래 이청천 장군께서 1945년 광복군 총사령관으로 재임 당시에 참모장으로 계시던 이범석 장군이 광복군 선발대장으로 400~500명의 대원을 인솔하고 먼저 입국하여 건군운동에 기초를 수립케 하였다. 바로 민족청년단을 조직하고 이범석 씨 자신이 직접 단장으로 취임하고 전국 저명인사를 초빙하여 단본부 간부 또는 훈련 교관으로 모시고 각지 매우 우수한 청년을 대대적으로 모집하여 단기 훈련을 실시해서 근 만 명의 훈련생을 양성, 배출하였다. 그리하여 전국 방방곡곡에서 민족청년단 활동이 가장 조직화되었고, 따라서 이범석 장군의 명성이 날로 고조되어 정치적 지위로서는 이승만 박사 다음 위치를 점령하게 되었다.

1947년에 이청천 장군께서 귀국하신 후 광복군 국내지대사령으로 있는 오광선 씨가 통솔하는 광복대원과 민족청년단을 통합하여 지휘하려다가 결국 이범석 씨의 반대로 이루지 못하고 광복대원을 근간으로 하여 따로 조직한 것이, 즉 대동청년단이었다. 결과적으로는 민족청년단은 기성 단체로서 미군정에서 경비 원조를 받기 때문에 조직 기초가 완전히 확립되었다. 그러나 대동청년단은 신조직으로서 경비를 대는 데가 없어서 조직 기초 확립에 성공을 못 하고 실패하고 만 것이다. 그리하여 이 두 부분이 단합하지 못하는 바람에 해외에서 광복군에서 활약했던 간부들의 정치적 진로가 막대한 타격을 받게 되었고, 이범석 씨만은 그 청년단의 정치적 지위를 이용하여 대한민국의 초대 국무총리 자리를 차지하게 된 것이다.

국군 창설 후 국방부청사(후암동 소재) **앞에서 찍은 기념사진**
첫째 줄 왼쪽부터 신태영, 송호성, 채병덕, 신성모, 이범석, 이응준, 김홍일이다. 둘째 줄 왼쪽부터 김석원, 이준식, 이용문이고, 여섯 번째부터 장흥, 김일환(추정), 김종오(추정)이다. 같은 줄 오른쪽 첫 번째가 강영훈, 한 사람 건너 백선엽(이응준과 김홍일 사이)이다. 셋째 줄 맨 왼쪽이 송면수, 일곱 번째가 손원일이다.

1948년 8월 대한민국 정부가 수립되고 이범석 씨가 국무총리 겸 국방장관으로 취임하시자 나는 총리비서실장[5]으로 임명받고 비서 진영의 조

---

5) 장흥은 정부가 수립되고 이범석 국무총리 겸 국방장관의 총리비서실장을 지냈다고 했지만, 정부 수립 직후인 1948년 9월 15일 자 ≪서울신문≫에는 이범석 국무총리 비서실장이 노태준으로 나와 있다. 임시정부 군무총장 노백린 장군의 아들 노태준은 민족청년단 부단장을 지냈다. 초대 국무총리 비서실장이 민족청년단 간부 목성표라는 기록도 있다. 목성표는 1950년 3월 8일 이범석이 총리직에서 물러날 때까지 비서실장을 지냈다(≪용인시민신문≫, 2005년 5월 18일 자, https://www.yongin21.co.kr/news/articleView.html?idxno=47283). 국무총리 비서실 홈페이지에는 역대 총리 비서실장이 제3공화국 시절부터 실려 있고, 그 이전 기록은 없다.

직과 사무적 절차를 대략 정리 후 그해 12월경에 다시 국군 헌병사령관 직으로 전임(傳任) 명령을 삼가 받들었다.

3

대한민국 국군 첫 헌병사령관으로 취임, 전봉덕의 등장

국군 초대 헌병사령관에 취임한 후, 우선 헌병에 관한 법적 지위와 민주 국가의 헌병 기초를 확립하기 위하여 헌병령 및 헌병복무령 등 제반 법규를 제정하여 국무회의를 거쳐 대통령령으로 공포하였다. 또한 헌병학교를 설립하여 헌병 장교 및 하사관급 500여 명으로 국군 장교와 하사관 중에서 우수한 자를 선출하여 엄격한 교육훈련을 시킨 후 헌병부대를 조직하고 국군 전체 부대 내에 배치하여 전군의 군 풍기 정리와 수사 임무를 수행케 하였다. 그 후 헌병사령부로서 편찬된 헌병사에 상세히 기록된 바와 같이 이로부터 헌병 부대도 국군의 발전과 더불어 장족의 발전을 하여 현재에 이르기까지 역대 육군참모총장이 3분의 2 이상의 다수가 대개는 헌병사령직을 거쳐서 승진[6]되었다.

원래 헌병의 직책은 육해공군의 군 풍기 유지와 군법에 관한 수사 책임에만 국한되었고 민간인의 범죄 또는 정치범에 관하여는 관할 범위에 두지 아니하는 것이 민주국가 법령에 부합되는 것이다. 그럼에도 불구하고 돌연히 그해 1949년 3월경[7]에 소위 국회 '프락치' 사건[8]이라 하여 국

6) 헌병 병과가 중요했지만, 다소 과장이 있는 듯하다. 장흥이 이 책을 쓴 1972년까지 군기사령관, 헌병사령관, 헌병감을 지낸 29인 중 육군참모총장을 지낸 사람은 정부 수립 이전 군기사령관을 지낸 이형근을 포함하여 최영희, 송요찬, 최경록 등 4명(총 20명)이고, 합참의장을 지낸 사람은 참모총장을 지낸 이형근을 포함하여 장창국, 임충식, 심흥선 등 4명(총 13명)이다.

7) 장흥은 자신이 1949년 12월 초대 국군헌병사령관으로 전임되었다고 서술했지만, 1952년 헌병사령부에서 간행한 『한국헌병사』에는 1949년 3월 1일 헌병감에 취임한 것으로 되어 있고,

회의원 김약수(金若水), 노일환(盧鎰煥) 등 6~7명을 국군참모총장 채병덕(蔡秉德) 씨 명령으로 체포하여 사령부에다 감금하고, 또 특별수사본부를 두어 부사령관 전봉덕(田鳳德) 군으로 수사본부장으로 임명하고 수사를 진행하였다. 나는 사령관 입장에서 이 사건 처리를 법원으로 이첩하기를 주장하였으나 결국 채병덕 군의 압력과 반대로 이송하지 못하고 전 부사령관이 직접 취급하였다. 나로서는 이 사건에 모른다는 태도로써 관여하지 아니한 관계로 그 후부터 채 군은 나에게 대하여 불만족하게 생각하고 있었다.

4
소위 국회 '프락치' 사건과 나와의 관계

이 사건의 내막을 간단히 말하자면 국회 내에서 초대 대통령을 선출할 당시에 임시정부 김구 주석을 옹립하려던 한국독립당파 10여 명의 국회의원 김약수 등이 남한에 주둔한 미군 철수 안건을 국회 본회의에 제의하자 정부 측에서는 그들을 반미파니 이북 김일성 정권의 간첩이니 하는 악명을 씌워 가지고 숙청하려는 음모 사건이었다. 이러한 내막을 사후에야 비로소 정치적으로 거대한 음모를 실현하려는 전주곡이었다는 것으로 알

1959년 육군본부가 간행한 『병과별 부대역사』에는 1949년 1월 25일 취임한 것으로 되어 있다. 1999년 육군본부가 간행한 『육군헌병50년사』에는 장흥이 1949년 1월 5일 헌병사령관의 취임한 것으로 되어 있는 등 공식 간행물과 장흥의 자서전의 날짜가 제각각 다르다. 1948년 8월 대한민국 정부수립 당시에는 헌병사령부를 기사령부라고 불렀고 초대 군기사령관은 최석, 2대 군기사령관은 신상철이었다. 여러 자료를 종합해 볼 때 장흥은 1949년 3월 1일 헌병감으로 정식 임명되었고, 3월 15일 헌병감이 헌병사령관으로 개칭된 것으로 보인다. 군기사령관까지 포함하면 장흥은 3대 사령관이 되고, 헌병사령관이라는 명칭이 사용된 것부터 친다면 장흥은 초대 헌병사령관이다.

8) 국회 프락치 사건 설명에 대한 평가는 이 책 「해제」 참조.

게 되었다. 이로 인하여 나에게 미치는 정치적 생명이 험악하여질 것으로 예감되어 언어, 행동에 극히 근신하여 오던 차에 수십 년간 망명 생활 중 여러 대의 조상 산소를 성묘하지 못하였기에 6월 25일[9] 일요일을 이용하여 고양군 원당면 주교리에 계신 9대, 10대, 11대 선조에게 성묘하고 돌아오는 도중에 원당리에 있는 고려 말기 마지막 왕이었던 공양왕릉에 도착하여 당시 고려의 역사를 내 호위 헌병 장병들에게 설명하여 주고 인근 친지, 주민들의 환영 오찬 초대를 받고 오후 4시경에 서울로 돌아오는 도중이었다. 서대문 거리를 지나노라니 거리가 뒤숭숭하고 백범 선생 계신 저택 앞에는 인산인해에 곡성이 천지를 진동하였다. 마침 길가에 우리 헌병 차량이 즐비하게 세워져 있고 순찰과장 김병삼(金炳三) 대위가 경비하고 있기에 즉시 하차하여 곡절을 물으니 백범 선생님께서 흉악한 안두희(安斗熙) 놈에게 저격을 당하시어 절명하셨다 하기에 범인은 어찌 되었느냐고 물으니 현장에서 체포하여 헌병사령부로 데려가 수감하였다 한다.

이 소리를 들은 나는 천지가 아득하여 분한 마음에 범인을 때려죽여 버리려고 급속히 차를 몰아 사령부로 갔더니 수사과장 김득모(金得模), 행정과장 정강(丁剛)의 보고에 의하면 이 사건의 내막을 추측컨대 정치적으로 국회 '프락치' 사건과 연관된 음모 사건인 듯하니 필히 상부 지시를 기다려 조치하자는 건의를 받았다. 이에 비로소 송진우(宋鎭禹), 여운형(呂運亨) 제씨의 피살 사건과 같은 것으로 짐작하였다. 그러나 해외에서 수십 년 모셨던 정과 의리상 조문을 아니 갈 수 없어서 가려고 한즉 정, 김 두 과장의 말이 지금 정보국에서 총출동하여 경교장(京郊莊) 출입을 금지할 뿐더러 왕래 인사들의 사진을 찍고 있다 하면서 내가 가는 길을 막으려 하였다. 이 여러 가지 정보를 종합하고 보니 어느 정파에서 계획적인 거

9) 6월 26일을 오기한 것이다.

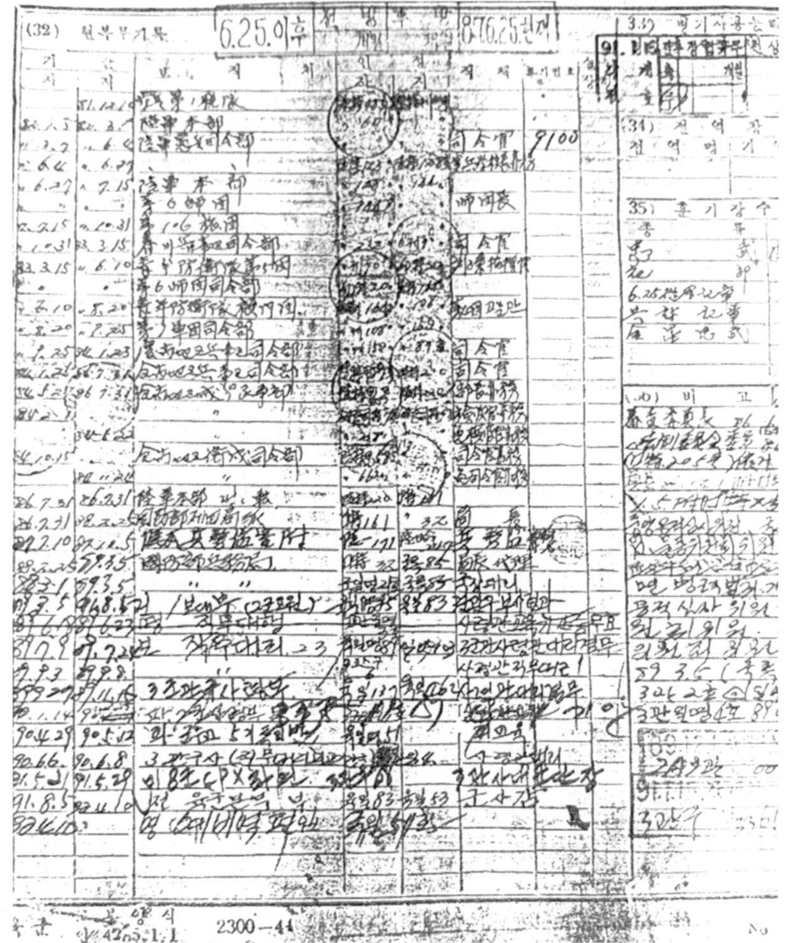

병무 기록 카드

사임이 분명하므로 부득이 직접 가서 조위(弔慰)를 표하지 못하고 통분한 마음을 억제하면서 마음으로 조의를 표할 뿐이었다.

이 사건이 정치적인 음모가 확실함에 따라 앞으로 나의 정치적 생명도 머지않아 위험한 방향으로 빠질 것으로 예측하였던바 과연 사건 발생 후 3일 되던 28일[10]에 신임 국방장관 신성모(申性模) 군의 명령으로 나를 면직시키고 부사령관 전봉덕(田鳳德) 군을 사령관에 임명하는 동시에 나를 정보국으로 소환하여 김구 선생과의 관계를 문초받고 나와서 즉시 집으로 돌아와 두문불출하고 일체를 함구무언하고 있었다. 그 후에 한독당 조직부장 김학규(金學奎) 군이 헌병사령부에 체포되어 갔다 하고, 그 외에도 임정 요인들이 속속 체포되었다 한다.

이렇게 정국이 험악하게 되어가는 동시에 군 내부에서도 숙청 선풍이 갈수록 엄격하여 수백 명의 장병이 체포되어 수감되었다. 이때 나는 처신을 신중히 하기 위하여 근 10여 일간 집에만 콕 들어앉아 외인과의 접촉을 단절하였다가 백범 선생 장례식 날[11]에야 비로소 효창공원 묘지까지 가서 선생님의 위덕을 생각하면서 일장통곡으로 선생님의 명복을 빌고 돌아왔다.

그 후 7월 19일 의암 손병희(孫秉熙) 씨의 기일을 택하여 가족을 데리고 우이동 선생님의 묘소를 찾아 참배하고 녹음 밑에서 하루 동안 소풍을 하는 중에 채병덕 참모장을 만났더니 그분이 "내일 오전에 국방부로 와 달라"고 하기에 이튿날 20일에 국방부로 채 군을 방문하였더니 그의 말이 나더러 국방부 정훈국장[12] 책임을 맡으라고 권고하기에 당장에서 설

---

10) 장흥이 헌병사령관에서 언제 교체되었는지에 대해서는 백범이 암살된 6월 26일 당일, 다음 날인 6월 27일, 사흘째인 6월 28일로 자료마다 조금씩 차이가 있다. 육군의 공식 기록인『한국헌병사』(1952, 12쪽),『병과별 부대약사』(1959, 196쪽),『육군헌병 50년사』(1999, 21~22쪽)에는 모두 장흥이 6월 27일 헌병사령관에서 물러난 것으로 되어 있다. 장흥 생전에 그를 인터뷰한 ≪동아일보≫ 취재에 따르면 장흥은 6월 27일 육군본부 인사국장 최영희로부터 국방장관 신성모가 "장흥 헌병사령관을 해임하고 전봉덕 부사령관을 사령관으로 임명한다"고 써서 보낸 명함을 건네받았다. 장흥은 이에 헌병사령관을 인사 발령도 없이 개인 명함으로 해임할 수 있느냐, 정식 인사 발령이 없는 한 물러날 수 없다고 버텼고, 다음 날인 6월 28일 아침 인사 발령이 나 물러났다고 썼다[동아일보사,『비화 제1공화국』1(홍자출판사, 1975), 258~263쪽]. 6월 28일은 한국식 날짜 계산법으로 백범 암살로부터 사흘째 되는 날이다.

11) 김구 선생 장례식은 1949년 7월 5일 거행되었다.

12) 국방부 정훈국은 정부 수립 후 1948년 11월 29일 국방부 제2국(정치국)으로 설치되었다. 그런데 미 군사고문단에서 군내에 정치 장교를 배치하는 것은 공산국가나 나치 같은 전체주의

명하기를 당국에서 나를 임정파니 김구파니 하는데 그런 방면에 선전하는 협의를 만들려고 그런 직책을 맡으라고 하는가 하고 완강히 거부하는 동시에 군에서 퇴역하겠다고 하였더니 그것은 불가능하다 하면서 그러면 하고자 하는 직책을 택하여 보라 하기에 돌아가서 생각하고 답변하겠다고 하였다.

당시 정국에 비추어 보건대 중앙에서 어떤 요직에 있다가는 결국 타인의 모략중상에 걸려 처세하기 곤란할 듯하여 타인이 탐내지 않는 직으로 가서 있는 것이 현명 책일 듯하여 강원도 지구 병사구 사령관을 요구하였더니 당일로 발령을 받아 며칠 내로 부임하였다.[13)]

5
백범 김구 암살의 전말

간접적인 원인은 정부 수립 전의 백범 선생께서는 남한에 국한하여 단일정부를 세우는 것을 극력 반대하시고, 남북한을 통하여 연립정부를 세울 것을 추진코자 북한 김일성 군을 찾아가서 남북한 협상을 제의할 때부터 이승만 박사와의 정쟁이 극심하였다. 이 박사께서는 끝끝내 남한에서만

국가에서나 있을 수 있는 일이라며 반대를 표해 명칭을 정훈국으로 변경했다가 1948년 12월 26일 초대 국장에 민간인 송면수(민족청년단 간부)가 임명되었다. 1949년 5월 국방부 기구 개편 시에 육군본부를 재편하면서 정훈감실을 설치했다. 이때 국방부 정훈국은 해체되고 정훈국 업무는 육군본부 정훈감실에 흡수되고, 초대 정훈감에는 문관인 송면수가 임명되는 기형적인 형태로 개편되었다[육군본부 정훈감실, 『정훈50년사』(1991), 72~73쪽]. 국방부는 1949년 10월 15일 국방부에 정훈국을 재설치했고, 2대 정훈국장에는 강세형이 임명되었다. 장흥이 채병덕으로부터 정훈국장 취임을 제의받았다는 1949년 7월 20일에는 국방부 정훈국이 폐지되고 육군본부에 정훈감실이 설치되어 있을 때로, 장흥이 제의받은 자리는 국방부 정훈국장보다는 육군본부 정훈감이었을 가능성이 크다.

13) 병무 기록 카드(104쪽)를 보면 강원도 춘천 병사구 발령은 1949년 10월 31일로 기록되어 있다.

이라도 민간 정부를 수립 후 통일책을 연구하기로 주창하여, 결국 1948년 8월 15일에 가서 정식으로 정부를 수립할 때부터 김구 선생은 이 박사와의 정적이 되었다.

직접적인 원인은 정부 수립 후에 백범 선생이 한독당 조직부장 김학규 군을 데리고 남한 일대를 도시면서 군정 반대운동을 극렬히 전개하신 관계로 정부 측의 반감을 초래하게 되시었다. 그때 마침 간사한 국방장관이었던 신성모 군이 소위 '88구락부(八八俱樂部)'라는 친일파 몇 장관들과 한민당과 함께 백범 선생 저격 음모를 계획하고, 당시 정계인 암살에 능수인 서북청년회 회원 안두희 놈을 매수하여 군에 입대시켜 총술을 가르쳐준 후에 한독당의 입당을 교사하여 거사케 한 것이다.

안 군이 이 지령을 받고 자기 동향이요 한독당 조직부장인 김학규 동지를 자주 방문하여 친근히 하려는 성의를 보여주며 또 종종 예물을 가지고 가서 총애를 사려는 태도도 보여주면서 한독당 비밀당원 자격으로 입당을 요구하였던바 학규 군은 그 흉악한 음모에 빠진 줄도 모르고 다만 동향이라는 데서 신념을 가지고 아무런 의심도 없이 쾌히 승낙하여 소위 비밀당원으로 입당시킨 후 비밀당원증까지 발부하여 주었으며, 또 충실한 당원으로 믿고 직접 백범 선생께도 소개하여 주며 자주 접근케 할 기회까지 마련해 주었던 것이 이 사건 발생의 매개가 된 것이다. 그리하여 이 사건 발단을 전후하여 그 죄과에 연루자를 엄격히 추궁한다면 학규 군도 도의적으로 주모자 책임은 면할 수 없을 것이 분명하다. 더욱이 해방 이후의 정계 인사 중에서 송진우 씨를 위시하여 이런 정치적인 음모하에서 희생된 분이 서너 사람이나 되건마는 안두희 군이 이런 음모를 품고 소위 비밀당원으로 입당한 후에 종종 하는 말이 자기 자신이 "대포 사격을 가장 잘하는 선수"라 자칭하고 어떤 기회에 당에서 명령만 하달하여 주면 포구를 이 대통령이 계신 경무대로 돌려 폭격하겠다는 불순한 언사까지 하면서 문서상의 증거를 얻으려는 악질적인 음모인 줄도 모르고 아무런 경계심 없이 무조건 신임하였을 뿐만 아니라 도리어 역이용하려던 것이 있으니 이 사건 발단에 기회를 만들어준 책임은 김학규 군이 지지 않을 수 없을 것이다.

6
암살 조사자가 된 흉악한 친일분자 전봉덕

본래 내가 헌병사령관으로 취임하기 전에 참모총장 채병덕(蔡秉德) 군이 전봉덕(田鳳德) 군을 나에게 소개하면서 당시 국무총리 겸 국방장관 이범석 씨의 명령에 의하여 나를 헌병사령관으로 발령해 줄 조건으로 전 군을 부사령관으로 받아달라 하기에 즉석에서 받아들이기로 응낙하였다. 사후에 그 위인을 알고 보니 일정시대 제대 법과 출신으로서 경기도청 경무과장까지 지내다가 일제 패전 후에 패전하였다는 신문을 보고 일황 만세를 부르면서 통곡까지 하였다는 흉악한 친일분자였다.

우리 정부가 수립되고 국회가 성립된 후에 국회에서 반민특위(즉, 반민족특별조사위원회)를 조직하고 과거 일정시대에 친일 악질분자들을 색출 숙청하려는 이때에 전 군이 자기 신분 보호책으로서 헌병장교를 지원한 것이었다. 그 당시 일제시대 경찰관을 지내던 자인 윤우경(尹宇敬), 이익흥(李益興) 등 10여 명이 전부 이런 의도로서 헌병에 입대했었기 때문에 그 반민특위에서는 헌병사령부는 악질 친일파의 피신처라는 말까지 나게 되었다.

전(田) 군이 부사령관으로 부임한 이래 자주 채병덕 군에게 접근한다는 소문도 들었거니와 백범 선생께서 저격당하신 후에 그네들의 언동을 살피건대 사전에 서로 접촉하면서 나에 대한 모략중상도 하였을 것이며, 진일보해서 우리 독립운동자 인사들의 배척운동도 모의하였을 것으로 추측된다. 이런 흉악한 친일 무리들의 음모하에서 백범 선생님이 희생당하신 후에 그들이 계획적으로 그 죄과를 한독당의 자가지난(自家之難)으로 전가시키어 처리하기 위하여 우선 음모의 비밀누설 방지책으로 나를 사령관에서 몰아내고 전 군으로 대치한 것이며, 원흉 안두희 놈은 정보국으로 데려다가 극진히 우대·보호하여 놓고 김학규 군을 살인 교사자로 몰아 체포·수감하여 무기징역에 처하게 한 것이다. 그리하여 결국 이 사건 내용을 자술한 안두희 수기 『시역(弑逆)의 고민』이라는 책에서 보더라도 김학규 군이 도의적 책임을 안 질 수 없었다.

다시 사건의 주모자를 분석한다면 단체로서는 한민당이 새로 조직한 '88구락부', 서북청년회이고 개인으로서는 국방장관 신성모라고 지적할 수 있다. 왜냐하면 백범 선생님이 저격당하신 후에 한민당 당무회의에서는 백범 선생을 나라의 역적으로 규정하여 신문에까지 발표하였고 흉악한 안두희 놈을 민국의 충신이라 하여 석방운동을 전개하였다.

한민당은 본래부터 친일파의 집합단체로서 백범 선생을 원수같이 지적하고 기회 있는 대로 정계에서 몰락시키려는 차제에 이 박사를 업어 한민당 총재로 모시고 대외에서는 국부라고 칭호를 붙이어 이 박사 정권 내에 각 요직을 점유하려는 음모하에서 안두희를 교사하여 이런 비극을 조작해 낸 것이며, 신성모란 자는 원래 해외 망명 당시부터 이런 살인 교사를 조작하여 내는 데 능수로서 한민당 산하단체인 '88구락부' 열성 회원으로서 국방장관 직권을 이용하여 범인 안 군을 극진 우대 보호하였을 뿐 아니라 감금한 지 불과 몇 개월 만에 무죄 석방하여 본래 계급인 육군 중위를 소령급으로 특진시켜 다시 군에 복귀시켰고, 또 1960년 4·19 혁명 후에 전 주한미대사관 정보원으로 근무하던 고정훈 군이 백범 선생을 저격한 계획을 도표로서 각 신문에다 폭로한 내용으로 보더라도 신 군이 주범이라는 것이 틀림없는 것이다.

이 사건에 대하여 전봉덕 군이 헌병사령관으로 재직 시에 상기한 제반 음모를 기준으로 하여 책임 수사를 마친 후에 형식상 법원으로 이첩하여 원안대로 판결·공포케 한 것이다. 그 후 전 군은 자기 가옥을 신축하는

데, 헌병사령부에 수감된 죄수 수십 명의 노역을 이용하여 정지 작업 중에 중요한 공산당원 이중업(李重業, 현 이북 정권 내에 중앙 요직에 있는 자)을 작업 도중에 도망치게 한 것이 문제화되어 헌병사령관직에서 파면당하였다가 신성모 군이 이 대통령에게 아부하여 총리 이범석 씨를 몰아내고 자기가 서리(署理)라는 명칭을 붙이어 국무총리 자리를 차지하였다.

본래 헌법상 규정에 의하면 국무총리직은 대통령이 총리 될 사람을 지명하여 국회의 비준을 받은 후에 대통령이 임명하게 된 것인데, 이렇게 위헌하여서 그 자리를 박탈하여 간 것을 생각한다면 틀림없이 그 내막에 흉악한 정치적 음모가 개재된 것으로 추측된다. 더욱이 신 군이 총리서리가 된 후에 군직에서 추방당한 전 군을 총리 비서실장으로 등용하였다. 그리하여 세상에서 말하기를 전 군이 이런 요직에 있게 된 것은 백범 선생 사건 처리에 공로를 세운 대가라 한다.

이 사건 발생 후에 나 한 사람만 군에서 몰락을 당한 셈이고, 공로자로서 대가를 받은 사람은 전 군은 상기와 같다. 정보국장 백선엽은 이 사건을 한독당 자가지란으로 조작해 낸 공로로서 육군 준장으로 승진하여 육군 제5사단장으로 영전하였고, 서북청년회 회장 문봉재(文鳳才)[14]는 치안국장으로 있다가 교통부장관까지 영전하였고, 범인 안 군은 사건 직후에 석방되어 원계급인 육군 중위로서 육군 소령으로 약진하여 다시 군에 복귀하였다가 국회에서 문제화되어 국방장관 신성모와 참모총장 채병덕 양 군에게 책임을 추궁하게 되므로 인하여 부득이 다시 군에서 추방하는 동시에 군용 장유공장(醬油工場)을 경영케 해주어 생활을 보호하여 주었다.

신성모라는 자는 본래 어떤 인물이었던가 하면 청년 시대에 우리와 같게 해외로 망명하여 독립운동에 종사하다가 영국에 가서 상선학교를 졸

14) 문봉제(文鳳濟)를 오기한 것이다.

업하고 제2차 세계대전 당시에 영국 수송 선장까지 지낸 자이다. 독립운동 당시에 이 박사께서 우리 한국을 미국 소속 자치령운동(이른바 맨디토리 사건)으로 전개하시는 데 극력 반기를 들고 신숙(申肅), 박용만 제씨와 모의하여 이 박사를 살해하려다가 탄로되어 영국으로 도망한 것이다. 정부 수립 후에 이범석 장군이 인재 등용하려는 견지에서 다시 이 박사에게 충간하여 해군참모총장을 시키려고 소환하였을 당시 해군이 손원일(孫元一) 장군이 장악하고 있는 관계로 못 시키고, 입국 후에 잠시 대한청년단장직으로 있으면서 자주 이 박사에게 접근하여 이범석 장군이 겸임하고 있는 국방장관직을 박탈하려는 음모로 소위 '88구락부'라는 단체를 조직하여 친일파 장관들과 결탁하여 이범석 씨와 이 대통령 두 분 사이에 모략중상으로 이간질을 붙이어 결국 이 장군으로 하여금 총리직에서 물러나게 한 후 진일보적으로 이 장군 측근자까지 몰아내게 되었고, 임정 세력을 배제하려는 음모를 책동하여 백범 선생을 우선적으로 살해한 것이다.

이런 간신들이 이 박사 주위를 포위하고 국권을 농락하였기 때문에 오늘날 와서 나라가 이 혼란, 빈곤 지경에 빠지게 되었고, 위대한 애국자이신 이 박사의 말로까지도 곤경에 빠지시게 한 것이 모두 그들의 죄과이다. 속칭 악은 악으로 망한다는 거와 같이 이 대통령께서 하야를 선포하신지 얼마 안 되어서 각 정계에서 백범 선생 암살 사건 내용을 세상에 폭로하자 제일 먼저 신성모 군이 정신적 충격을 받고 정신을 잃고 쓰러져 동대문 밖 이대부속병원에 입원하여 하룻밤 치료받다가 뇌일혈로 급서하였다.

신 군은 이상 서술한 바와 같이 정치적으로 역사상 유례없는 대역죄를 범하였거니와 군사적으로 6·25 동란을 유발한 대죄도 범하게 되었다. 그 실례로서는 『육군전사』 제4집에 기재된 원문 그대로 여기에도 기입하여 참고한다.

⁂

『전사』에 기록된 내용[15)]

『전사』 4집 9항 내에 호언장담으로 자가도취는 고사하고 무구한 양민들의 시국 인식을 그릇 지도하여 국가로 하여금 멸망의 위기에 빠지게 한 것은 만고에 용납지 못할 것이다.

****

전 국방장관 신성모 씨의 신문 발표의 실례:

1월 24일 자로

문: 실지회복 방침에 대[한] …….

답: 실지회복을 위[한] 모든 준비는 다 되어 있으므로 다만 명령만 기다리고 있다.

단기 4283년 5월 10일 중앙청 총리실에서 내외 기자단에게 발표 내용:

현재 우리 해군은 일조유사시에는 동남 이북에 대하여 하고 싶은 행동을 어디까지라도 할 수 있는 힘과 태세를 갖추고 있는 것이다.[16)]

****

15) 『육군전사』 4집에는 해당 내용이 수록되어 있지 않다. 『육군전사』 4집은 장흥이 군사감에 취임하기 전인 1956년 6월에 발간되었고, 다루고 있는 시기도 인천상륙작전에서 국군의 압록강 진격까지로 신성모의 해당 발언이 있었던 시기는 포함되어 있지 않다. 장흥이 군사감으로 있을 때 발간된 전사로는 1959년 3월 육군본부에서 발간한 『6 · 25사변사』가 있다. 『6 · 25사변사』, 68쪽에는 장흥이 서술한 내용과 거의 유사한 내용이 기술되어 있지만, "민심이 부동되고 질서가 정연치 못함에 감하여(비추어) 국방의 중책을 부하한 신성모 국방장관은 항상 국민들의 사기가 저하됨을 우려하였던 나머지"라는 단서가 달려 있다. 장흥이 뒤에 서술한 것처럼 이런 표현이 들어간 것은 국방장관, 참모총장 등의 압력으로 신성모에 대한 비판적인 내용을 삭제하거나 완화한 결과인 것으로 보인다.

16) 『6 · 25사변사』에는 "우리에 대한 적의 공격이 있을때 북한에 대한 행동은 언제든지 개시할수 있다. 현재 우리 해군은 일조유사시에는 행동을 할수있는 힘과 태세를 갖추고 있는것이다"로 기록되어 있다.

이상과 같이 호언으로 국민을 기만하였기 때문에 사실상으로 6·25 동란 시에 군·민 간에 무수 희생을 당하였으므로 국민이 신성모에 대한 감정이 심히 악화되었던 것이다.

백범 선생께서 돌아가신 후에 사회적 여론이 구구하여 심지어 이 대통령께서 시킨 것이라고 유언비어가 있었으나 실질적으로 아부하여 진급한 친일분자들이 자신들의 정치적 생명을 공고히 하려는 비극에서 빚어진 사실이고, 절대로 이 대통령께서 교사하신 것이 아니라는 것을 과거 그 두 분의 역사적 행적에서 증명할 수 있는 것이다(그 두 분의 과거 관계는 대략적으로 다음에 기록한다).

백범 선생이 돌아가신 후 십수 년 자유당 치하에서 정적들의 이목을 피하기 위하여 우리 제자들이 매년 그 기일을 맞이하면서도 추도식 한 번도 공공연히 못해드리고 묘소를 제대로 돌보지 못한 관계로 날로 퇴락되어 모양을 제대로 갖추지 못했으므로 1960년[17] 5·16 혁명 후에야 우리 독립운동자끼리 모여 천장(遷葬)할 계획으로 천장위원회를 조직하고 정부 당국에 건의하여 국가 경비로써 고양군 원당면 원당리 서삼릉으로 묘지를 결정하고 연차적으로 시공할 계획으로 우선 묘도(墓道)를 시공하였다. 그러나 막상 천장을 하려고 한즉 그 유족들의 반대로 옮기지 못하고 효창공원 원위치에 그대로 모시었으나 그곳이 시 중심지인 동시에 현재는 운동장으로 사용케 된 고로, 앞으로 적당한 시기에 적절한 곳으로 이장되어야 할 것이다.

백범 김구 선생 암살 사건의 최고 주모자는 신성모 국방장관임을 사회 각계각층에서 이구동성으로 다 인정한 동시에 또 군사상으로도 죄악적인 실책이 너무나 엄청나게 많은 고로 이를 열거하여 기록해 두기로 한

17) 1961년을 오기한 것이다.

다. 그 의도를 말하자면 지금으로부터 15년 전에 내가 육군전사총감으로 재임 당시에 『6·25 전쟁사』를 편찬 중에 신 국방장관의 업적을 서술하다 보니 아래와 같은 사실을 그대로 기재하고 그 원문을 사본하여 신 군에게 보내주고 이에 대하여 적절한 변명을 하여 주면 참작해서 수정할 용의를 보여주었더니 그 후 신 군이 당시 국방장관 김정렬(金貞烈) 씨와 육군참모총장 장도영(張都英)[18] 군을 통하여 교섭이 왔는데 그에 대한 대목을 전적으로 삭제하여 달라고 애걸하는 바람에 결국 그 사실을 정사에 올리지 못한 것을 유감으로 생각한 나머지 나의 자서전에나 실어두어 후인들의 비판을 받게 한 것이다.

첫째, 군대 편성은 (1) 현역병, (2) 예비병

두 개 역종(役種)으로 구분됨은 동서고금의 통례이다. 우리도 국군 조직 당시에 처음으로 군대를 편성하는 관계로 훈련된 예비 병력이 없어서 임시 조치로 호국군을 조직·훈련하여 각 도마다 2개 연대를 배치하고 국방력을 공고히 하였던 것인데, 신성모 군이 국방 책임자로 부임한 후 아무 이유 없이 호국군을 해체해 버리고 그 후 얼마 아니 되어서 6·25 동란이 터지자 예비 병력에 대하여 속수무책인 고로 부득이 총도 쏠 줄 모르는 전국 청년들을 마구 체포하여 제일선으로 몰아내는 바람에 무수한 희생자만 내고 전 전선은 파죽지세와 같이 붕궤되었다가 다행히 미군과 '유엔군'이 참전, 후원한 관계로 망국의 위기를 면하게 된 것이다. 그리하여 군대에 예비 병력을 없앤 것이 신 군의 첫 번째 죄악적인 실책이라

18) 장도영은 송요찬(宋堯讚)의 착오로 보인다. 장도영이 육군참모총장이 된 것은 4월혁명 후인 1961년 2월 17일이다. 『6·25사변사』 간행 당시의 참모총장은 송요찬이었다. 신성모는 전임 헌병사령관 최영희가 정운수, 장석윤, 백성욱 등이 자신과 민국당 지도부를 제거하기 위해 조작한 정치공작대 사건에 깊이 연루되자 1950년 4월 18일 최영희를 해임하고 송요찬을 헌병사령관에 임명했다. 헌병사령관 송요찬은 한국전쟁이 발발하자 신성모의 지시를 받아 민간인 학살, 특히 재소자 학살에 깊이 간여했다.

아니할 수 없을 것이다.

둘째, 국민방위군 사건

6·25 동란 중에 예비병 조직이 없어서 상기와 같이 실책됨을 느끼었던지 전국 청년 단체와 과거 해체한 호국군 장병들을 소집하여 거액의 군비를 낭비하면서 소위 국민방위군을 편성하고 총책임자, 즉 사령관을 군사 지식과 경험이 추호도 없는 자기의 수양자라 칭하고, 또 깡패 두목으로 유명한 김윤근(金潤根) 군을 임명하여 통솔케 한 결과 전세가 불리하게 되자 돌연히 수도 서울을 포기하게 됨에 따라 방위군 수만 명을 수송 장비도 없이 순전히 보행으로 또 경비와 휴대 식량도 없이 부산으로 집결하라는 명령만을 하달하였다. 본래 정부로서는 후송비로 거액을 전달하였으나 그 막대한 수량의 금품을 그들의 권세의 획득과 이권의 취득을 위하여 횡령 소비한 관계로 보행하는 청장년들은 부득이 기아에 못 이기어 길가 민가에 침입하여 구걸 또는 강탈 등등의 불상사가 곳곳에서 발생하여 민의 원망이 극도로 비등할 뿐 아니라 목적지까지 행군하는 중에 굶어 죽고 병나 죽고 한 자가 무려 수천 명에 달하였다. 이 현상을 목도한 전 국민과 국회에서 정부에 대한 자자하므로 정부가 신 국방을 파면시키고 또 실제 책임자인 김윤근과 부사령인 윤익균(尹益均) 등 5명을 군법에 의해서 사형에 처하였다.

어느 피해자의 가족 한 분이 사건 취급하는 심판관에게 주는 원문은 아래와 같다.

피고인 등은 지난겨울 조국 통일을 눈앞에 두고 중공 오랑캐의 불법 침략으로 제2차 후퇴라는 국가의 위기와 민족 수난에 봉착하자 군인에 지워진 보국, 위민의 거룩한 사명을 망각하고 제2국민병 후송을 위하여 지급된 막대한 수량의 금품을 그들의 권세의 획득과 이권의 취득을 위하여 횡령 소비하였던 것입니다.

휘하 장병들이 얼어 죽고 굶어 죽고 병들어 죽는 그 순간에도 그들은 따뜻한 고급 요정에서 양주, 가효(佳肴)로 미기(美妓)를 희롱하였던 것이다. 이로 인하여 노방(路傍)의 원혼이 된 애국 장정의 수효는 과연 얼마이며 죽다 남아서 영양실조와 이병(罹病)으로 창백한 얼굴과 남루한 옷을 걸치고 거지 떼와 같이 거리와 마을을 헤매는 민병의 수는 또 한 얼마였습니까. 그리고 전국 방방곡곡에서 모여든 이들 장정의 부모 형제, 처자, 친척, 친우의 수효는 또한 그 몇 배를 헤아리겠습니까. 이렇게 생각해 보면 삼천만 우리 동포 그 누구도 직접, 간접으로 피해자 아닌 사람이 없는 것입니다.

현명하신 심판관께서 가만히 귀를 기울여보십시오. 곡성이 들립니다. 쓰러진 애국 장정들의 원통한 울음소리는 하늘에 가득 차고 수많은 유가족들의 비통한 울음소리는 땅을 덮는 듯합니다. 이는 실로 삼천만 동포의 곡성이 아니고 무엇이겠습니까? 이 곡성은 또한 아들을 잃은 어머니의 외침이요 남편을 잃은 아내의 부르짖음입니다.

"내 귀여운 아들을 내놓아라, 내 사랑하는 남편을 돌려다오. 그렇지 않으면 우리에게 피고인들의 목을 달라."

그들은 이렇게 호소하고 있는 것입니다. 피고인들에게 묻노니 그대들 귀에는 이 민족의 아우성 소리 들리지 않는가. 이렇게 말을 맺고 나는 일단 음성을 낮추어 끝으로 내가 개작(改作)하여 피고인에게 주는 한시 한 수를 심판관 제씨에게 바쳤다.

金樽美酒民兵血	금잔에 담긴 좋은 술은 방위군 장정들의 피요
玉盤佳肴壯丁膏	옥으로 만든 상 위에 차려진 음식과 안주는 장정들에게서 짜낸 기름이라
項目流時兵漏流	물 쓰듯 항목 바꾼 예산 탕진에 장정들의 눈물이 흐르는구나
笑聲高處哭聲高	웃음소리 높은 뒤곁에는 울음소리 높은 줄 알아라

셋째, 6·25 당시에 한강철교를 조기 폭파로 인마(人馬) 피해 상황

당시 공산군의 주력이 의정부와 김포 선까지 침입하여 부득이 서울을 포기하게 되었다. 그때 신 국방은 전세가 호전되는 양으로 선포하고 국민을 기만하여 안도감을 갖게 한 동시에 재경(在京) 부대 수만과 시민 대부분이 강을 건너 남쪽으로 피난도 하기 전에 육군공병감 최창식(崔昌植) 대령에게 하명하여 한강철교를 완전 파괴하였으므로 도강(渡江) 못한 군·민 전체가 적군 포화에 비참하게 희생 또는 포로가 되고 중요 장비 역시 적에게 뺏기어 전국 군민이 거의 전의를 상실케 되었던 차제에 다행히 미군이 후원을 제공하여 최후 승리를 거두었으나 인적, 물적의 손실은 우리 민족 역사상에 전무후무한 사실일 것이다. 사후에 정부로서 이 책임을 추궁한즉 분명한 하명자인 신성모 국방과 육군참모총장 채병덕 군 등이 명령한 사실을 부인함으로써 애매하게도 최창식(崔昌植) 공병감만 군법에 의하여 사형되었다. 그 후 20년이 지난 1969년 제3공화국 박 정권 임기 중에 최 공병감의 부인이 자기 부군이 억울하게 처형된 원한을 풀고자 정부를 상대로 기소한 결과 동 연도에 대법원 판결로서 정부가 패소당하여 형사 보상금 수천만 원을 받고 억울한 원한을 풀게 되었으니, 이에서도 신 국방의 실책을 엿볼 수 있는 것이다.

넷째, 천인이 공노할 거창 학살사건의 내막과 신 국방과의 관계

경상남도의 최남단에 위치한 거창군 신원면 고정리라는 마을은 험악한 산골짜기 마을이어서 6·25 이후에 공비 잔당들이 산속에 숨어 있다가 자주 마을에 출몰하여 양민들을 괴롭히기에 알맞은 지역이었다. 1950년 12월 5일경에 또 공비들이 그곳 경찰지서를 습격하여 경찰 30여 명의 사상자를 내는 무서운 난동을 감행하였다.

이때 신 국방은 국군 제11사단 9연대 소속의 1개 대대 병력을 현지로 출동시키어 '소탕' 작전을 실시케 하였다. 국군이 현지에 도착하자 각 면마다 군민비상대책위원회라는 조직을 두고 군민들로부터 다수의 식량을 강제 징수하는 한편

작전상 이유로 무수한 민가를 소각하였다. 그러다가 해가 바뀐 1951년 2월경에 신원면 몇 개 부락민이 공비와 내통하였다는 정보를 입수하였다 하고 부대장 한동석(韓東錫) 소령은 그 부락 청년 106명을 색출하여 공비와 연락하였다는 죄명으로 모두 사살하였고, 그다음 날에는 전 부락민 1,000여 명을 신원국민학교에 집합시켜 놓고 그중에서 군경, 공무원들의 가족을 가려내고 나머지 500여 명은 박산골까지 끌고 가서 무차별 학살해 버렸다.

사후에 이 소문이 전국에 전파되자 국회는 발칵 뒤집히고 정부는 당황하여 시국이 지극히 혼란하였다. 그러나 신 국방의 태도는 지극히 악랄하여 도리어 사건의 책임을 은폐하면서 정보 제공자를 위협할 뿐 아니라 국회로서 조사단을 파견하려는 데 계엄민사부장 김종원(金宗元) 대령을 시키어 조사 공작을 하지 못하도록 백방으로 방해한 결과에 어느 날 조사단이 출발하여 사건 현장인 신원면과 남상면 사이의 험준한 산기슭에 공비로 가장한 국군을 잠복시키어 조사단 일행이 산모퉁이를 돌아가려는 순간에 일제히 위협사격을 가하는 서부극같이 기습을 하였다. 공교롭게 신 국방과 김종원 군이 탄 차를 제외하고는 국회의원들이 탄 차에만 따발총을 난사하여 차체를 파손하고 조사단으로 하여금 더 전진을 못하게 하고 도로 회정(回程)하도록 하였으니 신 국방의 악독한 계책이 또 하나의 실례이다. 그 후 신 국방은 국회에서 파면 결의에 의하여 면직당하고 다시 주일대표부 대사로 전근되어 부임 후에 어느 날 동경 우에노 공원에서 산책하는 중에 주일 교포들에게 몰매를 맞고 대사 행세를 할 수 없게 되어 할 수 없이 귀국하여 부산해양대학 학장으로 있다가 백범 선생의 암살 사건이 세상에 폭로되자 이 자극을 받아 뇌일혈이 돌발되어 급사하였다.

7
이승만 대통령과 김구 선생의 관계

기미 3·1운동 이후에 두 분이 다 같이 상해로 망명하시어 대한민국 임시정부를 창립하시고 이 박사께서는 초대 대통령으로 계시다가 미주로 건너 가시어 임정 구미 외무부를 조직하시고 대미 외교에 적극 활약하시어 독립을 쟁취하시었고 백범 선생께서는 최초 임정 국방 요원 겸 경무부장으로 계시다가 수십 년 동안 임정 주석으로 계시어 최후까지 정부를 영도하시면서 1945년 8월 15일 해방을 맞이하자 이 박사께서는 미국으로부터, 백범 선생께서는 중국 중경(重慶)으로부터 각각 귀국 회합하시어 당시 미, 영, 소 3국의 소위 모스크바 삼상회의에서 의결된 신탁통치안을 반대하시는 반탁 모임을 조직하여 건국 대계에 활약하셨다.

8·15 해방 후에 두 분이 귀국하시기 전에 당시 국제 정세가 미국이 전 세계를 통제 중 대미외교가 극히 중요하므로 임정에서는 이 박사를 대통령으로 한국독립당에서는 당 총재로 모시기로 의결한 후 이 박사에게 전보로 취임 승낙을 받은 동시에 백범 선생께서 장(蔣) 총통에게 교섭하여 대미 외교비로 사용할 정치자금 미화 20만 불을 대여받아 가지고[19] 전부 이 박사에게 부쳐드렸다. 이렇게 두 분께서 서로 왕래한 전보 원문은 전 임정 비서관으로 계시던 민석린[閔石璘, 필호(弼鎬)] 씨가 보관 중 작고하신 후 민 선생 자제들이 지금까지 보관하고 있다.

백범 선생께서는 이상과 같이 자신의 영위와 영욕을 버리시고 오직 국가와 민족을 위하여 이 박사를 충심으로 모시려고 하시던 대의는 만천하가 다 공인하는 바이다.

---

19) 이 20만 달러는 김구가 이승만의 대미외교비로 장개석에게서 대여받은 것이 아니라, 1945년 11월 김구가 귀국할 때 장개석이 전별금으로 준 것이다. 그러나 미군정이 이 돈을 국내로 들여오지 못하게 하여 김구는 주미 중국대사관에 이 돈을 맡겼다. 이승만은 김구의 입국 직후부터 이 돈에 눈독을 들였고, 김구는 이 돈을 이승만에게 제공하기로 약속했다. 그러나 장개석은 이승만이 이 돈을 사용하는 것에 반대했고, 결국 10만 달러는 중국에서 활동하는 임시정부의 주화대표단의 활동비로, 10만 달러는 귀국한 임시정부 요인들의 활동비와 『백범일지』 발간용으로 충당되었다[정병준, 『우남 이승만 연구』(역사비평사, 2005), 615~618쪽].

이렇게 두 분이 일생을 국가와 민족에 바쳐 투쟁하시던 중 공사(公私) 간에 친밀하셨던 경로로 볼 때 절대적으로 서로 정적이 되실 줄은 꿈에도 생각지 못하였건만 어찌하여 그 두 분 사이에 간격이 생기기 시작하였는지 회고하여 볼까 한다.

내가 보건대 이 두 분의 건국 목적과 또 반공사상에 있어서는 추호의 차이 없이 동일하시지만, 단 이념과 방법에 있어서 약간의 차이가 있지 아니한가 생각된다. 왜냐하면 이 박사께서는 40, 50년 동안 부유, 화려한 구미 각국에서 보신 식견으로서 반공사상이 철두철미하시어 공산당과는 불공대천지수로 인정하셨으나 동일 민족국가에서 민족 분열 전쟁의 무자비한 참상은 듣고 본 바가 없으시므로 이에 대한 인식이 박약하시었다. 그리하여 그분의 주장은 언제나 우선적으로 남한만이라도 자유 우방의 협조를 얻어서 정부를 세워 군력(軍力)을 양성해 가지고 소련 조종하에 조직된 북한 정권을 격멸시켜 가지고 통일을 완성하여야 한다는 것이고, 백범 선생께서는 반공사상에 있어서 이 박사와 다름없이 철저하시나 그분은 일찍이 중국에 계실 때 국공(국민당, 공산당) 양당이 수십 년 전쟁 중에 국민의 생계가 도탄에 빠져 거의 죽을 지경인 참상을 친히 목도하신 관계로 우리 약소한 국내에서는 민족 분열 전쟁이 있을 수 없다는 인식을 간직하실 뿐 아니라 당시 국제 정세로 보건대 미·소 양국 공존론이 비등하여 중국에서도 '마셜' 장군의 플랜에 의한 국공연립정부론이 대두되었고 국내로서는 북한 정권 내의 주동 인물들이 거의가 과거 임시정부에서 수십 년 동안 같이 독립운동 하던 친지들이므로, 그들과 한자리에 앉아서 협상을 통하여 연합통일정부를 세우는 동시에 후일의 비참한 민족 전쟁이 없는 국가 건설에 번영을 기하자는 데서 서로 방법을 달리하신 것뿐이었다.

1947년 내가 귀국한 후 이청천 장군께서 조직하신 대동청년단 간부훈련소 소장 책임으로 있을 때 매 기 훈련생 졸업 시마다 그 두 분 선생님의 축사 겸 훈시를 요청하였다. 그 훈시를 들을 적마다 두 분의 훈시 내용이 서로 다른 점을 발견할 수 있었다. 실례를 들자면 제3기 졸업식에 이 박사께서 훈시하시는 말씀이 "현재 어떤 분이 우리 남한에 정부 수립하는 것을 반대하는데 그것은 그릇된 생각이라고 지적하고 싶다. 왜냐하면 우리는 몸에 두 개의 다리(脚)가 있는데 한 다리가 불구가 되었다고 해서 영원히 일어나지 아니하고 앉아서 죽기를 기다리는 격으로 앉아 있을 것이 아니라 한쪽 외다리라도 딛고 일어서서 투쟁하여야 한다. 다시 말하면 전체 남한은 고사하고 제주도에 가서라도 정부를 세워 가지고 북한 공산당을 쳐부수는 역량을 배양하여야 한다"는 논법을 들을 때 그 두 분의 견해와 건국 방략이 서로 차이점이 있는 것을 발견할 수 있었다.

1945년 10월경 백범 선생이 임시정부 전체 각료를 통솔하고 입국하실 때에 전국 국민이 임정에 대한 기대가 지극히 고조되어 대열광적으로 환영을 하였으나 임정 요원들이 입국한 후에 국내의 저명한 재벌과 몇 교육, 문화계 인사들에게 친일파라는 죄명을 씌워가지고 접촉하기를 거부할 뿐만 아니라 후일 정권을 장악하게 되면 숙청당할 것이라는 여론까지 터뜨려 놓게 되자 재벌계에 김성수(金性洙) 씨와 문화계의 송진우(宋鎭禹), 장덕수(張德水) 등이 김성수를 중심으로 한민당을 조직하여 이 박사를 총재로 모시고 또 국부라고 호칭하면서 임시정부 측과 대립하여 정치적 투쟁을 전개하는 것부터 불행히도 이 박사와의 정적이 되기 시작되었다.

위에서 서술한바 장개석 총통에게서 대여받은 정치자금 미화 20만 불에 관해서는 본래 장개석 총통이 이 자금을 줄 적에 이 박사와 같이 사용하여 달라는 부탁이 있었고 또 당시 대미 외교가 지극히 중차대하므로 백범 선생께서 중경을 떠나시기 전에 그 자금 전부를 중국 중앙은행을 통해 미국에 계신 이 박사에게로 보내시었으나 그 돈이 이 박사께 전달되기 전에 박사께서는 임정에 연락도 없이 먼저 귀국하시자 백범 선생께서도 그 뒤를 따라 귀국하시므로 그 후에 그 돈이 다시 중국 국내로 돌아와서 당시 임시정부 주화대표단 단장 박남파[朴南坡, 찬익(贊翊)] 선생께서 다시 찾아서 국내로 부쳐 백범 선생에게로 전달되었다. 선생께서는 이 돈을 받으신 후 최초 의도대로 이 박사와 공동 사용하여야 할 것이나 위에서 말한 바와 같이 두 분이 노선을 달리하신 관계로 그 전액을 백범 선생 단독으로 대부분 한독당 조직 비용으로 소모하셨다 한다. 그 후 이 박사께서는 1947년 국민외교대표로 도미하시었을 때 중국을 경유하여 귀국하시었을 적에 장 총통에게서 이 사실을 들으시고 백범 선생에게 그 돈을 요구하였으나 결국은 한 푼도 받아 사용치 못한 데서 두 분 사이에 감정이 좋지 아니하셨을 줄로 사료되는 바이다.

백범 선생님이 저격당하신 후 사회 평론은 다음과 같다.

1966년 9월 5일 경향신문사 기자 손충무 씨 편저인 『이것이 진상이다』라는 책 209페이지에 「1. 신선놀음의 영창피서」 편:

아리송한 당국 발표문의 요점을 기록하여 보건대[20)]

****

총소리를 듣고 제일 먼저 현장에 달려온 것은 그 당시 경교장을 경호하던 조기행 순경이었다.

조 순경은 이날 경교장 파견 입초순경이었다.

범인 안이 쏜 총소리는 응접실에서 라디오 소리 때문에 잘 들리지 않았다.

안이 비서들에게 잡혀 몇차례 두들겨 맞고 있을 때 박동엽(朴東燁)씨는 급히

20) 이 내용은 손충무, 『이것이 진상이다』(진명문화사, 1966)에서 인용한 글이다. 띄어쓰기와 별행 등은 『이것이 진상이다』에 따라 정리했다(인용문에 대한 저작권 문제를 해결하려 했으나 출판사와 연락이 닿지 않았습니다. 추후에 연락을 주시면 관련 절차에 따르겠습니다).

의사를 부르기 위해서 경교장 입구로 나갔다. 그때 헌병 김모대위를 태운 지프차 1대가 경교장 입구를 한 바퀴 돌고 나갔다.

김모 헌병 대위가 탄 차가 다녀가자 헌병 30여명이 밀어 닥쳤다. 그리고 안을 싣고 어디로인지 가버렸다. 오후 늦게까지도 아무런 소식이 없었다.

며칠 후 헌병사령부에서는 다음과 같이 발표했다.

"헌병사령부 제 ○○과장 김모대위는 그 당시 적십자병원에 입원중인 부하병사를 위문차 경교장 앞을 자동차로 통과중 동사건의 발생을 주지하고 경교장으로 달려갔으나 경비경찰관의 제지로 인하여 들어가지 못하고 헌병사령부로 급히 돌아와 사령관에게 보고하니 헌병부사령관은 헌병 수명을 대동하고 자동차로 그날 하오 1시 45분에 경교장에 도착하여 범인 안두희가 비서들에게 얻어맞는 것을 인수하여 31대 의무장교의 치료를 받게 하였다."

이상과 같은 담화를 발표했다.

그러나 필자와 만난 10여명의 증인들은 한결같이 거짓된 발표라고 주장했다.

즉 이날 사건이 나자 입초선 순경 2명은 2층에 올라오고 현관에는 아무도 없어서 누구든지 들어 올 수 있었다.

김대위가 탄 지프차가 경교장을 돌아서 나가는 것을 본 증인이 있다.

김대위가 자동차를 타고 지나다가 동사건이 난 것을 알았다고 하지만, 라디오의 소음 때문에 응접실에서도 듣지 못한 총소리를 경교장에서 150미터 이상 떨어진 행길에서 차를 타고 지나다가 총 소리를 들었다는 것은 납득이 안간다고 필자와 만난 사람들은 주장한다.

한편 당시 경교장에서 급히 뛰어나와 병원으로 가든 B씨의 말에 의하면 적십자병원의 근처에 헌병과 괴한 청년들이 많이 있었으며 헌병들이 경교장을 유심히 지키고 있었음을 알 수 있었다고 한다.

사령관이 높으냐, 부사령관이 높으냐

경교장에서 실려온 안두희는 그길로 헌병사령부로 옮겨졌다. 안은 거기서 오후 늦도록 치료를 받고 병실 침대에서 누워 있었다. 누구하나 와서 말을 건네는 사람이 없어 편안했다. 헌병들이 현관문에서 지키고 있었다.

이날은 일요일이라 아무도 없는 병원에서는 손이 모자라 바둥거릴 때 안 군이 들어왔다.

그때 군의관 중위 1명과 위생병이 안을 치료했다. 범인 안 군은 얼굴에 약간의 상처가 나고 머리에 구멍이 났을 뿐 아무 이상이 없었다.

간혹 파리떼들이 붕대를 감아 놓은 자리에 달려들 뿐이었다.

조금후 전봉덕헌병부사령관이 안을 좋은 침대에 눕게 하고 2층 사령관실 옆으로 옮기게 명령했다.

애국자를 죽인 살인자를 영창도 아닌 사령관실로 옮기는 것을 부하들은 못마땅하게 생각하기도 했다.

한편 이날 아침 7시경 헌병사령관이었던 장흥 씨는 개성(파주)에 있는 자기 선조 묘소에 성묘하러 갔다.

장씨는 이날 늦게 서울에 도착하여 이 사실을 알고 급히 헌병사령부로 왔다.

그랬더니 중대 범인인 안이 좋은 대우를 받고 있지 않은가? 그래서 장사령관은 크게 화를 내며 명령했다.

"야 이놈들아, 저런 범인을 침대에 재워, 빨리 영창에 넣지 못해."

"하지만 부사령관님이 시켜서 ……."

"시끄러워 빨리 넣어!"

안은 다시 들것에 들리어 지하실 영창으로 옮겨졌다.

조금후 전부사령관이 왔다가 안이 없는 것을 알고 발칵 화를 내었다.

이래서 안은 다시 2층 좋은 방으로 옮겨졌다. 부하 헌병들은 아리송하였다.

안이 2층으로 옮겨진 얼마후 사령관인 장흥 씨가 다시 와서 보고 부하에게 물었다.

"누가 여기에다 데려다 놓으라고 했어?"

"네 부사령관임이 옮기라고 해서 ……."

"이새끼야, 사령관이 높아 부사령관이 높아?"

안은 다시 영창으로 갔다.

화가 난 사령관은 전봉덕부사령관실로 뛰어갔다. 그러나 그때 벌써 전부사령관은 참모총장과 고위층에 보고하러 간다고 없었다.

이들이 만나서 말다툼을 한 것은 사실이다.

사령관에게도 보고하지 않고 부사령관이 직접 보고를 한 것이다.

그러나 전봉덕부사령관이 승리하였다. 즉 다음날 사건의 채 발표되기 전에 안을 영창에 넣게한 장 사령관은 일선의 모 사단장으로 좌천이 되고, 전씨가 헌병사령관 자리로 승진 발령이 난 것이다.

그날밤까지도 헌병사령부에서는 안에 대한 취조가 진행되지 않았다. 헌병중위 1명이 안에게 와서 본적, 주소, 계급 나이만을 물어갔다.

또한 그날밤 육군참모총장 채씨는 헌병사령부에 전화를 걸어 CIC(정보국)로 넘기라고 지시했다는 것이 밝혀졌다.

당시 시민들은 헌병사령부 장씨가 한독당 계열이고 안을 학대했기 때문에 쫓겨난 것이라고 쑤군대었다.

⁂

서기 1973년 8월 8일 ≪조선일보≫에 백범 김구 선생님 저격 당시에 서울지방 검사장이었던 최대교(崔大敎) 씨가 제1공화국 비화로 발표한 내용:[21]

김구 선생의 암살 소식은 큰 충격을 몰고 왔다. 비보를 듣고 제일 먼저 달려온

21) ≪조선일보≫가 아닌 ≪동아일보≫로, 박인섭(朴寅燮) 기자가 1973년 8월 8일부터 8월 21일까지 쓴 연재물을 인용했다. 인용문은 모두 고딕체로 표기했으며, 현행 맞춤법상 오자인 글자도 기사 그대로 실었다. 단, 띄어쓰기는 가독성을 위해 출판사 규정에 따라 정리했다. 자서전 원문 중 기사와 다른 부분은 ≪동아일보≫ 기사에 맞춰 [ ] 안에 수정자를 적었다.

사람은 임시정부 재무부장 조완구(趙琬九)와 선전부장 엄항섭(嚴恒燮)이었다. 조완구는 "우리 김구 주석을 어떤 놈이 죽였느냐"며 통곡했다.

엄항섭도 오열을 가누지 못하고 "큰 별이 떨어졌으니 이제 대한민국의 앞날이 어두워졌다"며 [땅을 쳤다].

김신은 옹진에서 이 비보를 들었다. 애기(愛機) L5를 몰아 급히 서울로 돌아오는 김신의 눈에는 계속 눈물이 쏟아졌다. "차라리 떠나오지 말 것을 [……] 아버지는 내가 죽인 거나 다름없다"고 몇 번이고 후회했다. 그러면서도 사실이 아니기를 마음속으로 빌었다. 서울 상공에 들어오며 김신은 기수를 낮추어 경교장 위에 몇 바퀴 돌았다. 이미 경교장 주위에는 수많은 사람들이 모여 있지 않은가. 김신은 또 한 번 가슴이 내려앉았다.

"정말 아버님이 변을 당하셨구나[……]"

저녁 늦게야 여의도비행장에 내려 달려왔다.

"아버지, 이 불효자식이 이제야 왔습니다."

김신은 김구의 싸늘해진 손을 잡고 흐느꼈다.

헌병들 경교장 출입 통제

한편 경교장 주위에는 어느샌가 육군 헌병 수십 명이 밀려드는 시민들의 출입을 통제하고 있었다. "범인의 배후를 밝혀라", "왜 못 들어가게 하느냐"고 아우성이었다. 무슨 사태가 금방 일어날 것만 같았다. 서울시경국장 김태선은 사건이 나자 초비상계엄령을 서울 일원에 내리고 통금시간을 밤 10시로 앞당겼다. 서울지방검사장 최대교는 일요일인데도 검찰청에 잠깐 나왔다가 서대문경찰서로부터 낮 1시경 이 급보를 받았다. 최대교는 즉시 당직 부장검사 이원희(李元熙)를 대동하고 찝차로 현장에 달려가는 길에 먼저 서대문경찰서를 들렀다.

"누구든지 사건 현장 좀 안내하라."

최대교가 들어서며 소리치자 "서장님이 숙직실에 계십니다"면서 한 순경이 지하실 숙직실로 안내했다. 숙직실에서 신발을 신은 채 누워 있던 이하성(李夏

成) 서장은 최대교를 보자 벌떡 일어났다.

"어떻게 여기까지 몸소 오셨습니까"

"김구 선생이 저격당했다는 것이 사실이요."

"네, 보고드린 대[롭]니다."

"그럼 왜 현장에 가지 않고 여기 있는 게요. 빨리 안내 좀 하시오."

쫓겨 온 관할 경찰서장

최대교의 이 호통에 이하성은 겁에 질린 표정으로 손을 내저었다.

"검사장님, 가시지 마십시오. 못 갑니다. 헌병들이 지켜 서서 절대로 못 들어가게 합니다."

"아니 설혹 김구 선생이 아니라 해도 민간인이 사살되었는데 검사나 순경이 현장[엘] 못 간다는 게 말이 되오."

최대교가 역정을 내자 이하성은 자신이 [망]하고 온 자초지종을 설명했다. 이날 사건 발생 직후 이하성 서장은 급히 경교장으로 달려갔으나 헌병들이 막았다.

"관할 서장인데 왜 못 들어가게 하느냐."

"잔말 말고 돌아가라[구]."

헌병들이 윽박지르는 바람에 겁에 질려 돌아왔다는 것이다.

"현장 검증도 안 했다고 나중에 책임 추궁이 돌아오면 어떻게 할 거요. 다시 가봅시다."

검사장도 못 들어갑니다

이렇게 해서 최대교 [서울지방]검사장, 이원희 [부장]검사, 이하성 [서대문]경찰서장은 경교장으로 향했다. 경비[가] 삼엄한 정문 앞에 이르니 키가 자그마한 헌병 대위가 길을 막는다.

"누구요."

"서울지방검사장인데 현장 검증 하러 왔소."

"못 들어갑니다."

"살인사건이 나면 법으로 검사가 검증을 하도록 돼 있는데 왜 막소. 우리는 직무를 소홀히 할 수 없소."

"어쨌든 못 들어갑니다."

"그럼 헌병이 폭력으로 경교장을 못 들어가게 했다고 상부에 보고할 테니 당신 이름이나 알아둡시다."

[최대교는] 버티다 못해 그 헌병 대위의 이름만 알아가지고 검찰청으로 돌아왔다. 그는 바로 김병삼(金炳三) 대위[육군헌병사령부 순찰과장]였다. 얼마 뒤 김병삼이 갑자기 찾아왔다. 가서 현장을 보아도 좋다는 것이었다. 최대교가 뒤늦게야 다시 가서 현장 검증을 대강 마쳤다.

뒤늦게 현장 검증을 마쳐

육군법무감실 검찰과장 홍영기(洪英基) 소령과 육군정보국 직속 SIS(특수정보대)의 이진용(李珍鎔) 중위가 현장 검증을 다녀간 뒤였다.

이날 홍영기 소령은 일요일이라 모처럼 시공관(市公館: 현 국립극장)에서 영화를 보다가 법무감실 사병으로부터 "김구가 암살당했다"는 보고를 받고 급히 경교장으로 달려가 1차 현장 검증을 했으며 이진용(李珍鎔) 중위는 이날이 마침 육군정보국장 백선엽(白善燁) 대령의 생일이라 명륜동 백 대령 집에 초대를 받아 갔다가 급보를 받고 경교장으로 달려가 현장 검증을 하게 됐다.

박인섭(朴寅燮) [기자][22)]

****

헌병 부사령관 진두지휘

김구가 총탄을 맞고 쓰러진 직후 현행범 안두희를 현장에서 빼어낸 군복 청년들

22) "[비화 제1공화국 56] 제4화-암살/김구 (4)", ≪동아일보≫, 1973년 8월 8일 자.

은 스리[쿼]터를 달려 곧장 필동 헌병사령부로 향했다.

이날 헌병사령관 장흥 대령은 서울에 있지 않았다. 장흥은 26년간이나 해외를 돌다 보니 선산을 한 번도 찾아보지 못해 마침 일요일이라 틈을 내어 경기도 광주로 성묘하러 갔었고 부사령관 전봉덕이 사령부에 나와 있었다.

전봉덕은 직접 경교장에 나와 사건 수습을 진두지휘했다. 전봉덕은 서대문경찰서에서 압수해 간 안두희 소지품 일체와 범행에 사용한 미제 45구경 [권]총을 김병삼 대위로 하여금 즉시 인계받도록 했다.

헌병 출동 경위에 대해 당시의 헌병[부]부사령관 전봉덕 씨는 다음과 같이 말하고 있다.

"장흥 사령관이 부재중이라 내가 부대에 나와 있는데 김병삼 순찰과장으로부터 전화가 걸려왔어요. '김구 선생이 저격당했는데 범인이 군인이니 빨리 헌병 몇 명을 태워 스리[쿼터] 한 대만 보내달라'고 그래요. 그래서 급히 조치를 해주고 나도 현장으로 달려갔지요. 범행 시각에 마침 교통사고 환자를 위문하기 위해 경교장 옆인 적십자병원으로 가던 김병삼 대위는 경교장 앞 한길을 지나다가 총성을 듣고 김구 암살을 알게 됐으며 즉시 이 사실을 나에게 보고한 것으로 알고 있어요."

깜짝 놀란 장흥 사령관

한편 전봉덕은 사령부로 호송한 범인 안두희를 우선 치료하도록 의무실 군의관에게 일렀다. 안두희는 범행 직후 경교장에서 비서들에게 맞아 머리에[서] 피를 흘리고 있었다.

그런데 이날 오후 헌병사령부 내에는 묘한 분위기가 흐르고 있었다. 오후 3시 반경 장[흥] 사령관이 사령부에 돌아온 것이다. 김구가 살해됐다는 말을 들은 장흥은 "무슨 소리야" 하며 깜짝 놀라 경교장으로 차를 몰았다.

경교장 앞길은 공기가 험악해서 들어가지 못하고 김병삼 대위를 길에서 만나 범인을 사령부에 검거해다 놓았다는 사실과 사건 경위 등을 들은 다음 사령부로 돌아왔다.

암살 사건이 난 후 경무대 회의에 참석한 사람은 당시의 국방장관 신성모, 육군참모차장 신태영(申泰英), 헌병부사령관 전봉덕인데, 전봉덕은 사건이 나자 바로 헌병사령관으로 승진했다.

전봉덕 지시로 [의무실에]

범인은 산꼭대기 의무실에서 치료를 받고 머리에 붕대를 감은 채 누워 있었고 의무실 주위엔 경비가 허술하기 짝이 없었다. 범인이 군인이니까 헌병대에서 데려온 것은 이해가 갔으나 이런 의무실에 편하게 넣어놓고 경비가 허술한 데는 납득이 안 갔다.

"도대체 누가 이런 중대 범인을 의무실에 넣어놓으라[고] 했어."

장흥이 노발대발하자 헌병들[은 전봉덕의] 지시라고 했다. 장흥은 즉시 안두희를 지하실 감방에 가두도록 하고 헌병들로 하여금 철저한 경비를 하도록 했다.

장흥은 중국 정규군 헌병대좌 출신으로 중국에서부터 김구를 섬겼고 임정이 환국한 후 중국에 남아 임정의 뒷수습을 마치고 귀국한 말하자면 김구 측근자의 한 사람이었다. 무슨 영문인지 김구가 암살된 이날 저녁 경무대에서는 장흥의 사령관직 해임 문제가 거론되고 [있었다].

장흥이 귀대하기 전, 전봉덕은 김구 사건을 보고하기 위해 이미 아현동 국방장관 신성모의 딸네 집에 가 있었다. 이 자리에는 육군참모차장 신태영도 와 있었다. 육군[총]참모장 채병덕 소장은 이날 옹진에 가고 없었다.

신성모는 "지금 경무대에서 이 문제로 국무회의가 열리니 가자"고 전봉덕 부사령관에게 말하였다. 신성모, 신태영, 전봉덕은 함께 경무대로 향했다. 전봉덕 [씨는] 그때 이 대통령에게 김구 암살 사건을 보고한 경위를 다음과 같이 [술회]했다.

헌병사령관 교체 지시

범인이 현역군(現役軍)인 소위이고 정치적인 범행으로 생각된다고 보고하자 이승만은 침통한 표정으로 듣고 있더니 "다른 장교들의 범인 접근을 금지하고 수사 방침을 잘 세워 조사하라"는 지시를 받았다. 이승만은 신성모 국방장관에게 이르기를 "전봉덕 부사령관을 사령관으로 올려 수사를 맡기도록 하라"고 지시, 이 자리에서 이미 헌병사령관 장흥과 전봉덕의 교체가 내정됐다는 것이다.

사건 직후인 오후 2시에 있은 헌병사령부의 첫 공식 발표는 이미 전봉덕 부사령관의 이름으로 돼 있었다.

"[한독당] 위원장 김구가 정체불명의 괴한에게 저격을 당해 절명했는데 범인은 현장에서 즉시 체포, 구속 중이며 범인이 현장에서 상처를 받았기 때문에 의식이 회복되기를 기다려 그 배후를 엄중 조사하겠으나 단독 범행인 것 같다."

이것이 헌병사령부의 첫 공식 발표였다.

이날 저녁 장흥은 뒤늦게 아현동으로 신성모 국방장관을 찾아가 범인 안두희의 경비 문제 처리 [문제 등을] 물어보았으나 신 국방은 "범인이 많이 맞아 의식이 없다니 잘 치료를 하라"고만 일렀다.

[신성모는] 경무대와 경교장까지 다녀온 뒤였고 "감기로 머리가 아프다"면서 그의 숙소인 마포장(麻浦莊)을 피해 아현동 딸집에 와 누워 있었다.

장흥은 사건 발생이 훨씬 지나 늦게 상경한 데 대한 미안한 마음도 있는 데다 신성모의 퉁명스러운 한마디를 듣고 멀쑥하니 물러 나왔다.[23]

****

범인 수사, 군에서 맡아

살해당한 사람은 민간인이었지만 범인이 군인이라는 이유로 범인 수사는 전적으로 군에서 맡았다. 따라서 군 당국이 발표하기 전에는 일반 사람들은 그 [내막]을 전혀 알 수 없었다.

전봉덕이 헌병사령관으로 사실상 구두 임명을 받았지만 이런 내막을 알지 못하는 장흥은 자신이 여전히 사령관인 줄만 알고 있었다. 그는 이왕 범인이 헌병

23) "[비화 제1공화국 57] 제4화-암살/김구 (5)", ≪동아일보≫, 1973년 8월 9일 자.

대에 넘어온 이상 철저히 그 배후 수사를 해보겠다고 다짐하기까지 했다.

그러나 장흥에게는 이미 실권이 없었다. 비극의 밤이 지나고 27일 아침이 밝았다. 시민들은 이른 아침부터 무슨 뒤 소식이라도 있을까 하고 라디오와 신문에 귀와 눈을 모았으나 헛수고였다. 시경국장 김태선[의] 초비상경계령을 내린 데 대한 짤막한 해명이 있을 뿐이었다.

"불의에 생긴 일이라 무어라고 말할 수 없으나 치안은 염려할 것 없다. 초비상경계에 들어간 것은 치안 상태를 우려해서가 아니라 단순히 김구 선생에게 불의의 흉변(凶變)을 당하신 데 대해 시민이 자숙하고 좀 더 참된 조의(弔意)를 갖도록 하기 위한 것"이다고 시경국장은 알쏭달쏭한 해명을 했다.

신 국방장관의 묘한 발언

시민의 입에서는 어느덧 구구한 억측이 나돌고 있었다. 서울지방검사장 최대교도 사건 당일에 있었던 일들이 석연치 않았다. 사건이 나던 날 뒤늦게 현장 검증을 마친 최대교는 검찰총장 김익진(金翼鎭)에게 이 사실을 보고하고 다시 서소문동으로 법무장관 권승렬(權承烈)을 찾아갔다. 권승렬은 이미 사건을 알고 있었다.

"이거 앞으로 큰 문제거리가 되겠는데" 하며 권승렬은 최대교에게 "좀 두고 보자"고 했다. 법무장관이 된 지 한 달도 못 돼 이 사건을 당한 권승렬은 [꽤] 난처한 표정이었다. 권승렬과 최대교는 장충동으로 국무총리 이범석을 찾아갔으나 대문에 "[수렵] 출장 중"이라는 쪽지가 나붙어 다시 국방장관 신성모에게 달려갔다.

잠옷 바람에 몸이 아프다고 누워 있던 신성모는 일어나 앉으며 "어서들 오시오. 이제 민주주의가 됐지"라며 씽긋 웃었다.

최대교는 아무리 생각해도 이 말이 무슨 뜻인지 알 수 없었다. 김구가 죽어서 '이제 민주주의가 잘될 것'이라는 뜻이라면 너무나 가혹한 말이 아닌가.

그래도 신성모는 사건 직후인 오후 2시경 재빨리 경교장에 문상을 다녀온 사람이었다. 장관으로서는 첫 문상객이었다.

육군 특수정보대로 이첩

범인 안두희를 구속한 필동 헌병사령부에 첫날 밤. 사건 당일 저녁 늦게 사령부에 돌아온 전봉덕은 장흥의 지시로 지하실 감방에 수감된 [중인] 안두희를 다시 의무실로 옮기도록 호령했다.

"부상한 사람은 우선 치료하고 봐야 되지 않나 ……."

전봉덕의 혼잣말이었다.

이날 밤 옹진에서 늦게 돌아온 육군총참모장 채병덕은 다음 날인 27일 아침 일찍 전봉덕에게 전화를 걸어 정치 사건인 만큼 이 사건을 헌병사령부에서 조사할 것이 아니라 SIS(육군특수정보[대])로 넘기라고 지시했다.

전봉덕은 [헌병대의] 1차 범인 조사 서류와 압수품 일체를 챙겨 이날 밤 이 사건을 범인 안두희의 신병과 함께 소공동(조선호텔 맞은편)의 SIS로 이첩했다.

범인 안두희의 신병이 SIS로 넘어간 다음 날 28일 오전 9시 국방부 보도과는 오래간만에 사건 수사의 중간발표를 했다.

"범인 안두희(33)는 평북 옹천군 동하면 용산동에 본적을 두고 서울 중구 태평로에 현주소를 둔 자로 48년 11월 11일 육사에 입교해서 8기 졸업생으로 ○○사령부 장교로 배속돼 있는 자. 안두희는 한독당원으로 김구의 가장 신뢰하는 측근자로서 때때로 김구를 만나 직접 지도를 받던 자다. 사건 당일은 인사차 김구를 만나러 갔다가 언쟁 끝에 격분한 나머지 범행을 한 것"이라는 내용이었다.

[또 충격 준 국방부 발표]

이것은 또 하나에 충격이었다. 범인이 한독당원으로 김구의 측근자였다고 하지만 그것이 사실일까. 김구의 측근과 그의 지지자들은 "조작"이라고 고개를 돌렸다.

국방부 보도과는 이를 뒷받침하는 발표문을 내놓았다.

"한독당 조직부장 김학규(백파, 白波)가 범인 안두희를 한독당에 가입시킴과 동시에 김구에게 소개하여 수차 면담시킨 사실이 있어 그 관계를 추궁키 위해 27일 오후 6시 40분 중부경찰서가 김학규를 구속 문초 중임. 김학규는 안을 한독당에 가입시키고 계속 지도해 왔으며 안은 한독당 보통당원 외에도 비밀당원이었음을 확인했다"는 내용이었다.

이 발표에서는 또 "그 확증으로 한독당 간부 김현묵(金顯黙)이 건국실천[원] 양성소원(養成所員) 가운데 ○○명의 한독당 입당자를 획득했다고 김학규에게 보고하는 동시에 그중 범인 안만은 비밀당원의 자격이 있다고 그 수속을 요청한 서한과 49년 4월 14일 안이 비밀당원으로 수속된 한독당원 등기표가 있다"고 밝혔다.[24]

****

안두희의 수사를 이첩받은 □□□□는 □□동 조선호텔 맞은편에 있었다. 육군 정보국 직속. 정보국 4과라고도 불리는 SIS는 주로 사상범을 다루는 곳이었다.

김구 암살 사건은 노엽(盧燁) 대위와 이진용 중위가 수사를 맡고 있었다.

이진용은 사건 발생 직후 경교장의 현장 검증도 했고 실황견문서(實況見聞書)를 작성, SIS 대장 김안일(金安一) 소령과 정보국장 백선엽(白善燁) 대령에게 보고한 바 있어 이 사건을 바로 맡게 된 것은 안성마춤이었다.

이진용은 당초 안두희를 헌병대에서 연행해 갔을 때 "이것은 정치적인 사건이니 우리가 해야 한다"고 건의한 일이 있어 사건이 이첩되자 자기가 직접 헌병사령부로 가서 안두희의 신병을 인계받아 왔다. 이진용은 그 나름대로 배후를 철저히 캐보겠다고 마음먹었다.

안두희는 SIS에서 수사를 받으면서도 수사 결과는 국방부 보도과나 육군 본부 보도과 또는 헌병사령부 이름으로 발표됐다.

육군총참모장 기자회견

군 당국은 범인 안두희에 대한 국방부 보도과의 발표를 뒷받침하는 데 바빴다. 육군 총참모장 채병덕은 28일 오전 기자회견을 열고 다음과 같이 해명했다.

24) "[비화 제1공화국 58] 제4화-암살/김구 (6)", ≪동아일보≫, 1973년 8월 10일 자.

"범인을 헌병대에서 처음 취급한 것은 단순히 범인의 군인이라는 점에서지 사건과 군 내부와의 어떤 관련이 있기 때문이 아니다. 군인이 정치에 관여하는 것은 절대 있을 수 없는데 안두희가 비밀당원으로 입당했다는 것은 용서 못 할 일이다."

헌병사령관 해임 쪽지

한편 이날 아침 평상대로 헌병사령부로 출근한 장흥에게 육본 인사국장 최영희(崔榮喜) 중령으로부터 전화가 걸려왔다. 잠깐 만나자는 것이었다. 장흥이 막바로 최영희를 방문하자 최영희는 난처한 표정으로 명함 쪽지 한 장을 장흥에게 전달했다.

"죄송합니다. 이거 신 장관(신성모를 말함)이 전해드리라고 해서 ……."

장흥은 명함 쪽지를 받아보고 흠칫했다. 국방장관 신성모라고 찍힌 명함 뒤에 "장흥 헌병사령관을 해임하고 전봉덕 부사령관을 사령관으로 임명한다"고 적혀 있지 않은가.

장흥은 왈칵 울화가 치밀었다.

"아니 적어도 헌병사령관을 인사 발령도 없이 이런 개인의 명함 쪽지로 해임한단 말이요. 난 정식 인사 발령이 없는 한 물러날 수 없소."

장흥은 이렇게 쏘아붙이고 최영희 방을 물러나왔다. 이것이 헌병사령관으로서의 마지막 말이었다. 인사 발령이 발표된 것은 그 이튿날 아침이었다.

다음 법무감실의 동향을 보자. 군인이 관련된 사건이 터지면 으레 마지막에는 육군법무감실 검찰과로 넘어오게 마련이기 때문에 검찰과장 홍영기 소령은 사건 발생 처음부터 관심을 가졌다.

육군 법무감실의 동향

사건 당일 현장에 달려가 현장 검증을 대충하고 법무감 이지형(李贊衡) 대령에게 보고한 홍영기는 범인을 연행해 간 헌병사령부에도 철저한 조사를 개인적으로 당부했고 SIS로 사건이 이첩된 후에도 전화를 여러 번 걸어 "배후를 잘 캐보라"고 부탁했다. 왜냐하면 그는 법을 다루는 군 최고기관의 간부였고 사건이 검찰로 송치되면 당연히 자기가 맡아야 할 중대 사건이었기 때문이다.

이와 같이 군에서 수사를 전적으로 맡고 있어 검찰이나 경찰은 할 일이 없었다.

경찰은 뒷바라지나 하자

사건 직후 서울시 경국장 김태선의 주재로 열린 경찰서장 회의에서는 "사건 처리는 군에서 한다니 우리 경찰은 관망을 하면서 뒷바라지나 해주자"고 말할 정도였다.

사건 직후 보고차 내가 경무대로 달려갔을 때 이 대통령은 연못에서 낚시질을 하고 있었는데 그 자리에 와 있던 신성모 국방과 전봉덕 사령관만 불러 사건 처리를 의논하고 나는 부르지도 않아요. 그래서 수사는 군에서만 하는 것으로 판단하고 경찰은 사회 혼란이 없도록 주로 경비에만 전념했지요. 서울시 경국장 김태선 씨는 이렇게 회고했다.

김구 암살 사건이 나던 날 서울시경 사찰과 김임전(金壬銓) 경위는 서대문 가두분실(街頭分室)에 있었는데 본국(당시 현 '미도파'백화점 자리)의 이인상(李印相) 사찰과분실장으로부터 전화가 걸려왔다. 이런 [큰] 살인 사건이 발생하면 사찰과에서도 사건의 진상을 일단 캐봐야 하는 것이 임무였지만 이날 이인상 경감은 "경교장에 가서 조객(弔客)들의 동태를 파악해서 보고하라"는 지시뿐이었다.

사건 나던 날 경찰 움직임

김임전은 즉시 경교장으로 달려가 주위에 몰려든 시민의 숫자와 조객들이 어떤 사람들인가를 파악해서 보고하는 데 그쳤지만 날이 갈수록 자꾸 이상한 생각이 들었다.

그날 아침 일이 생각나서였다. 사건이 나던 날 아침 8시 반경 본국의 조회에 참석했을 때 이인상 분실장은 사찰과 직원들에게 "오늘 하루 근무 위치를 항상 주의해 두라"는 지시를 내리지 않았던가.

"그렇다면 경찰 고위층에서 사전에 어떤 사태가 있을 것을 미리 알기라도 했었단 말인가 ……."

그러나 김인전은 애써 "오비이락이겠지" 하고 의심을 지워버리려 했다.[25]

****

안두희가 한독당원이었다는 것과 언쟁 끝에 김구를 살해했다는 군 당국의 발표에도 불구하고 "김구 저격범에 배후가 있지 않겠느냐", "누가 안두희를 사주했을까" 하는 일반의 많은 의[운(疑雲)] 지식층 사이에 더했다. 한독당의 열성 청년 당원들은 김구를 죽이도록 사주한 것이 이승만 대통령으로 믿고 있었다. 이들은 흥분한 나머지 경무대로 행진할 것을 몇 번이고 우기기도 했다. 조완구, 엄항섭 등 한독당 중진들은 이들을 무마하는 데 땀을 뺐다.

헌병사령관 경고문 발표

이런 분위기에서 전봉덕 헌병사령관으로서 경고문을 냈다.

"최근 정보에 의하면 한독당원 중 냉정을 잃고 과도의 흥분이 있는 듯이 보이며 주관적으로 이번 사건을 마치 배후에 정치적 사주가 있는 것처럼 문자로 언어로 세간에 암시를 주고 있는 것은 실로 백범 선생의 영령을 모독하는 처사라 아니할 수 없다. [……] 본 [관]은 사건 진상 규명의 직접 책임자로서 이미 상당한 정도의 수사 결과를 얻었으며 빠른 시일 안에 진상을 천하에 공개할 것이다.

국가 치안을 위해 엄숙히 경고하노니 언동에 각별[히] 주의해서 법망에 걸리지 말 것이며 냉정히 사건 결과를 기대해 주기 바란다."

[김구 면담 시간에 신경 써]

전봉덕 사령관은 이어 범인 안두희는 여러 가지 상황 판단과 증인 진술에 비추어 김구를 낮 12시 35분경에서 12시 50분경까지 12, 3분간 만났다고 발표했

25) "[비화 제1공화국 59] 제4화-암살/김구 (7)", ≪동아일보≫, 1973년 8월 11일 자. 자서전 원문에는 없으나 독자들의 이해를 돕기 위해 추가했다.

다. 군 당국이 범인의 김구 면담 시간에 신경을 쓰는 것은 무리가 아니었다.

왜냐하면 사건 당시 경교장에 있었던 김구 비서들은 모두 "안두희가 경교장 2층으로 올라간 지 3, 4분 만에 범행을 했으므로 언쟁을 벌일 여유가 없었을 것"이라고 주장하고 있기 [때문이었다.] 또 적십자병원 이기섭(李基燮) 외과과장이 뗀 김구의 사망진단서에는 김구의 사망 시간이 12시 44분으로 돼 있었다.

전 사령관은 또한 "범인 안두희가 한독당원이었다는 증거로 중구 태평로 1가 40의2에 있는 안의 아파트에서 비밀당원 9호라는 당원증과 김구가 안에게 준 친필 족자 2폭을 물적 증거로 압수했다"고 밝혔다.

입당을 밀어준 홍종만

안두희는 어떻게 현역 군인으로서 한독당에 입당하게 되었는가.

안두희를 한독당에 입당하도록 밀어준 사람은 홍종만(洪鐘萬, 당시 한독당 중구당 집행위원)이었다. 의주 출신인 홍종만은 북한에서 모종의 지령을 띠고 남한에 내려왔다가 전향한 사람으로 알려졌었는데 문학빈(文學彬)이라는 독립지사를 통해 김학규[한독당 조직부장]에게 소개돼 [전해인] 48년 2월 1일 한독당에 입당한 사람이었다.

홍종만은 입당 후 제법 당원들에게 신임을 얻기도 했다. 김학규에게도 종로에 있는 '은근자 집'이란 술집에 자주 초대, 술대접을 하는 등 신망이 두터웠다.

그러던 중 김구 암살 사건 3개월 전쯤인 3월 어느 날 홍종만은 [갓 부임한] 포병 소위 안두희를 김학규에게 소개시키며 "김 부장님, 안 소위는 나와 같은 고향 사람인데 현재 영등포에 있는 포병사령부에 근무 중입니다. 어려서부터 백범 선생을 숭배하고 있는 청년 장교로서 우리 당에 입당을 희망하고 있으니 선처해 주십시오." 홍종만은 김학규에게 안두희의 입당을 추천했지만 김학규는 처음 이를 거절했다.

"군인이 어떻게 정당[엘] 가입하나" 하고 거절하던 김학규는 홍종만의 간청에 못 이겨 결국 안두희를 한독당에 입당시키는 데 성공한 것이었다. 김구를 암살하기 두 달 남짓 전인 그해 4월 14일이었다.

비밀당원에 의문 많아

김학규는 처음에 "군인이기 때문에 안두희에게[는] 당원증을 내줄 수 없다"고 거절했으나 홍종만과 안두희는 "국군 내의 동지들을 포섭하려면 당원증이 없으면 믿으려 하지 않아 곤란하다"고 우겨 김학규로부터 당원증도 받아냈다.

그 후 안두희는 김학규의 안내로 김구를 몇 차례 만났다. 한번은 탄피로 만든 꽃병 2개를 선물로 경교장에 가져다 놓기도 했으며 또 하루는 김구를 만난 자리에서 김구에게 친필을 써달라고 간청, 그 자리에서 써준 휘호 2폭을 가져가기도 했다. 김구는 자신의 휘호를 써주는 것을 즐거워했다.

안두희가 한독당에 입당하고 김구를 몇 차례 면담한 것은 사실이었다.

그러나 안두희가 과연 비밀당원이었는지는 의문이다. 군 당국은 안두희가 갖고 있었다는 당원증에 찍힌 '비(祕)' 자 도장과 안두희 홍종만 [등의] 진술을 토대로 안이 비밀당원이었다고 주장하고 있으나 한독당 조직부장 김학규의 말은 이와는 다르다.

"한독당 안에는 비밀당원 제도가 없으며 안두희의 당원증에 '비(祕)' 자 찍힌 것은 비(祕) 자가 있으면 동지들을 포섭하는 데 더 권위를 세울 수 있으니 찍어달라고 조르기에 사무용 도장을 찍어준 것에 불과하다는 것이다. 또한 그 비밀당원증을 한 번도 가지고 다니지 않고 그의 처에게 맡겨놓았다는 안두희 자신의 말은 그가 한독당원이었다는 근거는 될지언정 비밀당원의 입증 자료로는 충분치 못한 것으로 해석되고 있다.[26]

****

이 대통령 특별성명

김구 암살 1주 [뒤].

7월 2일 이 대통령은 김구 암살에 대해 급기야 특별성명을 내놓았다.

26) "[비화 제1공화국 60] 제4화-암살/김구 (8)", ≪동아일보≫, 1973년 8월 13일 자.

"법정에서 가려지겠지만 백범의 살해는 순전히 어떤 행동 노선이 조국을 위해 더 유익한 길인가 하는 당내의 의견 차이에서 비롯됐다고 본다. 아직 한독당 내의 의견 대립이 외부에 알려진 일이 없는데 백범의 추종자가 그 의견 차이의 논쟁을 결말짓고자 취한 격렬한 수단은 결국 비극을 초래했다고 볼 수 있다[……]."

김구 암살을 한독당 내분의 결과로 보는 내용이었다.

이 대통령 노발대발

이승만 대통령이 부인 '프란체스카'와 함께 경교장으로 문상 행차를 나선 것은 이 특별성명이 있은 후였다.

["때르릉 …….]

내무장관 김효석(金孝錫)으로부터 김태선 서울시경국장에게 걸려온 전화였다.

"대통령 내외분이 문상차 경교장으로 가는 데 앞장서 안내 좀 해주시오."

김효석 내무는 병원에서 이렇게 지시했다. 그는 김구 암살 사건 이후 신병을 이유로 의전병원(醫專病院)에 입원해 있었다.

김효석의 전화를 받은 김태선은 당황해서 말했다.

"각하가 행차하시는 데 장관께서 직접 가셔야지 제가 어떻게 모시고 갑니까."

"그래도 김 국장이 모시고 가시오. 나는 몸이 좀 불편해서 ……."

이렇게 김효석이 살짝 빠지는 바람에 김태선은 하는 수 없이 경무대 비서실과 연락, 이승만 [부부를] 안내하러 경무대로 들어갔다.

그러나 김태선 시경국장이 혼자 경무대에 들어온 것을 보자 이 대통령은 버럭 화를 냈다.

"어째 내무장관은 안 왔나."

"내무장관은 병원에 입원 중인데 몸이 불편해서 저에게 각하를 모시라고 전화로 연락이 왔습니다."

김태선의 [이] 말에 이승만은 더욱 노기를 띠며 "그래 병세가 어떻길래 오지도 못해. 그 사람 생각지도 않은 사람을 장관에 임명했는데 거 이상한 사람이야. 정말 몸이 아픈가 조사해 봐."

이승만의 노기 앞에 김태선은 떨며 [속으로] "내무장관은 하필이면 왜 나를 이런데 끌어들여 입장 난처하게 만드나 ……" 하고 김효석 내무가 원망스러웠다. 김효석은 본래 이승만 사람이 아니었으나 신성모 추천으로 내무장관이 된 사람이었다.

최종 수사 결과 발표

김태선 시경국장의 안내로 경교장에 도착한 이승만 대통령의 표정은 침울했다. 지난날 김구와의 다정했던 시절이 마음속에 되살아나서일까. 경교장은 이승만에게 낯선 곳이 아니었다. 정부 수립 이전 이승만은 여러 번 경교장을 방문했었고 김구와 이승만 내외는 함께 사진 찍었었다.

김구의 영전에 다가선 이승만은 모자를 벗고 묵묵히 고개를 숙였다.

7월 5일 김구의 [국민장] 장례가 끝나고 보름.

사건 [진상]에 대해 발표가 있을 것이라는 예고를 몇 차례 해오던 군 당국은 드디어 7월 20일 육군 보도과 이름으로 최종 수사 결과를 발표했다. 그것은 당장 납득하기는 어려운 엄청난 것이었다.

안두희의 범행 동기에 대한 군 당국의 발표는 이러했다.

"그는 한독당에 입당한 후 여섯 번이나 김구를 직접 만나 지도를 받아오다 점차 한독당과 김구의 사상 및 정치 노선에 회의심을 품게 됐다. 특히 한독당의 세포 조직 의도는 대한민국 정부를 전복[하려는] 것이었으며, 소련의 주장에 따라 미군의 완전 철수를 추진시키는 데 주력하고 있어 그 음모의 위험성이 대한민국 정부를 점차 절박[해 옴을] 느꼈다.

안두희는 탈당하려 했으나 탈당 후의 테러 위험성을 우려, 끝내 김구를 살해했다는 것이다.

군 당국의 [발표는] 또한 안두희를 헌병사령부와 정보대에서 엄중 문초한 결과 범인의 진술과 그 밖의 여러 가지 증거에 의해 한독당에 정치 노선과 비밀당원에 대한 지시 내용이 드러났다고 밝혔다.

한독당 정치 노선 밝혀

군 당국이 발표한 골자는 한독당에 정치 노선이 ① 5·10 선거에 의한 대한민국 정부 수립 부인, ② 평화적 통일의 이름 아래 공산당과[의] 제휴를 기도하고 북로(北勞) 당원을 한독당 주요 간부로 포섭, ③ 남북 정치 협상에 의한 연립정부 수립 기도, ④ 미군 철수를 주장하고 철수 후의 군사고문단 설치 반대, ⑤ 미국의 대한(對韓) 경제 원조 반대, ⑥ 북한 정책 찬양, ⑦ 독립투사 등 혁명가에 대한 정부의 박대를 공격, ⑧ 남한의 쿠데타 발생 예언 등을 들었다.

또 한독당의 비밀당원들은 첫째, 당 생활은 비밀 제일주의로 할 것, 둘째, 세포 조직에 있어서는 정신적으로 결합할 것, 세째, 횡적인 조직을 피하고 종적인 조직과 연락망을 취할 것, 네째, 만일 당의 명령이 있으면 통일적으로 움직일 수 있게 조직할 것, 다섯째, 만일 당적을 이탈하면 생명이 위험하다는 다섯 가지 지시를 당으로부터 받고 있다고 군 당국은 주장했다.[27]

****

안두희 단독범 처리

한독당의 노선을 전적으로 공산당시한 당국의 발표는 그러지 않아도 김구의 암살을 위정자들의 소행이라고 보고 있는 한독당 인사와 김구 측근자들에게 불을 질렀다.

"백범 선생의 암살이 한독당의 내분에서 나온 것이라고 몰더니 이제는 숫제 한독당과 돌아가신 김구 선생에게까지 공산당의 누명을 씌워? 괘씸한 자들 ……."

그러나 분개를 해본들 소용이 없었다. 안두희에 대한 SIS의 수사 결과는 '배후 없는 단독 범행'으로 처리되고 말았다.

"이제 나라가 잘 돼가려는데 김구가 남북협상을 한다고 북한을 다녀오는 등

---

27) "[비화 제1공화국 61] 제4화-암살/김구 (9)", ≪동아일보≫, 1973년 8월 14일 자.

방해가 심해 의분심으로 빚어진 사건이 아니겠느냐"는 말이 군 고위층의 입에서 나오기도 했다.

수사관들은[에게는] 이러한 고위층의 동향이 마음에 걸렸다. 이와 관련하여 안두희는 감방 안에서도 특별한 대우를 받았다.

안두희가 후에 그의 자서전 『시역(弑逆)의 고민』에서도 밝혔듯이 그는 술과 담배도 먹을 수 있었고 신문도 보았다. 장교 목욕탕에서 목욕도 할 수 있었고 살인범인데도 면회 시간에 구애됨이 없이 마음대로 가족과 외부 사람들을 면회할 수도 있었다. 그에 전속 감시병마저도 그를 죄인으로 취급하는 기분을 갖지 않았고 '장교님'이라고 경칭까지 붙였다.

안두희에 취조받는 태도는 도도했다.

"나는 할 말이 없소. 오늘 취조관의 태도는 너무 강압적이오. 그렇지 않아도 마음이 산란해 질문에 응하고 싶지 않소."

안두희는 번번이 이런 식으로 배짱을 퉁겨 노엽 대위와 이진용 중위를 골탕 먹이곤 했다.

안두희에게는 수수께끼의 인물 김지웅(金志雄)과 홍종만이 자주 면회를 와서 무언가 수군거렸다. 김지웅은 안두희의 외삼촌이라고 했으며 군 상부의 명령에 따라 육군 형무소를 무상으로 출입할 수 있었다.

범인 엉뚱한 짓 하기도

한 달 동안 그럭저럭 수사를 마친 노엽과 이진용은 7월 25일 "단독범행이라 할지라도 살인죄만은 면할 수 없다"는 의견서를 달아 이 사건을 육군 법무감실 검찰과에 송치했다. 검찰과장 홍영기 소령은 사건의 중대성에 비추어 직접 자신이 이 사건을 맡게 됐다.

홍영기는 이 사건이 단독 범행이 아닐 것이고 적어도 배후에 안두희와 같은 포병부대에 장교가 있을 것으로 보고 수사에 착수했다. 그러나 홍영기 과장도 벽에 부딪쳤다. 군 검찰에서 안두희의 태도는 너무도 엉뚱했다. 안두희는 마치

정신착란증 환자처럼 앞뒤가 맞지 않는 말을 늘어놓는가 하면 입에 거품을 물고 드러눕는 등 엉뚱한 짓을 했기 때문이다.

안두희를 살인 및 정치 [관여] 혐의로 기소하고 난 며칠 뒤 육군총참모장 채병덕은 홍영기를 자기 방으로 불렀다.

구형 10년은 이해 안 가

"홍 소령, 안두희에게 얼마나 구형할 생각인가."

뜻밖에 질문에 잠시 머뭇거리던 홍영기는 그의 소신대로 대답했다.

"살인자는 마땅히 사형을 받아야지요."

"사형은 너무 심해. 내 생각으로는 징역 10년만 구형하는 게 좋겠어[……]."

이해할 수 없다는 채병덕의 말이었다.

"안 됩니다. 살인자는 사형이라는 게 우리나라 불문율인데 하물며 현역 군인이 전투에 사용하는 무기를 남용, 애국자를 살해했는데 구형 10년이라니 이해하기 어려울 것입니다."

"그것은 귀관의 생각이나 내 생각은 10년이 적당해. 검찰관은 총참모장의 지휘를 받는 거야!"

채병덕 총참모장의 고집도 대단했다.

홍영기의 머리엔 사건 당시의 일이 스쳤다. 김구가 암살된 다음 날 시체 검증을 하러 가야겠다는 그에게 채병덕은 "시체 검증이 무엇에 필요한 거야? 이번 사건은 범인의 진술대로만 처리토록 하시오"라고 말하지 않았던가.

대법원을 공판정으로

"그렇다면 혹시 ……."

홍영기는 자꾸 의심이 생겼지만, 그것을 겉으로 나타낼 수 없었다.

이러한 육군의 최고위층으로부터 압력뿐만 아니라 정체불명의 애국 청년이라는 사람들의 협박이 잇따랐다. 김구 암살에 대해 분격한 사람들 못지않게 안두희의 소행을 장하게 여기는 사람도 적지 않았다.

법무감실 검찰과장의 관사에까지 “애국자 안두희를 학대하는 자는 반역자다” 라는 협박 비라가 뿌려지기도 했다.

안두희에 대한 육군중앙고등법원회의의 공판정을 대법원의 대법정으로 정한 것도 정치적인 압력이야 어떻든 간[에] 일반의 의구심을 되도록 덜어보자는 뜻에서였다. 군법회의 공판정은 따로 있었으나 홍영기 등이 법무감 이지형에게 건의한 결과였다.

범행 39일 만에 심판대에

홍영기 소령은 “사회 여론이 군법회의에서 범인을 다루면 적당히 어물어물하고 말 것으로 의심을 할 테니 법정부터 민간 법정으로 택해야 한다”고 우겼다.

8월 3일. 김구가 흉탄에 쓰러진 39일 만에 드디어 안두희가 심판대에 섰다.

이날 법정에는 헌병과 경찰이 물샐틈없이 경비를 담당하고 있었지만 [법원] 근처 담과 전신주에는 “대한민국의 초석이며 애국자인 안두희를 석방하라”는 등의 비라가 곳곳에 나 붙어 있었다. 하지만 헌병이나 경찰은 이 비라를 떼지 않고 그대로 두었다.28)

****

재판장엔 원용덕 준장

8월 3일 오전 10시. 김구 살해범 안두희에 대한 육군중앙고등군법호의 제1회 공판.

재판장 원용덕(元容德) 준장, 배석 재판관 강문봉(姜文奉) 대령, 양국진(楊國鎭) 대령, 원태섭(元泰燮) 대령, 김형일(金炯一) 중령, 계인주(桂仁珠) 중령, 법무사 손성겸(孫聖兼) 중령, 검찰관은 홍영기(洪英基) 소령, 김선진(金善鎭) 대위.

28) “[비화 제1공화국 62] 제4화-암살/김구 (10)”, ≪동아일보≫, 1973년 8월 16일 자.

변호인은 김종만(金鍾萬) 소령(관선), 양정수(楊正秀) 중령(특별), 이상기(李相基)(민간인)가 맡았다.

재판장 원용덕 준장의 개정 선언에 이어 손성겸 법무사가 안두희에 대해 중앙고등군법회의를 열게 된 취지를 설명했다.

"이번에 안두희 피고인을 고등군법회의에 회부한 것은 단순히 사건 심리를 위한 것이 아니라 정의의 소재를 밝히기 위한 것이며 심판관은 검찰의 기소 내용 여하를 불문하고 백지적 상태에서 공정무사하게 자유스러운 결정에 따라 죄의 유무를 투표로써 결정할 것입니다 ……."

손성겸 법무사의 말에 이어 홍영기 검찰관이 기소문을 읽었다.

"범죄 1, 육군 소위 안두희는 국방경비법 제43조를 위반해서 49년 3월 중순경 한독당에 입당했고, 범죄 2, 육군 소위 안두희는 국방경비법 제48조를 위반해서 49년 6월 26일 경교장에서 혁명투사 김구 선생을 권총으로 불법 살해했다.

즉 6월 26일 피고인은 김구 선생을 방문하기 전 경교장 근처에 있는 자연장(紫煙莊) 다방에서 약 26분간 머리를 정리했다. 그리고 나서 전부터 마음에 품고 있었던 한독당과 김구 선생의 반정부적 노선에 대하여 김구 선생의 본심을 타진하고 피고인의 거취를 결정할 목적으로 김구 선생을 만났다.

피고인은 김구 선생을 향하여 공산주의의 이적 행위에 가담하지 말고 듣지 말라고 권하자 "네가 내게 반동하느냐 나에게 반동하면 국가민족에 반동하는 거다" 하고 노하기에 그 순간 정신이 혼란하고 흥분하여 "김구 선생이 있으므로 곧 대한민국에 지장을 주며 민주정부 육성에 장애물이 된다"고 생각, 미국제 권총으로 약 1~2m 거리에서 제1탄을 발사하고 계속하여 3, 4발을 쏘았다."

범인 만날 때마다 불평

검찰관의 기소문 낭독이 끝나자 먼저 한독당 조직부장 김학규가 증언대에 올랐다. 안두희를 한독당에 입당시켰다는 이유로 경찰에 구속된 김학규는 구속 피의자의 몸으로 증언에 나섰다.

"안두희를 아는가."

"압니다."

"언제부터 아는가."

"홍종만을 통하여 알았습니다. 안두희는 나와 만나기 전부터 홍종만을 통하여 한독당에 입당할 것을 이야기해 와 3, 4월경에 입당 수속하게 했으며 비서를 통하여 당원증을 교부케 했읍니다."

"안두희는 한독당을 위해 활동했는가."

"활동한 일이 없읍니다. 안두희는 만날 적마다 대한민국에 대한 불평을 말했고, 때로는 듣기에도 위험한 이야기를 해서 홍종만을 통해 나를 또다시 찾지 말기를 요구하여 사건 발생 1개월 전부터는 한 번도 만난 일이 없읍니다."

김학규는 원용덕 재판장의 심문에 또박또박 말했다.

다음은 변호인 심문 —.

심사 않고 입당시켜

"당원증은 비밀당원증을 주었다는데 사실입니까."

"한독당에는 비밀당원제가 없읍니다."

"입당시키는데 안두희를 심사한 일이 있읍니까."

"없읍니다."

증인 김학규에 대한 심문을 주로 한 오전 공판이 끝나고 오후 공판이 속개됐다.

문제의 인물 홍종만(한독당)이 증언대에 올랐다. 당초 경찰은 안두희를 한독당에 입당시켰다 하여 김학규와 홍종만을 모두 구속한 것으로 발표했었으나 홍종만은 공판 당시에는 구속되지 않았었다.

검찰관 심문 —.

"안두희가 한독당에 입당한 경위와 활동은 어떠한가."

"김학규 씨로부터 안두희를 비밀당원에 입당시키겠다는 말을 들었으며 활동에 대해서는 잘 모르겠소. 다만 나는 안두희를 김학규 씨에게 소개만 했을 뿐 내부적인 일은 잘 모르오."

"안두희는 비밀당원에 틀림없는가."

"틀림없소."

홍종만의 진술은 김학규의 진술과는 달랐다.

"정치 관심은 신념."

안두희에 대한 재판관 심문 —.

"한독당에 입당한 동기는."

"나는 평소 민족의 위대한 지도자인 이승만 박사와 김구 선생을 두 국부로 숭배해 왔습니다. 그 후 두 분이 분열이 되자 처음에는 표면적인 분열이 아닌가 하여 앞으로 두 분이 다시 합류할 것을 바라며 지나오던 중 우연히 홍종만 씨와 가까와졌고 홍 씨의 열렬한 권고와 묘한 방책에 이끌려 입당하게 됐습니다."

"김구 선생을 죽일 목적으로 입당한 것이 아닌가."

"그런 목적은 추호도 없었읍니다."

"군인이 정치에 관여할 수 없다는 사실을 몰랐던가."

"알았읍니다만 어느 정도 군인도 정치에 관심을 가져야 한다는 신념과 또 김구 선생을 친히 모실 생각에서 입당한 것입니다."29)

****

[범인 친구들 법정에 몰려]

안두희의 처 박옥녀(朴玉女)는 법정에 나와 열심히 방청했다. 안두희와 [지면(知面)]이 있는 듯한 청년 여러 명도 맨 앞줄에서 진을 치고 앉아 무언가 귀엣말로 주고받는가 하면 이따금 안두희가 뒤를 돌아보면 손짓과 눈짓으로 격려를 보내

29) "[비화 제1공화국 63] 제4화-암살/김구 (11)", ≪동아일보≫, 1973년 8월 17일 자. 자서전 원문에는 없으나 독자들의 이해를 돕기 위해 추가했다.

기도 했다.

4회에 걸친 안두희의 공판은 속결로 진행됐다. 매일 방청객들로 붐비는 서대문구 정동의 대법정 주위에는 기마경찰대까지 배치됐고 기관총까지 동원됐다.

2회와 3회 공판은 주로 사건 당시 경교장에 있었던 비서들과 경비경찰관들의 증언과 안두희의 범행 경위 등을 들었다.

안두희는 "사건 전까지 김구를 여섯 번이나 만나 나눈 이야기가 무엇이냐"는 재판관의 심문에 "김구 선생은 외군(外軍)의 철수를 주장했고 1억 5천만 달러의 미국 원조를 반대했으며 선생은 경교장 경호원이 자기를 경호하는 것이 아니라 자신의 동향을 탐지하기 위해 배치된 것이라고 주장했었다"고 답변했다.

또 증인으로 나온 민주국민당 선전부장 함상훈(咸尙勳)은 세 가지를 들어 한독당을 비난하기도 했다.

"첫째, 한독당은 5·10 선거를 반대했고, 둘째 남북협상을 주장했으며, 세째 현 정부에 협조하지 않았다."

함상훈의 증언은 안두희에게 유리한 인상을 주었다.

8월 6일 마지막 구형과 판결만이 남았다.

"지금의 심정은 어떤가."

"마음이 [잔잔할] 뿐이며 다소 정치적 번민은 있었으나 지금은 내가 할 일을 다 한 것으로 생각합니다."

변호인 2년 집행 유예 주장

재판장 원용덕 준장의 물음에 안두희는 이렇게 태연하게 대답했다.

검찰관 홍영기 소령은 "한독당은 대한민국이 수립된 후 '유엔'을 지지한 합법정당이며 정부를 전복시키려는 그런 정당은 아니다.

김구 선생이 남북협상을 다녀온 후의 성명을 보더라도 결코 공산당과는 영합할 수 없는 정당임이 명백하다"고 역설했다.

홍영기는 이어 "육군 소위 안두희가 노혁명가 김구 선생을 살해할 동기가 주관적이든 객관적이든 그 결과는 커다란 죄악임이 틀림이 없으며 국군의 위신을 크게 손상시킨 것으로서 더구나 복잡 미묘한 [현하]의 국내 정세에 비추어 군 질서를 확립하기 위해서나 대한민국의 존엄을 위해서나 단연히 처단해야 한다"고 강조했다.

그러나 안두희의 변호인단은 "안두희를 실형에 처해서는 안 된다"고 변호했다.

"피고인의 범행 목적과 동기는 정당하다. 국가가 중요한가, 법이 중요한가. 피고인의 행위는 대한민국에서 표창할 일이다. 피고인은 또 의식적으로 범행을 하지 [않았고] 자수까지 했으니 처벌하더라도 2년 집행유예 정도일 것이다."

이와 같은 변호인의 변론이 있자 법정 내에서는 난데없는 박수 소리가 터졌다. 방청석에 앉은 안두희와 친근한 청년들이 이런 분위기를 만들고 있었다.

"집행유예를 주장하는 변호인의 의도를 모르겠소. 변호인은 법률가로서는 너무 상식에 벗어[난] 말을 하고 있소."

홍영기 검찰관이 듣다못해 이렇게 반박하자 재판장 원용덕은 "검찰관은 변호인의 위신을 손상시키거나 개인의 인신공격은 삼가시오"라고 더 말을 못 하도록 제지했다.

재판장이 검찰관에게 호통

"같은 군인 입장에서 구형하고 재판하게 됐지만 감상적인 인정에 끌리는 일이 없이 어디까지나 냉정한 처단을 ……" 하고 재판부에 대한 검찰관 홍영기의 말이 채 끝나기도 전에 호통이 터졌다.

"검찰관의 말은 우리 재판관을 모욕하는 거요. 취소하시오."

원용덕 재판장의 호통에 검찰관은 정식으로 발언을 취소했다.

3회 공판 때는 채병덕 육군참모총장도 재판부 뒤에 자리[를] 잡고 앉아 재판 광경을 지켜보았다.

마지막 공판. 벌써 자정을 [넘었다]. 검찰관 홍영기는 이윽고 논고를 마치고 안두희 피고인에게 국방경비법 제43조(정치 관여)와 제48조(살인)를 적용, 총살

형을 구형하자 법정 내는 소란해졌다.

판결 직전 범인 태연자약

안두희의 최후 진술.

"한독당의 행위는 위선이라고 봅니다. 만일 이 자리에서 공산당과 한독당이 같은 노선이 아니라고 생각하는 사람은 손을 들어보십시오."

안두희는 이렇게 말하며 뒤를 돌아봤다. 재판장 원용덕이 피고의 말을 가로채며 "이로써 피고인의 진술은 모두 마치기로 하고 10분간 휴식한다"고 선언[했]다.

재판관들은 투표로 판결을 결정했다.

"피고 안두희."

판결 직전의 마지막 호명이었다.

순간 안두희의 태연자약하던 얼굴도 핼쓱해졌다. 정내(廷內)는 숨을 죽이고 안두희에게 내려질 판결에 귀를 기울였다.

"육군 소위 안두희에 대한 최후 판결에 있어 심판관들의 합의를 본바 범죄 사실 1에 유죄, 범죄 사실 2에도 유죄를 만장일치로 가결하였고 종합 판결을 무기명투표한 결과 과반수[의] 동의로 안두희에게 종신형을 판결[한]다.[30]

****

▲ 49년 6월 김구 암살

이태원의 육군 형무소. 안두희의 머릿속엔 김구를 살해하던 날 아침의 아내의 모습이 떠올랐다.

임신 3개월에 유산을 한 아내 박옥녀는 며칠째 몸져들어 누워 있었다.

"여보, 일요일인데도 출근을 해요?"

"며칠 쉬었지만 오늘만은 부대에 꼭 나가봐야겠어!"

---

30) "[비화 제1공화국 64] 제4화-암살/김구 (12)", ≪동아일보≫, 1973년 8월 18일 자.

아내의 걱정스런 물음을 외면한 채 집을 나왔던 것이 아닌가. 안두희는 그 길로 경교장으로 향했던 것이다.

그러나 안두희의 감방 생활은 그렇게 고통스러운 것이 아니었다. 그에게는 매일같이 면회객이 찾아들었다. 면회객 중에는 김지웅(金志雄), 김성주(金聖柱) 등의 얼굴도 보였다.

[사건 충격 묘한 방향으로]

안두희가 종신형을 받은 지 6일 만인 8월 12일. 안을 한독당에 입당시키는 데 안간힘을 썼고 한독당 조직부장 김학규를 따라다니며 그토록 충성심을 보이던 한독당 중구당부 집행위원 홍종만이 돌연 한독당 탈당 성명을 냈다. 김구 암살 사건의 충격은 묘한 방향으로 돌아가고 있었다.

홍종만은 한독당의 정치 노선이 반정부적이며 한독당 내에는 소조회(小組會)라는 당 간부 정치교양기관이 있는데 이것은 반정부 조직이라고 폭로했다. 또한 홍종만은 당 간부가 [홍종만]에게 말하기를 남북협상이 이루어지면 김구가 대통령이 되고 김일성(金日成)을 국무총리에, 김학규를 국방장관에 앉힐 것이라는 등 일반 국민들이 김구에게 반감을 품도록 하는 말을 암시했다고 주장하기도 했다.

그렇게도 한독당을 아끼는 체하던 홍종만이 하필 김구가 살해된 지 한 달도 못 돼 불난 집에 부채질하는 격으로 이렇게 어마어마한 내용을 폭로하고 한독당을 탈당해야 했던 실제 내막은 과연 무엇이었을까……. 일반의 의혹은 홍종만의 폭로 못지않게 깊어만 갔다. 일련의 사태는 미리 짜놓은 스케줄에 따라 진행되는 것으로 믿기까지 했다.

복역 불과 3개월 만인 그해 11월 안두희에게 징역 15년의 감형 조치가 내려진 것은 안두희에 대한 수감이 앞으로 얼마나 갈 것인지 짐작케 했다. 사실 사태는 바로 그 방향으로 나가고 있었다.

[김창룡 찾아간 날 형 정지]

그 이듬해인 1950년 6월 25일 동란이 터지자 이틀 뒤인 6월 27일 대전 육군 형무소에 이감[돼 있던] 안두희에게 공군정보과장 김창룡(金昌龍) 소령(뒤에 특무대장, 피살)이 찾아왔다. 이날 자로 안두희는 잔형집행정지 처분이 내려졌다.

전에도 여러 번 형무소로 안두희를 찾아 무엇인가 이야기를 주고받았던 김창룡은 이날 즉시 안두희를 석방 조치한 후 부산으로 데려가 CIC(육군특무대) 문관으로 채용했다.

이어 7월 10일 국무총리서리 겸 국방장관인 신성모는 국방[부]특명 4호로 안두희를 육군 소위로 복직시켰다. 피비린내 나는 전쟁 속에서 숱한 피난민이 아우성치는 혼란 속에서 이루어진 이러한 안두희에 대한 특혜 조치는 몇 사람의 당사자 외에는 아무도 알 수 없었다.

안두희는 그해 9월 15일 중위로 진급됐고 이듬해인 51년 2월 15일에는 다시 육군중앙고등군법회의 명령 제56호로 형이 면제되었다. 그해 12월 15일에는 대위로 [진급]됐다.

안두희에 대한 형 면제 처분이 문제된 것은 피난 국회에서 야당 의원들의 항의 때문이었다.

[이기붕 건의] 군 복귀 취소

이기붕이 국방장관에 기용되자 그는 여론이 좋지 않다고 판단, 대통령에게 건의, 안두희의 군 복귀를 취소시켰다.

그것은 안두희가 대위 진급을 한 지 10일 만인 12월 25일이었다. 국방부 특명 229호에 따라 안두희는 다시 군복을 벗게 되었지만 그가 예편과 동시에 다시 1계급 특진, 육군 소령으로 군복을 벗게 된 것은 그를 보호하는 끈질긴 세력이 있음을 짐작[케 하는] 것이었다.

한편 안두희를 한독당에 입당시킨 김학규[한독당 조직부장]도 49년 말 군재(軍裁)를 받고 군인을 정당에 가입시키고 살인을 방조했다는 혐의로 징역 15년을 선고받았으나 6·25 동란 직후 형집행정지로 풀려났다.

김구를 살해한 안두희는 군복을 벗은 후 아는 듯 모르는 듯 자유스런 민간인으로 사회에 발을 들여놓았다. 물론 그를 풀어준 이승만 정권은 계속 집권하고 있었다.31)

****

[군납공장 차려 돈 벌어]

제대한 뒤에 안두희는 어떻게 지냈는가. 한때는 헌병사령부에 문관으로 채용돼 원용덕 사령관으로부터 매달 30만 원의 월급과 찝차까지 제공받았고 김창룡 특무대장과도 자주 접촉했다.

56년 9월에는 강원도 양구에다 군납공장을 차려 두부와 콩나물을 근처 부대에 거의 독점 납품하여 상당한 돈을 벌기도 했다. 그러나 그의 편안한 생활도 길게 가지는 않았다. 60년 4월 자유당 정권이 무너지자 [그에게는 예기치 않은 시련이 닥쳤다.]

[4·19 혁명으로 자유당 정권이 무너지자] 10여 년간 원한을 품어온 김구 측근자들은 드디어 '백범살해진상규명 투쟁위원회'를 만들고 그들의 영도자였던 김구 살해의 배후를 가려달라고 나섰다.

[백범 살해 진상투위 결성]

24개 정당과 사회단체가 호응한 이 위원회의 장에는 김창숙(金昌淑)이 추대됐다. 4·19 [뒤] 9일 만인 4월 28일이었다.

효창공원 김구 묘소에서 결성대회를 가진 투쟁위원회는 급기야는 "살인자 안두희를 처형하라", "백범의 살해 배후를 밝혀라"는 구호를 외치며 수천 군중을 규합, 데모까지 벌이기에 이르렀다. 강원도 양구에 살고 있던 안두희가 이미 신

31) "[비화 제1공화국 65] 제4화-암살/김구 (13)", ≪동아일보≫, 1973년 8월 20일 자.

변 위험을 예견하고 자취를 감춘 뒤였다.

투쟁위원회 진정에 따라 검찰은 10여 년 전의 사건을 다시 수사하기 시작했다. 공교롭게도 자유당 정권 몰락 후 새 법무장관은 바로 11년 전 김구 암살 당시 법무장관이었던 권승렬(權承烈)이었다.

검찰의 수사 착수와 함께 김구 측근자들은『진상은 이렇다』라는 책을 통해 그들의 주장을 폭로했다. 망각 속에 묻혀버렸던 김구 암살 사건이 다시 화제로 등장할 줄을 누가 짐작이나 했으랴.

고정훈, 박동엽의 폭로

더군다나 5월 24일 구국청년당 고정훈(高貞勳)의 폭로는 그 진실 여부는 뒤로하고 세상을 또 한 번 놀라게 했다.

그는 김구 암살의 배후 인물은 신성모 국방 등 몇몇 고위 각료였으며 포병사령관 장은산(張銀山) 중령을 시켜 안두희를 하수인으로 골라 김구를 저격케 했다고 주장했다.

대광중학교 교감 박동엽(朴東燁, 현재 도미 중)의 폭로는 더욱 엄청난 것이었다.

박동엽에 주장은 이러했다.

사건 전날 오후 5시 반경 그가 직장에서 돌아와 저녁을 먹으려는데 옛 제자인 김정진(金禎鎭)이 달려와 무시무시한 정보를 알려주었다.

6월 23일 밤 [사건 3일 전] 11시 반경 경교장 맞은편 동양극장 앞에서부터 속도를 줄인 두 대의 찝차가 머뭇머뭇 무엇을 노리다가 적십자병원 앞을 돌아 정동 입구까지 가서는 다시 경교장 입구로 와 또 머뭇머뭇, 이렇게 세 차례를 배회했었다는 것이다. 다음 24일 밤에도 찝차에 탔던 그 수상한 청년들이 그들의 아지트인 계동에서 밀회한 후 25일 김구의 공주행을 노리기로 모의, 다음 날인 25일 수원 병점 근처 고갯마루에서 대기했으나 건국실천원양성소 개소식이 취소, 김구가 공주로 내려가지 않는 바람에 허탕을 치고 돌아왔다.

[그들은] 소위, 대위 계급장의 헌병으로 가장하고 있었다는 것이다.

암살 모의에 낀 홍종만

허탕을 치고 돌아온 이 수상한 청년들은 26일에는 무슨 일이 있어도 김구를 해치우기로 모의, 이날 오전 중으로 행동대원 1명을 경교장에 보내 동정을 먼저 살피게 하고 다른 행동대원은 아지트에서 정오에 만나기로 하고 헤어졌다는 정보였다.

경교장에서 26일 오전 동정을 살피기로 했다는 행동대원은 바로 한독당원 홍종만이었다는 정보였다. 김정진은 행동대원 중 한 명인 친구 오병순(吳炳順)이 양심의 가책을 느끼고 사전에 "어떻게 했으면 좋겠느냐"고 찾아와 호소하는 바람에 이와 같은 무시무시한 음모를 알게 되어 곧 옛 은사인 박동엽에게 이 사실을 알렸다는 것이다.

김구에게 음모 미리 알려

김구와 평소 가까이 지내던 박동엽은 이와 같은 정보를 듣자 김정진과 함께 김승학(金承學)에게 달려갔다.

김승학은 김구와 20여 년이나 해외에서 독립운동을 같이한 사람이었다. 박동엽과 김승학이 경교장에 도착한 때는 벌써 저녁 7시가 넘어서였다. 김구는 2층 서재 남향한 창가 복도에 앉아 숭덕학사(崇德學舍) 고학생들에게 졸업 기념으로 보낼 것이라 하면서 『백범일지』에 사인을 하고 있었다.

박동엽이 김구에게 "요즘 선생님, 무슨 불길한 소문이라도 들으신 일 없읍니까" 하며 들은 정보를 말했더니 그는 "그런 소리야 늘 듣는 걸 ……" 하며 아주 예사스럽게 말했다. 할 수 없이 김승학과 박동엽은 인사를 하고 아래층으로 내려와 응접실에서 김신(金信)과 해외에서 귀국한 지 얼마 안 된 이상만(李相萬) 목사에게 정보를 대충 전달하고 돌아왔다는 것이다.[32)]

32) "[비화 제1공화국 66] 제4화-암살/김구 (14)", ≪동아일보≫, 1973년 8월 21일 자.

⁂

1974년 5월 14일 ≪동아일보≫ 백범 김구 선생 암살사건 진상 상보:[33] 안두희 공범인 홍종만 군의 폭로

소위 행동대원 안두희, 한경일(韓京一), 이춘익(李春翼)은 생존

"모든 사실을 털어놓고 보니 짐을 벗은 듯 마음이 후련합니다."

백범 암살의 진상을 근 2시간에 걸쳐 녹음에 담아 폭로하고 난 홍종만 씨(55)는 번민과 생활에 지쳐버린 듯한 찌든 얼굴에 가벼운 미소마저 지으며 이렇게 [그의] 심정을 표현했다. 백범 선생 살해 음모에 가담했던 [죄과를] 사건 직후부터 줄곧 후회해 왔다는 홍 씨는 "이제 모든 벌을 달게 받을 각오가 되어 있다"고 말했다. "사건 직후엔 당초 김지웅이 보장하겠다던 생활비도 제대로 안 주고 배신, 김지웅을 만나기만 하면 찔러 죽이고 싶었다"면서 4·19 혁명이 났을 땐 가진 돈도 [없이] 신변이 두려워 대구, 부산, 울산 등지로 숨어 다니며 많은 고생을 했다고 말했다. 홍 씨는 현재 서울 성동구 신당동에서 5남 중 한 아들과 부인과 같이 근근이 살고 있으며 4형제는 군대에 복무 중이라고 했다. 홍 씨는 그를 백방으로 찾던 백범기념사업회 이사 김용희(金龍熙) 씨와 얼마 전에 만나 자백의 뜻을 밝혔으며 지난 일요일인 12일 낮 본 기자와 삼자대면한 [가운데] 백범 살해 음모에 얽힌 진상을 폭로하기에 이르렀다.

25년 전 사건 당시 단독범행으로 처리된 백범 암살 사건은 자유당 정권 아래서는 범인 안두희가 불가사의의 특전을 누리는 가운데 철저히 사건 배후가 은폐[됐었다].

그 후 4·19 혁명과 5·16 혁명 직후 민족적 양심이란 대전제에 따라 검찰 수

---

33) "배후 김지웅은 현재 일본에 있다: 4반세기 만에 폭로된 백범김구 선생 암살사건 진상 상보", ≪동아일보≫, 1974년 5월 15일 자 기사이다.

사가 재개되기도 했으나 역시 관련자들의 함구로 배후가 밝혀지지 못한 채 흐지부지돼 [버렸었다].

그러나 지금까지 추측이나 [전문(傳聞)] 등으로 막연히 믿어오던 백범 암살의 내막은 이제 당시 음모에 직접 [가담], 행동대원으로 암약했던 홍종만 씨가 긴 세월이 흐른 [뒤에나마] 처음으로 진상을 폭로함에 따라 훨씬 구체화됐으며 추측으로만 여기던 계획 살인 음모가 입증이 된 셈이다.

당시 행동대원이던 오병순이 양심의 가책을 느껴 백범 암살 음모를 사전에 스승인 백범 선생 측근 박동엽 씨(당시 대광중고등학교 교감)에게 발설, 대비케 했다는 박 씨의 주장은 25년 만에 확인이 된 것이다.

이번 홍 씨의 폭로에 따라 공모자 또는 배후 인물로 밝혀진 김지웅, 장은산(張銀山) 등은 어떤 인물인가.

왕금산(王金山)이란 별명으로 일본에서 현재 활동 중인 김지웅(63)은 평북 의주 출신으로 21세 때에 서북군관학교를 나오고 중국 29로군 특무소위로 근무한 적도 있다. 건국을 전후해서 거물급 정치 브로커로 행세하며 주로 경찰, 헌병대 등에도 자주 드나들었다. 김성주(金聖株) 살해 사건, '뉴델리' 회담 조작 사건 등 큰 정치 사건이 일어날 때마다 그의 이름이 항상 입에 오르내렸다.

'김구 살해 지휘자였다'는 이유를 들어 일본에 [정치] 망명을 요청한 그는 60년 8월 일본에 밀입국한 혐의로 '후꾸오까' 지방재판소에서 10개월 징역에 3년간 집행유예 선고를 받고 중국에서부터 친분이 있던 일본인 '나까야마' 씨의 신원보증을 얻어 일본에 정착했다. 김지웅의 정치 망명 요청은 당시 일본 국회에서도 큰 문제가 [됐었다].

장은산은 당시 영등포에 본부를 두었던 포병사령부 사령관으로 함경도 출신. 그는 특히 당시 육군 총참모장 채병덕 장군의 신망을 얻고 있었고 군 내부에서도 [베일에 싸여 있던 인물이었다는 것. 안두희를 포함해서] 30여 명의 서북청년회원을 포병 소위로 한꺼번에 입대, 임관시키기도 했다.

장은산 중령 밑에는 정보참모 김천근(金千根) 중위가 심복으로 있었으며 비밀

연락 책임을 맡았다고 한다.

당시 헌병사령관 장흥(현 광복회)은 "장은산은 그때만 해도 기밀 병기였던 대포를 국방장관 승낙도 없이 창경원에다 전시해 놓을 정도로 세력이 당당했다"고 말했다.

"장은산은 범행 성공 후 그 은전으로 미국 유학까지 갔다 왔으나 귀국 후 술자리에서 가끔 배후 관계에 대해 누설하기 시작, 한 군 고위층 인사가 장은산을 검거토록 하여 6·25 동란 전후에 형무소에서 옥사케 했다"고 김구살해규명투위 간사였던 함종[현](咸宗[顯]) 씨가 검찰에서 진술한 적도 있다.

현재 행동대원 중에는 안두희, 한경일, 이춘익 등이 살아 있다. 홍 씨도 말했듯이 법적인 공소시효는 끝났다 해도 양심의 시효는 살아 있고 또 사건이 너무도 온 국민에게 충격을 안겨주었던 것인 만큼 세월이 많이 흘렀다 해도 공모자의 입을 통해 처음으로 밝혀진 이 사건의 진상을 현재의 검찰이 어떻게 취급하게 될지 궁금하다.

8
6·25 전쟁 전의 국제 정세

1945년 6월경[34] 미국 대통령 루스벨트, 영국 수상 처칠, 중국 총통 장개석, 소련 스탈린이 4개국 영수회담 개최 시에 우리 임시정부 주석 김구 선생께서는 그 회의 참석하실 장개석 총통으로 하여금 그 회의에서 우리나라 독립안을 제의하여 결의하도록 건의하시었던바 마침내 이 독립안을 제출하자 영국 수상은 우리 독립안이 의결되는 경우에는 인도 독립 문제가 수반될 것을 우려하는 나머지 적극 반대의사를 표시하였으나 결국 미

34) 1945년 6월에는 포츠담 선언이 발표되었다. 본문의 내용은 1943년 12월 카이로 선언의 내용이다.

국 대통령이 거중 조정으로서 우리나라 독립안이 의결된 것이다. 본래 이런 국제회의는 사전에 통상 토의 안건을 제정하여 가지고 개최하기 때문에 임의로 제안하기 지극히 어려운 문제를 장 총통 단독으로 제안하시어 결의되었다는 것을 생각할 때 우리 전 민족은 장개석 씨에게 무한한 감사를 아니 드릴 수 없을 것이며, 특히 백범 김구 선생님의 진지하신 노력에 더욱 감사를 드려야 할 것이다.

이 회의를 마친 후 거의 종전될 무렵에 불행히도 미·소 양국이 소위 모스크바 삼상회의에 결의된바 이 양국이 우리나라를 삼팔선을 경계로 하여 이북은 소련, 이남은 미국이 상호 나누어 점령한 것이 오늘에 와서 남북 양 정권이 수립된 것이고 민족의 비애를 만들어낸 것이다. 그리고 1947년에 와서는 갑자기 미국 정부가 대아시아 정책을 발표할 때 한국은 자기네 방위선 안에서 제외한다는 선포와 동시에 남한에 주둔하였던 군대를 전부 철수해 가버렸다.[35] 이때 소련으로서는 전 한국을 자기네들 손아귀 안에 두는 데 천재일우의 기회로 생각하고, 한편으로 이북 군대를 확장, 조직하고 또 한편으로는 다수 청년을 소집하여 자기 국내로 데려다가 각종 중병기 교육을 실시하면서 적극적으로 남침 계획을 추진하게 하였다.

9
6·25 전쟁 전의 군 간부 정황

1948년 8월에 우리 대한민국 정부가 수립되자 미국 군정 때부터 좌우 양익 정당들의 분쟁으로 사회가 극도로 혼란하였던 것을 정리하고 또 공산

35) 미국이 태평양에서 극동 방위선을 알류샨 열도-일본-오키나와-필리핀을 연결하는 이른바 '애치슨 라인'을 발표한 것은 1950년 1월 12일로 주한미군은 그보다 앞선 1949년 6월 남한에서 철수했다.

당 활동을 법적으로 불법화시킨 동시에 공산당 도배들의 여순반란사건의 박멸을 비롯하여 지리산, 제주도 토벌 작전으로서 남한에서 그들의 종적을 없애고 제반 건설에 착수한 지 근근이 1년이 되어 정치, 경제, 군사 다방면에 건국 기초가 아직 견고치 못하였고 국토를 방위하는 국군 총병력은 한미 군사협정에 의하여 육, 해, 공 삼군 도합이 겨우 7만 명이고 장비에 있어서는 중장비는 하나도 없이 전부 경장비로만 제한되었으며, 지휘관을 말하자면 전 국군을 통할하는 국방장관이라는 자는 군대라는 '군(軍)' 자도 이해치 못하는 신성모 군이었고, 소위 참모총장이라는 자는 채병덕 군인데 일제시대 일본사관학교는 졸업하였다 하나 일본군 내에서 병참장교직으로만 돌기 때문에 실제 군 지휘에 있어서는 소대장 근무 경험조차 없었던 자이고 보병 5개 사단장 중에는 일본군에서 대대 지휘관을 역임한 김석원(金錫源) 장군과 중국 군대 대대 지휘관이었던 최덕신(崔德新) 장군, 채원개(蔡元凱) 장군 세 사람 외에 기타는 다 부대 지휘 경험이 전혀 없는 자들이었다. 이상 말한 바와 같이 병력, 장비, 지휘 능력 등 여러 방면에 있어서 적과 비교하여 천양지차가 되었으므로 싸우면 반드시 패할 것은 삼척동자라도 예측할 수 있게 되었다.

10

6·25 전쟁 당시 정황

1949년 10월에 국방장관 신성모 군이 부임한 이래, "이북 정권을 격멸하는 데 4~5만 병력과 5,000톤 군함으로 넉넉하다"고 호언장담하면서 예비병력으로 조직된 호국군(護國軍) 20만 명과 병사 업무를 취급하는 각 도 병사구 사령부까지 해체하였다. 1950년 6월 25일 새벽에 20만의 적군 대병력이 큰 대포 및 탱크 등 중장비로써 파죽지세로 기습해 오자 소위 국방을 담당한 군 당국으로서 속수무책 당황하다가 양일 만에[36] 수도 서울을 함락당하고 육군참모총장 채병덕 군은 병기 등 군수물자를 전부 포기하고 심지어 작전 지도 한 장도 가지지 못한 채 부산 방면으로 도망하고 각 부대는 적과 대적하자 즉각적으로 전군이 붕궤되고 지휘관과 사병들은 제각기 분산되어 도망치는 바람에 무고한 시민만이 적군 포화에 희생을 당하였다.

나는 그 당시 강원도 병사구 사령관으로 있다가 이 기관이 해체되자 고급참모훈련반에 입학하여 교육을 받던 도중에 이 6·25 사변을 당하여 훈련반도 해체하고 각자 행동을 취하게 되어 서울이 함락당하기 전날 6월 28일에 전 경비대사령관 송호성(宋虎聲) 장군을 방문하여 급속히 한강을 건너가서 전선에서 후퇴하는 병력을 모아 한강 이남에다 방위진을 치고 저항해 보자고 권고하였더니 그분 말이 현재 미국 국책이 우리 한국을 대아시아방위선서 포기하는 모양이니 미군에 원조가 없이 약간의 흩어진 병력이나 모아 저항을 해봐야 "계란으로 바위치기" 격이 될 것이고 또 남쪽 부산까지 후퇴한들 그 후에는 어디로 갈 것인가 하면서 거부하므로, 부득이 다시 집으로 돌아와 중병으로 병석에 누워 계신 부친께 하직함과 동시에 아내에게 부탁하기를 나는 국가와 민족을 위하여 전장으로 나가겠으니 그대는 피난할 생각하지 말고 집을 지키고 있어서 병중에 계신 부친님의 병환을 잘 간호하여 드리고 어린 자식 석위(錫緯)를 잘 길러 달라고 눈물로 작별하고 그 길로 정비된 자동차에 올라 한강을 건너 김홍일(金弘一, 金弘壹) 장군 집을 찾아가서 수원 농과대학에 가서 이 대통령을 만나 인사드리고 한강 이남에서 방어진을 치고 저항하자고 건의하였더니 대통령께서는 김 장군을 대단히 격찬하시면서 즉석에서 전적사령관(前敵司令官)으로 임명하시므로 명령을 받은 즉시로 다시 시흥 보병학교

36) 서울은 1950년 6월 28일 함락되었다.

로 돌아와서 총사령부를 설치하고 나는 작전참모 겸 인사참모로서 후퇴하여 오는 장병들을 수용하여 혼성 전투부대를 조직하고 한강 부근으로 진출시켜 방어 작전에 사력을 다하게 되었다.[37] 여기서 만 5일간 저항하여 적군의 전진을 저지시키는 동안에 일본에 주둔하였던 미 제24사단이 안양 일대에 도착하여 방어하게 되었다.

그때 전황으로서는 김 장군이 한강 이남에서 방어전이 없었던들 미군 증원 부대가 도착할 시간 여유를 얻지 못하였을 것이 분명하고 전세는 부산까지 홍수 밀리듯 되었을 것이다.

그 후 우리 이 대통령의 외교 활약으로써 한미 간 군사동맹조약이 체결되자 미 극동군 총사령관 맥아더 장군이 직접 한국으로 와서 미군이 본국으로부터 속속 증원되어 일방적인 반격을 가하여 서울과 평양을 탈환하고 압록강 부근까지 진격하였다가 중공군 대부대가 적을 도와 참전하는 바람에 병력상 중과부적으로 우리 부대가 부득이 서울 이남 낙동강까지 후퇴하여 대격전을 치르고 장기전으로 변하게 됨에 UN 총회로부터 세계 각국 군대가 증원되어 4년간 전쟁에 참상을 당하게 되었다.[38]

---

37) 장흥이 자동차를 타고 한강교를 건넜다면 다리가 폭발되기 전(1950년 6월 28일 오후 2시 30분)일 것으로 보인다. 6월 27일 처치 준장을 단장으로 하는 조사반이 수원으로 파견됐다. 도착 즉시 조사반은 극동군사령부 전방지휘소로 이름을 바꾸어 이를 수원 농사시험장에 설치했다. 시흥지구전투사령부가 지휘했던 한강방어선전투는 6월 26~27일 심야에 열린 비상각료회의에서 이범석이 주장한 한강 이남 철수와 한강방어선전투 준비 주장에서 시작됐다. 6월 27일 오전 7시에 열린 국방부 수뇌회의의 정부의 수원 철수 결정과 이를 진행하는 과정에서 극동군사령부 전방지휘소의 조언에 따라 실시된 것으로 보인다. 채병덕에 의해 한강방어선전투를 총지휘할 수 있는 시흥지구전투사령관으로 임명된 김홍일이 임명 즉시 사령부가 설치된 시흥의 육군보병학교로 달려간 것은 6월 28일 오후 2시였다. 이승만이 수원으로 이동한 것은 6월 29일로 이날 이승만은 수원비행장에서 만난 맥아더와 함께 미군 전방지휘소와 육군본부(수원국민학교)에서 한강방어전투에 대한 브리핑을 받았다.
따라서 한강교 폭파 이전에 이범석, 김홍일, 장흥으로 이어지는 광복군 계열이 한강방어선전투를 함께 공유했다면 장흥이 김홍일을 만나 의견을 나누었을 수 있다.

38) 한국전쟁이 발발하자 맥아더는 6월 28일 한국을 방문하고 본국 정부에 지상군 파병을 요구했

이 6·25 전란에 있어서 우리 자신이 인사, 정치, 경제 각 방면으로 전쟁 준비에 대한 맹점이 있은 것은 말할 것도 없지만, 특히 미국의 극동정책에 있어서 우리나라를 자기네 극동방위선 내에서 포기하겠다는 실책에서 기인된 것이라 아니할 수 없을 것이다.

이 전쟁 중에서 나는 김 장군과 같이 5개월 동안 최전선에서 작전 중에 육군본부로부터 전국 병무 업무를 맡아달라는 명령을 받고 부산으로 돌아와 병사구사령관 겸 계엄사령관으로 취임하여 과거에 폐지되었던 병역법을 전시체제에 맞도록 개정 선포하고, 병사 업무를 정리하여 합법적으로 운용케 하였다.

그 후 전세가 다시 호전되어 서울 이북 삼팔선까지 우리 부대가 진출하게 됨에 따라 부관 한병선(韓炳善)과 운전사 한흥섭(韓興燮) 양인을 서울에 파견하여 가족을 찾았더니 부친께서는 전란 중 그해 음력 6월 15일 64세를 일기로 하시고 별세하시었고, 모친님과 형제, 처자들은 비참하고도 무서운 전쟁 틈에 구사일생으로 고초를 겪으면서 기적적으로 생명을 유지하고 있어서 반년 만에 전 가족을 부산으로 데려와 반갑게 만나게 되었다.

이 전쟁 중에 제일 인상 깊이 비참하게 생각되는 것은 병중에 계신 부친님께 약 한 첩 써드리지 못한 채 전란 중에서 별세하신 것이 원한에 맺히었고, 또 7, 8대를 계속하여 살아오던 성사리 집이 폭격을 맞아 전부 소실되는 바람에 보관하였던 중국에서 항일 투쟁하던 일지와 관계에서 받은 제반 문서와 증빙 자료도 전부 소실된 것이 생전에 잊지 못할 유감이 되었다.

다. 미국은 유엔을 움직여 7월 7일 유엔군의 파병을 결정했다. 낙동강 전선까지 밀렸던 한국군과 유엔군은 9월 15일 인천상륙작전으로 반격에 나서 압록강까지 북진하였으나 중국군의 참전으로 서울 이남 용인 부근까지 후퇴했다. 한국과 미국이 군사동맹조약인 한미상호방위조약을 정식으로 체결한 것은 휴전 후인 1953년 10월 1일이다.

그 후 가옥에 있어서는 어머님께서 원 집터에다 다시 새집을 건축하라 하시는 분부를 받들어 전후에 새집을 재건축하고 어머님께서 내 막냇동생 기용(基鏞)이를 데리고 살고 계시다가 1960년 1월 1일에 77세를 일기로 하시고 별세하시었다.

11
6·25 전쟁 당시 정계 동향

중공이 인해전술을 답습하여 수십만 병력을 북한에 투입시켜 북한 공산군과 합류하여 대거 침범하여 오므로 아군이 한강 및 금강 이북을 전부 상실하고 낙동강 이남 마산 및 울산 지구로 후퇴하여 전군 붕괴할 위기에 봉착하자 정부에서는 심히 당황하여 정부를 제주도로 천도 혹은 일본 대마도로 망명하자는 여론[39]까지 유포되는 동시에 국회에서는 미 군사 기관에 권유를 받아 자유중국 대만군 2개 사단(3만 명)과 일본군 20만의 증원군을 청원하자는 의안이 국회로부터 논의되어 의장 신익희 선생 이하 전체 의원이 대통령을 방문하고 이상 의견을 건의하였던바 이 대통령께서는 묵묵히 심사숙고하시다가 하신 말씀이 "우리가 과거 근 40년간 일본 학정하에서 거의 멸종될 뻔하였던 사실이 아직도 우리 머릿속에서 사라지지 아니하였거늘 지금 패전 위기에 빠졌다고 해서 다시 일본 군대의 원조를 받아 일시적 승리를 얻는다 하더라도 결국에 가서는 일본으로 하여금 어부지리를 얻게 하는 기회를 주어 우리는 또 멸종될 위기를 초래케

39) 이런 구상이나 소문은 중국군 참전 이후가 아니라, 한국전쟁 발발 초기 국군이 일패도지하여 낙동강 전선으로 밀릴 때 나타났다. 전쟁 발발 직후 이승만이 서울을 빠져나간 6월 27일 국방장관 신성모는 미국 대사 무초에게 대통령과 내각의 일본 망명 가능성을 타진한 바 있었다. 이때 대마도가 거론되었다는 기록은 없다. 8월경에는 일본 외무성에서 대마도가 아니라 야마구치현 당국에 한국 난민 6만 명을 수용하는 것이 가능하냐는 의사를 타진한 바 있다.

될 것이 명약관화할진대 오히려 북한 정권과 제휴하여 민족의 생존이나 구출하는 것이 국민 된 도리에 부합될 것이다"이라고 강력히 주장하시면서 도리어 국회의원들에게 반문하시는 말씀이 "가령 우리가 지금 일본군을 받아들였다가 후일 종전 후에 일본 군대를 우리 국내에서 축출시킬 자신이 있는 분이 있으면 거수하여 보라"고 하시었더니 그 자리에서 한 분도 거수하는 자가 없었다.

"그러면 각 의원께서 거수하는 분이 없는 것으로 보아서 다 자신이 없다는 의사 표시인 줄 알겠고, 또 나 자신도 이에 대해서는 자신이 없습니다. 왜냐하면 현재 세계 자유우방국가 중에서 미, 영, 프랑스, 캐나다, 호주 등 16개국 군대가 UN군이라는 명의로 우리나라에 파견되어 우리와 어깨를 같이하여 반공전에 참가하고 있는 것은 내가 설명치 아니하여도 여러분도 잘 아실 것입니다. 우리 한국과 일본과의 과거 역사로 보아서 수백 년 전부터 우리나라를 침입해서 삼키려는 것이 전통적인 정책으로 확립되어 있으므로 소위 일본과 화친이나 국교 회복이나 해가지고 결국에 가서는 국가 민족적으로 비참한 치욕을 당하지 아니하였던 때가 없었던 것을 우리는 도저히 잊을 수 없을 것입니다. 더욱이 지금의 일본 국내외 정세를 살펴보건대 제2차 세계대전 후에 일본이 식민지 영토를 전부 상실한 고로 각지에 흩어져 살던 일본 교포들이 국내로 집결됨에 따라 국내 인구가 갑자기 격증되었고 식량 등 생필품의 부족으로 부득불 국외로 이주시켜야 할 상황이고 특히 미국의 대극동 정책에 있어서 대소, 대중공에 대한 전략상으로 일본을 극동에서 반공의 맹주국으로 육성하려는 노선에 따라 일본으로서는 천재일우의 기회에 다시 국외로 진출하여 영토를 확장할 의도가 분명한 이때에 일본 원군을 받아들였다가 후일에 또 어떤 결과를 초래하게 될지 우리 민족의 생존을 위하여 지극히 경계하여야 할 것입니다. 여러분도 아시는 바 일본도 UN의 하나의 회원국으로서 우리 반공 전선에 참가하려고 맹활동 중입니다. 만약 UN 총회의 의

결을 얻어 그 군대가 UN에 모자(帽子)를 가장하고 장시간 주둔하면서 양두구육 격으로 자기네 침략적 야욕을 감행하지 아니할 것이라고 누구도 보장 못 할 것이니 이렇게 될 경우 우리 자신이 UN에 원조를 받는 입장으로서 그 군대를 축출할 수 있을 것인지가 심히 우려되는 바이다"라고 하시면서 일본군의 증원을 강력히 거부하시는 것을 내가 당시 경남계엄사령관으로서 국회의원들과 동행하여 대통령 관저에 갔다가 현장에서 눈으로 보고 경청하였다. 그 당시 만약 이 대통령께서 찬성하시었던들 미군 원조 부대가 파견되지 아니하였을 것이며 또 맥아더 장군의 영웅적인 인천상륙작전이 있었을지도 의문이었을 것이다.

이상 사실을 그 당시 국회의원이었던 이재학(李在鶴) 씨가 1965년 3월 1일 자 ≪동아일보≫ 제1면[40]에다 박정희(朴正熙) 정권의 한일국교 정상화를 반대하는 사설에 상세히 투고하였다.

역사는 언제나 순환적이다. 지금으로부터 400년 전 임진왜란사를 회고하건대 왜장 풍신수길이 수십만 군대를 통솔하고 우리 국토를 침범하였을 때 불과 수개월 만에 수도 서울을 함락함에 따라 당시 정부에서는 선조대왕 이하 각 대신들이 전부 의주로 도망하여 국가 위기가 6·25 동란 때 환경과 똑같아서 적군이 거의 의주 부근까지 물밀듯이 추격해 오자 국왕께서는 만조백관을 모아놓고 오늘 이후의 진로를 하문하시니 전체 각료들의 중론이 압록강을 건너 명나라(만주)로 망명하자는 것이 지배적이었으나 유독 영상 서애(西厓) 류성룡(柳成龍)의 반대 상소로서 국책을 확정하고 8년간[41] 악전고투한 결과로서 다시 이조 천하로 회복하였던 것이다.

---

40) 이재학이 ≪동아일보≫ 1965년 3월 16일 자에 기고한 "정부는 국민을 속이고 있다: 비상토론 한일교섭 막바지에 와서"에는 "6·25 사변과 같은 국가위급존망지추에 있어서도 이 박사가 일본인의 참전을 거부한 것과 같은 감정은 아직도 뿌리 깊은 한민족의 가슴 속에 박혀 있으며"라고 서술되어 있다.

41) 임진왜란은 1592년 5월 23일에 시작되어 1598년 12월 16일에 끝난 7년 전쟁이다.

각 대신들의 상소문 내용 적요:

도승지 이항복(李恒福)은 건의하기를 "의주에 피난해 있다가 만약 형세와 힘이 궁하여 전국이 함락되게 되면 명나라(중국)로 망명하자"는 것이고

(원문: 駐可義州若勢窮力盡八道俱陷則可赴天朝)[42]

우영상 윤두수가 건의하되 "함흥, 경성의 지형이 험준하고 백성들이 완강하게 지킬 수 있고 또 저항할 수 있을 듯하오니 그리로 피난하였다가 일이 뜻과 같이 안 되면 만주로 망명하자"는 것이었으나

(원문: 北道士馬精强咸興鏡城皆天險足恃可踰嶺北行)[43]

영상 서애 류성룡은 건의하되 "상감께서 만약 국내에서 일 보라도 떠나시어 만주로 망명하신다면 조선은 우리의 소유가 되지 못할 것이오니 죽더라도 국내에서 사수하자"고 강력히 주장하였던바 국왕께서 이를 받아들이시고 국책으로 확정하였다.

(원문: 大駕離東土一步朝鮮非我有也王曰內附本予意也)[44]

류성룡이 이항복, 윤두수 양인을 책망하되 "군들은 어찌하여 경솔히 기국론(棄國論)을 주장하는고. 만약에 이 말이 세상에 유포되면 인심이 당장 와해될 터인데 그때 가서는 어떻게 수습하려 하는가" 하였던바 두 분이 다 사과하였다.

(원문: 成龍責恒福斗壽曰何爲輕發棄國論乎以言一出人心瓦解誰能收拾兩人皆謝之)[45]

---

42) "駐駕義州 若勢窮力屈 八路俱陷 則便可赴訴天朝"(『선조수정실록』).

43) 윤두수의 말과 이항복의 말이 섞여 있다. 강을 건너가자고 한 사람은 이항복으로 기록되어 있다. "斗壽日 北道士馬精强, 咸興鏡城皆天險足恃, 可踰嶺北行. 上日 承旨言如何. 成龍日 不可. 大駕離東土一步, 則朝鮮非我有也. 上日 內附本予意也, 成龍日 不可. 恒福日 臣之所言, 非直欲渡江也, 從十分窮極地說來也"(『선조수정실록』).

44) "大駕離東土一步朝鮮非我有也上日內附本予意也"(『선조수정실록』).

중국과 우리나라는 국토가 붙어 있어 국방상 이와 잇몸의 관계로 서로 의존하는 관계가 그때나 지금이나 다름이 없었다. 왜적이 파죽지세로 의주 국경선까지 다다르게 되니 당시 중국 조정과 민간에서는 자기네 국경을 지키기 위해 증원 부대를 파견하지 않을 수 없어서 결국 진린(陳璘)이라는 사람을 총사령관에 임명하고 30만 원군을 우리나라로 파견한 후 우리 군대와 합세하여 8년간 항전 끝에 다시 이씨 조선으로 회복하였다. 이 역사적 사실로서 검토하건대 임진왜란 시에는 서애 류성룡이 국토를 사수하자는 건의가 없었던들 나라는 멸망되어 왜놈의 속지가 되었을 것이고, 1950년 6·25 동란 때에는 왜놈의 원군 투입을 이 대통령의 거부가 없었던들 역시 왜놈의 천하로 변모되어 지금 한일국교정상화 교섭에 있어서 배상금이니 평화선(平和線)이니 하는 등의 제반 문제가 근본적으로 논의조차 되지 못할 것이 명약관화한 사실이었다. 언제나 이런 엄중한 국난 시에는 서애 선생과 이 박사와 같은 위대한 지도자가 나서 국가 민족을 구출하게 됨을 보건대 우리 민족은 영원히 이 세상에 생존할 것을 나는 자신하고 싶다.

12

6·25 전쟁 시의 정계 요인들의 말로

제2차 세계대전 시 독일 히틀러 군대가 프랑스 파리를 점령 후에 인질 멸살 정책을 감행하여 전국 각개각층의 지도적 인물과 각종 과학기술자들을 모조리 학살 또는 납치해 가버린 고로 전후에 지도적 인물이 고갈되어

---

45) 이 말은 유성룡이 이항복을 나무라며 한 말로, "항복이 사과했다"라고 기록되어 있다. "成龍退而責恒福日 何爲輕發棄國之論乎. 君雖從死於道路 不過爲婦寺之忠. 此言一出 人心瓦解 誰能收拾 恒福謝之"(『선조수정실록』).

전국 국민이 장수 없는 졸개같이 되었고 정부 내각은 자주 교체되므로 한동안 정국이 안정되지 못하였고, 그 후 독일이 패전 후에 소련군이 독일에서 또 인질 독책을 답습하듯이 6·25 동란 시에 김일성 공산군이 남한에서 또한 이 악질적인 독책을 감행하는 바람에 우리 정계에 최고 지도층에 계시었던 김규식(金奎植), 조소앙(趙素昂), 정인보(鄭寅普), 홍명희(洪命熹), 이극로(李克魯)[46], 최동오(崔東吾)[47], 윤기섭(尹崎燮), 안재홍(安在鴻), 오하영(吳夏泳), 원세훈(元世勳), 조완구(趙琬九), 명제세(明濟世), 김붕준(金鵬濬), 엄항섭(嚴恒燮) 등 제씨와 저명한 의사, 각종 과학기술자 등 수천 명을 전부 휩쓸어 납치해다가 학살 또는 옥사케 하고, 또 마지막 패전 퇴거하던 날에는 무고한 양민을 보이는 대로 무자비하게 학살하여 우리 민족사에서 전무후무한 참변을 감행하여 민족 번영의 숨통을 막아버렸다. 우리같이 단일민족인 국가 내에서는 동족 전쟁이란 멸종되는 지옥 길이므로 돌아가신 백범 김구 선생께서 남북협상으로 통일 정권을 수립하시려고 노력하시던 것이 새삼 경모(敬慕)해 마지아니한다.

13
군에서 퇴역한 과정

국가 사회나 군대 등을 막론하고 그 단체에 흥망은 오직 그 구성분자들의 단결 여부에 달려 있고, 또 단결이 잘되려면 첫째, 파벌이 없어야 함은 재언할 필요가 없을 것이다. 불행히도 우리 군대 내에는 조직 초기부터 각종, 각양에 파벌이 있어서 암암리에 서로 지휘권 쟁탈이 벌어지고 있는 악습이 있음은 부인할 수 없는 사실이 되었다. 그 실례로서는 첫째, 지방

46) 홍명희와 이극로는 납북이 아닌 월북했다.
47) 崔東旿을 오기한 것이다.

파벌로서 기호, 함경도, 평안도파로 되어 있고, 학벌파로서는 중국 황포 사관 및 독립군파, 만주사관파, 일본사관파, 학병파, 지원병파가 있어서 각파의 영도자는 다 육군참모총장 직위를 지냈으나 중국 사관 및 독립군파 영도자만이 최고 계급이 육군 소장급에 제한된 것같이[48] 일률적인 현실로 되어 있을 뿐이라 또 실제로 병력 지휘하는 직책도 주기를 꺼려하는 현상이었다. 이런 파벌이 있게 된 원인이 많겠지만 첫째는 초기 건군에 군사 지식이 있는 인재들을 모아놓고 본즉 서로의 인연이 있는 관계로서 자연적 파벌이 생기게 되었고, 그리고 국군통수권을 장악하고 계신 대통령께서는 그 파벌을 이용하여 군내에서 반동이 없도록 상호 견제하는 도구로서 응용하시었다.

위에서 서술한 바와 같이 중국 사관 및 독립군파는 어찌하여 그런 계급에 제한을 받게 되었는가 하면 노골적으로 말해서 이 대통령과 백범 두 분 선생 간에 정적이 되시는 바람에 군내에서도 이런 정치적 영향이 있게 된 것이고, 그 외에 과거 친일 분자들이 이 박사를 포위하고 군정 양계를 지배하는 현실임을 독립군 출신자로서는 발전할 여지가 없게 되었다.

이런 환경에서 기분이 불쾌하여 각자 하고자 하는 의지와 능력을 발휘치 못하게 되므로 군에서 계속 근무할 의욕이 소실되었을 뿐이라 나로서는 나이가 거의 60에 달하였으니 미리 퇴역하여 후배들을 육성하는 의미에서 자리도 양보하려니와 수십 년 망명 생활과 군대 생활하는 동안 돌보지 못하였던 가사를 정리하고 자녀 교육에 힘쓰다가 여생을 보내는 것이 가장 현명책일 듯하여 1957년도에 퇴역을 지원하였더니 당시 육군참모총장 송요찬(宋堯讚) 군의 부탁이 우리 육군에 『6·25전사』 편찬 정리를 완성하여 주고[49] 퇴역에 대하여서는 그때 가서 다시 논의하자고 불응하

48) 육군에서는 최덕신, 김홍일, 안춘생, 이준식 등이 중장에 올랐다. 공군에서는 최용덕과 김신이 공군참모총장을 지냈다.

므로 부득이 1년간 육군전사 총감으로 유임되어 임무를 완성하고 상하 2부로 만들어 각 군부대 및 각 관공립학교에 배부하고 1957년[50] 4월에 퇴역하였다.

退役日自吟(퇴역을 기념하기 위해 스스로 읊는 시)

自問自身何事爲	스스로 자신에게 무슨 일을 하였는가 묻노니
風餐露宿已支離	고생고생하며 한 지루한 생활은 끝났네
炎涼世態來來變	무상한 변화의 세상 형편에 따라 변하면서 왔고
輕薄人情去去移	메마른 인정 속에 이리저리 옮겨 다녔다네
不顧當年妻子養	그 당시에는 처자식을 돌보는 걸 생각지 않고
只知前日國家悲	다만 그때는 나라가 잘못되는 비극을 당할까만 생각했네
從軍十載未平定	군대 생활 10년 동안 평화로움을 이루지 못했는데
白髮星星時勢遲	백발의 노병이라 가는 세월을 늦출 수 없구나

14
결론

이상에서 서술한 바와 같이 21세에 중국에 망명하여 45세에 귀국하였다.

49) 장흥이 퇴역을 신청한 1957년에는 5월 17일까지 이형근이, 5월 18일부터는 백선엽이 참모총장이었다. 송요찬(宋堯讚)이 참모총장을 지낸 것은 1959.8.7~1960.5.22 기간이다. 장흥이 군사감으로 있을 때 발간된 전사로는 1959년 3월 육군본부에서 발간한 『6·25사변사』가 있는데, 송요찬은 이 책 발간 당시의 참모총장이었다. 『6·25사변사』는 상하 2부가 아니라 한 권으로 되어 있다.

50) 1959년을 오기한 것이다.

20년 동안에 군사학교를 졸업 후에 14, 5년간은 중국 헌병[51]에서 근무하였다. 중국 군대에서 근무하는 것이 우리 독립운동과의 무슨 연쇄적인 관계를 가지고 있는가 하면 첫째, 황포학교와 군대에 들어가려면 임시정부의 추천이 없이는 불가능하였고, 둘째는 우리 독립운동을 하기 위해서 중국 군경에 투신하게 된 것이다. 왜냐하면 그때 당시 중·일 관계를 논하자면 중국은 약자에 속하고 일본은 강자의 위력으로서 중국 도처에서 자기네들 임의로 우리 한국인에 대하여 자기네 국민이라고 빙자하고 사법권을 행사하여 우리 독립운동자를 체포하여 가는 사건이 항시 발생되므로 우선 신병에 편의를 얻기 위하여 임시정부의 지령을 받아 수색, 심판 양권을 겸비한 헌병총사령부에 입대하여 전문적으로 우리 독립운동자의 보호, 육성과 일경들의 활동을 견제하는 총책임을 지고 10여 년이나 근무하게 된 것이다.

이리하여 나 자신이 중국 군대에 있으면서 물심양면으로 전력을 우리 독립운동에 경주하였다는 것을 나 자신의 양심에 부끄러움이 없어 자인하려니와 독립운동의 영도자이신 백범 김구 선생 이하 임정 전 각료와 독립군을 영도하시던 이청천, 이범석, 오광선 여러 선배들께서도 이상 기록된 사실을 인정하여 주실 줄로 믿는 바이다.

독립운동자로서 수훈

1966년 10월 25일 국사편찬위원회 건국공로자심사위원회에서 위원장 백낙준(白樂濬) 박사 주재하에 개회되어 나의 수훈 관계가 만장일치로 통과되었다고 의회 조사과장 김후경(金厚卿) 씨로부터 전화 통지를 받았다.

51) 이 책 64쪽을 보면 중국 헌병으로 복무한 것은 1929년 10월 1일부터 1946년 7월 1일까지이다.

이조시대에 국가유공자(소위 충신)에게 대하여 시상하는 방법이 생전과 사후로 양분하여 첫째는 생존 현직자는 지금과 같이 직위 승진과 국왕으로부터 금은옥제 기념품 등 하사이고, 둘째, 사후에 증직, 시호 규정, 묘지 산판[山坂, 소위 사패지(賜牌地) 책정], 그 선대 할아버지, 아버지 양인에게 추증직 등으로 구분되었다. 이상 대우를 받을 수 있는 서열은 생존 시 직위로 문관에 참판(차관), 감사, 판서, 영의정과 무관으로는 훈련, 삼영, 포도대장, 통제사, 도원수 이상 현직으로 있었던 분이라야 자격이 부여되었다. 그리고 그런 분들의 사적이 국사에 명기되어 있는 고로 수백 년이 지난 오늘에도 그들 자손은 물론이고 민족 전체에서도 추앙을 받고 있는 것이다.

우리 선대 조상님은 태상경으로부터 나에게까지 18대 중에 14대조 철견(哲堅) 한 분께서 이조판서로 추증을 받으신 외에 10대조까지는 중등급에 해당하는 무관직을 지내시었으나 9대조부터는 환로(宦路, 벼슬길)가 끊어져 소위 행세하는 양반 측에 끼이지 못하고 한미한 선비의 집으로 전락되었다. 그런 고로 우리 조상님 중에는 시호나 증직 등을 받을 만한 관직에 계신 분이 없었기 때문에 한국 역사상에서 그 휘호(이름)를 찾아볼 수 없었다.

13대 선조께서 삼 형제분 중 맏분은 진문(振文, 進士公)이신데 이분의 후예 자손으로서 나와 같은 '기(基)' 자 항렬에 이르기까지 13대 중에 참판급 관직에 계셨던 분이 7~8명이나 계신 외에 중급 해당의 문무관으로 벼슬길이 끊이지 아니하여 소위 반열(班列, 양반)급에서 행세하였고, 둘째 분은 효문(孝文)이신데 우리의 직계 조상님이시고, 셋째 분은 계문(季文) 사인공(舍人公)이신데 좌찬성(좌의정의 보좌관에 해당하는 직책) 추증을 받으셨고 후예 자손 중에는 국사에 실린 저명하신 손자의 충정공(忠定公) '만(晩)' 7대손, 무숙공(武肅公) '봉익(鵬翼)' 외의 문관급의 판서, 참판, 무관급에서 삼영, 어영, 포도, 훈련대장 등의 고관을 역임하신 분들이 수십 분이나 출세하시

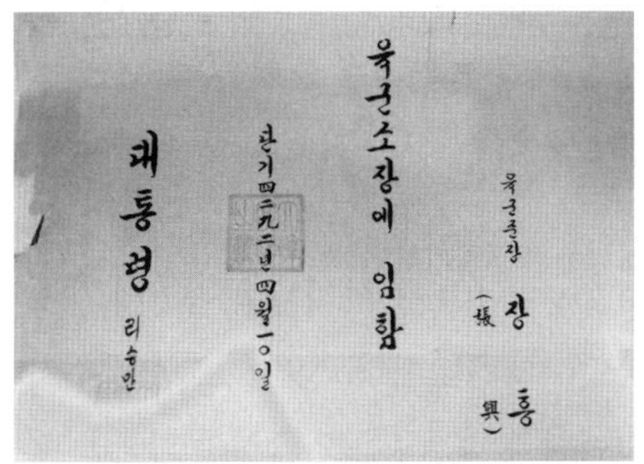
육군중장 장 흥 (張 興)
육군소장에 임함
단기四二九二년 四월 一〇일
대통령 리승만

육군 소장 임명장

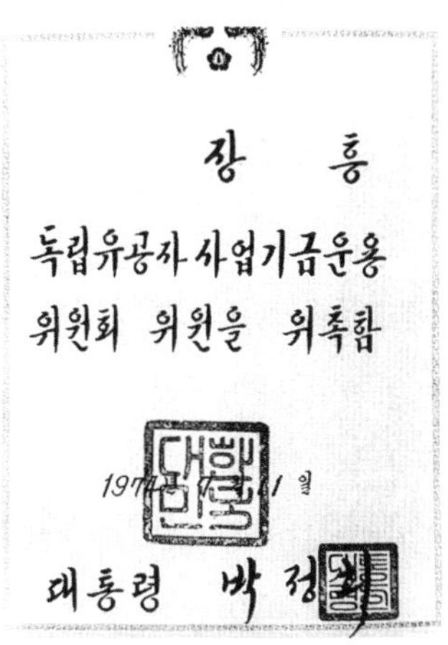
장 흥
독립유공자 사업기금운용
위원회 위원을 위촉함
대통령 박 정

독립유공자 사업기금운용 위원회 위원 임명장

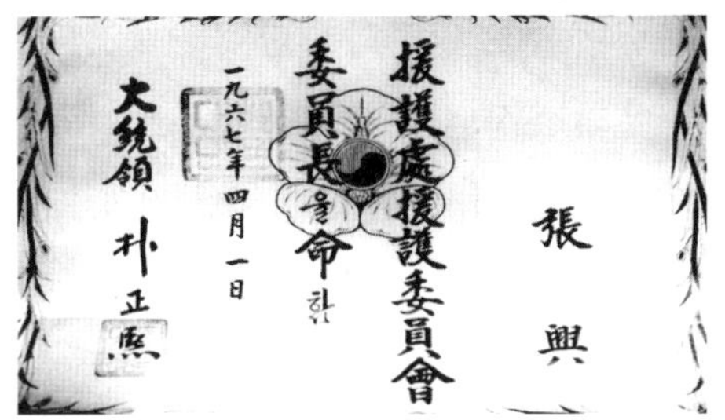
張 興
援護處援護委員會
委員長을 命함
一九六七年 四月 一日
大統領 朴正熙

보훈처 원호위원회 위원장 임명장

박정희 대통령과 악수하는 모습

최규하 대통령과 악수하는 모습

어 무관집으로서는 조선시대에서는 제일 혁혁한 귀족으로 손꼽히게 되었다. 그리하여 이 파에서는 이런 혁혁한 관직에 계시었던 조상님을 많이 모시었기 때문에 선대 시조이신 태상경 제사를 모시는 데 별로 참여하지도 아니할 뿐 아니라 묘소를 보전하는 데 관심조차 낮은 것이 뚜렷하였다.

그런데 문중 일가 간에 반상(班常: 양반, 상놈)을 가리는 악습인데 자기네 파는 귀족(양반)인 양 우리 파를 상민(商民, 상놈)시하고 언어, 행동상 뚜렷이 나타나는 것을 듣고 볼 때마다 어떠한 방법으로든지 출세할 학문을 배워 가지고 저런 악습을 제압할 수 있는 위치에 서도록 분투노력한 나머지 해외로 망명하여 구국 운동에 참가하였던 것도 원인의 일단이라 하겠다.

내가 지나온 경력을 회고하건대 우리 조상님네 경력 중에서 보지 못할 경력으로서는 중국에서 고급 지휘관급에 속하는 관직을 지낸 것과 또 구국, 건군 운동에 유공자로 지정되어 정부로부터 건국공로표창을 받은 동시에 손자 대까지 학비, 생활비 등의 혜택을 받게 된 것인데 이런 영예를 우리 조상님네 중에서 받으신 분이 없었으며 또 관직에 있어서는 대한민국 초대 헌병사령관으로부터 경남·전남 등지 병사구사령관, 국방부 병무국장, 충남 북관구 사령관·사단장 등 직책과 육군 소장으로 퇴역한 후에 군경원호위원장을 역임하였다. 이상 행적이 우리 가보에 명기될 것은 물론이고 현재 사회에서 편찬 중인 역대 장군 전기와 정부로서 편찬하는 독립운동사에도 상기되었었다.

자고로 어떤 개인의 사적이지만 그 사적의 가치가 국가와 불가분의 관계를 맺고 국사에까지 편술되기가 그리 용이한 것이 아님을 상기하여 그에 위대성을 평가하게 되는 것이니 이후 나의 후예는 아무쪼록 나의 구국, 건국 운동에 역사적 정신을 이어받아 국가 건설에 매진하여 나의 행적보다 더욱 빛나는 역사를 창조하여 주기를 바라는 바이다.

역대 조상님의 명록(命祿)과 직별(職別)을 첨부해 두니 참고하라.

대별	휘(諱)	직별	시호	묘소	비고
1대	백(伯)	태상경(太常卿)		파주 용지동	
2대	홍수(洪壽)	통훈판사재감사 (通訓判司宰監事)		상동	
3대	지(智)	통훈동부령 (通訓東部令)		상동	
4대	철견(哲堅)	증직 이조판서 (贈職 吏曹判書)		광주 선장동	
	진문(振文)	이 파의 후예는 전남 고흥에 많이 거주, 대소 문무 관직을 부단히 역임			
5대	효문(孝文)	통선랑부사직 (通善郎副司直)		황해도 평산	
	계문(季文)	이 파의 후예는 광주 개풍 등지에 거주, 문무 대관을 역임하신 분이 수십 명			
6대	인걸(人傑)	종사랑부사용 (從仕郎副司勇)		상동	
7대	욱(昱)	부사맹 (副司猛)		상동	6촌 종형제 되시는 충정공 휘 만(晩)
8대	희한(希翰)	통훈병조참의 (通訓兵曹參議)		임진왜란 전사	숙부인 진주 강씨 묘소 광주 대정리
9대	흥주(興周)			고양 주교리	
10대	세강(世康)	통정대부 (通政大夫)		상동	
11대	찬현(贊顯)			고양 성사리	
12대	철익(哲翼)			상동	16촌간 무숙공 붕익(鵬益)
13대	지기(志岐)			상동	
14대	현유(鉉裕)			상동	
15대	칠급(七汲)			상동	
16대	동식(東植)			상동	
17대	대환(大煥)			상동	
18대	기진(基鎭)	육군 소장, 대한민국 초대 헌병사령관, 애국지사수훈장			

	기혁(基爀)				
	기형(基瑩)				
	기훈(基勳)				
	기용(基鏞)				
19대	석위(錫緯)				
	석립(錫立)				

부록 1

가보에 기입된 나의 약력 사본

西紀 一九二五年 廿二歲時 日帝暴政下 寧死不願爲亡國奴隷生活 故於極秘密裡乃與愛國志士糾合 爲參加救國運動計 亡命于中國上海 參加我臨時政府 諸抗倭救國運動之際 必需學習軍事智識 奉臨政指令入黃埔士官學校受業 卒業後 被任中國蔣介石幕下 憲兵各級部隊長逐次昇進江西省地區憲兵團中校副團長及營長等職 一九四五年三月退職 同年四月 被任韓國光復軍總司令部少長高級參謀兼任臨時政府所屬上海宣撫團長保護在中僑胞生命財産竝處理遣送歸國之事 一九四七年七月頃率家歸國矣.

一九四八年大韓民國政府樹立後 歷任初代憲兵司令官 憲兵學校長 慶南全南等地兵事區司令官 戒嚴民事部長 國防部兵務局長 陸軍第三管區司令官 陸軍戰史監等職 一九五九年四月以陸軍少將退役 第三共和國成立後被任 援護處援護委員長 以上各職在任時 功績 如下. ㈠制定憲兵令及憲兵服務令 兵役法, 兵役法施行令及施行規則, 軍事援護法等(以上具有當時國防長官表彰狀考證) ㈡ 編纂六二五動亂陸軍戰史二冊, 一九六八年三月一日受政府領下之第三四九四一號 愛國志士褒章矣.

一九七七年十二月十三日에는 政府領 下第1122號 建國勳章을 受하였다. 又受 一九七八年 月 日 號 建國褒章.

번역문

서기 1925년 22세 때 일제 폭정하에서 차라리 죽는 한이 있더라도 망국의 노예 생활을 하기를 원하지 않는 고로 극비밀리에 마침내 애국지사와 규합하여 구국 운동 계획에 참가하기 위하여 중국 상해에 망명하여 우리 임시정부에 참가하여 항일 구국 운동할 때 반드시 군사 지식을 습득하여야

왼쪽부터 중국 헌병사령부에서 받은 공로훈장(0607호, 1269호),
중국 군사위원회에서 받은 공로훈장(25397호).

할 필요가 있어 임시정부의 지령을 받들고 황포사관학교에 입학하여 수업하고, 졸업 후 중국 장개석 막하 헌병 각급 부대장에 임명되어 점차 강서성 지구 헌병단 중교부단장과 영장 등 직으로 승진하여 1945년 3월[1]에 퇴직하고 동년 4월 한국광복군 총사령부 소장고급참모 겸 임시정부 소속 상해 선무단장으로 임명되어 재중 교포의 생명과 재산을 아울러 처리하고 귀환시키는 귀국 업무를 담당했고 1947년 7월경 가족을 데리고 귀국하였다.

1948년 대한민국 정부 수립 후 역임 초대 헌병사령관, 헌병학교장, 경남·전남 등지 병사구사령관, 계엄민사부장, 국방부 병무국장, 육군 제3관구 사령관, 육군전사감[2] 등 직을 역임하고 1959년 4월 육군소장으로 퇴역하였고, 제3공화국 성립 후 원호처 원호위원장으로 임명되었다. 이상 각 직 재임 시 공적은 아래와 같다.

(1) 헌병령 및 헌병복무령, 병역법, 병역법시행령 및 시행규칙, 군사원호법 등을 제정(이상 당시 국방장관 표창장에 모두 고증).

(2) 6·25동란육군전사 2책을 편찬하여 1968년 3월 1일 정부령 제34941호로 애국지사포장을 받았다.

1977년 12월 13일에는 정부령 제1122호 건국훈장을 받았다. 또한 1978년 월 일 호 건국포장을 받았다.

1) 1947년 4월에 퇴직한 것으로 보인다(64쪽 참고). 2) 제3관구 부사령관, 육군 군사감을 역임했다.

우석 장흥 장군 행장

공의 원명은 기진(基鎭)인데 후에 흥(興) 자로 개칭 행세하다. 호는 우석(愚石)이요 본관은 인동(仁同)이며 시조는 고려삼중대광신호위상장군(高麗三重大匡神護衛上將軍) 휘 금용(金用)이시고, 중조는 태상경 휘 백(伯)이시니 공에겐 18대조이시다. 부인은 경주 김씨이며 아버지는 명제(明濟)이며 할아버지는 상언(商彦)이며 외숙은 오계(午溪) 이원철(李源喆) 천문학 박사 '대한민국 초대 공보부장관' 공이다. 1903년 1월 20일 경기도 고양군 원당면 성사리 205에서 출생하다. 나이 15세에 사서삼경을 정통하였고 언행이 비범하여 향리 부로(父老)들이 후일 건국 인재가 될 인물이라는 칭송을 받아왔다.

공의 연령 약관이 되었을 시에 왜적이 아국을 강점하고 경향 각지에 짐승 같은 병력을 주둔시켜 놓고 폭력 정책을 강행한 나머지 거국 국민 생활이 도탄에 빠져 거의 사경에 달하자 1919년에 거족적으로 봉기 항쟁하여 국권을 회복하려 하였으나 적병의 무자비한 탄압하에 수만에 달하는 애국지사만 희생을 당하던 참상은 실로 목불인견이었다. 차제에 공은 망국의 비극을 통한(痛恨)한 나머지 분연히 궐기하여 구국의 큰 뜻을 품고 당시 애국 청년 오세덕(吳世德, 고양군수 오태환 장자), 신악(申岳), 박시우(朴始寓, 임시정부 제2대 대통령 박은식 장자), 염온동(廉溫東, 황포군교 동창생) 여러 동지와 비밀결사하고 구국 운동에 공모·추진하다가 1920년 5월에 다 같이 중국 상해로 망명하여 대한민국 임시정부 지휘하에서 계속 구국운동에 활약하던 중 1923년 3월경에 우리 임시정부로서 군사 인재를 양성하고자 중국 군사 당국과 밀약하고 우수한 청년을 선발하여 당시 중국 대혁명가 손문 선생이 창립·경영하시는 황포군관학교에 파견하여 위탁 교육을 실시하던 차제에 공도 제 동지들과 같이 그 학교 제5기 보병과에 입학하였다. 졸업 후에 혹자는 국내외에 밀파되어 구국운동에 활약하는 외에 대부분이 중국 군대에 배치되어 직접으로 지휘·통솔 방책을 연구·실습하다가 1940년 중국 정부 후원으로 한국광복군을 창설한 후에는 다시 광복군에 전근되었다. 그때 공은 중국 헌병 연대장직으로 재임하면서 한편으로는 다수의 우리 청년 장병을 각 전선에 배치하여 적군 내의 한국 국적의 장병을 유인, 귀순시키는 공작을 추진함과 동시에 또 자발적으로 귀순해 오는 장병들을 수용, 보호하였다가 한국광복군으로 편입시키는 임무를 전담하였다. 그리하여 광복군 장병은 거의 모두가 공을 경유하여 전입, 편입된 관계로 공의 군적은 중국 헌병 연대장이었으나 실제로는 광복군 징모 연대장직을 대행한 것이다.

이상과 같이 중국군에 군적을 두고 우리 독립운동에 협력, 투쟁하다가 1945년 8월 15일 해방과 동시에 광복군 총사령부로 전근되어 당시 국제(미국, 소련)적 부득이한 관계로 해체된 광복군 결속 처리에 전적으로 책임을 지고 2년간이나 상해에 잔류하면서 전부 정리·청산하고 1947년 7월에 가족 아내 김순경, 장녀 한옥, 차녀 계옥 세 사람을 데리고 25년 만에 그리웠던 조국으로 돌아오다. 1948년 우리 대한민국 정부 수립 후에 국무총리 이범석 장군의 요청으로 총리비서직에 임명되어 4개월간 근무하다가 국방군이 조직, 편성됨에 따라 초대 헌병사령관으로 임명되어 근무 중 1949년 6월 25일 백범 김구 선생이 저격당하신 후에 본 사건을 헌병사령부로 이관시키며 수사, 취급하라는 신성모 국방장관의 지령이 하달된 동시에 공은 임정(김구) 계통의 인물로서 지목을 받고 헌병사령관직에서 물러나게 되었다(이 사건 내용은 공의 자서전에 상세 기록). 그 후 국군 6사단장, 경남·전남·강원 각 도 병사사령관 겸 계엄사령관, 국방부 병무국장 등 제3군관 사령관, 육군전사총감 등 직을 역임하였다.

1959년 4월에, 중국군으로부터 광복군, 국군을 거쳐 근 30년간 군인 생활에 종지부를 찍고 당 54세에 퇴역하였다. 군복무 중에 헌병령 및 헌병복무령, 헌병에 관한 제 법규, 병역법 및 시행령, 군사 원호 제 법규 등 제정한 공적으로 국방부장관의 표창을 받았음.

전역하는 날 홀로 읊어봄

스스로 자신에게 무슨 일을 하였는가 묻노니
고생고생하며 한 지루한 생활은 끝났네
무상한 변화의 세상 형편에 따라 변하면서 왔고
메마른 인정 속에 이리저리 옮겨 다녔다네
그 당시에는 처자식을 돌보는 걸 생각지 않고
다만 그때는 나라가 잘못되는 비극을 당할까만 생각했네
군대 생활 10년 동안 평화로움을 이루지 못했는데
백발의 노병이라 가는 세월을 늦출 수 없구나

1966년 제3공화국 정부(박정희) 성립 후에 원호처 원호위원장 임명을 받고 전 원호 대상자(20만), 광복회원, 상이군경 및 유자녀들에 소관 단체를 재정리, 편성하고 상훈 등급과 보상급여제도 제 법규를 정비하여 정상 궤도에 올려놓았다. 1968년 3월에 정부령 제34941호로 애국지사포장을 받았으며 1977년 12월 13일에 정부령 제1122호 건국훈장을 받았음. 1972년 2월에 70세 적령으로 원호위원장을 사임하다.

공이 중국으로 망명하여 중국군에 군적을 두고 우리 독립운동에 협동작전하였던 실제 기록과 특히 8년간 중일전쟁 중에 중국 각지에서 발생되는 한적 교포들의 사건 취급한 기록(만보산사건, 천진 하매협정사건, 노구교사건 등)으로 책을 묶은 8권을 휴대, 귀국하여 신중, 보관하였다가 불행히도 1950년 6·25 전란 시에 향리 본가(고양)가 적기에 폭격을 당하는 바람에 전부 소실되었다. 그 후에 이를 보충하기 위하여 공이 친히 자서전을 쓴 것이라 한다.

퇴관 후에도 독립운동자 공법 단체인 광복회 부회장으로 추대되어 현재까지 이르렀고 만년 사업을 집안 종인(宗人) 기영(전 경제기획원 장관 겸 부총리), 기정(基廷), 기선(基善), 기완(基浣), 석주(錫宙) 제씨와 협력하여 선조의 묘역 정리, 재실 및 묘사(廟祀) 증축, 위토(位土), 묘비 등을 정리하여 후예로 하여금 영원 수호에 유감이 없도록 함과 동시에 자파 총보(總譜)를 발간하여 종족 간의 친목 단결과 조상을 숭배하는 정신 확립을 기하셨다.

이상 기록에 의하여 공의 일생을 분석한다면 1세부터 20세는 부모의 은총으로 교양을 받고 자립할 계획을 정하는 시기이고, 20세로부터 45세까지는 구국운동에 헌신, 항쟁한 시기이고, 45세로부터 60세까지는 건국 충성을 다한 시기이고, 60세로부터 70세까지는 가사(家事) 정리 시기로 구분하였다. 공의 생활이야말로 일생 계획표를 정해놓고 남거나 빠지는 것 없이 실천궁행하였다. 본인이 해외 망명 시부터 공과 같이 독립운동에 헌신하여 생사고락을 같이한 동지 관계로서 약간 중요한 경력만을 적요 기록하여 귀문(貴門) 후예로 하여금 처세, 처사에 참고하기를 원하면서 근찬(謹撰)한다.

전 대한민국임시정부 국무위원 겸 의정원 비서장

백강(白崗) 조경한(趙擎韓) 찬

태상경파 종문회 취지문

惟我 中祖 太常卿諱伯字(京派) 往古來今에 名門巨族으로 宗族이 繁昌하야 京鄕各地에 散居子孫이 數萬으로 算하니 此莫非先蔭積善垂德也哉아. 然이나 族譜發刊時나 겨우 收單하여 數次成譜頒帙而已요 其後는 다시 連絡도 없고 宗門會의 組織은 있으나 年一次의 會合조차 못하고 있는 實情이며 더욱이 公의 墓所가 坡州郡州內面延豊里龍池洞(용주골)에 계시고 每年陰十月初一日을 時祭日로 定하여 享祀를 奉行하고 있으나 年年히 祭官이 줄어들어 子孫이 不過 몇 분 모이며 特히 時急한 問題는 墳墓가 修築한 지 年久歲深하여 境外가 荒廢하고 墓所를 守護하는 位土가 없어 酒果脯醯의 祭需도 제대로 갖추지 못하며 兼하여 齋舍도 東頹西落하여 不蔽風雨에 倒壞卽前에 있는 實情이매 子孫 된 道理에 恒常悚懼한 마음 禁치 못하니 참으로 痛歎之事며 한 便 부끄러운 일이 아닐 수 없습니다.

元是 우리 京派는 自古及今에 國家危急之秋에는 많은 名賢將相과 忠臣烈士가 繼承하여 李朝登極爾來 領議政 玉川府院君 諱麒字禎字(明宗), 資憲刑曹判書玉川君 諱富字禎字(明宗), 八道都元帥玉城府院君 諱晩字(仁祖), 嶺敦寧王山府院君 諱暾字(仁祖), 訓正三闓摠戎使三營大將武肅公 諱鵬字翼字(肅宗), 訓正兩闓統制使摠戎使三營大將 諱志字恒字(英宗) 以上 顯祖를 모셨고 八一五解放後 大韓民國建國後政府樹立以來에도 人材가 輩出하여 副總理兼經濟企劃院長官을 爲始 國會議員 및 長官, 將星이 連綿續出하여 國政에 參與하였으며 現 國會에도 坰淳, 榮淳, 基榮이 當選되었으니 이 얼마나 榮光스럽고 聖스러운 일인가. 赫赫한 宗門임에는 틀림이 없으며 政界, 財界 各界各層에 많은 重職과 屈指가 되고 있거늘 況且, 中祖에 時享과 香火조차 끊기게 되었다 함은 實로 寒心하고 慨歎함을 禁할 길 없습니다.

이에 奮發하여 這間有志宗人과 數次에 亘하여 協議한바 墳墓改築 및

設檀 垈地 및 位土基金造成, 墓舍重修키로 決議하였으며 앞으로 門會를 健全히 運營하고 爲先事業을 創意發展시키어 우리 宗門의 光榮을 빛내고 崇祖睦宗과 子孫繁榮의 機틀을 確立하여 先祖의 遺勳大德을 遵奉하고 垂惠를 報答코저 하는 바입니다.

以上事業에 各自誠意를 다하여 우리 宗門의 偉大한 根本 趣旨를 實踐邁進하기 爲하야 玆以發起하오니 江湖 諸宗께서는 總蹶起하여 先祖의 赫赫하신 懿德 潛光으로 景行追慕하여 遠邇雲裔로 하여금 그 流風遺澤을 瞻仰 襲世케 하고 吾族의 來日에 繁榮을 期約하는 後孫들에게 尊祖收族과 相扶共榮의 氣風을 涵養케 하고자 하는 見地에서 이에 贊同副應하시와 各各熱意를 發揮하고 宗族總和로 一致團結하여 誠金奉納에 積極參與 廣傳하시와 所期의 目的을 達成하도록 獻身協力하여 주심을 懇切히 바라는 바입니다.

一九七三年 十二月 日

仁同張氏太常卿派宗門會

發起人 會長 錫圭

基榮

埛淳

榮淳

興

부록 2

흩어진 기록을 수집했다.

추도문

1968년 6월 22일 백범 선생 19주기

1.

백범 선생 영전에 후학 경건히 분향하고 아뢰옵니다. 선생님 가시던 날 모두들 땅을 치며 울던 일이 어제 같은데 어느새 18주기를 맞았습니다. 그동안에 산천도 인정도 모두 변했습니다. 선생님이 가시던 이듬해부터 이 땅에는 모진 풍우도 많았습니다. 거듭하는 풍우 속에서 어느 날 없이 변하지 않는 것 있겠습니까? 모두가 변했습니다. 다만 그중에 변하지 않은 것 우리 동지들 선생님 사모하는 정만 남았습니다. 선생님 따라 선생님 가시던 길로 같이 가던 동지요 후배들이라 선생님 그리운 정이 뼛속에 살 속에 박혀 있기 때문입니다.

지금 여기 선생님 유택 앞에 모인 우리들 서로 혹시 경우는 다를지언정, 선생님 사모해서 모인 것만은 같은 뜻입니다.

그러므로 오늘 여기 탄식이 있다면 같은 탄식일 것이요, 또 부르짖음이 있다면 그것도 같은 부르짖음일 것이요, 그리고 또 소원과 맹서가 있다면 그 역시 같은 소원 같은 맹서일 것입니다. 지금 선생님 영전에 드리고 싶은 말씀이 많습니다. 그러나 저는 여기서 무슨 의례적인 글이나 말을 만들어서 그것이나 읽으려 나온 것은 아닙니다. 명목이야 무엇이 되었든지 다만 마음에 실감되는 몇 말씀을 탄원 삼아 드리고 싶은 것이 있어서입니다.

선생님! 선생님과 한평생 소원하시던 것 다만 하나 조국 독립이라. 혁명 투사로서의 선생님은 해외에 계셔서 일제와 항쟁하실 때는 물론이요 해방과 함께 고국에 돌아오셔서 국내외의 착잡한 정세 속에서도 다만 하나 남북통일의 완전 자주독립국가를 세우는 것으로서 유일 최대의 이상을 삼으셨던 것입니다마는 하늘은 우리에게 그렇게도 인색했던지 국제적 사정은 마침내 우리들에게 남한만의 독립밖에 용납해 주지 않았습니다. 이제야 새삼스럽게나마 솔직하게 말씀한다면 선생님 소원하시던 것과는 어긋나게도 '두 눈 완전한 사내대장부' 같은 그런 통일 독립국가를 낳지는 못하고, 북한 한쪽은 눈이 멀고 또 남한만도 남의 원조를 입어야 하는 그런 '애꾸눈의 딸자식' 같은 미완성 독립국가 하나를 겨우 낳았던 것이 아닙니까?

2.
그래도 일제에 독수를 벗어난 것만이 그렇게도 기쁘고 또 우리 손으로 세운 명분 뚜렷한 제 나라이기 때문에 그저 이것이나마 붙잡고 애지중지 싱싱하게 잘 키워나가야 하는 것이 우리들의 사명이 아니겠습니까? 그렇건만 우리들은 성심과 능력이 아울러 부족해서인지 이것마저 병들어 허덕이고 있는 현상입니다.

자나 깨나 축원이라고 다만 하나 '나라'뿐이었던 그러한 선생님이었기에 만일 선생님이 그대로 더 계셨다면 비록 미흡한 나라이기야 할망정 그 지성, 그 의기 가지고 이 나라를 잘 키워갈 수 있도록 지도해 주셨으리라 생각하니 오늘 따라 선생님이 더 한결 그립습니다. 이것이 다 오늘 여기 모인 우리들이 선생님 잊지 못하고 사모하는 첫째 까닭입니다.

3.
그리고 선생님! 단 한 가지 부끄럽고 죄송하고 통분한 것이 있습니다. 해방한 지 이제 겨우 20년 남짓밖에 안 되었는데 어느 결엔지 독립정신, 독립사상 등 독립 두 자 붙은 것이면 사람이고 노선이고 모두 다 멸시받고 구박받는 세대가 된 그것입니다. 선생님, 이 나라 이 세대가 왜 이같이 되었는지 모르겠습니다. 이렇게 된 것 생각하면 그때 진작 돌아가신 것 오히려 선생님께는 다행일지도 모르겠습니다. 그러나 다시 한편 생각하니 만일 선생님이 더 오래 계셨다면 감히 독립정신, 독립 노선을 업신여기는 세대가 될 수 있을 것입니까?

그렇기 때문에 남아 있는 우리들이 스스로 돌아보매 뉘우치고 반성하고 다시금 우리 자세를 바로잡아야 할 것을 뼈저리게 느끼는 그대로 염치없이도 선생님이 사모되는 것만은 사실입니다. 이것이 오늘 우리들 여기 모여서 선생님 잊지 못하고 애타게 사모하는 둘째 까닭입니다.

4.

그러나 선생님, 비록 선생님도 가시고 또 우리들의 독립운동 선배 원로들께서 하나하나 모두 가셔서 오늘은 우리 주변이 적막한 느낌조차 없지 않고 또 경박한 세대라 이것을 귀히 여겨주지도 않습니다마는 그래도 독립 노선이 무너진 것은 아닙니다. 또 이 길로 가는 동지들이 없어진 것도 아닙니다.

더구나 천백 번 따져보아도 이 자주독립 노선만이 나라를 살리는 길이요, 이끌어가는 것을 부정할 사람은 아무도 없습니다. 그러기 때문에 설사 고난과 박해를 받는 한이 있다손 치더라도 이 길로 가는 동지들이 결코 끊어지지는 않을 것입니다.

그렇습니다. 확실히 우리 눈앞에 이 독립 노선이 있습니다. 또 동지들도 없는 것 아닙니다. 눈물 머금고 이 길로 가는 동지들이 분명히 있습니다. 그러나 다만 우리들의 행렬 앞에 서서 '모세'의 호령으로 전진을 명령하시던 선생님을 잃어버린 뒤로, 우리는 서로 흩어지고 혹은 돌아서고 그래서 산만한 대열이 되고 말았기 때문에 이럴수록 선생님이 더 한결 그리운 것을 어찌합니까. 이것이 오늘 우리들 여기 모여서 선생님 잊지 못할, 사무치게 사모하는 셋째 까닭입니다.

5.

선생님, 우리는 여기서 솔직히 고백합니다. 우리가 원하는 통일된 나라는 아닐망정 그래도 제 나라를 세우기는 해놓고서 그것을 바로 이끌어갈 줄도 모르고, 또 진심으로 위하고 사랑할 줄도 모릅니다. 또 헤아려 보면 오늘 우리가 이만큼이라도 독립의 은혜 속에 살면서 도리어 독립 노선을 구박하고 또 우리들 자신부터가 고난의 길을 같이 가는 동반자들이긴 하면서도 서로 뭉치고 아끼고 사랑할 줄을 잊어버린 것을 어찌합니까.

선생님, 이 나라는 불안과 위험이 언제고 예약되어 있는 지대입니다. 그런데도 불구하고 날마다 되어가는 사회현상이 왜 이렇게 되는 겁니까. 불행과 고난 속에 누벼가는 그런 나라의 국민들 되기에는 우리들의 생각과 행동이 너무도 부족합니다. 모두가 중심을 잃어버렸습니다. 도대체 삶의 가치관이 비뚤어지고 말았습니다. 이 썩은 정신을 불살라야 하겠습니다. 이 마비된 정의 의식을 한 번 무섭게 매질해야 하겠습니다. 나라를 사랑한다는 말이나 민족정기란 말 같은 것은 모두들 케케묵은 무슨 이조 말기에 유물 같지만, 여기는 그런 어이없는 세대가 되었습니다. 이렇게 가면 결말이 어떻게 되는 것입니까.

선생님, 오늘 선생님의 기일을 지키는 이 식전을 보십시오. 이 나라 독립 그것 하나 위해서 70년 한평생 아니 마지막엔 생명까지도 제물로 바쳐버린 선생님이건마는 이 나라 지도층이니 국민들이니 할 것 없이 모두가 독립 노선과 함께 선생님마저 망각의 지대로 돌려버리는 그같이 무엄하고 박정한 사회가 되어갑니다. 혹시 자식들이 잘살게 되고 나면 그것이 바로 제 공로, 제 복으로 된 것으로만 알고 불효하게도 어버이를 잊어버리는 수가 많습니다. 만일 그같이 우리도 나라를 잘 이끌어가고 또 독립정신을 가지고서 역사를 바로잡아 가는 광명한 나라, 평안한 나라, 잘사는 나라가 된 뒤에 혹시 선생님을 잊어버리는 것이라고나 한다면 괘씸하기야 할망정 그것은 차라리 선생님의 본원이시기도 할 것입니다.

선생님은 우리가 비록 자기를 잊어버릴지라도 그 대신 잘사는 나라, 잘사는 민족 되기를 진심으로 원하실 것이기 때문입니다.

선생님! 차라리 우리 모두 잘사는 나라, 잘사는 민족이 되어 우리 흥에 겨워서 선생님을 잊어버리게 해주소서. 우리 자신은 불효자식같이 괘씸하기 짝이 없는 자들이 될망정 그것이 도리어 선생님의 진정한 본원이기에 말씀입니다. 그러나 그렇게 되기 전에야 차마 어찌 선생님을 잊어버릴 수 있겠습니까?

우리 가슴에 깊이 새긴 그대로 언제나 그 모습, 그 교훈 안고 가겠습니다. 선생님, 우리는 결코 선생님을 영웅화하거나 우상화하려는 것은 아닙니다. 다만 선생님께서는 추호의 사심이 없이 조국과 정의만을 사랑하시던 민족정기의 화신이요, 저항정신의 표상이었기 때문에 선생님 뜻을 그대로 생활화하여 이 땅에 선생님이 영도하시던 우리들의 독립·자주 노선을 영구히 설정하고자 하기에 우리들의 정신적 정착지를 마련하자는 것입니다.

그리고 짧은 일생을 영원한 조국에 바치는 길로 가겠습니다. 이것이 오늘 선생님의 영전에 바치는 우리들의 서원인 것입니다. 선생! 선생! 이 나라 민족자주독립 노선을 지켜주시고, 또 이 길로 가는 피 묻은 동지들의 힘이 되어주시고, 마침내는 이 길이 승리할 수 있도록 가호(加護)해 주소서.

추모사

이시영 선생님 19주기 추모식에

성재(省齋) 선생님 영전에 후학 장흥은 경건히 분향하옵고 아뢰옵니다. 선생님 가시던 날 생이 전남 병사사령관으로 재직 당시 선생님께서 귀 문중에 어떤 청년 학생의 병역 관계를 하문하신 4월 14일 자로 주신 하서를 배수(拜受) 봉독(奉讀)하옵던 찰나에 청천벽력같이 선생님이 서거하셨다는 방송을 듣고 꿈인지 생시인지 어리둥절하다가 땅을 치며 통곡하였던 일

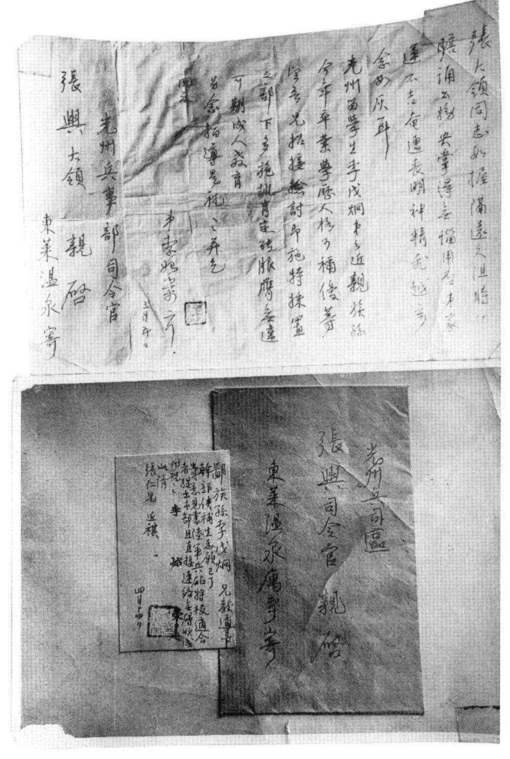

초대 부통령 이시영 선생의 친서

이 어제 같이 생각되는데 어느덧 19주기를 맞이하였습니다. 오늘 소생이 선생님 영전에 추모사를 드리는 기회에 항상 선생님을 추모하던 상징으로 지금껏 신중히 간직하였던 최후 절필인 유묵 일장을 가지고 와서 헌주 대신 선생님 영전에 바치옵고 삼가 추모의 뜻을 표하오니 하늘에 계신 선생님 굽어 살펴 주시옵소서.

선생님 가신 후 산천도, 인정도 모두 변하였습니다. 선생님 가시던 그 해부터 이 땅에는 모진 풍우도 많았습니다. 거듭되는 풍우 속에서 변하지 아니한 것 없이 모두가 변하였습니다. 다만 그중에 변하지 아니한 것은 오직 우리 동지들이 선생님을 사모하는 정만 남았습니다. 선생님 따라 선생님 가시던 길로 같이 가던 동지요, 후배들이라 선생님 그리운 정이 뼛속에 살 속에 박혀 있기 때문입니다.

지금 여기 선생님 유택 앞에 모인 우리들 서로가 혹시 경우는 다를지언정 선생님을 사모해서 모인 것만은 같은 뜻입니다. 그러므로 오늘 여기 탄식이 있다면 같은 탄식일 것이요, 또 부르짖음이 있다면 그것도 같은 부르짖음일 것이요, 그리고 또 소원과 맹서가 있다면 그 역시 같은 소원 같은 맹서일 것입니다. 지금 선생님 영전에 드리고 싶은 말씀이 많습니다. 그러나 생은 여기서 무슨 의례적인 말이나 글을 만들어서 그것이나 읽으러 나온 것은 아닙니다. 명목이야 무엇이 되었든지 다만 마음에 실감되는 몇 말씀 탄원 삼아 드리고 싶은 것이 있어서입니다.

선생님! 선생님 한평생 소원하시던 것, 다만 하나 조국 독립이라 혁명투사로서의 해외에 계셔서 일제와 항쟁하실 때는 물론이요 해방과 함께 고국에 돌아오셔서 국내외에 착잡한 정세 속에서도 다만 하나 남북통일에 완전 자주독립 국가를 세우는 것으로서 유일한 최대의 이상을 삼으셨던 것입니다마는 하나님이 우리 민족에 대하여 왜 그리 인색하였던지 국제적 사정은 마침내 우리들에게 남한만의 독립으로 용납해 주었습니다. 그래서 솔직히 말씀한다면 선생님 소원하시던 것과는 어긋나게도 두 눈 완전한 '사내대장부' 같은 그런 통일 독립국가를 낳지는 못하고, 북한 한 쪽은 눈이 멀고 또 남한만도 남의 원조를 받아야 하는 그런 '애꾸눈의 딸자식' 같은 미완성 독립국가 하나를 겨우 낳았던 것이 아닙니까. 이렇게 추모의 말씀을 드리다 보니 선생님 가시던 날 우남(雩南) 이 박사께서 선생님 영전에 오시어 조위(弔慰)하시던 말씀 가운데 다행하게도 "일제 마수를 벗어나 생존해서 귀국하시어 사후 그리웠던 조국 땅에 안장케 되었으니 다행이 아니겠소" 하신 한 구절이 문득 생각납니다. 어째서였는지 우리가 일제 마수를 벗어난 것만이 그렇게도 기쁘고 또 우리 손으로 세운 명분 뚜렷한 제 나라이기 때문에 그저 이것이나마 부둥켜안고 애지중지 싱싱하게 잘 키워나가야 하는 것이 우리들의 사명이 아니겠습니까? 그러하건만 우리들은 성의와 능력이 아울러 부족해서인지 이것마저 병들어 허덕이고 있는 현상입니다.

자나 깨나 축원이라고는 다만 하나 '나라'뿐이었던 그러한 선생님이었기에, 만일 선생이 그저 생존해 계셨더라면 비록 미흡한 '나라'일망정 그 지성, 그 의기 가지고 이 나라를 잘 키워갈 수 있도록 지도해 주셨으리라 생각하오니 오늘따라 선생님이 더 한결 그립습니다. 더욱이 우리를 지도하여 주시던 독립운동 선배 원로들께서는 선생님의 뒤를 따라 한 분, 한 분 다 가시고 지금 저희들 주변이 퍽이나 적막감을 느끼고 있습니다마는 일찍이 선생님께서 우리를 영도하여 주실 때에 설정하여 주신 독립자주 노선에 우리들은 정신적 정착지로 삼고, 이 노정표를 따라 최후일각까지 이 생명 다할 때까지 완전 자주독립을 찾고야 말 것을 선생님 영전에서 맹서하오니 재천(在天)하신 선생님, 선생님! 이 길로 가는 피 묻은 동지들의 힘이 되어주시고 또 승리의 기쁨이 있도록 가호(加護)하여 주시기 앙원(仰願)하옵고, 이만 추모사를 그치겠습니다.

1972년 4월 17일

조사

1972년 5월 17일, 이범석 장군 국민장 의식전에서

민족지휘자 철기(鐵驥) 이범석 장군 영전에 광복회장 ○○○ 외람되이 독립운동 동지들을 대표하여 삼가 조사를 드립니다.

이제 우리들의 민족 수난사의 한 위대한 증언자는 가셨습니다. 살아 돌아온 독립운동자들의 상징이요, 이 나라 독립 노선의 유일한 지주가 무너졌습니다. 새 나라 건국을 위한 능숙한 조갱수(調羹手)였고, 조국의 암담한 내일을 위해 큰 횃불이 되셨던 민족의 거인이 눈을 감으셨습니다. 산천이 문득 적막해졌습니다. 형언할 수 없는 이 공허감을 메울 길이 없습니다. 동지들과 국민 모두가 침통한 오열 속에 잠긴 순간입니다.

십대의 소년 때로부터 청춘 30년을 오직 조국의 국권회복을 위한 항일 투쟁의 혁명 생활에 장군의 가슴속에는 눈물과 피와 대의와 정열만이 끓어올랐고 뼈에 사무친 것, 살 속에 배어든 것은 오직 하나 '내 나라 사랑' 그것이었습니다. 만주로 시베리아, 몽골로 중원대륙으로 풍운 몇만 리를 쓰다 달다 말없이 춥고 덥고를 꺼림 없이 하고 굶고 먹고를 개의치 않고 밤낮없이 헤매시면서 오직 내 나라 때문에, 내 겨레 때문에 자기 한 몸의 안락이니 영화니 하는 것은 손가락 끝에도 만져보지 않았습니다.

철기장군!

철기란 그 이름, '무쇠 천리마!'. 과연 장군은 천리마였습니다. 그 천리마는 그 힘을 일컫는 것이 아니요, 그 덕을 일컫는 것이라 한 공자의 말 그대로 힘과 덕을 갖춘 그러한 천리마였습니다. 우리는 일찍이 장군의 영웅적인 모습을 보았습니다. 청산리에 선봉장으로 광복군의 창역자로 말 위에 높이 앉아 정의의 칼을 휘두르면서 성풍혈우(腥風血雨)의 항일 전

선을 달려 나가던 힘의 철기를 보았습니다.

그리고 우리는 또 장군의 다정다감한 인간으로서의 멋을 느꼈습니다. 동지들에 대한 뜨거운 사랑, 약하고 가난한 국민들을 생각하던 덕 있는 철기를 보았습니다.

과연 위대한 일생이었습니다. 지절(志節)과 염결(廉潔)로 일관한 생애였습니다. 눈물겹도록 슬픈 일생이었고 그러나 값 주고 못 살 고매한 70 평생이었습니다. 이제 그 같은 역사적인 인물로서의 일생은 끝났습니다.

장군이 숨을 거두시기 직전 "내가 우리 국민들에게 마지막 할 말이 있다"고 하시면서도 천만번 유감스럽게도 미처 말 못하고 눈을 감으셨던 장군!

우리는 하고자 하던 그 말씀이 무엇인지를 새겨보고 싶습니다. 독립을 위한 일생의 주인공이 마지막 할 말씀 역시 독립 그것밖에 더 있겠습니까.

희미해져 가는 독립 노선! 무너져 가는 독립정신! 그것 가지고서라야 이 민족이 살고 그것 가지고서라야 반공도 통일도 할 수 있는 바로 그 독립정신이 왜 이렇게 말살되려고만 하는 것입니까.

그러기 때문에 장군께서도 마지막 눈을 감으면서도 우리 국민들 속에 제 몸보다 나라를 더 사랑하는 애국정신이, 그리고 다시는 의존과 굴욕이 없는 자주독립정신이 불 일듯 일어나지기를 애달픈 목소리로 간곡히 당부하려고 했던 것 아니겠습니까.

받들겠습니다. 그 뜻과 훈계를 받들겠습니다. 우리 정부나 우리 사회의 지도자들이나 사천만 국민동포 모두가 틀림없이 또 주저함 없이 민족의 유일한 활로인 이 독립 노선의 길로 가야 할 것을 다짐하는 것으로써 이 시간 여기서 장군을 마지막 보내는 우리들의 피눈물 괸 영결사를 삼으려는 것입니다. 민족의 지도자 철기장군!

이제 조국의 땅 포근한 흙 속에 영면하시고 명명(冥冥)한 중에서 우리들의 힘이 되시며 자주통일을 위한 우리 민족의 정신적 의지와 정신적 향도자가 되어주소서. 평안히 가시옵소서.

기술

이 건은 문교부국사편찬위원회에 보낸 원고 사본

하나. 성명 장흥(張興), 원명 '기진(基鎭)', 호 '우석(愚石)', 본관 인동(仁同), 부 대환(大煥)의 맏아들

하나. 생년월일 1903년 1월 20일생

하나. 출생지 경기도 고양군 원당면 성사리 205

하나. 학력, 경력

A. 중국 광동대학 정경과 중퇴, 황포사관학교 5기 졸업.

B. 대한민국 초대 헌병사령관, 병사구사령관, 사단장, 병무국장, 전사감 등 직 역임.

하나. 항일 실적

가) 1925년 우리 임시정부 추천으로 황포사관에 입학하여 1926년 8월에 당교 졸업 후 우리 독립군으로부터 파견·수훈하는 학생과 월남 국적인 학생으로만 편성된 학생대 교련관으로 근무하다가 당시 일제의 정보원 및 비밀경찰들이 중국 도처에 파견되어 우리 임정의 대외 활약을 저해하는 한편 우리 요인들에 대하여 임의로 암살, 체포 등등 사건이 속속 발생하므로 임정으로부터 중국 헌경(憲警) 기관에 수십 명 요원을 파견 근무시키어 이런 불상사를 미연 방지코자 하는 차제에 본인은 중국 헌병부에 파견받아 우리 임정 요원 및 가족들의 안전보호책을 전담하였음.

나) 1934~36년경에 우리 독립운동 정당이 총연합, 조직한 민족혁명당 중앙감찰위원으로 선임, 활약하였고 당시 독립군 총사령관 지청천 장군께서 간부 오광선(吳光鮮), 지달수(池達洙) 등 200여 명을 인솔하시고 남경에 도착하시어 군사훈련을 실시하는 차제에 본인이 차(此)

경비를 주선하기 위하여 남경시 중앙예비병 훈련총단 본부 기요간사(機要幹事)로 겸직하면서 상기 200여 명을 당단 TO 장병명부에 편입하여 그 배당된 식량과 기타비 등을 받아가지고 군사훈련에 소기 목적을 완수한 동시, 그들의 가족생활까지도 보호, 유지하였음.

다) 1937년 대동아전쟁 당시는 헌병사령부 경무부직을 이용하여 일군 내의 우리 한적 사병들의 귀순 공작을 전담하여 광복군 병력 확충에 종사하였음.

라) 1945년 광복군 총사령부 소장고급참모로 피임(被任)되어 확대 편성으로부터 해산 수습 시까지 제반 책임을 완수하였고, 또 주화선무단(駐華宣撫團) 소속 상해 선무단장에 피임되어 해산된 광복군장병과 각지로부터 집결된 교포 등 5만여 명을 보호, 관리하여 전원 귀국시킨 책임을 완수하고 1947년 3월경에 중국 정부로부터 항일공로훈장(35397)[1] 호를 받고 당년 7월에 최후 귀국 선편으로 25년 만에 귀국하였음.

하나. 광복 후 중요 경력

1949년 대한민국 초대 헌병사령관 피임.

1950년 경남북병사구사령관 피임.

1951년 전남병사구사령관.

1953년 국방부 병무국장.

1958년 육군전사감 등 직 역임.

1959년 육군소장으로 퇴역.

문교부 국사편찬위원회 귀중

1966년 11월 일 장흥 근정

---

1) 25397의 오기이다. 181쪽 참고.

진술

1945년 2차 세계대전이 끝난 후 해방된 광복군과 재중 동포를 대상으로 귀국 업무 담당

1945년 8월에 왜군이 투항, 붕궤되자 각지 왜군 내 복역하던 한적 장병들 수만 명이 계속 광복군에 입대를 자원하였으나 불행히도 미·소 양국의 압력으로 인하여 광복군이 해산되므로 이들을 받아들일 수 없었음. 당시 본인이 광복군 총사령부 소장고급참모로 재직 중 총사령 이청천 장군 명에 의하여 해산된 광복군 선후책을 처리차 중경으로부터 상해에 도착한즉 각지로부터 교포와 군인 4~5만 명이 집결되었으나 통솔하는 기관이 없으므로 가도에서 방황 중 생활 대책이 전무하였으므로 치안 상태가 극도로 악화되었음. 이때 마침내 당시 광복군 참모장 이범석 장군께서 간부 수백 명을 인솔하시고 귀국 도중에 이 현상을 목격하시고 본인더러 책임지고 그들의 선후책을 처리한 후에 귀국하라는 지시를 받음과 동시에 당시 임시정부 주화대표단 소속인 상해 선무단장직을 겸임하면서 중국 정부와 현지 미 주둔군 사령부에 교섭하여 그들의 생활을 유지하여 주는 한편 주한미군정청으로부터 파견된 김한기와 협조하여 전체 귀국 사무를 완전 처리한 후 1947년 7월 최후 선편으로 귀국하였음. 이상은 당시 광복군 참모장이신 이범석 장군과 현지 상해 선무단 섭외 책임자이신 현 공화당 중앙위원 현정주(玄正柱) 씨 양위(兩位)께서 증명하실 것임.

1966년 월 일

진술자 장흥

이력서

일. 본적: 경기도 고양군 원당면 성사리 205번지.

일. 현주소: 서울특별시 서대문구 응암동 358의 20호.

일. 성명: 장흥.

일. 생년월일: 1903년 1월 20일생.

학력

일. 1926년 3월 일 중국 황포사관학교 입학.

일. 1928년 8월 일 상기 학교 졸업.

경력

일. 1927년 8월 일~1935년	계급은 소위, 중위로서 소대장 대대 본부 부관, 선박 검사원 등 직 역임.
일. 1935년 5월 일	헌병사령부 대위 경무서원으로 승진.
일. 1935년 7월	일중국 남경특별시 장정총대(壯丁總隊) '병사구 사령부' 기요간사 겸임.
일. 1938년 7월 일	중국 헌병 소령, 부대대장직으로 승진·전임함.
일. 1940년 12월 일	헌병단 소령단부(少領團府)로 전임됨.
일. 1943년 3월 일	헌병 중령 대대장으로 승진·전임함.
일. 1944년 10월~1945년 10월	강서성 숙간위원회(肅奸委員會) 감찰처장 겸임함.
일. 1945년 10월 일	광복군 총사령부 소장고급참모로 전임과 동시에 파견되어 주(駐)상해임시정부 선무단 단장을 겸임하고 교포 귀국 사무를 전담 처리함.

일. 1947년 7월 일 귀국.

일. 1949년 3월 일 대한민국 초대 헌병사령관 피임.

일. 1950년 8월 일 경상남북도 병사구 사령관 피임 겸 경상남북도 계엄 민사부장.

일. 1951년 2월 일 전남 병사구 사령관 겸 계엄민사부장.

일. 1953년 5월 일 국방부 병무국장 전임.

일. 1955년 10월 일 제3군관구 부사령관 전임.

일. 1958년 8월 일 육군 전사감으로 전임.

일. 1959년 4월 일 육군 소장으로 진급.

일. 1959년 5월 일 퇴역.

일. 1959년 6월 일 한미산업주식회사 전무 역으로 취임.

일. 1967년 2월 일 상기 전무 사임.

일. 1967년 4월 일 원호처 원호심사위원장 취임.

일. 1968년 3월 일 대통령령 제34941호로 애국표창(독립운동자)장을 받았음.

일. 1972년 3월 일 원호위원장 사임.

일. 1972년 4월 일 사단법인 광복회 부회장 취임, 현재에 이름.

이상.

위와 같은 사실은 틀림없음

1973년 5월 일

장흥

상례 및 제례에 관한 준칙

시대 조류에 따라 사회의 전반적 의례가 발전적으로 변경되므로 정부가 이미 국민의례준칙[2]을 제정·공포한 지도 십수 년이나 되었건만, 우리 사회의 상·제례의식은 여전히 수구적 폐단에서 벗어나지 못하였다.

본래 우리 사회의 상제의식이 전자 유교 봉건시대의 중국 유학 주자가례를 채택하였던 것인데, 그 절차가 심히 복잡다단하여 시간적으로나 경제적으로 폐단이 많음을 느낀 나머지 나의 후예들은 내가 정한 대로 준행하기 바란다.

제례

일. 제사라는 명칭을 추모식으로 고친다.

일. 추모식에 관하여는 '지방' 대신에 사진을 사용할 것.

일. 절(拜)하는 것을 묵념으로 고치고 기도할 것.

일. 축문을 읽는 것을 폐지하고 돌아가신 분의 약력 보고로 고칠 것. 약력 내용은 ① 생년월일, ② 학력, ③ 경력: '국가와 사회에 공헌한 공적, 가사에 대한 공적 등'.

일. 제물을 전같이 호화찬란함을 폐지하고, 제사에 참가한 사람 수에 적합하도록 간단 준비·접대할 것.

상례

일. 권고 사항은 전과 같음.

---

2) 가정의례준칙을 말한다.

일. 장례 기간은 3일을 원칙으로 정하여 부득이한 경우는 5일까지 할 것.

일. 장례는 매장이나 화장에서 택일하되 적합한 장지가 없을 경우에는 화장하는 것이 제일 선책이다.

일. 시체 앞은 절대로 음식물을 차려놓지 말고 향촉만 쓸 것.

일. 상복은 구습을 폐지하고 남자는 흑색 양복에 베띠만 띠고, 여자는 백색 상하복을 착용한다.

일. 대성통곡하는 악습을 금할 것.

이상 규정이 현재 일반 저명인사들 가정에서 행하는 통례이므로 이같이 정한다.

일. 상청 설치를 폐지하는 동시에 아침저녁 찬 등도 폐지하되 망인의 사진이나 걸어놓고 초하루, 보름으로 향촉이나 피워놓고 추모할 것. '기간은 일년간'.

1972년 12월 20일 흥 친필 서

유묵 전시 당시 작성한 계획서 서론

필자가 광복회 부회장 재임 시, 즉 1972년 제22차 8·15 해방을 기념하기 위하여 민족정기 선양, 유묵 전시를 실시할 때의 계획서 서론인 것

민족의 역사는 간단없이 진행한다. 이 진행이 힘을 얻고 방향을 바로잡으면 승리와 광영이었지마는 만일 힘을 잃고 방향을 잘못 잡으면 패망과 굴욕이 있을 뿐이다. 그러므로 우리는 우리들의 행진의 힘을 얻어야 하고 방향을 바로잡아야 한다. 그 힘이 곧 민족정기요, 그 방향이 곧 자주 노선이다.

지난날 우리는 패망과 굴욕스러운 역사를 맛보았다. 그래서 우리들의 구국 의열과 혁명 선배들은 매양 민족정기를 부르짖고 자주 노선을 외쳤던 것이다. 거기서 힘을 얻고 방향을 바로잡아 승리와 영광의 역사를 되찾기 위해서였다.

그것이 바로 광복운동이었고, 거기에 신명을 바친 선열들의 은공으로 우리는 마침내 민족의 소원을 이루었던 것이다.

그런 우리 민족에게는 아직도 시련이 끝나지 않았다. 민족 행진의 앞길에 숱한 고난이 가로놓여 있다. 그러므로 오늘도 우리들에게 필요한 것은 역시 힘이요, 바른 방향이다. 민족정기요, 자주 노선이다. 구국 의열과 혁명 선배들의 일거수일투족, 일언일구가 지난날에만 교훈이 되었던 것이 아니라 오늘에 와서 더욱더 그립고 아쉬움을 느끼는 까닭도 또한 그 때문인 것이다.

그들이 끼친 한 조각 종이 한 줄 필적을 어찌 범상한 종이와 글씨로만 보아 넘길 수 있을 것이랴. 이른바 서가(書家)들의 전서, 예서, 행서, 초서의 빛나는 글씨들은 사람의 이목을 흔드는 천자만홍(千紫萬紅)의 꽃들에 비기려니와 선열들의 꾸밈없는 유묵이야말로 밖으로는 화려한 것 아니로되 거기에는 남의 가슴을 파고드는 송죽의 깊은 향기가 배어 있는 것

이다. 비록 수운지(水雲紙) 같은 값진 종이가 아니요, 한 조각 구겨진 헌 종이일망정 비록 송연묵(松煙墨) 향기가 풍기지 않고 패묵(敗墨)의 희미한 물을 찍어 쓴 것일망정, 또 비록 양호(羊毫)로 휘두른 것이 아니라 독필(禿筆)로 지우고 끄적거린 글씨일망정 보통 서가의 것은 은전으로 능히 바꿀 수 있지마는 선열의 그것은 값 주고 살 수 없는 돌 속에 깊이 박힌 형산 박옥이 아니겠느냐.

그리고 세상에는 미사여구가 많고 그같이 유려한 문장이 왜 안 좋으랴마는 그런 글의 내용은 한갓 잔잔한 청류(淸流)에 비길 것이요, 민족정기를 외친 문구는 거기에 눈물과 피의 기원과 호소가 들어 있는 것이라. 소리쳐 우는 노도격랑(怒濤激浪)에 비길 것인바 우리가 굳이 여기서 그런 글만 모아 특이한 전시회를 마련하는 까닭도 역시 우리 민족의 행진에 힘을 주고 방향을 바로잡게 하려는 일념에서인 것이다. 그러므로 선열들의 유묵 필적이 결코 글씨에 목적이 있는 것이 아니요, 그 뜻을 전함에 있었던 것같이 오늘 우리들의 기도하는 바도 또한 결코 전시회에 목적이 있는 것이 아니요, 상시 우국하는 우리들의 뜻을 묻고 동포들의 뜨거운 대답을 들으려 함에 있는 것이다.

뜻있는 군자(君子)들의 지도 편달과 호응이 계실 것을 믿고 의심하지 않는다.

약력

이 약력은 1973년 7월에 우리 대종회에서
우리 사회에 저명한 일가(宗人)들의 역사 편찬하는 데 제공한 것임.

태상경파 인동인(仁同人) 대환(大煥) 장남.

(1) 나의 본명은 기진(基鎭)이요, 호를 우석(愚石)이라 칭하였다가 중국으로 망명 후에 왜경의 안목을 피하고자 장흥으로 변명하고 귀국 후에도 계속 이 성명 그대로 행세하다.

(2) 출생 연월일, 가정 상황, 출신, 경력

1903년 당시 일본 명치시대에 일본이 우리 한국을 침략하려는 야욕이 노골화되어 가던 음력 정월 20일에 고양군 원당면 성라산하에서 출생하였다. 가정에 있어서는 조부모님 및 양친 부모님의 층층시하에서 생장하여 6세 때부터 17세 때까지 한문을 배울 시절에 스승으로부터 총명하다는 칭찬을 받으면서 『시경』과 『서경』을 다 통달하였다. 내 나이 7~8세 때에는 벌써 국권을 왜놈에게 강탈당한 때다. 경향(京鄕) 각지에서 의병운동이 격렬한 차제이라 왜 헌경(憲警)들이 도처에서 우리 국민에 대한 만행이야말로 이루 형언할 수 없어, 갈수록 혹독하여 가는 것을 목도할 때마다 마음에 분통이 터질 지경이었다. 이런 환경이 곧 나의 독립사상을 싹트게 한 좌증(左證)이라 할 것이다.

(3) 독립운동에 참가한 동기

인생의 출세는 환경의 지배를 받아 걸어 나가는 것이 통례이다. 나 역시 이런 악독한 환경 속에서 생장하였기 때문에 이와 항쟁하는 정신이 강화되었을 뿐 아니라 특히 당시 안중근(安重根), 강우규(姜宇奎), 김상옥(金相玉)

의·열사님들의 애국운동이 끊임없이 봉기하여 국내외에서 구국운동이 갈수록 치열해 가는 차제에 이 운동에 가담할 기회만을 모색하던 중 그때 고양군수 오태환(吳台煥) 씨의 장남인 세덕(世德) 군이 의열단 단원으로서 상해임시정부 지령을 받고 국내에 잠입·활약하다가 체포되어 하옥된 지 몇 개월 만에 그 부친의 운동으로 가출옥(假出獄)되어 나와 있을 시에 비밀리에 그를 방문하고 상해로 망명할 것을 꾀하던 찰나에 마침내 토지 매매대금 700원을 마련해 가지고 오 군과 같이 1925년 3월경에 일본을 경유하여 상해로 망명하여 즉시 임시정부 외무부장 여운형 씨를 찾아뵈옵고 그 분의 지도를 받게 되었다.

(4) 중국 황포사관학교에 입학 수업한 경위
내 본래 상해로 탈출 시에 결심하기를 미국 유학 가서 풍부한 독립 지식을 배워 가진 후에 조국 광복운동에 투신하려던 목적이었다. 그러나 그 당시 만주에서 활약하는 김좌진(金佐鎭), 홍범도(洪範圖), 지청천, 이범석 제씨가 당지에서 독립군 간부를 양성하기 위하여 신흥군관학교를 창설하였고, 석오(石吾) 이동녕(李東寧) 씨는 러시아령 '이르쿠츠크'에서, 박용만 씨는 미국 '하와이'에서 각각 사관학교를 창설하여 군사 인재를 육성하였고 임시정부에서는 중국 혁명가 손문 씨가 경영하는 황포사관학교와 운남성 독군(督軍) 당계요(唐繼堯) 씨가 경영하는 운남사관학교에다 많은 우리 청년들을 선발, 파견하여 위탁, 훈련을 실시하면서 무력투쟁을 계속하던 때인지라 나 역시 여(呂) 선생이 지도를 받아 미주 유학하려던 계획은 포기하고 1923년[3] 3월경에 동지 신악(申岳), 박세창(朴世昌), 박우균(朴宇均) 등 십여 명과 같이 황포사관학교 제5기에 입학하여 군사교육을 맡게 되었다.

3) 1926년의 오기로 보인다.

(5) 중국 군대에서 근무한 경위

사관학교를 졸업한 후에는 필히 각종 부대에 배속되어 6개월간에 견습 사관으로 근무하는 것이 통례인 동시에 최소한 3년간은 군에 복무할 의무가 생기게 되는 것이다. 우리 졸업생들은 특별히 견습 기간을 마친 후 필히 우리 독립군에 배속되어야 할 것이나 나 외에 권준(權晙), 이춘암(李春巖), 이집중(李集中) 등 8~9명은 졸업 당시에 임시정부 지령에 의하여 특수 임무를 띠고 중국 헌병 기관에 파견 근무케 되었다.

원인(필요성)

갑) 우리 졸업 당시에는 만주에서 활약하던 독립군은 적군이 전 만주를 침략·점령 통치 이래 우리의 근거지가 전부 와해되자 총사령 지청천 장군이 간부 수백 명을 인솔하고 관내로 들어오신 후 독립군 활동은 멈췄고, 또 광복군은 아직 조직도 없었던 시기인지라 군인 생활하려면 부득이 중국에 투신하는 수밖에 없었던 것이다. 그리고 1940년에 중국군사위원회 원조하에 우리 광복군을 성립한 후에는 중국군과 협동 작전 조약이 성립되었으므로 중국군이나 광복군이나 어느 쪽에서 근무하든지 논공행상에 있어서 피아에 차별 없이 동일시 대우를 받게 되었다.

을) 왜제(倭帝)의 이민 정책에 의하여 우리 국민을 만주 일대로 내몰아 놓고 계속 중국을 침략하려는 전위대로 사주하여 중·한 양 국민으로 하여금 원수 상태를 조성하려는 악랄한 계책 중에서 저 유명한 만보산사건을 비롯하여 국내에서 화교학살사건, 북경에서는 적 관동군의 교사를 받은 한인들이 동화(銅貨)를 수집한 것을 중국 관헌에게 압수당한 보복 행동으로 중국군사위원회 사무실 습격으로 인하여 굴욕적인 하매협정[하응흠-매진사단장(梅津師團長)] 체결건, 중국 각지에 일·한 낭인을 파견하여 아편 밀매건 등등으로 도처에서 한인 교포들의 만행이 속출되므로 치안 당국에서는 큰 두통거리의 문제로 고심초사 중·일뿐 아니라 각지 상계에서는 우리와 상거래도 끊고 심지어는 우리 독립운동자에게 식량까지도 팔지 않으려는 운동이 전개되었던 것이다.

병) 주중 일본대공사관에서는 소위 치외법권을 빙자하고 무수한 경찰을 배치하여 전적으로 우리 독립운동가들을 체포 및 살해하는 데 전력을 다 하였고, 특히 윤봉길 의사가 백천(白川) 대장을 저격한 사건 후에는 일경의 활동이 더욱 적극화되어 우리 독립운동자들의 생명 안전이 지극히 위험한 처지에 빠져 있었다.

정) 중일전쟁 중에 일본군으로부터 탈출·귀순하여 오는 한적 장병을 수용하여 광복군으로 편입하게 하는 조치와 또 한적 병사 포로들의 수리(受理) 조치 문제

무) 수복지구 내의 우리 교포들의 생명, 재산 보호 접수 등등 이상 열거한 제 문제들을 연구, 조사, 검토, 조치하기 위하여 중국 각 통신 및 헌경 치안기관에 임정으로부터 받은 동지들을 밀파시켜 협동 근무하였다.

(6) 중국 헌병기관에서 근무한 경력

헌병총사령부 경무처 처원 헌병 대대장[영장(營將)], 부연대장(부단장) 등 직외에 남경장정총대[병사사령(兵事司令)] 기요간사, 남창 숙간위원회 독찰(督察) 처장직을 겸임하였음.

이상과 같이 중국군 경기관(警機關) 직원으로 재임 시에 대부분 처리한 사무가 우리 독립운동과 직접, 간접으로 관계된 사무였으며 나 자신도 민족혁명당 당원이요, 의열단 단원으로서 활약하였으며 또 지청천 장군이 인솔, 입관한 독립군 간부였던 근 200명을 남경 장정총대 요원으로 가편입시켜 식량 배급받는 공작을 조정하기 위하여 본인이 장정총대 기요

간사를 겸임하였던 것이다.

(7) 1945년 8·15 광복 후의 경력

중일전쟁이 끝나기 직전에 중국 헌병 부연대장으로 수복지인 남창에 진주하여 싸움터 복구, 치안 확보, 간첩 숙청 등등에 힘을 쏟던 중 8월 10일 적이 투항하였다는 소식이 전파되자 전국 국민이 열광적으로 불철주야하고 방방곡곡 경축 일로였다. 그날 광복군 총사령관 지청천 장군으로부터 본인더러 전보받는 즉시로 광복군으로 복귀하라는 전령을 받았고, 또 12일 자로 지 장군 장남인 달수(達洙) 군이 직접 복귀하라는 지령을 전달해 왔으므로 그 즉시 중경으로 달려가 지 총사령관을 뵈옵고 소장고급참모의 위임장을 받았다. 또 임시정부 주화대표단으로부터 상해 선무단 단장직을 겸임하도록 지령을 받은 즉석으로 다시 상해 임지로 날아와서 현지 교포들과 광복군에서 해방된 병사들까지 총합해서 5만여 명의 생명·재산 보호와 수송·귀국 사무를 전반 집행 완료하고 1947년 7월경에 최후 선편으로 가족(처 1인, 딸 3인) 모두 네 명을 데리고 24년 만에 그리웠던 조국으로 돌아오다.

(8) 1948년 우리 대한민국정부 수립 후 경력

우리 정부 수립 후에 국무총리 이범석 장군의 요청으로 국무원 비서직으로 4개월 근무하다가 국방군이 조직된 후에 초대 헌병사령관으로 발탁받고 근무하다가 1949년 6월에 백범 김구 선생이 저격당하신 후에 이 사건을 헌병사령부 주관하에 수사, 취급하라는 신성모 국방장관의 지시가 하달되는 동시에 나는 임정 계통의 인물이라는 지목을 받고 헌병사령관직에서 물러나게 되었다. 그 근무 중에 헌병령 및 헌병 복무규정 등 제 법규를 제정하여 헌병 부대를 창설하였다는 공로로서 국방부령 제13호로서 표창장을 받았음. 헌병에서 나는 이후에 국군 6사단장, 경남·전남·강원

각 도 계엄사령관 및 병사사령관, 국방부 병무국장, 육군 전사총감 등 직을 역임하고 1959년 4월에 중국군, 광복군, 국군을 거쳐 30년간 군대 생활에 종지부를 찍고 당년 54세[4]에 퇴역하였다.

국군의 병무 총책을 맡은 후 6·25 대전란을 치렀고, 병역법 및 시행령 군경원호법(軍警援護法) 등을 제정한 공로로서 국방장관의 표창을 받았음.

퇴역을 기념하기 위해 스스로 읊은 시

退役日自吟	전역하는 날 홀로 읊다
自問自身何事爲	스스로 자신에게 무슨 일을 하였는가 묻노니
風餐露宿已支離	고생고생하며 한 지루한 생활은 끝났네
炎涼世態來來變	무상한 변화의 세상 형편에 따라 변하면서 왔고
輕薄人情去去移	메마른 인정 속에 이리저리 옮겨 다녔다네
不顧當年妻子養	그 당시에는 처자식을 돌보는 걸 생각지 않고
只知前日國家悲	다만 그때는 나라가 잘못되는 비극을 당할까만 생각했네
從軍十載未平定	군대 생활 10년 동안 평화로움을 이루지 못했는데
白髮星星時勢遲	백발의 노병이라 가는 세월을 늦출 수 없구나

본인이 중국으로 망명한 경위

[중국 군경의 힘을 빌려 우리 독립운동을 방조(幇助)한 실제 기록]

특히 8년간 중일전쟁 중에 헌병 장교직에 있으면서 전국 각지에서 발

4) 1903년생으로 햇수로 57세이다.

생된 한적 교포 사건을 취급한 기록으로 책으로 만들어 8권을 휴대, 귀국하여 나의 부모님께 보여드리고 장래 한가할 때에 내 전기 쓸 재료에 이바지하고자 신중 보관하였다가 불행히도 6·25 동란 시에 향리 본가가 적기에 폭격당하는 바람에 전부 소실되었다. 이를 보완하기 위하여 다시 지내온 경력을 생각되는 대로 기록하여 우리 후예에게 전해주려 하나 경과한 지역 및 일시를 기억할 수 없는 관계로 순서대로 상세한 전기가 되지 못함을 심히 유감으로 생각한다.

(9) 5·16 혁명 후에 1967년 4월에 박정희 대통령 각하의 부름으로 원호처 원호심사위원장으로 취임하였다가 1972년 3월에 정년으로 퇴직하고, 사단법인 광복회 부회장으로 취임하여 현재에 이르렀다.

1968년 3월에 대통령령 제 34941호로 애국표창장을 받았음.

이상 틀림없음.

유적 비문 초안

속칭 호랑이도 죽을 때는 반드시 제가 살던 동굴을 찾아와서 죽는다는 것과 같이 인간도 죽을 때는 자기 향토를 찾아와 묻히는 것이 통례이다. 그런데 나는 왜 선영 묘역을 떠나 국립묘지에 묻힐 것을 자녀들에게 유촉(遺囑)하느냐 하면 내가 1903년 음력 정월 20일 이 터전에서 출생하여 22세 때까지 조부모님과 양친 부모님을 모시고 학업에 진력하다가 당시 왜적 폭정하에서는 망국민의 치욕을 받을 수밖에 없는 나머지 비밀리에 동지들과 규합하여 구국운동을 꾀하던 중 마침내 상해 우리 임시정부 국내 파견원 오세덕(吳世德) 군과 연락이 되어 1925년 3월에 일본을 경유하여 상해로 탈출하였다. 도착 후 즉시로 임시정부 외무부장 여운형(呂運亨) 선생을 예방하고 그분의 지도를 받아 선생이 영도하시는 제난회(濟難會), 노병회(勞兵會) 및 기타 청년단체에서 헌신 투쟁하다가 1926년 3월에 임정 지령을 받고 광동 황포사관학교에 입학하다.

졸업 후에 우리 임정 요원들의 생명, 재산을 보호하며 적경들의 행동을 감시하는 책임을 지고 중국 헌경기관에 근무하면서 한편으로는 우리 청년 동지들을 규합, 훈련에 진력하다가 1945년 8월에 해방과 더불어 광복군 총사령부 소장고급참모로 전임과 동시에 임시정부 상해 선무단 단장직을 겸임하면서 해산된 광복군 장병과 현지에 집결된 교포들 5만여 명을 중국, 미국 양 당국에 교섭하여 전원 귀국시키고 1947년 7월경에 최후 선편으로 장장 25년 만에 그리웠던 조국으로 돌아오니 당시 미군정 통치하의 공산도배들의 활약을 방임해 둔 나머지 이승만, 김구 선생님을 옹립하는 민주 진영과 정면으로 투쟁이 전개됨에 따라 사회질서가 극도 혼란 중에 국민 생활이 도탄에 빠지게 되었던 중 1948년 8월 15일에 이승만 박사님을 수반으로 하는 대한민국정부를 수립과 동시에 헌법을 선포하고 민주체제를 확립하시었다.

내각에는 국무총리로 이범석 장군이 선임되자 본인은 총리비서실장직을 맡고 4개월 동안 근무타가 1949년 3월경 대한민국 초대 헌병사령관으로 피임되었다. 그 후 군 발전에 따라 경남·전남·강원 등지의 계엄사령관 및 병사구사령관, 국방부 병무국장, 제3군관구 사령관, 육군전사총감 등 직을 역임하였다가 1959년 5월에 군으로부터 퇴역하였고, 1967년 제3공화국이 성립된 후에 군사원호처 원호심사위원장으로 피임되었다가 1973년 4월에 동 직책을 사임하다.

이상 기록과 같이 내 생애 전반을 분석한다면 1세부터 22세까지는 피보육 시기였고 23세부터 45세까지는 구국 독립운동 시기였고 46세부터 70세까지는 건국·건군 시기로 나눌 수 있다. 이리하여 내 생애에 3분의 2는 국가, 민족을 위하여 헌신한 역사를 소지하였으므로 1968년 3월에 대통령령 제34941호의 애국지사표창장을 받았고 1977년 12월 13일에는 제1122호 건국훈장을 받았다.

상기와 같이 국내, 국외에서 50년 동안 구국 및 건국운동 선상에서 생사고락을 같이하였던 이범석(李範奭), 최용덕(崔用德), 이준식(李俊植), 김학규(金學奎), 제위 동지들은 벌써 타계로 가시고 육신만이 국립 묘역에 묻히셨다. 나도 사후에는 이 동지들을 따라 같은 묘역에 묻힐 것을 자원하면서 내 자녀들에게 유촉해 두는 것이며 또 내 생전은 구국 운동에 헌신하느라고 부모님을 봉양하지 못한 것이 뼈에 사무친 남은 원한이므로 사후나마 출생지인 이곳에 나의 혼백이 기거할 수 있는 유적비 하나를 세워 선영 묘역을 수호하려 한다.

1972년 12월 13일

손수 초안함

아버님을 기리며

한국전쟁이 한창이던 1951년 초, 임시 수도인 부산에 병무 행정과 치안 경비를 담당하는 병사구 사령부가 있었다. 사령관이던 아버지는 군을 위해 국회에서 반드시 통과되어야 할 몇 개 입법안을 마련했다. 당시 국회의 의장은 신익희 선생이었는데, 아버지는 아무도 모르게 신 의장 사저를 찾아가 법안 설명을 마쳤다. 법안의 통과 필요성을 찬찬히 설명하고 설득해 사전 조율을 마쳤다. 그다음 날 의장에게 충분히 의사를 전달하기도 했고 전쟁 승리를 위한 법안이므로 당연히 통과될 줄 알았는데, 뜻밖의 변수가 생겼다. 다수당인 민주당 의원들이 입장을 바꿔 반대 의사로 돌아서는 분위기였다. 아버지는 낙심하지 않고 끝까지 신익희 의장을 바라보았다. 그런데 신 의장은 포기한 듯 부의장에게 의사봉을 맡기고 단상 아래로 내려와 앉았다. 모든 것이 끝나는 분위기였다. 찬반 토론을 마치고 부의장이 찬반을 묻는 순간이었다. 맨 앞에 앉아 있던 신 의장이 찬성 쪽에 높이 손을 들어올렸다. 신 의장이 맨 앞에서 높이 손을 올리자, 민주당의 다른 의원들도 신 의장을 따라 높이 손을 들었다. 그리고 그 입법안은 통과되었다.

내가 신익희 선생과 아버지의 이야기를 꺼내는 것은 아버지의 성품과 일하는 방식을 독자들에게 말하고 싶어서다. 이 일화가 아버지의 진심과 진실을 이 책을 읽는 독자들에게 더 충실히 전달할 수 있지 않을까 생각한다.

아버지는 신중하고 내성적인 분이셨다. 반면, 일을 하실 때는 타협하지 않고 매우 책임감 있는 분이셨다. 자신이 하는 일을 잘 드러내지도 않을 뿐만 아니라 남의 단점 또한 가려주는 자상한 분이기도 했다. 돌아가시기

전, 김구 선생 암살의 전후 내막에 대해 얼마든지 폭로할 기회가 많았지만, 결국 이 책이 '사후 자서전'이 된 것은 아버지의 생각을 반영했기 때문이다. 직접 자서전에 담아내야 하는데 그렇지 못하고 가족에게만 아쉬움을 토로하신 많은 내용도 아버지의 성격과 무관하지 않다고 생각한다.

아버지께서는 김구 선생 암살과 관련해 관계자들이 생존해 있을 때는 책을 내지 않겠다고 선언하셨다.

"나나 관계자들이 모두 살아 있을 때 자서전을 내고 싶진 않다. 그들과 척을 질 필요도 없고, 또 그렇게 되면 그들의 후손들에게도 누가 될 거다. 원고를 잘 갖고 있다가 모든 관계인들이 사라졌을 때 역사 앞에 진실을 위해 출판하길 바란다."

아버지의 유언이다. 남을 배려하고 남의 명예도 소중히 여긴 아버지다. 이 자서전이 아들인 내가 칠순이 넘어서야 뒤늦게 나오게 된 연유이기도 하다.

안타깝게도 자필로 쓴 이 책 외에 아버지께서 모아두셨던 현대사의 많은 증거 문서들은 거의 남아 있지 않다. 6·25 전쟁 때 폭격으로 상당한 문서가 소실되었기 때문이다. 아버지는 오로지 자신의 기억에 의존해 이 자서전을 집필했으므로, 그런 점에 대해 늘 아쉬워하셨다. 아버지는 배려심이 많은 사람이긴 하지만, 자신을 과시하거나 자랑을 마다않는 사람들의 이야기에 대해서는 매우 절제력 있게 써 내려가셨다. 그런 의미에서 이 자서전은 역사적 가치가 나름 적지 않다고 이야기할 수 있다.

백범 암살 다음 날 나와 어머니가 아버지한테 직접 전해 들은 헌병사령관 교체에 관한 전후한 상황이다.

1949년 6월 26일은 백범 선생께서 안두희의 총탄에 맞아 서거하신 날이다. 당시 헌병사령관이던 아버지는 고향인 일산에서 출발해 서울 홍제동 고개를 넘어서고 있었다. 길거리에 헌병대 차량이 즐비하게 세워져 있었고 김병삼 대위가 나와 경비하고 있었다. 여기저기 울음소리가 그치

가족사진 1957년

지 않았다. 아버지는 차를 세우고 시민들에게 이유를 물어보았다. 시민들이 벌써 알고 "백범 선생이 흉탄에 맞아 돌아가셨다"고 전해주었다. 아버지는 서대문 사거리에 도착하자마자 사령부 관계자에게 보고를 받았다. "김구 선생께서 돌아가시고 범인은 김문호(?) 대위가 사령부로 압송했다"는 보고였다. 즉시 사령부 집무실로 향했는데 집무실 안에는 안두희가 몸에 붕대를 감고 침대에 드러누워 있었다.

그날의 허탈함과 비통한 심정 때문에 아버지는 한잠도 이루지 못하고 날을 샜다. 암살 사건 다음 날인 6월 27일 월요일 새벽 6시쯤이었다. 아버지를 당혹해하는 일이 벌어졌다. 육군본부 인사참모인 최영희 중령이 찾아왔다. 아버지는 벌써 '인사 조치'를 직감하고 최 중령에게 물었다.

"이른 아침에 무슨 일로 찾아왔느냐?"

"사령관님의 인사 조치 명령이 하달되어 직접 통보하러 왔습니다."

이렇게 말하며 최 중령이 내민 인사명령장에 아버지는 다시 깜짝 놀랐다고 한다. 공식 명령장이 아니라 급조된 '명함 한 장'으로 된 인사 명령이었기 때문이다.

최 중령이 주춤하며 상의 주머니에서 꺼낸 '인사명령장'은 국방장관 신성모 명함에 "헌병사령관 장흥을 1949년 6월 27일부로 직을 면직한다"라고 쓴 것이 전부였다고 한다. 신성모 국방장관 명함에 수기한 내용이었다고 아버지는 말씀하셨다. "이런 인사명령지도 있느냐?", "대한민국의 군부가 제대로 아직 자리를 못 잡았어도 명함에 인사 명령을 내다니 ……"라면서 아버지는 몹시 불쾌해하며 당혹감을 감추지 못했다. 만감이 교차하는 가운데 아버지는 특유의 차분함을 잃지 않았다. "알았다"고 하자 최 중령은 명함으로 된 '인사명령장'을 놓고 나서려 했다. 아버지는 그 인사장을 마당에 내던졌다.

당시에는 반민특위 해체와 이승만 정권의 친일분자 중용 문제가 정치권의 큰 이슈였다. 그러니까 아버지가 직감한 것은 중용된 친일분자들이 일을 벌이고 수습 과정에 독립유공자들이 나서지 못하도록 계획적으로 교체했다는 것이다. 독립유공자인 아버지는 백범 암살을 계기로 친일 무리들의 대규모 공작이 본격화될 것을 직감하셨다고 늘 강조하셨다. 백범 암살 직후, 마땅히 조사 책임자가 되어야 할 독립유공자인 헌병사령관을 교체한 것은 백범 암살이 적어도 친일분자들의 소행이 아니고서는 생각할 수 없는 카드였다고 하셨다. 백범 암살에 친일분자들의 모종의 음모가 개입되었음을 헌병대 내부에서도 짐작하고 있었다는 것이 아버지의 말씀이셨다. 그 인사명령장을 땅에 던져버린 것도 아버지의 그런 속마음을 드러낸 것이었다.

땅바닥에 내팽겨 친 그 명함은 최 중령이 다시 집어 들고 갔다고 한다. 나는 아버지가 생존해 계셨을 때 "역사의 중요한 자료가 되었을 텐데 왜 명함을 던져버리셨냐?"고 몇 번이고 아쉬움을 토로했다. 아버지는 "당시로서는 너무 기막히고 백범 선생님의 죽음이 원통해 나도 오르게 던지게 되었다"고 회고하셨다. 백범 암살을 직접 조사해야 할 아버지는, 이렇게 백범 서거 후 처음으로 숙청된 공직자가 되었다.

아버지의 회고에 따르면 백범 암살 사건에서 눈여겨봐야 할 사람은 아버지를 대신한 전봉덕이라고 한다. 그는 악명 높은 친일 고등경찰 출신으로 아버지 대신 백범 암살을 조사할 헌병사령관으로 임명되었다. 뼛속까지 친일인 무리들이 배후에서 일으킨 암살 사건 조사를 악명 높은 일제 고문 기술자에게 맡겼으니 그 전모가 밝혀질 리 만무했다. 아버지에게 헌병사령관 자리를 맡기면서 전봉덕을 헌병대 부사령관으로 밀어 넣은 사람은 신성모 장관이었다.

아버지 대신에 백범 암살 사건의 군내 조사 책임자가 된 전봉덕. 아버지의 회고에 따르면 백범 암살 다음 날인 6월 27일 월요일 아침 아버지가 헌병사령부 집무실로 출근을 하자 벌써 그가 와 있었다고 한다.

전봉덕은 상관인 아버지를 보고 경례를 하더니 "장 사령관님, 제가 금일부로 사령관으로 임명을 받았습니다" "이 시간 이후 사령관으로서 모든 권한을 집행하겠습니다"라고 했다. 그는 빠른 시간 내에 인수인계서 작성에 협조를 바란다고 다그치며 뻔뻔한 태도를 보였다. 전봉덕은 "작금의 시국 정세가 혼란한 상태여서 인수인계식은 생략하겠습니다"라는 말을 덧붙였다고 한다.

못마땅했지만 아버지는 언제나 '신사'였다. "전 사령관 의향대로 하라"고 하며 자리를 내주셨다고 한다. 그렇지만 가족들에게만은 솔직한 심정을 내비치셨다.

"당시 매우 수치스러웠고, 솟아오르는 분노를 참았을 뿐이다."

중요한 것은 전봉덕이 셀프 인사 통보를 한 것은 어딘가 '믿는 구석'이 있었고, 이는 백범 암살 배경에 구조적으로 큰 문제가 있다는 것을 보여주는 대목이기도 하다. 사령관에 대한 인사 명령을 진급 대상자가 직접 통보를 하는 것은 정상적이지 않다고 아버지는 강조했다.

백범 암살 사건과 관련해 아버지가 주목한 또 한 명의 인물은 채병덕 당시 육군참모총장이다. 그는 백범 암살로 민심이 흉흉해지자 헌병사령관에서 물러나 있던 아버지에게 대국민 호소를 요구했다고 한다.

"안두희에 의한 백범 암살은 단독 범행이며, 우발적 사건이라고 발표해 달라.”

그러나 아버지는 응하지 않았다.

아버지는 김구 선생님이 돌아가신 다음 날인 6월 27일부로 육군 6사단장으로 발령받았다. 당시 아버지는 6사단장직에 관심이 없었기 때문에 집에서 은둔 중이셨다. 그 무렵 서울 도봉구 수유동에서 독립운동가 의암 손병희 선생님의 추모 행사가 있었다. 모든 행사가 끝난 후 그 자리에 참석했던 채병덕 참모총장이 다가와 “사무실로 와달라”고 했고, 아버지는 약속에 응했다. 그렇지 않아도 군을 떠나고 싶은 심정이어서 약속에 응했다는 말씀이셨다.

사무실에 들어서자 채 총장은 말문을 열었다.

“일선 사단장직을 희망하셨다 하던데 ……. 내가 장관님께 말씀드려 6사단장으로 발령을 냈다.”

형국이 매우 혼란한 상태라 시국을 안정시키기 위해 군내에서 의혹을 풀어줄 책임 있는 당국자가 필요하다는 것이었다. 더군다나 백범 암살에 대한 군내 조사 책임자가 하루아침에 바뀐 데 대해 많은 국민들이 의혹을 갖고 있었다. 채 총장은 단도직입적으로 “협조해 달라”고 주문했다.

국내 정세를 안정시키기 위해 협조를 해주길 바란다고 하면서 “대승적 차원에서 6사단장을 받으라”고 했다는 것이다. 그 말을 듣고 아버지는 바로 사직서를 꺼내 그에게 제출했다. 군을 떠나 일단 고향으로 내려가 조용히 지낼 생각으로 찾아왔다고 하면서 사직서를 건넨 것이다. 그러나 사직서는 즉시 반려되었다고 아버지는 회고했다.

채병덕 참모총장이 사직서를 반려한 것은 아버지에게 간곡한 부탁을 하기 위함이었다. ‘안두희에 의한 백범 암살은 단독 범행이며 우발적 사건이다. 이 내용으로 대국민 호소를 해달라’고 사직서를 반려하면서 다시 사정을 했다는 것이다. 이 요청에 백범 암살 배후를 감추려는 의도가 담겨 있다는 것을 아버지는 직감했다. 군내에 이미 퍼져 있던 백범 암살 배후에 '신성모-채병덕-전봉덕-안두희'로 연결되는 친일 일당이 있다는 의심을 풀어달라는 요청이었다고 아버지는 회고했다.

채병덕은 이 자리에서 "임정 출신이고 그분들과 교류와 교분이 두터운 분이 장 대령 아니냐. 정부에 협조해 달라"며 승진까지 제안했다고 아버지는 증언했다.

"이 자리에서 협조에 동의만 해준다면 내일 날짜로 별을 달아드리겠다. 이후 정국이 안정되면 정규 인사 발령 시에 참모차장 직책도 보증하겠으니 협조를 바란다."

채병덕의 부탁은 여기서 그치지 않았다.

당시 어머니와 함께 들었던 말은 이렇다.

"신성모 장관이나 정부가 원하는 것은 당시 헌병사령관인 내가 대국민 호소문을 발표하는 것이었다."

채 참모총장은 이렇게 요구했다고 한다.

"장 대령이 헌병사령관으로 있을 때 조사한 결과에 따르면 안두희는 '단독으로 범행한 것이며 우발적 사건이다'라고 대변인으로 시국성명을 발표를 해주면 김창숙 등 세간에 유언비어를 날조하며 선동하는 이들에게 고무적인 영향을 끼쳐 시국을 안정시킬 것으로 판단된다. 장 대령이 기자 회견에서 발표해 줄 것을 부탁한다."

아버지는 단호하게 잘라 말했다.

"참모총장님, 저의 사표를 받아주십시오. 저는 못 하겠습니다. 우리 임정을 배반할 수 없습니다."

채병덕 참모총장도 물러서지 않았다.

"장 대령님 잘 생각해 보시고, 국가를 위하신다면 우리와 함께 해주기를 바란다."

그는 존칭까지 쓰며 사표를 반려했다고 한다.

채 총장이 이유로 든 것은 정국 혼란에 대한 우려였다. 즉, 아버지에 대한 사표가 수리되면 정국 혼란이 가속화되고, 임정의 독립유공자들이나 일반 국민들의 백범 암살 배후에 대한 의심이 더욱 증폭되리라는 판단했기 때문이라는 것이었다. '다음 자리 보장'을 거론하며 집요하게 공세를 가하는 채 참모총장에게 아버지는 "남들의 시선이 집중되지 않는 지구대 사령부로 발령을 내달라"고 요구했고, 아버지는 며칠 후 강원도 춘천 병사구 사령관으로 발령받았다.

아버지가 신중하기는 하셨지만 정의로운 실천자였다는 점은 김구 선생 암살이 일어나기 전 소위 국회 프락치 사건에서도 알 수 있다. 헌병사령관이던 아버지는 채병덕 참모총장의 '국회의원 체포' 요구에 반기를 들었다.

김구 선생 시해 사건이 일어나기 얼마 전, 채 총장이 이렇게 전화를 걸어왔다고 한다.

"우리 국회에 북측과 내통하는 빨갱이가 있는데, 알다시피 김약수 의원 외 10여 명을 헌병 병력을 동원하여 모두 체포·구금하라."

아버지는 이를 즉각 거부했다. 군이 민간인 신분인 국회의원 문제에 어떻게 개입하느냐고 하면서 "위법한 일이 있으면 경찰이 하면 된다"고 하셨다는 것이다.

아버지의 반응에 채 총장은 "항명" 운운했지만, 결국 이 문제는 "전시에는 가능하나 지금 같은 비전시체제에서는 군이 관여하지 않는 것이 원칙"이라는 아버지의 의견이 받아들여졌다. 백범 서거를 전후해 전봉덕은 결국 채 총장의 지시를 받아 국회로 진입했다. 그리고 국회의원 김약수 등 13명을 체포하였다고 한다. 국회 프락치 사건의 배후에도 친일인사들이 도사리고 있었던 것이다.

군내에 몇 안 되는 독립유공자이자 군 간부였던 아버지. 정부 내 친일인사들의 독립유공자 숙청에 아버지도 휘말렸다. 당시 특무대는 일제강점기에 가장 악랄한 경찰이던 김창룡이 이끌고 있었는데, 아버지가 그에 의해 구속된 것이다.

전쟁이 끝나고 얼마 지나지 않은 1953년, 아버지가 국방부 병무국장으로 있을 때 사건이 일어났다. 집무실에 계급과 소속도 없는 두 사람이 갑자기 난입했다. 그들은 다짜고짜 "저희는 특무대 수사과 소속 ○○입니다"라고 표찰을 제시하며 동행을 요구했다고 한다.

"저희 부대 조사 규정에 의거해 정중히 모시겠습니다."

무슨 일로 조사 대상이 되었는지 아버지는 물었으나 그들은 막무가내였다. 아버지는 어머니에게 "김창룡의 특무대에서 소환하여 지금 가니, 동요치 말고 각오 단단히 하라"고 일러놓았다. 한 번 따라 나서면 돌아올 수 있을지 보장되지 않는 길이었다. 어머니는 당시를 회고하며 "일생을 숨죽이며 살아가야 한다는 생각으로 하루 내내 방에서 펑펑 울었다"며 생이별의 아픔을 전했다. 어머니는 독립운동을 하던 중국 험지에서 아버지의 밀지를 목숨 걸고 임시정부에 전달해 위험한 고비를 넘겼는데, 이제 또 한 번 복받치는 울음을 참을 수 없었다고 하셨다.

특무대 정문을 통과한 아버지가 김창룡 특무대장 집무실로 안내를 받아 갔더니 김 특무대장이 정자세로 서서 정중히 경례하며 맞았다.

"이곳까지 오시느라 수고하셨다. 조사에 적극 협조 부탁드린다."

아버지는 모자를 벗고, 계급장을 뗀 뒤 조사실로 들어갔다. 독립유공자에 대한 자격지심으로 가득한 악명 높은 일제 경찰 출신, 김창룡의 부대에서 이뤄지는 조사였다. 아버지는 온갖 범죄를 뒤집어쓰고 수모를 감수해야 했다. 아버지와 마찬가지로 우리 가족들도 수모를 겪었다.

1949년 아버지가 헌병사령관을 지낼 당시 북한을 상대로 장사하려는 사람을 막은 적이 있다. 그런데 이 일을 빌미로 아버지를 엮으려 한 것이다. 일제 고등경찰의 전형적인 '수법'이었다. 당시 아버지는 판문점 군사경계선에서 검문을 담당하는 헌병초소장에게서 온 전화를 받았다. 남과 북의 협약에 따라 생활 필수 물자는 물물교환 형식으로 검문을 거쳐 상인들이 거래할 수 있었다.

담당 장교는 군용 타이어 200개를 싣고 북측으로 가려는 상인이 있다고 아버지에게 다급히 보고했고, 아버지는 "북을 이롭게 하는 행위"로 판단해 이를 차단했다. 하지만 그 상인은 당시 신성모 국방장관 직인을 찍은 운송반출장을 보여주며 통과를 재촉했다. 아버지는 당연히 통제 지시를 내렸다. 군수물자를 불법 거래할 경우 반국가적 행위로 간주해 법정 최고형인 사형까지 언도할 수 있는 시절이었다. 그때 채병덕 참모총장실에서 전화가 왔다. 국방장관이 허가를 해주라고 지시했다는 것이다. 아버지는 끝까지 막았으나 채 총장은 전화로 "상인이 선성모 장관님과 친분이 있으니 묵인하고 통과시키라"고 명령했다.

아버지는 "이 건은 차후에도 문제가 생길 수도 있으니 넘기지 말라"고 건의했으나, 채 총장이 '공식 명령'이라면서 지시 이행을 요구해 결국 이 상인이 경계선을 넘은 사건이었다. 아버지는 명령을 하달받고, 즉시 사령부에서 긴급 참모회의를 소집했다. 미군정에서 파견된 군사고문관도 동석한 자리에서 모든 사항을 설명한 뒤 채 총장의 '지시'를 이행했다고 한다. 그런데 벌써 5~6년이 지난 이 사건으로 고발되어 조사를 받은 것이다. 특무대에서는 조사를 통해 그 책임이 참모총장과 국방부장관에 있다는 것을 확인하고 아버지를 무혐의로 방면했다.[1)]

해방 이후 이승만 정부하에서 '갑'은 친일 무리였고, 독립유공자들은 언제나 '을'이었다. 이 같은 정치 세력의 양태는 정부 내 다른 영역에서도

1) 채병덕은 1949년 5월경 북어의 남북 교역을 추진했는데, 일본 육사 선배인 1사단장 김석원이 이를 차단했다. 둘 사이의 갈등은 해소되지 않았고, 급기야 이승만과 신성모가 입회한 자리에서 서로 다투는 상황까지 치달았다고 한다. 결국 이승만은 1949년 10월 10일 채병덕과 김석원을 모두 예편시키고, 총참모장에 신태영을 임명하는 것으로 일단락 짓는다. 그런데 6·25 전쟁이 정전되고 장흥이 국방부 병무국장이 된 직후, 이 북어 사건을 혐의로 특무대에 연행되어 조사를 받은 것이다.

크게 다르지 않았다고 한다. 독립유공자들이 오히려 숨을 죽이며 사는 경우가 허다했다는 것이 부모님의 증언이었다.

아버지가 우리 독립운동 역사에서 증인 자리에 서기까지, 실력을 인정받고 다진 것은 중국군 활동을 통해서였다. 이때는 어머니도 큰 몫을 해내며 임시정부를 도왔다. 사실 아버지가 장개석 국민당 정부 산하에서 헌병장교로 근무할 때 대한민국임시정부에서는 아버지가 큰 역할을 해주기를 기대했다. 헌병사령부 정보처 근무 시에는 도감청을 통해 일본군의 이동 상황과 동향을 파악했다. 아버지는 일본군의 정보를 분석하고 밀정을 파악해 임시정부 상부에 보고했다. 밀정들을 회유하여 얻어낸 임정 관련 자료를 비밀 자료로 별도 보관해 놨다가, 믿을 만한 부하장병이 휴가차 상해로 갈 때 어머니에게 전달하도록 부탁해 최종적으로 임시정부에 도착하도록 했다. 당시 상해에 거주하던 어머니는 아버지와 임시정부를 연결하는 창구였다. 어머님의 증언에 따르면 임시정부의 유지와 생존, 독립운동에 대한 결정적인 비밀들을 국무원 비서장 조소앙 선생님의 조카딸인 조기연 씨를 통해 조 선생께 전달했다고 한다.

어머니가 말씀하신 비밀 서신들의 내용을 돌이켜보면 독립운동을 지속하게 한 결정적인 정보가 다수 포함되어 있었다. 임시정부에 대한 일제 경찰과 헌병의 체포 계획서도 그중 하나였다. 임시정부의 주요 요인과 관련된 구체적인 장소와 일정이 나열되어 있었고, 임정 요인들을 감시해 그들의 동향을 정밀하게 분석한 자료도 있었다고 한다. 또한 임시정부의 활동을 저지하기 위한 계획서도 포함되어 있었다고 한다.

조기연 여사와 어머니는 천주교에서 상해 프랑스 조계에 세운 성테레사 고등학교(Saint Teresa's Senior High School)의 동창생이다. 조기연 여사는 해방 후 미국 로스앤젤레스에서 살다가 돌아가셨다.

어머니는 이 학교 중등부 영어 담당 교사로 근무할 때 아버지를 만나 결혼하셨다. 대한의 독립을 위해 상해로 망명한 아버지는 한국청년동맹회,

김홍일 장군과 함께 왼쪽 김홍일, 오른쪽 장흥

의열단 같은 각종 독립단체에 가입해 적극적으로 활동했다. 특히 광복군에 적을 두기 시작하고부터는 광복군을 모집하고, 군의 생필품 보급을 지원하는 데에 힘을 쓰셨다. 조선혁명당 창당 작업에도 함께했다. 어머니는 결혼 후 상해 프랑스 조계에 살면서 자연스럽게 임시정부 소속 독립운동가들을 물적·심적으로 적극 지원하셨다. 그분들의 가족들과 함께 생활한다는 것은 독립을 염원하고 독립운동에 적극 가담하고 있다는 말과 동의어였다. 어머니는 특히 김홍일, 박시창, 박영준, 김관모 장군 등을 자주 언급하셨다. 그분들의 부인들과 모임을 하며 임시정부를 지원했으므로, 그들은 독립을 위한 혁명동지였다. 중경동지회 같은 말이 여기서 나왔다. 어머니는 일제 고등경찰의 감시 속에 그들의 눈을 피해가며, 위험을 무릅쓰고 임시정부의 비밀 통로 역할을 하셨다.

어머니가 기억하는 중국군 활동에서도, 독립운동가 장흥이 어떤 사람인지 엿볼 수 있다. 아버지가 중국군 헌병 8단 경무부장 겸 해안경비대 총대장을 역임할 때의 일이라고 한다. 당시 아버지는 상요 지역의 밀수범 검거를 맡고 계셨다. 이곳에서 중국 헌병의 임무는 점령 지역 내 사회 질서 확립부터 밀수범 처단까지 광범위했다. 군 내부의 기강 확립도 아버지의 몫이었고, 군부대 이동 시 안전 확보와 질서 유지도 담당했다. 또한 점령 지역 내에서 질서 문란자를 선별해 내기도 했다. 특히 질서에 반하는 이들을 처분할 수 있는 '즉석척결권'까지 가지고 있어, 지역에서 막강한 권한을 행사했다. 부역자나 적에 동조하는 이들을 색출해 검거했고, 생활 질서를 위반하는 사회질서 교란범을 검거해 재판에 회부하여 처분하는 권한도 가지고 있었다.

즉결 재판일 하루 전인 어느 날, 아버지가 부대 숙소에서 휴식을 취하고 있었을 때 부관이 찾아왔다. 해안 경비초소장이 보고한 바에 따르면 밀수범을 검거했고 수감 중이라고 했다. 그런데 한 여성이 아버지를 뵈었으면 좋겠다고 막무가내라며 보고를 했다. 젊은 여성이었다. 이 여성은 수레를 끄는 마부 두 명과 함께 왔다고 한다. 그러면서 대뜸 무릎을 꿇고 엎드려 울었다. 며칠 전 잡혀온 밀수범의 아내라고 하면서 자기 남편을 무조건 살려달라고 간청했다. 갓 태어난 아이와 자신을 도와달라는 요청이었다. 아버지는 소리 높여 우는 그 여인을 가까스로 달래 보냈다. 그 여인은 보답이라고 하며 수레에서 상자 두 개를 내려놓고 갔다. 금이 가득 담긴 상자였다. 여인은 국가를 위해 그 '상자'를 써달라는 그럴듯한 명분을 내세우고 사라졌다고 한다.

그것은 밀수범인 남편의 목숨을 살려달라는 뇌물이었다. 다음 날 아버지는 그 여인의 남편에게 즉결사형을 언도했다. 그날 저녁, 여인이 다시 찾아와 면담을 요구했다. 자신을 '악의 구렁텅이에서 나올 수 있게 해줘서 감사하다'는 요지였다. 문제의 금괴는 사령부로 보내 국고로 사용하게 했다고 어머니는 회고하셨다. 부드럽고 때로는 결정력이 없어 보이는 아버지이지만, 바로 이런 정의감이 중국군 내에서 성공할 수 있었던 비결이었을 것이다.

중국 국민정부가 안정을 찾으면서 우리의 독립운동도 체계적으로 진행된 1943년 3월, 아버지는 강서성 홍국, 길안, 공주, 태화 등의 치안 책임자로 승진했다. 이곳은 강서성에서도 가장 번창한 도시로서 경제적 부를 누리던 요충지일 뿐만 아니라 군사적으로도 매우 중요한 지역이었다. 일제는 이곳을 점령해 강제 수탈과 각종 횡포를 자행했고, 후일 중국군과

77회 생일 기념 장남(장석위) 내외와 함께

의 전투에서 패하자 철수하면서 도시 전체를 불태웠다. 국민당 정부에서는 이 도시를 재건하고 부흥하기 위해 숙간위원회를 설치했다. 당시 숙간위원회 위원장은 후일 장개석 총통에 이어 대만의 6대 총통이 되는 장개석의 아들 장경국이 맡았다. 그리고 그 업무를 총괄하는 사무총장직에 바로 아버지가 임명된 것이다. 이때 아버지는 매국노 수백 명을 색출하여 군사재판을 통해 즉결 처단했다.

도시 복원사업이 진행되면서 사회질서가 확립되고, 도시들은 옛 모습을 찾아가고 있었다. 옛 수도 남경이 수복되었다는 소식과 함께 아버지 부대가 철수하자 시민 수십만 명이 손에 손에 깃발을 들고 만세를 불러주었으며, 부대가 지나가는 길목마다 장병을 위해 술과 음식이 제공되었다고 한다. 힘겨웠던 세월이 파노라마처럼 스쳐 지나가며 고통과 아픔이 순식간에 눈 녹도록 녹았다고 아버지는 회고했다. 정치가가 선정을 베풀기만 하면 민초들은 자연스레 고마움을 느낀다며 경험을 나누어주셨다.

1945년 8월 초순, 일본군이 무장해제를 당하기 시작하면서 아버지의 부대는 일본군 항복식을 집행하기도 했다. 아버지는 강서성 남창과 구창 등지의 일본군 점령지에 부대를 이끌고 가서 공주를 수복했다. 그리고 여느 때처럼 치안 유지 총책임자로서 임무를 수행했다. 8월 12일로 기억되는데, 아버지는 그곳에 주둔한 일본군 사령관에게 전보를 보내 무장해제를 요구하셨다고 한다. 그러자 일본군 사령부 내에서 항복 선언식을 할 날짜와 시간을 일방적으로 정해 통보해 왔다. 결국 양측의 장병이 도열한 가운데 아버지는 일본 점령군 사령관에게 지휘도를 받아냈다. 일본군 지휘관임을 뜻하는 장도였다. 그렇게 항복식은 종결되었다. 일본 사령관한테서 긴 지휘도를 받아들자 아버지의 뇌리에 복받치는 흥분과 울분 등이 스치고 지나갔다. 망명 생활의 한도 단번에 씻겨 내려갔다. 한국에서 맞는 광복의 기쁨도 이런 것일까? 아버지는 항복식에서 받은 장도를 조국으로 가지고 오셨다. 그러나 안타깝게도 6·25 전쟁 때 적의 폭격으로 생가가 소실되면서 약 27년간 모아온 아버지의 귀중한 자료와 함께 소실되었다. 일기장과 전쟁 시 기록한 문서 역시 모두 꿈같이 사라졌다.

중국에서 화려한 군 생활을 했음에도 아버지는 그 공을 자랑하지 않았다. 6·25 전쟁 때 자료 대부분이 소실되었지만, 역사에서의 정의만큼은 양보가 없는 분이셨다. 비록 "남의 어두운 과거를 그분들의 생존 시에는 '건드리지' 말라"고 타이르셨지만, 그와 동시에 아버지는 "나와 그들 모두가 생과 결별한 후에는 반드시 내 자서전을 내어 교훈으로 삼으라"고 하셨다. 그것이 아버지가 내게 남긴 유언이었다.

솔직히 나는 중고등학생 시절 역사에 그다지 관심이 없었다. 그러나 세월이 지나면서 내 인생에서 언제나 못다 한 숙제였던 '역사적 정의의 한 조각'이 거대한 퍼즐에 들어맞는 순간을 맞이했다. 아버지의 친필 자서전을 들고 서울을 방문할 때마다 역사학자들의 이야기를 경청하면서 결심했다. 역사학자들은 "지금까지 김구 선생의 암살 사건 전모는 자유기고가나 주변 사람들의 뒷말에서 나온 것이 대부분이었다"면서 "그러나 이 회고록은 백범 암살 사건 관련자 중 가장 가까운 사람에게서 나온 첫 번째 역사 증언"이라는 평가를 내려주었다. 아버지의 친필 원고에 쓰인

연대 오기를 지적해 주시기도 했다. 하지만 "연대의 오기가 자서전에서 전하려는 메시지를 손상하지는 않는다"는 다수 학자들의 의견에 따라 용기를 내게 되었다.

그러던 중 "지연된 정의는 정의가 아니다"라는 글래드스턴 전 영국 총리의 말을 인용하며 격려하는 이종찬 광복회장님의 이야기를 듣고 나는 숙제를 하기 시작했고, 이제야 그 숙제를 마무리했다. 역사 분야의 대표적인 출판사 한울엠플러스의 김종수 대표님이 흔쾌히 출판을 허락했고, 윤순현 부장님과 편집부에서 열 일 제치고 한홍구 선생님께 해제를 요청하고 의견을 청취해 책의 완성도를 높여주었다. 이 자리를 빌려 숙제의 가정교사가 되어준 데 대해 감사를 전한다.

2025년 1월
장석위 씀

전격 교체된 대한민국 초대 헌병사령관

장흥 자서전

원문

自敍傳

張興

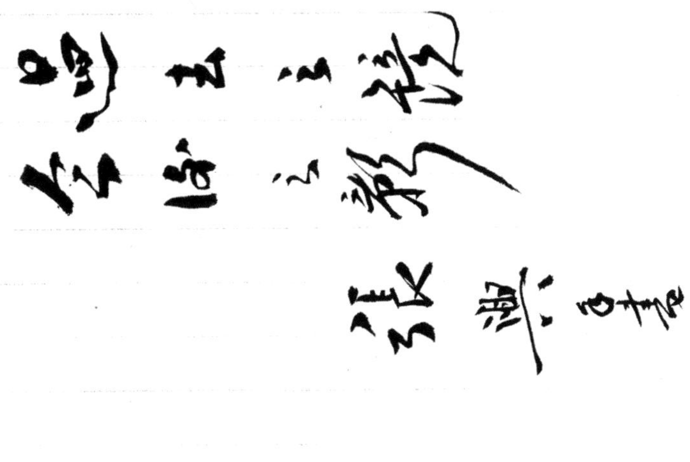

目錄

前編

一、張姓氏族의起源

二、門中情形

三、洞里의情形

四、洞里青年의情形

五、小씨家庭情形

六、亡命과勤務

七、亡命初期情形

八、當地에居住하는僑胞情形

九、軍隊에投入한前後

一〇、士官学校学生時代

一一、黃埔士官學校卒業後
一二、高級軍官團의 再受訓畢業後
一三、憲兵部隊長職을 辭任한 後
一四、結婚問題
一五、中日戰爭前後의 어느 經驗
一六、天津事變經緯
一七、中日戰爭의 正式宣佈
一八、隨軍作戰中의 家庭整理
一九、우리 臨時政府主席 金九先生의 狙擊事件
二〇、漢口와 長沙로 先守한 後의 經歷
二一、그리웠던 內子와 生活하게 됨으로 長女 漢玉을
낳은 經緯

二二、一九三九～一九四一年間 戰爭中 家庭生活
二三、敵軍의 投降宣佈前 行動
二四、中國共産黨의 始末
二五、軍隊內의 共産黨活動情況
二六、一九四四年 十二月頃에 廣東서의 國共兩黨의 暗殺戰이
展開되었을 때 우리 韓人精神學校 學生들이 虐殺當한
慘狀
二七、對共戰의 經緯
二八、對日戰爭中 共産黨의 生長情形
二九、中共軍戰力 增强의 經緯
三〇、國共戰爭의 結果
三一、對共戰의 敗因檢討

8

三二、中國의大陸에서失敗回顧
三三、모—든失敗는精神戰線의崩潰에起因한다

後編

一、歸國後行跡
二、以後中國으로간行跡
三、一九四八年憲法으로就任經歷
四、所謂國會프락치事件과나의關係
五、白凡金九先生께서狙擊當했을때
六、金九先生事件當時에나는憲法으로說服에서口呈나
이제와서金九先生을殺害되었나
七、李博士와金九先生두분의過去關係
八、六二五戰亂前國際情勢

9

九、六二五前에軍幹部情形
一〇、六二五戰亂當時情形
一一、六二五戰亂時戒嚴動向
一二、軍에서退役한經過
一三、結論

11

序言

내가 自敍傳을 쓰게된 動機는 첫째 이世上에 왔다가 갔다는
痕跡이 남기 때문이고 둘째는 行蹟을 記錄해두는 것이며
셋째 過去 우리 國史上에 著名한 文武官中 李退溪 李忠武公
等 諸賢들이 世上을 갔지 五百年이 지난 오늘에도 崇[illegible]
族的 追慕를 받는 것은 國家 民族을 爲하여 努力하신 治績
이 偉大하였음은 勿論이고 其治績과 行績을 記錄하여 歲月이 흘러
文獻으로 遺傳되어 우리 後生들로 하여금 知世 處事에 指針을 삼게 하였으며
우리 선대의 始祖 되신 이래 우리 張氏 先祖 분네 中에도 知識 職位 功
績이 이분들과 같은 位置에 계셨던 분으로서 都元帥 忠定公 晩
三場大將을 歷任하신 武肅公 鵬翼 여러분이 계시었건만 이世上에
生의 발자취와 아니 略은 보다 그분들 行績에 記錄된 文獻이 없는 關

12

儒한 분들은 甚히 遺憾스럽게 生覺되었으며 從來에 가지고 있던 職位는 모두
是非에는 比하여 低位이라 할지라도 近卅年동안 꿈꾸어 오던 救國運動으로
仇敵을 相對하여 싸워서 最後의 勝利를 거두고 勝利將軍의 資格으로 錦
衣還鄕한 經歷은 우리 中祖 太宗朝以來에 前無後無한 建國功勳
을 세웠으며 敵의 [illegible] 하였으니 이 貴重한 行績을 나 自身밖에 가진 자
가 없는 것보다는 위로 높이 記錄에 빠졌으며 이에 後裔로 하여금 愛國
愛族運動의 精神的 系譜를 삼게 하는 데서 이 記錄을 남기
려는 것이다. 原來는 第二次世界大戰(日本稱大東亞戰) 一時 中國軍隊勤
務中에 執筆하여 五百餘張으로 成卷된 것과 其他 部隊作戰日誌 八卷과
及其他 中國官憲에서 받은 公私文件과 任命狀 職[illegible] 勳章 等 諸文
憑을 一九四五年 終戰 歸國時에 全部 携帶하여 兩親父母님의
墓前 近親戚諸位 앞에서 展示하여 드린 후 先人과 같이 保管하여 保管하

13

였으나 一九五0年 六二五 動亂時에 나는 部隊로 從軍하여 出戰하
게 되고 妻子女는 父母님을 모시고 [illegible] 避亂하지 못하여 [illegible]
모든 史蹟書類는 敵軍에게 發見되면 [illegible] 家族이 殺害될 것이므로 保存하던
것이 不幸하게도 家屋이 敵彈에 命中되어 全燒되는 바람에 [illegible]
國運動에 記錄과 諸般文憑을 一張도 救出하지 못하였으니 千古의 遺
恨이 莫大하도다. 父母任[illegible]은 其外에 [illegible] 補充하기 爲하여
[illegible] 當時에 部隊 勤務中에 記錄한 八年間 作戰日誌 中에서
一切 行動과 部隊 動態 等에 貴重한 材料가 [illegible]
根據 書記官이 [illegible] 記錄하여 部隊 備品으로 保管하였던 것인데
내가 私的으로 推敲하여 歸國한 意圖는 後日 傳記를 整理할 때나
또 獨立運動史를 編纂할 때에 貴重한 參考材料에 一端
으로 提供하려 하였던 것이 그만 水泡化되고 말았으니 痛恨하게 生覺한다

14

에 金勇씨와의 모든 일이 끝나지 못하여 時 … 二補를 加하여 했다

고 하였다. 一九五九年에 國軍에서 退役한 後에 餘暇한 時間을 利用하여 自

過去를 回想하기 위해 이 傳記를 起草 整理하는 한편 記憶을 되살려 보

參考材料 없이 唯今의 頭腦로만 쓰게 되다 보니 正確한 詳細한 記

錄이 되지 못하였음을 밝히며 앞서 行績에 先後가 바뀌어 있거나 年月日이 차이가 있는 等

의 錯誤가 있을 것을 自認하며 後日 이 記錄을 보는 後

生들은 이를 諒解하기 바란다. 위에서 말한 바 燒失된 當時의 草

稿는 在官時 勳章 等 諸文憑에 對해서도 一九五四年 七月에

駐中大使 金信(金九先生의 次男)君에게 付託하여 中國政府에 文書로

써 補發받은 바 證明書 一張과 金大使가 中國國防部로부터

의 모든 書翰을 이 記錄 後面에 添附하여 參考에 供한다.

15

나의 自敍傳

一、張姓民族의 起源

우리 張姓民族은 累代로 傳하여 오는 家譜에 依하면 高麗時代에 張太師公 諱는 貞弼이라 하시는 분이 中國 浙江省 紹興縣으로부터 高麗王國에 오셔 國民敎化運動을 創導하여 全國民의 文化水準이 날로 向上發展되어 나아가 國家民族에 唯一의 導師로서 追慕를 받으시었다. 當時 公과 같이 敎化運動에 協力하여 無하여 結義兄弟까지 하였던 金太師 「諱는 宣平」 權太師 (諱는 幸) 兩位께서도 國民敎化에 功績이 偉大하였으므로 逝世하신 후 全國 儒林界에서 三位導師에게 功德을 追慕하기 위하여 現 慶尙北道 安東郡 城谷里 天燈山下에 陵墓를 모시

16

그 때 邑內에는 廟祠를 建立하여 每年 春秋에 官憲과 各地
志士들이 雲集致祭하는 前例가 今까지 繼續되고 있다
이 三位太師公을 비롯하여 張, 金, 權 三姓의 起源이 되었으며
또 本貫을 安東이라 稱한 것이다
其後裔子孫들이 各自異姓의 始祖를 모시었으나 三公께
서 生存時에 親密하였던 것과 같이 지내시었던 道義로 追慕
하여 同門同族이나 다름없이 和睦團結하여 지내는 同時에 于今
까지 同一血統과 같이 觀念을 가지고 서로 通婚도 하지 아니
하고 있다
나는 이번 家史를 丙戌年時의 先祖又任을 부터 드러왔고 또 家
譜에서도 보고 있었으나 近卅年동안 亡命生活하였던 關係
로 墓所를 參拜할 機會를 엇지 못하였다가 歸國後

17

一九五0年 六二五 戰亂時에 前敵總司令部 人事處長職으로
隨軍作戰次 安東에 駐屯時에 비로서 三位太師公廟祠에 參
拜하고 當時 墓所附近은 敵軍이 占領한 區域임으로
不幸히 參拜치 못하였다
張姓의 本貫은 安東이 始初이나 其後 後裔子孫이
鄭郡 仁同 蔚山 等地로 移住한 後에 當地의 名을 引用하여
(或은 仁同 或은 蔚山 等으로) 改稱한 것이나 그럼으로 今까지 子孫 本貫 安東이나 仁同이나
不許하고 姓氏가 張氏이면 同門同族으로 認定한다
그러나 張氏本貫이 安東, 仁同, 德水 等에 四十八貫으로 分派
되었고 其中에는 本貫 仁同을 가진 張氏가 大姓일 뿐이다
歷代로 傾國名士名將이 繼出하여 家聲을 闡揚하
였음은 世上이 다 아는 張氏라하면 本貫 仁同을 손꼽게 되었다

18

우리 明族의 譜系은 나의게 十八代祖되시는 太常卿(諱伯)派
에 後裔로서 其中 世上의 알녀진 분으로서는 曾孫되시는 吏
曺判書公(括堅) 高孫되시는 舍人公(季文) 六代孫이 되시
는 忠定公(曉) 十一代孫되시는 武肅公(鵬翼) 十三代孫이
되시는 刑曹判書公(孝恒)이신데 나는 舍人公(季文)의 仲
子되시는 司直公(孝文)派로서 黃海道 平山에서 四代로
살시던 나의게 十代祖 ~~[illegible]~~(興周)께서 高陽郡
元堂面 星羅山下로 移居하셔 現在까지 十代로 先塋
山下의서 世居하고 있다

六, 門中情形

星羅山先塋下에서 累代로 世居하는 동안에 別로 顯
大才와 高官名爵으로 出世하신 분은 별없으나 僅々히

19

小科로서 ~~[illegible]~~ 進士, 或은 參奉縣監等職으로서 仕
崇佳出世하여 왓을 뿐이엿다

三, 洞里의 情形

우리 나라는 李朝五百年동안 所謂 爲政者들이 鎖國政治
를 爲主하엿음으로 世界情勢의 어두어 東西洋의 科學的 文
明을 따러드리지 못하고 頑蔽한 思想을 固執하여 온 關係
로 國民文化水準이 極히 低劣되여 工商業生産機關이
全無하엿든 터에 日本帝國主義者의 侵略을 當한 以
來, 全國民에게 奴隷敎育을 實施함으로써 民智가 極히
愚劣되엿다. 그리하여 國民經濟生活이 單只 農業外의
아무런 生産이 없음뿐이엿이라. 日帝에 苛酷한 納稅政策
下의 國民은 生計으로서 所得한 農作物이나마 全部搾取

當하고 全体國民은 飢餓狀態에 허덕이고 있었다.
우리 洞里의 戶數가 百餘戶 大村인데 우리 張氏門中이 九十餘戶나 되는데 全部가 農家로서 自給自足하는 집이 全혀 없었음으로 生活狀態가 極度로 貧寒한 悽狀이었다.

四, 洞里青年情形

自古로 그 나라의 青壯年은 國家의 棟樑이요 民族의 精華인 故로 如何한 國家를 莫論하고 青壯年에 教育政策의 善否로서 國家의 興亡을 左右한다는 것은 否認할 수 없는 歷史的 事實인 것이다. 우리나라에 青壯年 生活을 回顧한건데 우리로 보면 他國青年層의 比較하여 世界水準에 遜色이 없이 優秀하였으나 不幸히도 日帝의 經濟的 壓迫과 奴隷的 教化의 中毒되어 勇敢한 活氣를 喪失

하였으나 오로지 頑舊教育指導者들의 科學文化는 反対하고 落後한 舊學의 朱子의 說만을 崇尚指導하여 온 関係로 青壯年들의 發展的 前程의 障礙를 하게 되였다.
우리 洞里의 青年들로 이런 難関의 닥치게 되매 多數青年이 就學하지 못하고 太半이 文盲生活로서 前程이 可憐하게 되였다. 若干의 青年이 就學한 者가 있으나 亦是 頑舊한 父兄들의 指導로서 舊學만을 崇尚할 科學知識을 배우는 사람은 하나도 없었다. 나 亦是 이러한 社會環境과 頑旧한 家庭에서 應當히 배워야 할 知識을 배우지 못한 것을 精神上 無限한 苦痛을 느끼게 되였다.
그러나 나는 이런 逆境이 나의 進路를 開拓하는 勇氣를 보이게 되매 恒常 이런 社會惡을 克復할 計劃을 構想하며 노력中

었던 當時 東亞日報에서 上海로 亡命한 우리 臨時政府에 대한 記
事를 보면 如何한 方法으로던지 上海로 亡命하여 우리 政府에 入
되어 獨立戰士가 되기를 혼자 盟誓하였다 그러나 當時 日本
이 우리나라를 所謂 合邦 統治한 以來 軍人과 憲兵을 京鄉
各地에 派駐하여 國民에 一切 行動을 抑壓하여 寸步의 自由도
없었으며 己未年 三一 獨立運動 以後로 國內에는 義庵 孫秉
熙 先生 外 三十三人 諸位 指導下에서 獨立運動이 날로 熱張擴
大하여 가는 中이고 國外에서는 李東暉 金九 金奎植 安昌浩 氏
等 諸位 領導下에 上海에서 大韓民國臨時政府를 세우
고 世界萬邦에 復國外交를 呼訴하며 한便으로는 東北滿國
境地帶에 金佐鎭 李青天 洪範圖 李範奭 氏로를 派遣하여
新興軍官學校를 創立하고 獨立軍을 組織 育成하며 하루

도 빨리 日軍과 繼續 激戰하는 때임으로 우리 青年들은
恒常 嚴密의 森嚴한 監視下에 東北滿 國境線으로는 寸步
도 接近할 수 없음으로 이곳을 經由하여 中國 往來하기는 全然 不
可能하였다 그러나 當時 外國으로 가려면 日本을 經由하여 가는 것
이 比較的 便利하다는 것을 探知한 이 經路를 通하여 出國할 計
劃을 確定코 機會를 노리고 있던 中 마침내 [?] 姑母夫되시
는 黃錦周氏[와 그의 親友인 吳安德氏와 같이] 日本과 上海方面으로 往來하면서 經商하던
바 消息을 듣고 一九二五年 二十歲 되던 해 八月頃에 日本을 건너가
서 黃氏 姑母夫를 만나 許懷를 말씀드리고 그해 十月頃
에 가치 經商하는 것으로 假裝하고 中國 上海로 亡命하였다

五. 亡命 經程 情形[?]

나의 曾祖께서 三兄弟분이신데 맏분은 일직이 早逝하여 때

無後하시고 둘째분은 長壽하셨으나 亦是 無後하시고 셋째
분께서 나의 祖父任 三兄弟분을 두시며 맏분이 나의 養曾祖父 諱
七浪」분은 入養하시며 나의 父親 한분을 두시면서 나의 父親께서는
우리 五兄弟를 두시었다 내가 五六歲時까지 나의 生曾祖父任
(約浪) 內外분이 生存하시며 養家 曾祖母任께서도 生存하
시며 우리 兄弟들을 養育하여 주시었다 其後 나는 長成하여 十
七歲時에 祖父任의 主婚으로 高陽郡 恩平面 津山里 李氏의
長女와 結婚하여 一年間 同居하다가 서로 意合치 못한 關係로
離婚하고 廿歲時에 廣州郡 金沙面 宮內里 金琪浩氏의 次
女와 結婚하여 意合하게 同居하다가 廿五歲되던 해 海外로 亡命하
게 됨에 따라 祖國을 도라오지 못하게 되는 環境임으로 自然히 夫
婦間 離脫하고 十數年間 獨身生活로 지내다가 三十五歲되든

해 十月頃에 南京에서 金向鄕孃과 結婚하여 子女 六男妹를 두
고 재미있게 和氣있는 家庭生活의 幸福을 누리고 있는 中이다
내가 亡命當時 부모는 祖父母분 內外분이 生存하시었다 二五年
만에 歸國한즉 벌써 十數年前에 다 세상을 떠나시었으며
父母兩親께서는 七旬 高齡에 몹시 老衰하시며 얼른 몰라
뵈옵기 어려울 程度였다 特히 내 祖母任께서는 나를 極히
사랑하시며 내가 亡命하던 그날부터 세상을 떠나시던
그시간까지 도 나의 將來發展을 爲하며 하루도 빠짐없
시 每夜子正에 淸水를 떠놓으시고 神과 하느님께 기도를 드
리시었다는 말씀을 父母任으로부터 들은 내가 이 말을 傳信
라도 떼고 還國한 것이 나의 祖母任의 至誠祈禱하여 주신
恩澤인 것을 비로서 깨닫게 되었다

六. 亡命한 動機

己未萬歲運動當時의 所謂 乙巳条約의 依하야 韓日兩國
이 合邦한 후 倭敵이 總督을 派遣하야 暴政을 敢行한 以來
國民의 塗炭에 빠저 살수 없을 뿐 아니라 우리 國民들이 國父로
모시고 잇는 高宗皇帝 內外분을 計劃하였음으로 秘密裡에
毒殺함의 따라 民怨이 沸騰한 此際에 義菴 孫秉熙先生
三十三人의 民族代表가 高宗皇帝의 葬儀式 時期를 利用
하야 獨立宣言文을 公佈하자 全國民이 爭先蜂起하야
獨立萬歲를 高唱하고 日帝暴政에 抗拒하였으나 倭軍
蠻行은 到處에서 十數萬의 愛國志士와 平民民衆을 無
慈悲하게 虐殺한 結果 全國男女老少를 莫論하고 倭
敵에 對한 敵對心이 날로 더하게 海外에서는 金佐鎭

李青天 李範奭 諸氏가 獨立軍을 組織하야 韓滿國境線
의되여 斷하여 敵軍과 抗爭하며 上海에 우리 臨時政府와 되는
安重根 金相玉 羅錫疇 等 諸義士들 國內外各地에 派遣하며
우리나라 侵略의 元兇인 伊藤博文 等 諸敵魁들을 暗殺
하며 敵國의 野慾을 世界萬邦에 暴露하였다 이때 내가
비록 十五歲인 少年時代이었으나 種種 倭妄 發言들이 우리나
라 와서도 우리 父兄께 對하야 不遜한 言辭와 暴行하는 관경
을 볼적마다 憤心의 暴發하며 참을수 없는 地境이었다
이런 現象을 目睹하는 나는 獨立運動의 길로 인끄러 海外로 亡
命케 한것이다

七. 亡命初期情形

以上 叙述한바에 所願이 獨立軍이기 때문에 獨立運動의 總本

28

部의 上海로 亡命하였다. 上海라는 곳은 中部中國 江蘇省內에 所
屬한 良港으로 雄壯華麗한 建物과 五百餘萬의 人口를 容受한
東洋에서 第一 큰 都市라 稱한다. 政治的으로는 英美法獨日伊俄
等 各國의 所謂 租借地라는 美名下에 各各 租借 行政
區域을 割據하여 있고 經濟的으로는 各列强의 壟斷下에 [illegible]
政條約을 締結한 以來 各國 各種人種들이 聚集居住하며
行政上 極히 複雜多端한 社會로 되어 있었다.
姑母夫 黃錦國氏와 같이 上海를 到着하고 英國租界內에
與群旅社의 數個月 寄居하는 中의 人地生疎하고 言語가
不通함은 社會의 나가 行世하기 困難이 莫甚하였다. 當時
그 旅館의 同住하는 분中의 吳世德 柳云萬 두 분이 中國語
에 能通하여 每日 같이 이분들의 게 中國語를 備習하였다.

29

其後 吳世德氏의 紹介로 革命先輩이신 夢陽 呂運亨
氏를 알게 되어 以後 그분의 指導를 받아 革命運動에 獻
身케 되였으며 따라서 軍事學을 專攻하는 機會를 얻
어 가것이 結局 黃埔士官學校의 投身케 되였다.

八, 當地의 居住하는 僑胞情形

當時 上海에는 政治的으로 兩種의 僑胞가 居住하고 있으니 一種
은 親日派로 這一種은 排日派로 區分되며 親日派는 多部分
이 日本領事館 保護下에서 虹口에 寄居하며 雜貨買賣 酒店
等의 不正한 事業体를 經營하면서 生活을 維持하고 排
日派는 全部가 佛蘭西租界에 居住하며 이 臨時政府
에 保護指導를 받아 國內外 革命運動에 活躍하였으
다. 最初의 政府組織은 己未三一運動의 精神을

30

總裁하여 우리民族의 自主獨立을 目的하고 現大韓民國
大統領이신 李承晩博士를 首班으로 모시고 革命臨時政
府를 組織하고 世界萬邦에 宣佈하였으며 同時에 國內外로 通
訓하여 烈烈한 民族自主運動으로서 日帝侵略政策과
莫大한 打擊을 주게되었다. 其後 內部的으로 若干의 派
爭으로서 精神上 團結에 缺乏되어 우리 運動史上의 多少
不美한 事實도 있었으나 그러나 最后依然히 우리 疆土
와 같이 간 瞬間까지 國內外 各種 革命團体를 指導育
成하였으며 特히 革命當時 數十年동안 中國政府에 後援을
받아 第二次大戰中의 數萬名의 우리 光復軍을 組織하여
中國、越南、泰國、印度、美國에서 直接 日軍과 抗戰하였으
며 終戰後의 海內外 各地에 散在한 數十萬 僑胞들의 生命

31

財産을 保護하여 國內로 輸送搬入한 것이다. 그리고 白凡金九主
席領導下의 各閣僚諸位가 歸國後의 民族總團結로서
美蘇兩國의 軍政을 물리치고 大韓民國을 樹立한 그 偉
大한 業績은 우리 民族運動史上에 燦爛한 歷史가 될 것이
니다.

九. 革命에 投身한 前後

黃埔士官學校에 入學한 動機는 내가 革命할 때 初志는 革
命鬪士가 되기를 盟誓하였던 바와 같이 내 意志의 目的을 達
成하려면 于先 革命知識을 必要로 生覺하던 차에 當
時 中國大革命家이신 孫文氏 領導下에 滿淸의 專制政
權을 顚覆하고 民主共和國을 建立하였으나 國內的으로는
各省軍閥들이 割地稱雄하여 中央政權統一을 妨害하고

32

國外로는 無限列强의 侵略을 받아 國家主權을 喪失케되
며 民生은 塗炭에 빠져 政權이 崩潰될 危機를 맞다하게되자
孫文氏는 革命再建運動을 促進키 爲하여 南部中國
廣東省에서 革命政府를 組織하고 一方으로 革命武力을
育成하기 爲하여 珠江流域인 黃埔島에 革命軍事政治学
校를 세우고 蔣介石氏로 校長을 任命後 國內 青壯年들을
募集하여 革命幹部 教育을 實施한 結果 全國青
年들이 争先應募를 보았다 國內의 革命氣運은 又
極度로 高潮化 되었다 全世界 弱小民族國家들까지
波及되어 우리 韓國에서도 不少한 青年들이 그 学校三期
부터 争先就学하는 실際에 있다 於是에 機會를 利用하여
一九一九年 三月 十四日에 黃埔軍官学校 五期生 步兵科 入

33

學하여 軍事教育을 받게 된것이었다

○ 黃埔軍官学校 学生時代

當時 孫文先生께서 革命再建運動에 置重하는 時機임을
学校當局의 教育目的이 革命幹部人材를 育成하는데
있음으로 教育方針에 있어서 軍事学術보다도 孫文学說
을 根據로 하는 政治教育에 置重함으로 訓練規定時
間中에 切半以上이 政治教育이었고 教授陣에 있어서는
軍事学을 가르키는 保定軍官学校 및 日本士官学校
出身者 數十名 外에 蘇聯人 顧問官과 國內의 著名한
共産黨指導者인 陳独秀 鄧演達 熊雄 等이 全
校学生의 訓育을 担當하였다 全校学生 總数 三千餘名
中에 우리나라 学生이 崔義烈 團長인 金元鳳 現 以北

34

傀儡軍 總責任者인 崔鏞健外 四千餘名이 있었다
本来 孫文氏가 이 學校를 設立한 目的이 自己가 手創한 三民主
義學説의 根據한 國民黨革命軍事幹部를 養成
하는 計劃이였었다 不幸히도 그의 革命大業을 完成치 못한채
世上을 떠난지 三年이 되였다 이때를 奇貨로 하여 共産係
子들이 政府傘下各界各層의 大半 浸透하며 自己黨의
勢力扶植의 急히 하였다 우리學校도 이런 環境의 處하였
기때문에 名實共히 共産黨幹部養成所로 變質되며
世上에서 第二(모스코바)라는 稱號를 받았었다. 校長蔣介
石氏는 初志一貫으로 孫文氏의 遺志를 받드러 革命
再建의 抱負를 完遂하려 하였으나 周圍의 共産黨들
의 包圍를 當하며 束手無策인 危機의 處하게 되였으니

35

다. 此際의 共産係子들이 蔣校長의 反共精神이 徹底함
을 알고 秘密裡에 肅清할 陰謀로 策動하였기 도리어
校長蔣氏에게 알리게 되자 蔣氏가 先發制人格으로 校内
右翼黨員과 何應欽氏가 統率하는 第一軍將兵을 總動
員하여 境内共産黨員을 全部肅清하여 버리고 순수
한 孫文主義를 信奉하는 環境을 回復하였다. 이때부터
蔣氏가 철저히 反共鬪爭을 繼續하여 왔으나 現在와서는 도
리어 共産黨에게 몰리며 그 廣大한 大陸을 송두리째 빼앗기
고 海島中 台灣으로 쫓기며 亡命生活을 하게 되였으니
世情의 急變한 變化는 참으로 難測이였다 蔣氏의 親
共政策으로부터 反共作戰의 이르기까지의 成敗經緯는 다
시 한編을 잡아 詳細히 쓰기로 하고 여기에 그친다.

36

二. 黃埔士官學校卒業後

西紀一九二○年에 蔣介石將軍이 北伐을 始作한지 三年만에 中國南方의 重鎭인 南京과 北方重鎭인 北京等地를 占領함으로 南北統一大業을 거의 完成하였다.

그해(一九二三年) 三月頃의 國民政府를 廣東으로부터 南京으로 遷都한 後 黃埔士官學校도 八月十日에 南京으로 移動하여 中華民國陸軍士官學校로 改稱하였다. 其當時 在學中인 第五期學生 三千餘名이 到着한지 不過一週日이 못되어 때마침 日本帝國主義者가 中國統一을 妨害할 野慾으로 軍閥頭首인 孫傳芳 張宗昌等을 시키어 數十萬大軍으로 하여금 南京을 侵犯하여 軍事的으로 崩潰될 危機에 빠졌을 때 政府內部에서는 共

37

產黨의 陰謀로서 無賴政客인 汪精衛 胡漢民 孫科等이 野合하여 反蔣運動을 展開함으로서 政局이 至極히 混亂狀態에 빠져 收拾하기 어려운 危機에 逢着하였다. 그리하여 蔣介石將軍은 進退維谷인 困境에서 不得已 隱退치 않을 수 없던 關係로 卒業期도 되지 않은 우리學生을 八月十五日의 卒業을 畢한후 同時로 隱退聲明을 發表한 自己故鄕인 浙江省寧波溪口로도 갈 때 되었다. 우리三千名學生들은 校長으로 이리버린 軍隊같이 岐路의 放浪하게 되었던 敵軍은 漸次南京附近까지 侵透되어 陷落될 危機의 頃刻에 달하였다. 때에도 우리學生들로 組織된 混成旅團과 其他國府軍들이 合勢하여 決死的으로 抵抗한 結果 敵軍의

主力을 南京市外 龍潭의서 潰滅하여버리고 危機를 克服하였다 나는 곳에 桂永清將軍이 指揮하는 混成旅団의 編入되어 上海戰爭의 참戰하여서 危險한 砲火속의서 九死一生으로 살었으나 戰局의 部隊를 解散함을 不得已 그해 十月 頃에 다시 臨時政府를 찾어 上海로 出發하였다.

이 戰爭이 끝난지 近一個月이나 지났건만 곳곳에까지 戰場을 掃除치 못하며 戰死者의 尸體가 沿途의 露積되며 코를 찌르는 惡臭는 숨을 쉴수 없는 지경이였다.

上海를 到着한 후 夢陽呂運亨氏와 節山曹奉岩(당시는 朴哲煥이라 改名) 諸氏를 訪問하여 만나 慰勞를 받고 十數日 동안 休養하는 中 그분들이 나를 共產黨으로 權誘하며 上海市의 共產黨宣傳隊의 責任을 맡드

라하였다. 내 本來 黃埔學校 在學中의도 共產黨員들의 권誘를 많이 받었었다 帝國主義者의 殖民地 백성으로서 民族思想을 버리고 共產黨의 忠誠을 한다는 것이 都大体로 納得이 되지 않음으로 이를 拒絶하였다. 그런데 오래 동안 그리웠던 親舊로 만나 하게 됐더니 意外에도 이분들이 나를 이런 陷井의 쓸어 넣으려고 하는 意圖의 甚히 不快히 生覺하고 그네들과 往來를 끊고 그때 黃埔學生同窓會를 찾어 가서 就職處를 紹介하여 달라는 申請을 하는 同時에 若干의 生活費를 받아가지고 南京으로 出發하여 黃埔母校의 教育長을 찾아 任方鼎英氏를 찾었다 그때 第六期生을 黃埔母校에서 訓育中인데 우리와 같은 學生으로서 李春岩 張翊華 五,六名이 在學中이고 學生隊長中

20

와 蔡元凱 林孝三 君이 있었다. 그들의 紹介로 学校 當局의 주선하여 学校 圖書館의 勤務케 되었던 바 翌年「一九二七」十二月 頃의 國軍 第四軍 張發奎 部隊 五六千名이 共産黨 游擊隊와 合流하여 廣東省 首府인 廣州市를 襲擊하며 無數한 良民을 虐殺하고 또 公私財物을 掠奪하며 一時 大混亂을 造成하였던 것이다. 廣州 附近의 駐屯하고 있던 李福林 將軍의 部隊가 反擊하여 叛亂軍을 逐退하며 비로소 原状을 復歸하였으나 其時 共産軍 萬餘名은 毛澤東 領率下의 廣東 湖南 兩省 接境地帶인 海豊 陸豊 等 兩縣 山中으로 逃走하여 그곳의 根據地로 두고 軍隊 擴充의 努力을 傾注하였다. 이것이 오늘의 全中國을 共産化시킨 根源이 된 것이다.

41

우리나라 사람으로서는 現北韓 傀儡集團의 軍隊總責任者로 있는 崔鏞健(一名 崔秋海) 以下 吳明 楊道夫 金武丁 等이 叛亂의 參加하였었고 毛澤東과 같이 海陸豊의 共産軍 擴張 組織의 協力한 것이 이것이 오늘의 北傀儡集團의 所謂 延安派의 勢力集團의 始初가 된 것이다. 其時의 나는 黃埔学校 圖書館의서 勤務하던 中의 身病으로 廣州市內 日本人이 開設한 博愛病院의 入院治療中의 이런 不意의 叛亂을 當하게 됨의 病院內의 醫師와 患者들의 全部 避난 가고 病院 밖에는 軍民이 混亂中 血肉이 相飛하며 避身할 道理가 없었으나 조그마한 覺悟하고 病院 밖으로 나서고 보니 路上에는 尸體가 枕積되었고 空中에는 銃彈이 交流하며 寸步를 나갈 수가 없었다. 이렇게 참화 중에서도

避亂民들의 뒤를 따러 逃亡하여 廣州市 後面의 觀音山下
에 이르러 보니 數萬 避亂民들이 集結되였다 때는 十二月 第
一夜운데 의 病院에서 脫出할 때의 驚惶中 寢衣 차림
만 걸치고 나왔기 때문에 말할 수 없는 苦痛을 받으면서 하루
밤을 새우고 보니 銃聲이 잔잔하고 市民들은 列들을 지어 歸
家하기에 그들의 뒤를 따러 도로 病院을 차저 와서 衣服
을 주워 입고 무엇보다 民學生이 모여 있는 廣東大學
을 차저가 보니 우리 學生中에서도 三千餘名이나 共產軍에
加担하며 暴動에 協力하였다가 國軍에게 逮捕되여 卽決
로 死刑을 當하고 其餘 十數名 學生만이 남어 있었다 中에
現在 民革黨 幹部 級으로 있는 金日生 淑君도 한 분이
였다.

一六. 高級軍官团의 再入校하여 受訓畢業後

上記의 敍述한 바 共產黨의 叛亂을 肅淸한 후 一九二四年 三
月頃에 隱退하였던 蔣介石 將軍이 廣東國民政府의 主席으로
就任한 후에 黃埔學校 第四期 卒業生을 召募하여 軍官团
을 編成하고 再訓練을 始作하였다 나는 母是軍校圖
書館을 辭任하고 다시 南京으로 도라와 軍官团에 入
隊하여 十個月間 訓練을 받고 翌年 一九二五年 二月頃에 卒
業한 即時로 憲兵第二团에 配置되여 陸軍少尉級
隊長으로 勤務케 되였던 同年 十二月頃에 憲兵团이 山東、
省 青島로 移動되매 나는 一個小隊를 統率하고 青島
外灘 南關列車驛의 警備責을 맡어 將近 一年 동안 勤務
하였다 一九二七年 一月頃의 憲兵团이 다시 南京으로 移動

駐屯하였다.
當時의 國民政府가 南京으로 遷都하게 되자 도처에
할 뿐더러 그로 軍閥軍隊의 敗殘兵이、京鄕各地에
散在하여 匪賊들과 合流하여 南京附近의 治安을 擾亂
케 하는 事實이 隨時로 發生하므로 우리 憲兵部隊가
이 匪賊을 掃蕩하는 任務를 맡게 되어 내가 領率하는
中隊는 南京 鄰縣의 句容、溧陽、鎭江等地의 掃蕩作
戰을 맡게 되었다. 어느날 匪賊 二百餘名이 溧陽境內
大茅山附近 山中에 潛伏하고 있다는 情報를 받은 當地警
察과 合同捜索한 結果 뜻밖에 匪賊들이 山中寺刹內
에서 食事를 하던 참에 不意에 包圍襲擊한 結果、
하였다 脫出한 者 외에 全部 消滅하여 버리고 各種馬

匹과 銃劍等 多數를 鹵獲하였다. 隷下將兵들이 戰勝
의 기쁨에 넘치는 情形은 이루 말할 수 없었으며 이 戰功으로 因
하여 中村代理中隊長은 이번에 正式 中隊長職에 昇進
하였다. 半年동안이나 時日을 걸쳐 所在殘匪를 肅淸
하고서야 南京市로 移駐하여 南京과 北京間 列車警
備責을 지고 一年間이나 勤務하였다.

一三、憲兵部隊長職을 辭任한 後

一九二九年三月頃 中隊長職을 辭任하고 憲兵總司令
部營務處 人員으로 轉勤되자 當時 日本이 中國을
侵占하려는 陰謀로서 多數 情報員을 各地에 派遣
하여 國內情勢를 探偵하고 軍政各界에 浸透하여 離間
謀略 宣傳 等의 諸般 手段으로 猛烈한 情報戰이

46

監視

展前에 特諜임으로 나로하여금 日本情報및活動을
調査分析하는 責任을 맡게되었다. 이責任을 맡고보니
日本官憲의 本来부터 우리 亡命한 韓人에게 対하여
恒常 警戒하여오고 各種術策을 다하여 逮捕하여 갈 機
會만 노리고 있는中 敵我双方間의 서로 任務를 執行하
는 境遇에 있어서 正面的으로 衝突되는 때가 恒常이었다
그리하여 日本大使館에서는 나를 秘密逮捕할 計劃으로
多数의 私服刑事를 派遣하여 뒤를 [illegible]으는 行動이다
直接으로 나에게 書信으로 警告或은 轉向하라고 勸誘
해오는 等의 事実이 十数次나 있었으나 結局은 自己들의 陰
謀에 그치게 되니까 [illegible] 最後로는 日本大使名義로 正
式公函을 中國外交當局을 経由하여 [illegible]司令部에 發

47

改姓名한 經緯

送하여 나를 自己네大使館으로 引渡하여 달라는 強力한 交涉
이 있었으나 當時 憲兵司令官 谷正倫氏와 警務處長
韓文煥氏의 拒絕으로서 目的을 達하지 못하였던 것이다 그후
도 繼續하여 交涉이 있음으로 両國間의 外交上 葛藤이
생기매 不得已 나의 身分을 감추기爲하여 姓名三字 [illegible]
宅姓을 따라 宋[illegible]으로 改更하고 中國의 籍에 入籍歸
化手續을 하였다가 一九三六年七月頃의 中日戰爭이 正式으로
宣佈됨에 따라 비로소 張鵬으로 復舊하였다 그러나 나의 [illegible]
[illegible] 上의 原名은 張基鎭인데 黃埔士官學校에
入學하던 그때부터 倭警의 耳目을 避하기爲하여 張
鵬으로 改名하였던 것이다 歸國后 原名으로 復歸하였
[illegible] 親知間에서는 親熟해한 姓名을 갑작히 改更하게되

48

면 政治生活上 困難한 點이 있을 때에서 張興 二子를 그대로
行走한 것이다

四、結婚問題

나의 結婚生活問題는 上記 第五項에서 말한 바와 같이 처음은
李氏女와 離婚한 후 廣州(中堂) 金西宮里 金琪濟氏의 次女
와 結婚하여서 意合하게 九個月을 살다가 내가 海外로 亡命
한 후 倭警에 要注意人物의 한 사람이 되매 自身이 歸
國할 수 없음은 其女亦是 出國하기 不可能한 故로 不得已 各自
將來를 爲하여 書信으로서 協議離婚하였다. 其後
부터는 十數年이라는 長久한 歲月을 그대로 獨身生活하
였고 보니 年令이 벌써 三十五歲나 됨에 適當한 機會의 相對
者를 求하려 하였으나 當時 中國으로 亡命한 분 中의 多部

49

分이 男子뿐이요 女性은 極少數인 故로 同胞女性을 擇하기는 事
實上으로는 困難한 形便이었고 그리하여 不得已 中國女性과 夫婦生
活을 하게 되었는데 當時 同志였던 中國親友의 紹介로 廣東女子
한 분을 만나게 되어 서로 愛情까지 [illegible] 있었으나 만날 적에
우리 革命先輩이신 申翼熙 池靑天 尹琦燮 諸氏께서 참석
는 가운데 우리는 獨立運動者의 身分으로서 境遇에 따라
儉素하게 宗敎知識에 安定된 生活로 할 수 있는 故로 家
庭的 幸樂한 生活이 될 수 있으므로 서로 오직 苦生사리밖에
없는 것은 必然的 事實인데 中國女子로서 이런 [illegible]을
하는 苦生사리를 하면서라도 能히 우리 獨立運動者에 內助
가 되기는 期待하기 어려울 것이니 아무리 病身이고 못났다 하
드라도 우리로서는 내 民族에 女性과 夫婦로 맺는 것이

다 將來를 보아서 幸福할 것이니 深思熟考하라고 勸導하라
여주시기에 그후로 그 婚約을 罷議하여 버리고 尹琦燮先生
과 洪海發君의 仲媒로 上海에 居住하시는 金明洛氏의 第四
女 金明卿孃과 約婚을 맺고 一九三六年 十月 四日 南京花牌
路 大華飯店에서 結婚式을 擧行하고 夫婦로 맺게 되었다
其當時 우리 同志들 中에 中國女性과 國際結婚한 분이 多數했으
나 結局은 解放과 더부러 家族同伴歸國後에 그 女性들이 他地生疎
한 우리나라에서 살수 없음으로 男便과 子女를 버리고 도로 自國
으로 도라가 家庭을 破壞하는 現實이 非一非再이었다 이런 現實
로 볼때 申洪君 諸先生의 指導를 받은 國際結婚을 하지
않기로 한것이 子女들에게 對하여 幸福은 勿論이고 내 一身에 對하여서도
上에 幸福이 되었음으로 恒常 나는 그분들에게 感謝하여 마지 않는다

一五、中日兩國戰爭前後의 經緯

中日兩國이 正式으로 宣戰佈告하기 前에 發生한 諸事實의 經
緯를 敍述해 보기로 한다
一、滿洲王을 自稱한 張作霖氏의 被狙害 및 奉天省瀋陽
北大營事件 으로 原來 張作霖氏는 本是 馬賊團 (卽土
匪) 出身으로 日露戰爭時에 日本軍에 協力한 功勞로 滿洲
에 實權者가 된 사람이었다 만은 親日을 한 때문에 出勢
를 한 사람임으로 日帝는 張作霖氏는 꼭 自己사람으로 믿
게 그를 믿어 왔던 것이다 그러던것이 中國國民黨革
命이 일어나고 日本이 後援하던 北京에 軍閥 吳佩孚가 나타
革命軍에게 屈伏을 하고 나니 張作霖도 漸次 그 마음이 變態하
하여 그친 日帝에 말을 잘 듣지 않게 되었던 차 한결음

나가서 日本을 排斥하기에 이르렀었다 이때 激憤한 所謂 日本의 關東軍은 어느날 北京에서 奉天으로 오는 汽車를 爆破시켜 여기 車中에 앉아있던 張作霖氏를 爆死케 하였던 것이니 이와 같은 일은 過去日帝가 상투手段이었으니 舊韓末時代에 日本을 排斥한다고 해서 [illegible]閔妃(명성황후)를 宮內로 侵入시켜 明成皇后를 慘殺한 것이나 똑 같은 것이었다 其後 滿洲의 實權者가 된 張作霖 張學良은 아버지를 殺害한 원수라고 해서 日帝를 極度로 미워하게 되었으며 그反面에 蔣介石總統은 張學良에게 對하여 하루빨리 國民政府로 돌아와서 함께 나라일을 하자고 熱心히 勸告하였던 일이 있었고 日帝는 張作霖을 暗殺한것이 도리어 禍根을 招來하였음으로 이 事件을 造作한 日本人

河本大佐를 形式上 處罰하고 張學良에게 謝過했으나 때는 이미 늦어 滿洲는 國民政府 傘下로 돌어가는 것은 오직 時間問題로 되여 있었다 日本은 번쩍 깨지나 滿洲가 따루 떨어져 있어야 自己네 利益이 되겠음으로 張學良에 대해서 國民政府로 돌어가지 말 것을 或은 꾀기도 하고 或은 협박도 했으나 復讎心에 불탄 國家意識에 눈을 뜨게 된 張學良은 좀처럼 이에 應하지를 않았다

그래서 萬一 滿洲에서 쫓겨난다면 自然히 朝鮮에서도 손을 떼지 않을 수 없을 것이므로 日帝는 참으로 어려운 고비에 當面하였던 것이다 그리하여 滿洲에서 물너나오고 朝鮮에서도 손을 떼게 된다면 明治維新以來 日露戰爭다 日清戰爭의 效果와 所得이 하루아침에 水泡로 돌아갈 것이므로 日帝가 奉

54

本은 極度에 達하여 무슨 手段을 써서라도 中國의 革命勢力
을 阻止코저 하였었다
그런데 드디어는 靑天 辮懸格을 갑자기 靑天白日旗(中國의 國旗)
가 奉天省政府屋上에 휘날리게 되었다 그것은 다시 말
하는 것으로 말미암아 張學良氏가 드디어 國民政府에 合流한 것임을
表示하는 것이었다
이에 激憤한 日帝는 마침내 窮餘之策으로 最後의 非常
手段으로 一九三一年 九月十八日밤 奉天停車場附近에서
正體 不明의 匪漢을 數十名이나 죽이고 鐵道를 破壞하였다는 구실
에 是 滿洲 要地에 駐屯한 關東軍을 出動시키며 그 길로 張
學良 部隊가 駐屯하고 있는 北大營을 奇襲하여 일거에 軍
隊 武裝을 解除하여 同時에 全滿洲를 自己 손아귀에 掌

55

握하게 된 것이 即 滿洲北大營事件이다

六. 萬寶山事件의 經緯

이 事變은 倭敵이 우리 韓國을 合倂한 以來 所謂 東洋拓
殖會社라는 殖民侵略의 移民政策의 總本部인 機關을
두고 있으면서 凄殘略으로 우리 國民의 土地沒收와 財産을 强
奪하여 自己 國民을 移殖하는 데 提供함으로 우리 國民은 漸次的
으로 滿洲와 俄領 沿海로 驅逐되었는데 그들이 定着된 곳으로
을 保護한다는 美名下에 滿洲境內에 所謂 守備隊를 派遣
하며 無賴韓人들을 앞세워서 中國人의 土地財産을
强佔或은 沒收시키며 中韓兩國民間에 仇敵相對하는 現實을
造成시키며 中韓兩國의 傳統的인 友誼를 破壞하는 데 傾注
하는 同時에 又 一步로 日、鮮、滿 共同体라는 口號로

56

를 내걸고 滿洲를 呑倂하려는 野慾이 날수록 露骨化되매 갈수록 故意的으로 가진 手段과 方法을 써서 事件을 만드러 擴大시키고 軍隊를 派遣하여 武力衝突을 造成하는 것이 一貫的인 通例이다 이 萬寶山事變에 發端된 內容을 보건대 韓僑農場에서 灌水하는 水路를 構築하려면 傍地所上 安리 中國人農場을 거쳐서 灌水하게 되는 關係로 水路를 通過 協定하기로 한 후 中國人農場에서 絶對反對를 提起하게 됨에 當地駐屯한 守備隊가 此機會를 千載一時로 利用하여 韓僑들의 擁護를 强行케 한 結果에 兩國農民間에 大々的으로 衝突이 發生되며 兩側에 殺傷人員이 數名씩에 達하게 한 것이 即 萬寶山事件

57

이라 하다 이 事變을 奇貨로 하여 國內에서는 우리 國民을 衝動시키어 排華運動을 助長하고 無數한 華僑를 虐殺케 한 事實을 비러내며 韓中兩民族間에 仇讎狀態를 造成하였다

一六. 天津事變經緯

天津事變으로 因하여 所謂 何梅協定을 締結한 當時 日敵이 中國을 侵略하기 爲한 所謂 啄木鳥式 딱딱구리새 외交政策을 實施하던 때이다 이 啄木鳥外交라 함은 「딱딱구리새」가 이 나무 저 나무, 찍는데마다 조와서 집을 내는 것과 같이 日本人은 가는 곳마다 무슨 트집을 잡든지 반다시 重大한 事故를 釀出하여 처음에는 外交的 交涉하는 척을 하다가 自己네 所期한 目的대로 達成치 못하면 [illegible] 軍隊를 動員하여 强行하는 實例가 不知其數이매 이런 惡毒한 政策을 實行하는데 있어서 번번이 自己네 軍民은 뒤에다 配置해 놓고 반다시

58

無賴한 韓人을 앞에 내세우는 것이 一貫的 毒策이다.
이 天津事變 發端된 內幕을 살펴보면 現地에 駐屯한 日軍部에서
銅鐵을 收集할 目的으로 韓人을 唆使하여 雅片을 中國內地로
密輸시키고 銅錢과 交換케 하는 行商을 奬勵케 하였던 바 이들에
幾百萬元 代價되는 銅錢을 輸送途中 中國官憲에게 押收
되어 負主韓人數百名이 뒤로 畫押 其時 華北政務委員會委
員長 何應欽將軍 辦公廳에 衛入하여 不法蠻行을 敢行
하였고 何將軍護衛兵에게 韓人몇사람이 殺傷當한 것이 發
端되며 結局에 가서는 日軍이 一貫的인 計劃대로 軍隊를 動員
하여 一觸卽發의 險惡한 局面을 造成하였다.
其當時 中國政府로서는 共産軍과 한창 치열하게 作戰中 거의
殲滅段階에 到達한지라 政府로서는 對外的으로 衝突로 될수없는

59

限으로 回避하지 않을수 없는 困境임으로 何應欽氏로부터 被害者韓
人에게 相當한 慰謝金과 慰問品等을 주며 忍痛和解하
고 當地에 駐屯하고 있는 日軍司令官 梅津이란 者와 恥辱的인
協定을 締結한 것이 所謂 天津事變과 何梅協定이라 하는
것이다.

以上 敍述한 바와 같이 中國各地에서 發生되는 類似한 大少事件이
續續 不斷이 많은 것을 中韓兩國民間에 國情이 날로 惡化됨에
따라 우리 革命運動者에게까지도 影響이 미치게 되며
中國의 民들에게 미움을 받게 되며 日人들을 미워하는 만치 甚至於 上海에 居
住하는 우리 僑胞에게 食糧까지도 買賣去來를 끊는 傾向이
생겼다.

中日兩國의 國交가 날로 尖銳化되어 가던 此際에 一九三四年

60

九月에 上海에 駐屯하였던 國軍 十九路軍과 日軍과의 大衝突
戰이 再起되어 敵我雙方이 大兵을 集結하여 三四個月間 激戰
하다가 結局에는 英美佛 諸强國의 出面調停으로 停戰하고 말았다.
國側에서 不得已 停戰協定을 締結하고 말았다. 이 協定締結을 祝하는
日本軍側에서는 戰勝慶祝과 日皇의 生日 天長節을 兼하여
를 虹口公園에서 擧行하는 敵將 白川大將以下 各將과 日僑數
萬名이 雲集하여 戰勝祝賀式을 盛大히 擧行하던 찰나
尹奉吉義士가 白凡金九先生의 指令을 받고 勇敢하게 投彈
一發에 敵網을 뚫고 爆彈을 投擲하여 明時에
敵將 白川大將以下 重光大使等 十餘名을 擊斃
하여 우리 民族의 獨立運動을 世界에 떨치고
萬歲를 부르게 하였던 것이다.

61

의 消息이 中國各地에 傳播되자 中國人民들의 態度가 突變하여
우리 獨立運動者에게 食糧과 衣料等을 無料로 提供하여 주
고 中國政府에서는 上海에 있는 우리 臨時政府에 革命指導者
인 白凡金九先生以下 十餘名의 閣僚와 家族들을 南京으로
招致하여 巨大한 補償金으로 全體의 生活을 保障維持하여
주는 同時에 國內外 靑年을 大大的으로 募集하여 韓國光
復軍組織育成에 積極協助하므로 韓中軍事協定까지
締結하였던 것이다.
其後 白凡金九先生께서는 西南 韓甘湖國境에서 獨立軍
을 活躍하시던 李靑天(본名 池靑天) 李範奭 諸將軍을 불러
하여 光復軍을 擴張組織 訓練後에 中國各戰線과 印度
와 安南等地 抗日戰線에 參加하여 爀爀한 戰功을 세우고 最後 中日

62

戰爭이 終結되자 西紀一九四五年八一五解放을 맞이하여 全部歸國
後國軍創設에 參加하였다

一七. 中日戰爭과 正式宣佈

中日戰爭의 始發은 一九三七年七月七日에 北京老橋北平에 駐屯
하고 있는 日軍梅津部隊와 南平에 駐屯하고 있던 中國軍宋
哲源部隊間에 最初의 輕微한 衝突로서 漸次擴大되어 中國側
에서는 될수있는 限 局限된 地方事件으로 解決하려고 盡力 外
交的交涉을 進行하였으나 日本側에서는 當時 西歐 四維巴에서
獨逸과 佛蘭西間에 戰爭이 一觸即發될 危機에 있음으로
英美兩强國이 東顧할 餘地가 없는 機會를 千載一時로
利用하여 中國을 完全히 侵佔할 野慾을 內包한 秘密裡
에 陸海空軍을 大々的으로 出動시키어 各重要都市에 援

63

入시기어 積極的侵略戰을 展開하여 오는 情勢가 날로 險惡되자
中國政府로서는 不得已 數十年間 없는 共戴天의 원수로 再軍하여
오던 共產黨과 合作하고 또다시 數年 以前 國交斷絶로 되어 있던
蘇聯과도 다시 國交를 回復하고 正式으로 日本에게 宣戰
을 宣佈하였다

當時 日軍이 華北에서는 主動力을 取하고 主攻을 華南으로 하기
爲하여 大兵力을 上海方面에 派遣하여 直接 中央政府所在地인
南京으로 攻擊目標로 하고 大擧進攻하여 왔다 中國側에서는 不
得已 戰爭을 可能한 限 長期抗戰할 計劃으로 當年
十二月頃에 政府와 全軍各重要機關을 四川省 重慶으로 遷
都하고 同月 中旬 上海로 失守하게 되자 南京마저 危急하게 되어
官民全体 撤去하게 되었다

64

우리大韓民國臨時政府도 白凡先生領導下에 諸閣僚와 僑胞千餘名이 中國政府를 따라 漢口方面으로 撤去하였고 其當時에 勤務하는 官吏全部도 貴州省 芷江縣으로 移動하였으나 나個人은 敵方情報蒐集을 맡은 救國同僚 羅志超君과 함께 數名을 領率하고 南京附近에 殘留하여 繼續勤務케 되었다. 이 指令을 받은 후 나와 族含 나의 七名되는 聽姐님과 妻便人外와 同婿 李戴祥 內外 共四人은 우선 우리 臨時政府를 따라 移動케 하였으나 不過十數日도 못되어 不幸히도 南京이 陷落됨에 不得已 最後로 撤退하는 船便으로 漢口方面으로 後退하는 途中에 九江을 到着하였다. 九江이라는 곳은 南京서 漢口로 가는 途中에 있는 都市이고 江西省 首府인 南昌을 通한 贛江에 入口인데 全省物資가 모이는 地에 集結되며 外國으로 輸出될 뿐만 아니라 特히 中國에서 有名한 陶磁器가 生

65

(陶磁器로 有名한 生産地가 江西省 景德鎭이다)

産되는 經濟都市이다. 여기서도 目的地인 漢口까지 千數百餘里나 되며 船便을 數日間 걸리어야 到着될 것이다.
그러나 그때 第一線 있어 또 우리 부대는 砲陣속에서 生死를 鴻毛에 부치고 書奈[illegible] 하려에 心身의 援國 諸公은 同胞 이므로 더욱더 敗戰의 苦惱를 맛보기에 精神上 無限한 苦痛을 形言할 수 없었다.
나는 이 生에서 몹을라 무슨 不幸 義夫에 抱字去, 歸鄕 然던지 本來는 늘서는 故鄕에 살수 없어서 그리운 故國을 又此兄弟들을 떠나고 無依無托한 萬里他國으로 亡命하였건만 또 무엇이 不足하여 떠기 없게 쫓겨 와서 사랑하는 妻子와 눈물을 머금은 채로 이별케하며 生命까지 빼스려는 놈들에 心志도 다할 데 없이 悉毒하려니 哀悼한 나의 八字 모든 罪를 지질렀기에 이렇게 험악할가 이것이 내가 할 나의 八字 所關인가. 나라 없는 설움인가. 이렇게 울어도 보고 웃어도 보면서

66

祖國에계신 父母任을 思慕하고 또 앞날에 대한 避亂떠난 妻子들 그리워
歎息하면서 心身의 疲勞를 暫時라도 풀기 爲하여 九江부두로
내려 休息할 旅舘을 찾던차에 偶然히 金元欽同志를 만나서 우
리 臨時政府 一行의 行方을 무른즉 마침 몇시간前에 이곳에 到着하였
다 하기에 卽時 金同志와 같이 金九先生 一行이 타고온 船隻을 찾아
뵈러 先生님께 一一히 慰問하셨는데 나의 內子 同鄕은 江西와 音敎
을 듯을 주었다 사람 만난 듯이 반가워서 반은 울음과 눈물 빛은 喜
음과 울음 抱擁할 때 절로 몰랐다 一十餘日前에 南京을 떠났기에
벌서 漢口에 到着하였을 줄로 生覺하고 이곳에서 만날줄은 꿈밖으로
生覺치 않았다가 不意中 서로 만나 그리웠던 夫婦의 情을 주고받던가
밤이나 별빛을 通하여 記憶에 남게 있게 되었다 이날 船中에
서 一夜를 지내고 翌日에 내가 탄 그 船便으로 金九先生과 같이 漢口로 向

67

하여 出發하였다 漢口라는 곳은 揚子江流域의 華南 華北을 通하는 交
通中心地이며 軍事上要地로서 三國時代의 諸葛亮先生의 大戰으로서
敵軍 八十萬大軍을 擊滅하였던 所謂 赤壁大戰의 戰場이 此處이곳
이라 하며 只今에 와서는 中國現代式 都市의 하나이며 人口는 百五六十萬이나 居住하
고 있다 當時 北京과 南京을 失守한 後 軍民數百萬이 集結되며 社會
秩序가 大端히 混亂하였을 뿐 아니라 敵軍의 急轉直下로 漢口의 門戶인
九江까지 到着하여 中央政府는 預定대로 重慶으로 遷都하였으며 우
리 臨時政府는 暫時 湖南省 長沙로 移動하여 第一線과 가까운 地域
에서 우리 光復軍擴充하고 諸般準備를 進行中이었다
本來 光復軍基幹要員은 滿洲 新興學校 出身 二百餘名과 中
國軍事學校 出身 二百餘名을 合하여 全部 四五百名으로 組織된
것이며 其中 中國軍事學校 出身者는 白凡 金九先生任이 直接

指揮하고 其餘는 新興出身인 李志鮮 金學奎等으로 하여금 靑天
將軍께서 따로 軍官隊를 組織하여 南京市內 中華門內 花露
崗에 居住하였다가 其後 蘇州에 있는 憲兵司令部 職員으로서 南京
市 壯丁總隊(부녀보호단이라 하는곳) 機要幹事職을 兼務하게
되었을 때였다. 그리하여 이 軍官隊는 그 隊名을 壯丁總隊 丁이라 假編
入하여서 一部經費를 支出하여 二三年間의 生活費 訓練費等
을 全担하였었다. 中日戰爭中에 臨時政府와 같이 重慶으로 移動
하고 正式으로 韓國光復軍에 編入하여 各地戰場에서 烈烈히 싸웠고
終戰後 歸國하여 國軍創設에 全部努力하여 國防上 重大責
任을 지고 活躍하였다

一八、 隨軍作戰中의 家庭整理

一九三七年 十二月 末頃에 家族을 데리고 漢口에 到着한 後에 앞으로 行動을

打算하였으나 암만하여도 이 長期戰爭中에 家族을 引率하고 다니기가
너무나 不便이 莫大할 뿐 아니라 더욱이 七旬이 넘으신 聘母님을 六七千
里나 되는 重慶으로 옮기는 것이 善策이 아닐 듯 生覺되어 不得已
同婿 李載祥氏로 하여금 聘母任과 自己夫人 두 분을 于先 上海妻
家宅으로 가시도록 하고 載祥氏를 시키어 香港까지 가서 船便에
께 모시고 重慶으로 도라가게 하였다 나는 妻 向卿과 같이
過歲하고 新年을 맞이하여 三四個月 지낸 中에 마침 아내가 孕胎中
重病을 치르는 것 같이 呻吟하고 있는 차에 敵軍은 벌서 湖南 漢口附
近에 侵入하였다. 不得已 病席에 누워 있는 사람을 데리고 長沙로
移住하였다. 때마침 芷江으로 移動하려던 憲兵司令部의 計劃을
變更하여 暫時 長沙에 駐屯하게 되어 나는 그의 軍隊로 復歸하여
總務處에서 繼續勤務하였다. 內子 向卿은 胎中五個月

70

이지나니 深思熟考한 끝에 長期戰爭中이고 또 生疎한 他鄕으로 同伴하며 다니기가 至極히 不便할뿐 하며 不得已 自己 親家로 보내기로 決心하고 重慶에 가 있는 同婿 宋載祥氏를 보고 하며 그 배편으로 香港까지 가서 船便에 (上海行) 올려 보내도록 하였더니 그러나 그들은 內子 배만 上海로 가서 近 一年 동안 隱居하여 있다가 不幸히 日警에게 逮捕되어 重慶 臨時政府 連絡員이라는 罪目으로 裁判을 받고 五年間이나 西大門監獄에서 獄苦살이를 하였고 內子 向卿은 親家에 到着한 후 日本 領事館으로부터 數十次나 呼出을 받아 우리 臨時政府와 무슨 連絡이 있지 않나 하고 推測하고 無謹한 審問에 苦楚를 받아 왔다 한다

一九·부터 臨時政府 金九主席께서 狙擊當한 楠木廳事件 (一九三八年 五月 七日 夜)

우리 臨時政府 內에서는 金九先生이 引導하는 韓國獨立黨, 金元鳳氏가 領導하는 朝鮮民族革命黨, 現北韓에서 [illegible]하는 進步

71

(進步)派, 申翼熙氏 領導하는 韓國革命黨 等 派別을 떠나 恒常 鬪爭이 甚하여 우리 運動上에 莫大한 支障을 招來하였다. 中日戰爭이 正式으로 宣佈하였으니 擧族的 團結하여 一致抗爭하여야 할 大業을 앞에 두고 이런 有害로운 黨派分爭으로 삼는 것은 結局은 民族 自滅을 招來하는 것 밖에는 아무런 利益이 없을 것이며 또 우리 民族 革命鬪爭史上 永遠히 씻지 못할 것이므로 各 黨派 指導者, 金九先生等 諸位 先輩께서 三黨 大同團結을 促進키 爲하여 各黨 代表들이 合席하여 鄭重히 會議를 進行中에 不意에 不良靑年 李雲漢이라는 놈이 平素에 白凡先生께서 自己에게 生活費를 주지 않는다는 不滿을 품어 왔다고 會議席上에 뛰어들어 亂射한 結果에 白凡先生께서는 胸部貫通이 되었고 柳東說, 李青天,

22

諸氏는 比較的 輕傷을 當하고 玄益哲氏는 頭部貫通으로 出血하야
에 卽席에서 死亡하였다 이 事件은 同志에게서 나온 獨立運動者
各派 憎惡으로서 韓國國境에서 烈烈히 鬪爭하였고 中日戰爭 中에
國內로 들어와서 臨時政府에서 勤務하였고 臨下에 이런 일을 하고 도로
미리 不意의 故로 負傷하였고 同志 葬禮로 長沙에서 葬禮를 지내
였고 金九先生께서는 胸部에 貫通傷을 입으시어 거의 絶命하시다가
에 回復하시어 天佑神助하에 長沙 湘雅病院에 入院 治療
하시어 完全히 健康을 回復하시었으나 彈鐵이 胸部 後部에
에 끼어 手術이 不可能하므로 終末 빼시지 못하신 채 歸國 하신
日政은 安斗熙 凶彈에 狙害를 當하여 長逝하시었으니 其時
에 犯人 李雲漢은 事件 後 逃避하여 躊躇를 한 후 一個月
만에 廣東에서 中國 官憲에게 逮捕되어 法에 依하여 處刑되었을 것

23

은 犯人嫌疑者로 姜昌濟 朴昌世 李昌基 等을 逮捕下獄하였으나
何等 證據가 없음으로 釋放되었으며 以上 事件으로 말미암아 各黨
統一運動은 暫時 中止되었으나 其後 臨時政府가 重慶으로
移動한 後에 統一政黨을 組織하고 光復軍도 成立하여
組織하여 中日 戰爭時期 各 地戰場에 參加活躍하였었다.

二○八、漢口와 長沙를 失守한 後의 經歷

一九三八年 初春에 漢口에서는 劉의 戰時로 하였으나 敵에게 失守當하고
敵軍이 長沙地境까지 長沙附近까지 侵犯하게 되매 우리 臨時政
府는 그때 重慶으로 移動하였는 全部를 다 芷江으로
로 移動하였고 그곳에서 將近 一年을 지내는 동안 海觀家에 한 일
三內子로 長女 漢玉을 順産하였으나 片紙와 寫眞을 받았
으나 이 甚하고 直接 面對치 못하여 大端히 遺憾스

24

하여 生覓될 때까지 海外에서 [illegible] 故로 [illegible]

家[illegible] 生活 [illegible] 甚히 [illegible] 事

[illegible]

[illegible] 하였다 [illegible]

[illegible] 國 [illegible] 保證으로

는 此 같은 [illegible] 生覺하여 不知中 [illegible]

는 [illegible] 聽之

母 [illegible] 朝 [illegible]

하는 戰爭 中에 [illegible]

[illegible] 湖南 [illegible] 西 [illegible] 境 [illegible]

中 [illegible] 月 [illegible] 君이 [illegible] 年 [illegible]

75

하고는 羅君이 重慶 光復軍을 가지고 辭表로써 떠나갔으니

는 意思를 表示하기에 그 意思에 對하여서는 可讚할 만하나 當時

光復軍內部 派閥이 甚하여 諸般事業이 進行中에 있으므로 推進되지

않는 것은 事實이나 [illegible] 陰謀에 政治的으로 [illegible] 하는 데

에 [illegible] 發生하였다 그리하여 時機가 尙早하다 하여 [illegible]

時期를 보아서 가는 이 同伴하기를 勸告하였으나 [illegible]

結局 辭表를 提出하고 重慶을 나와서 無政府主義者들과

같이 陝西省 西安方面에서 光復軍徵募處를 두고 敵軍에서 服

務하는 韓國籍 官吏들을 說得하여 募集한 結果 적은 바 相當數

에 兵士를 募集하여 光復軍第一支隊를 成立하게 되어 一時 名

聲을 날리었으나 結局은 派閥 싸움의 때문에 不幸하게도 暗殺을 當

하였다 羅君의 故鄉은 全南 [illegible]

26

時에 中國으로 亡命하여 黃埔士官學校 八期로 卒業하고 憲兵司令部
에서 五年間 勤務하였다. 爲人이 沈默 勇敢하고 剛直하여 大端히
前途有望한 靑年으로서 革命先輩諸位에게 주목과 寵愛를
받았으나 戰爭歷史의 經驗이 不足하여 結局은 失敗하였던 事業에
있어서 有終의 美를 거두지 못하고 不幸히도 生命까지를 犧牲하여
버린 것이 實로 遺憾千萬이었다. 一九四五年 八月 解放을 맞이
하여 白凡 金九 主席께서 歸國하실 때에 羅月煥君의 遺骸를 親히
가지고 나오셔서 羅君의 長兄 日煥君에게 傳達하셔서 安葬케 하
였으며 그 後에 一九五一年度에 全南兵事區司令官 在任時에 그의 家族
을 찾아서 그들의 生計를 돌보아 주기 爲하여 敵産家屋을 拂下
해 주며 新羅旅館이라는 이름으로 旅館業을 하도록 周旋
하여 주었다

27

一九三八年 初夏에 芷江에서 羅君과 作別한 後 筆者는 그 任地에서
一年을 지내고 同年 十月 末에 少領級으로 進級과 同時에 憲兵第八團
(駐陝) 警務部長으로 轉任發令을 받고 團本部 駐屯地인 上饒로 赴
任하였는데 團長 方濼氏이며 方君은 나와 黃埔軍校 同期生이므로 平
素에 깊은 友誼가 있었으므로 中日戰爭이 끝날 때까지 第一線에서
生死苦樂을 같이 한 親舊이며 또 나의 憲兵團이 各 憲兵隊中에서
가장 優秀한 部隊로 蔣介石將軍의 信任이 두터워서 戰果를 上
가장 重要地域에 任務를 擔當하여 왔다

二一、그의 親切한 同志와 生活 처음으로 長女 漢玉을 낳은 經緯

一九三八年 下半期부터 敵軍이 우리의 外援 國際路線을 斷絶시키기 爲
하여 全國 海岸을 全部 封鎖하고 또 海路로서는 浙江省 寧波로
經由하여 上海로 通하는 것과 陸路로서는 印度支那를 經由 雲

28

南省是明을 드는 두 個의 路線이 있었다. 特히 寧波港의
리 部隊駐屯地域內의 状況을 파악한 部隊의 保護重點에 補給
線을 確保하며 軍需物資를 護送하는 責任을 負荷하였다.
그리하여 當時 나는 一個 分隊를 引率하고 寧波港內에 駐屯하여
軍需物資搬入하는 總責任을 지게 되었기 때문에 上海
까지 배로 하루 밤이면 갈 수 있으나 敵軍占領地였으므로 갈 수 없었으나
往來하는 船便을 利用하여 南京과의 通信할 機會 있었다. 이 때에
그러던 차 [illegible] 下士官 中에 楊有福이라는 [illegible] 있었다.
南京 上海 사람으로서 地理를 잘 아는 故로 그를 密派하여 家族을 데
려오라고 任務를 주었더니 떠난지 一週日만에 果然 無事히 데려와
서 二年 동안 그리던 母子가 서로 만나게 되었으니 얼마나 기뻐했는
지 [illegible] 家族을 [illegible] 個月 [illegible] 部隊本部 있는 上饒에 [illegible] 寧波에서 [illegible]

29

四五個月 지내는 동안 不幸히 내가 惡性瘧疾에 걸리어 行動을 못하게
되므로 不得已 寧波를 떠나게 되어 美國人 經營하는 華美病院에 入
院 시키려 했으나 治療를 받는 中에 敵軍이 突然히 港口를 封鎖하고
海上으로부터 侵犯하여 寧波가 陷落될 危機에 처하게 되니 不得已 病者
를 데리고 [illegible] (韓國의 故鄉)을 經由하여 上饒로 後退한 後 台灣
獨立運動者 李友邦君이 經營하는 病院에서 繼續 治療를 받고
完治되었다.

二二、一九三九～一九四一年 戰爭中의 家族生活

一九四一年 六月 十八日 駐屯地 上饒에서 次女 [illegible]을 出生하여 全家族 四人이
戰爭中 生活이지만 그래도 幸福하게 지냈었다. 때마침 李 [illegible] 韓國民團
朝鮮 [illegible] 餘名을 領率하고 있었는데 上海 [illegible]
附近에 侵透하여 敵軍內의 韓籍士兵을 歸順工作시키는 活動을 하고 結果

80

同年七月頃에 蘇州駐屯한 敵軍에서 韓籍士兵五名을 集團脫出시키려다가 不幸히 敵軍에게 發覺되어 數十名이 射殺當한 뒤 餘名만이 江을 건너 無事脫出하여 二支隊에 編入後 繼續 活動으로 말미암아 歸順工作의 活躍하여 多大한 成績을 거두게 되었다. 그런데 敵軍側에서는 蘇州韓籍士兵脫出事件이 全軍에 傳播되자 全軍내의 韓籍士兵을 各分隊로 一 二名式 分散編入하여 嚴重監視하였다 한다.

本書上饒에서는 顧祝同將軍이 領導하는 第三戰區司令部가 駐屯하였으나 戰區內의 兵力이 數量에 있어서는 많았으나 裝備가 낡아서 低劣하였고 敵의 兵力이 薄弱함을 알고 敵不犯我 我不犯敵하는 格으로 防衛의 位置에서 敵軍과 激戰할 機會가 없었으나 敵과 我間에 戰爭上 그러게 重要한 地域이 없었다. 그 三年間 無戰狀態로 便

81

李의 突然히 敵軍大部隊가 急襲하매 從人과 戰區司의 各部隊들은 本地에 應戰도 못하고 全部退却하게 되매 李光나의 家族三人을 銀行車便을 利用하매 江西省瑞金으로 보내고 나는 部隊와 같이 一面抵抗하면서 徐徐히 退却하는데 나 보니 三個月 만의 瑞金을 到着하매 家族을 만나게 되었다. 中国軍隊는 輸送裝備가 低劣한 關係로 機動性이 缺乏하매 번개나 徒步行軍인 故로 戰爭時에 家族을 다리고 行動하기가 苦하고 困難하였다가 特히 나의 家族은 人地生疎한 異國生活 말을 이런 困境을 當하였 때마다 잘 살던 못살던 간에 제 故鄉 그리운 生覺이 더욱 懇切하매 진다 또 한 軍人의 몸으로서 生死가 서는 때에 지킬 법이지 自身도 모르게 되는 身勢들로 亂中의 家族

82

을 만날적마다 사람을 만나는 느낌을 가지게 된다
瑞金이라는 곳은 地形이 險惡한 山地이다 原來 中國共産黨
이 오래동안 占領하고 있던 根據地였으므로 文化水準이 甚히
低劣한 人民生活이 말할수 없이 貧困한데다가 十數年
戰爭의 시달림에 지친 채대로 있는 따름이 뵈이지 않하고
人民들은 五六年 동안이나 中日戰爭을 치르건만 누구하구
戰爭하는 줄도 모르고 오직 同族끼리 싸우는 紅白戰爭으로
알고 있을 程度이니 참으로 文化人으로서 살기 힘겨운 곳이다
이번 戰時에 寧波 金華 上饒 紹興 等 諸要地를 撤收하게
되었기 때문에 우리 部隊는 寧都라는 곳에 駐屯하며 五六個月을 지
난 후에 나는 中領 大隊長職을 昇進하며 三個 憲兵中隊
를 統率하고 江西省 臨時省會인 泰和에 駐屯하는 同時에

83

部隊는 興國 吉安 贛州 等 諸要地에 散駐하며 治安責任을
擔當하게 되었다 一九四四年 四月頃에 華南 廣東의 駐屯한 敵
軍이 南昌의 敵軍과 合勢할 目的으로 贛州를 强占하며
南昌通路를 侵犯하는 바람에 우리 部隊는 暫時 防地를 拋棄
하고 興國에 集結한지 三個月後에 다시 敵軍이 兵力을 集中
하던 目的으로 贛州 泰和 等地를 拋棄하고 南昌으로 北上 結集
무렵에 나는 다시 部隊를 統率하고 贛州 泰和 地區에 還駐
하였다
贛州라는 곳은 江西 廣東 兩省에 接境한 重要都市인데
蔣介石氏의 長男인 經國君이 行政專員으로 在任中에 建
設的인 行政을 하여 놓았기 때문에 다른 곳보다 民衆의 文化水準
이 比較的 高尙한 都市나 農村에 있어서도 諸般 建設이

84

이를 發展되어가던 中의 敵軍이 三個月동안 占領한 期間에 人民을 無慈悲하게 虐殺하고 一体建物을 撤頭撤尾하게 破壞하고 退却하였기 때문에 全市가 廢墟가 되었으나 우리 部隊는 駐屯後의 治安維持와 建設復舊의 任務로 執行하여 왔고 에 專員公署 地方法院等 諸機關과 合作하여 [illegible] 復興委員會를 組織하고 維持國民들로 推戴하고 에 事務總長을 選任되어 事務全般을 總管하게 되어 于兒治安을 維持하기 爲하여 敵軍의게 阿附하여 民衆을 殺害한 賣國奴 [illegible]名을 擧出하여 全部 死刑에 處하고 民心을 收拾하고 官民이 一心合作하여 諸般戰后復興事業에 全力을 傾注하고 戰前과 같을 만치 復旧하였다

二三、敵軍의 投降宣言을 宣佈后 行動

85

一九四五年六月頃의 獨逸軍이 敗亡함으로 東西歐羅巴戰爭은 終息되고 오즉 極東의서 日本이 英美大軍과 對戰中 六七年間 長時日을 두고 中國과 苦戰하기에 士氣가 低下되고 全國的으로 厭戰思想이 날로 濃厚하여가는 此際의 英美大[illegible]國을 單獨對抗하게 될 것은 不遠한 時日內의 그의 敗亡은 누구나 莫論하고 預測하였던 것이다 當年七月頃의 日本海軍은 比律賓海峽에서 英美海軍의게 全滅을 當하였고 또 八月初에는 日本國의 廣島와 長崎兩處의 原子彈을 投下하여 四五十萬名의 國民이 瞬息間內의 全滅을 當하고보니 더 戰爭은 더 持續할 수 없이 되었다

나는 그當時 收復된 贛州서 復興事業의 全力을 傾注하였어 敵軍의 敗亡을 期待中 同月九日午夜

86

의 當地總領事館 首目氏의 招請을 받어 訪談, 辭典을 누리
던 中曉쯤 市街中에서 砲聲을 들으며 萬歲소리가 天地를 震
動하였다 나는 그 暴動이나 이런 줄로 誤認하고 即帶
에서 部隊로 電話를 거러 물었더니 當直將校의 対答이 敵軍
投降을 발表하였다 하며 市民들의 熱狂的으로 歡呼하면서
市街行進을 하는 中이라 한다 이 말을 듣는 나는 꿈인지 생신지
남모르게 기쁨에 넘치며 곳 잠옷을 닫더 봐서 妻子들을 부
둥겨 안고 二十年동안 그리웠던 故國山川을 보게되였고 父
母와 兄弟들도 만나게 된 기쁨은 참으로 민칠 지경이였
다 그翌日早朝에 다시 또 放送을 通하여 果然 敵軍이
投降宣言을 發表하였고 敵我兩軍은 現駐屯地에서
治安을 維持하는 同時에 中日兩國政府命令을 기다려

贛州南昌에서의 行動

87

今後行動을 取하라는 放送소리를 드렀다 同月十二日 憲兵總司令部
로부터 우리 部隊는 江西省會인 南昌과 九江等地에 進駐하며 全省
治安維持의 總責을 맡는 同時에 全省內에 駐屯하고 있는 敵의 憲兵
部隊 武裝解除의 總責을 맡으라는 命令을 받은 即時 全部隊에
出動命令을 下達하는 十四日 個中隊 憲兵을 領率하고
에 家族과 같이 先鋒隊로 南昌을 向하여 出發하였고 贛州에서
南昌까지 九近七百餘里나 되며 自動車로 가려하였으나 沿途民衆들
의 歡迎을 받으며 가는 곳마다 不得已 驛子와 自動車를 交代로
하게 되였으나 우리 部隊가 經過하는 沿途 數百餘里의 住民
들이 酒肴들을 들고 나와서 熱狂的으로 歡迎하며 萬歲를 부르
는 소리 天地를 震動하였다
江西省은 領域이 우리나라 보다 좀 크고 人口는 四千餘萬이나 되는 地方

88

이었으나 廣大한 地域에서 治安責任을 맡고 있는 七八萬의 敵軍이라 欽·하
狀態이었으며 光復軍隊로 集結되면 民衆들의 歡迎은 勿論이고
오랜 過去로 回顧하건대 日本官憲의 警察들은 日本陛下에서 건더
어렵든 大命生活을 하던 身分으로서 이者들을 武裝을 解除
하는 責任者가 되고 보니 痛快한 心情이야말로 形言할 수 없으며
오매불망 그리던 國民과 親知親族을 만나서 이런 現實을 보며 우지
못하니 이 甚히 遺憾이 없었다

當時 日軍의 武裝을 全部 解除한 後에 規定한 場所에 集結
시키고 措置는 上部의 命令을 기다리고 있었다 그리고 落地에 居住
하는 僑胞들은 倭軍中에 勤務하던 韓籍兵들이 日軍을 離脫
하고 韓國光復軍에 志願하여 集結된 者 若干名과 獨身女子
(慰安婦) 千餘名을 上海經由 本國으로 歸還시켰다

89

同月十六日 南昌에 進駐한 敵軍의 武裝을 全部 解除하고 治安維
持의 任務를 하던 中 同年 九月頃 우리 韓國光復軍總司令 李青
天將軍으로부터 現職을 辭任하고 光復軍으로 復歸하라는
電報를 받았다

이때 黃埔士官學校에 入學하였던 目的은 中國軍에 服役하려던 것이 아니
었고 우리의 獨立軍의 幹部로서 祖國光復을 하려는 것이 唯一한 宿願이었으나
卒業當時에 우리의 獨立軍 根據地인 滿洲全域이 日軍에게 占領
하므로 우리와 相扶相助하던 中國軍에 하던 中 中國軍隊가 全部 國內로 移
動하는 때 우리 獨立軍官은 不得已 中國軍隊와 行動을 같이
하였고 一部는 中國軍隊에 編入하여 服役하고 一部幹部는 南京에 集
結하여 光復軍을 組織하였고 活躍中에 編成된 部隊는 없었고
訓과 暫時 中國軍隊에 入隊하여 經驗을 삼으려던 것이 十餘

90

同十數年이란 歲月을 보내게 되엿다 李將軍에 遺骸를 모신 郎時
下 上海로 가서 李將軍을 뵈옵고 今後의 去就를 指示를 받고 防地
로 南昌의 三民 外 中國軍 軍官學校 兵隊職을 辭任하고 나서 光復軍總司
令部로 轉勤되여 (該)部 李將軍 高級參謀로 就任하였다.
當時 우리 臨時政府는 白凡 金九 先生 以下 各級 閣僚들은 벌서 入國하였고
다만 駐華代表團長 朴贊翊氏 外 李青天將軍 및 閔石麟氏 等
만 남아 있으며 光復軍 整理와 在華僑胞들을 保護하면
서 歸國時期를 기다리고 있는 中이였다 當時에 光復軍으로서는 原來
부터 組織되여 있던 西安 第一支隊 外에 其他 官兵은 大部分이 日軍
投降兵으로서 日軍內에 있던 韓籍士兵을 募集하여 組織한 徐州府
에 駐屯한 第二支隊, 南京의 第三支隊 上海의 第四支隊 漢口에 第五
支隊 九江에 第六支隊 等이 있고 僑胞保護機關

91

으로서는 臨時政府 駐華代表團 金筆下에 北京에 華北區 總團, 上海
에 華南區 總團이 있어서 僑胞들의 生命財産을 保護하는 同
時에 本國으로 送還할 諸般準備次 中美兩政府와 交涉中이였다.
當時 光復軍總司令部에는 萬餘名의 兵員을 募集 計劃으로서는 適當
히 訓練한 後에 全軍을 統率하고 歸國하려던 것이였으나 不幸히도 蘇聯
兩國이 우리 國土에 38線을 限界로 南北을 割據하고 所謂 軍政을 實
施하였으므로 우리 光復軍 單位의 入國을 拒絶하므로 中國政府의 協力
을 加하여 解散하라는 交涉으로 말미암아 不得已 部隊로 解散하고 僑
胞로 한 같은 個人資格으로 入國하게 되었던 바 當時 重慶 光復軍
總司令部에서 勤務하였든 나는 上海宣撫團長으로 轉任되여 同年
五月頃에 上海로 赴任하였을 보니 各地에서 모여든 僑胞들이 七萬餘名에
이르고 그들의 生命財産은 敵僑와 同等 取扱을 받는 故로 處地

92

가甚히 困難에 빠져 있던 때에 내가 到着하니 그네들은 나를 救世主
같이 生覺하고 歡迎하였다. 나는 僑民團長에 就任하고 卽時로 團部
部署를 制定하고 全体僑胞를 大光明劇場에 集合하여 今後
施策을 說明하고 僑胞들의 行動을 拘束하며 秩序를 確立하는
同時에 中美軍當局에 交涉하여 本國으로 歸還시키도록 努力
推進하였다. 그때 우리나라에는 [illegible] 國際協約에 依據하여
三八線境界로 國土를 南北으로 兩斷하여 北韓에는 蘇軍, 南
韓에는 美軍이 進駐하여 各各 軍政을 實施中인데 南韓美軍政
으로부터 上海에 軍政代表로 韓國籍 金漢起君 兩人이 派遣되어
우리 僑民團을 協助하여 僑胞들의 歸國事務를 處理하여 주
었다. 나는 七個月 동안에 事務를 完全히 끝마치고 同年 十月頃에 滿洲
奉天等地에 僑胞慰問次 가서 보니 當地 僑胞들은 日僑 보다도 더

93

戰敗國民待遇를 받고 있는데 그 生活情狀은 이루 形言할 수 없이
悲慘하였었다. [illegible] 私有財産은 敵産으로 取扱 받아
全部沒收當하였음으로 먹을 것이 없어서 自己妻子女로 賣淫行爲로
살아가게 되는 家庭이 한두 집이 아니었고 僑團收容所에는 每日 餓死
者가 數十名式이나 續出하였다. 이런 悲慘한 現狀은 참으로 目不忍見
이었다. 이 情形을 보고 當地 駐屯軍司令官 林彪將軍에게 交涉하여
救濟策을 要求하였으며 全体 歸國시키는 것으로 決定을 보았
다.

一九四七年 七月 中旬에 나는 上海로 와서 最後 船便으로 內子와 長女 漢玉
次女 继玉 三女 泰玉과 食口를 데리고 긴 十五年間이나 亡命生活에 終
止符를 찍고 우리 獨立運動의 發祥地인 上海를 떠나 그리웠던 祖
國으로 돌아오게 되니 너무나 기쁨에 넘쳐서 눈물이 앞을 가리었다. 家來

94

上海는 나와 妻子族이 三十七年동안 이곳에서 生活하였고 聘父님 金明濟氏와 妻男 金東錫과의 墓은 數年前 敵軍侵領時에 別世하시고 聘母님과 妻姪 男妹等 全家族은 어디론지 分散하여 가는지 去処를 알수 없었고 其后 벌써 몇해 前 妻男 金東寬君이 南京에 있었다는 消息을 들은 참이었지 비로서 聘母님과 妻姪男妹들이 國內로 들어온 줄 알게되었다 最后 上海를 떠나기 몇칠 前에 聘父님께 墓所를 찾아 마지막 省墓나 하려고 墓所附近을 헤매면서 墳墓를 찾았으나 結局 찾지 못하고 妻男 東錫兄의 墓所만을 찾아 參拜하고 도라와서 뒤에서 우리 내외를 따르면서 보드는 듯이 발길이 떨어지지 않아 하였다 特히 나의 內子는 너무나 悲痛해서 땅을 치며 痛哭하는 광경을 참으로 볼 수 없었다 그때에 나와 權限과 能力만 있으면 그분들의 墳墓를 國內로 移葬하여 드릴 수도 있었으나 當時 形便上

95

不可能할 뿐더러 特히 聘父님께 墳墓를 찾지 못한 關係로 後日에 다시 와서 移葬할 預定이었으나 내가 入國後에 業務에 奔忙하여 國내에서 떠날 時間餘裕도 없었고 또 中國政體가 共產化로 變更되며 다시 가지 못하게 됨에 따라 不幸히 無依無托한 萬里他國에서 孤歸의 寃魂이 되신 聘父께 이것이 나와 內子 가슴속에 永遠히 풀니지 않는 悲痛이라 하겠다

二四 中國共產黨의 始末

中國과 我國은 壤地接境된 關係로 數千年以來 政治 經濟 文化 軍事 諸方面에 있어서 辰齒相依하여 왔고 앞으로도 우리 民族에 死活問題가 中國과 密接한 關係 있으므로 中國의 政治問題를 우리 政治問題나 다름없이 重要視될 것은 再言할 必要가 없는 것이다

P6

現下 中國共產黨이 中國大陸을 統治한지도 벌써 廿年에 가까워 가고 있어 그 基盤이 날로 鞏固擴張되어 가는 同時에 原子彈 水素彈等 諸般 科學的 武器까지 保有하게 됨으로 國際的 進出이 巨步를 걷는 現狀을 보니 不遠한 將來에 國際舞臺에서 支配的 位置에 臨하게 되면 領域이 넓어질 뿐 아니라 이를 보면에 있어서 나 個人으로서 보고 들은 中共의 당초의 出現을 大略 記錄하여 參考하고자 한다.

中國이 淸朝 末期에 이르러 반 以上 政治가 極度로 腐敗하였으므로 各省에는 張作霖, 張宗昌, 孫傳芳, 吳佩孚 等 諸軍閥이 擁兵稱雄함에 따라 中央政府가 統治權을 行使 못하게 되었고 그 當時 世界列强인 英, 美, 佛, 獨, 日 等의 帝國主義者들의 侵略을 當하여 거의 亡國 危機에 處하였을 際에 革命家이신

P7

孫文先生께서 國內에 革命同志를 領導하여 民族, 民權, 民生, 三民主義를 부르짖으면서 救國運動에 獻身을 할 때 北期會에 國際共產黨 領導者인 陳獨秀, 鄧演達, 彭德懷, 朱德, 毛澤東 諸氏와 合作하였으므로 그 黨羽들이 大擧하여 革命政府 國民政府 傘下 軍政, 各界 各層에 浸透하여 黨勢를 擴張하였으며 한편으로는 蘇聯의 軍援 經援을 받아 國交를 맺은 後 政治顧問에 보로딘, 軍事顧問에 가린 等 와에 數十名의 蘇聯技術者를 招聘하여 各 實共의 國民, 共產 兩黨의 聯合戰線을 形成하였으므로 부터 中共의 產生한 始初이라

當時 中國全域이 世界列强들의 勢力範圍로서 大都市마다 所謂 租借地를 設定하고 治外法權等 不平等條約을 强制로 締結하여 大陸侵略을 敢行하는 時期였다. 이런 危急한 環境下

에 對해서는 民族的 團結이 必要하며 對外的으로는 國際的인 提携와 協助 없이는 當面한 備敵危期를 克服할 力量이 없음을 洞得한 政界, 軍界도 國內共産黨 및 蘇聯과 合勢하였던 것이다.

二五 軍隊內의 共産黨活動情況

위에서 말한 바와 같이 共産黨이 各界各層에 浸透하여 그 活動範圍가 手段方法이 그 戰術에 따라 形形色色의 各種各樣이었지만 自身이 軍人生活을 繼續하였기 때문에 局限된 軍隊內에서의 그들의 活動狀況만을 보고 듣고 한 바를 記錄하려 한다. 내가 처음으로 黃埔軍官學校에 入學하였을 때 보니 學校組織에 있어서 校長 아래 敎育長이 있었고 敎育長 아래는 訓練部와 政訓部가 있어서 全校生 敎育訓練을 總攬하고 學生隊는 聯隊, 大隊, 中隊, 小隊別로 編成되어 있다. 이때 國共合作時代였으므로 校長은 國民黨의 蔣介石氏, 敎育長

은 共産黨員 鄧演達, 訓練部長에 國民黨員 吳思豫, 政訓部長은 共産黨員 熊雄으로 安配되었고 學生隊에는 聯隊로부터 中隊까지 各部隊長外에 共産黨의 指示를 받는 所謂 政治指導員을 配置하여 訓練作戰等의 命令을 部隊長과 指導員이 連署하여야 效力이 發生케 되어 있었다. 그리하여 軍命令指揮系統이 恒常 紊亂하였고 兩黨間에 指揮權을 爭奪하려는 暗鬪가 날이 갈수록 露骨化되자 結局 一九二六年 三月頃에 蔣介石 校長께서 海軍의 中山艦을 黃埔江(軍官學校附近)에 停泊訓令시 校內左翼系首領들을 許하고 何應欽氏가 統率하는 第一軍을 指揮하여 一校內 共産分子들을 全部 肅淸하였으며 蘇聯系顧問들은 全部 逐出하였었다. 이것을 中山艦事件이라 稱하며 이로부터 共産黨은 地下로 들어가고 再起할 機會를 노리던 中 一九二七年 共黨에 蔣

100

分校長에서 北伐出戰하는 校會에 後方인 廣東에 駐屯軍인 第四軍
張發奎部隊에 敎導隊將으로 五千名의 共産黨員에 使嗾을 받아
서 大暴動을 이르키어 悲慘한 虐殺戰을 敢行하였으나 結局 國民軍
에 追擊으로 敗北하고 湖南省 接境地帶인 海豊, 陸豊, 山間僻
地로 敗走하였다
本來 張發奎라는 이는 左翼思想所持者로 世評을 받은 者이가
때문에 그의 部隊가 共産分子들의 陰謀에 利用되었던 結果에 이런
悲劇을 빚게 되었으며 湖南·廣東 接境地帶를 根據地로 하여 連日暴
起코 軍閥들을 擊破 戰力을 크게 擴張하여 其이 名을 呼稱하는
八路軍의 母体로 卽 中共軍이다
二六、一九二七年 十二月 廣東省會인 廣州에서 共産黨 暴
動時에 敎導隊內의 學生으로 본다 우리 韓籍 學生들

101

外樣狀

本來 우리 韓籍將校가 黃埔軍校出身者로서 第三期로부터 第四期까지
總 百餘名이 第四軍 敎導隊內에 韓籍學生이 있었든데
國共分裂되는 때에 우리 將校들은 國共 兩黨中 左右間
派로 갈리어 되는 暗鬪가 繼續되어 왔었던 一九二七年末에 所謂 敎導隊
暴動事件에 加擔하였던 우리 學生들은 卑餘名으로 暴動中에 第五
軍 李福林部隊에게 捕虜되어 現場에서 全体銃殺을 當하였다
筆者들은 黃埔軍校에 있는 우리들이라는 事前에서도 接觸이 없었
던 關係로 事件의 그 見聞들에 姓名을 失記하나 불은 道理가 없었다.
그리고 黃埔軍校出身者中에도 左翼思想生 數十名은 現 北政權
下에 軍責任者이고 그 當時에는 學生中隊長이었던 崔鏞建 又
名 秋海 金策, 朴孝三等 指揮下에 毛澤東과 合流하여 海

102

豊陸豊地帶으로 가는 撤退하였으니 以來부터 韓國人으로서 中國
共產軍과 因緣을 맺게 始作하였고 그후 一九三七年 中日戰爭 中의
中國政府가 重慶으로 遷都하였을 當時에 金元鳳(義烈團長
君이 領導하는 朝鮮義勇隊員 百餘名을 光復軍 第一支隊
로 編成함에 現 北韓政權 內의 方二人者로 行勢하는 白淵 金斗奉(又
稱 科奉) 君 領率하에 毛澤東 根據地인 延安으로 가서 合流하
였다 이것이 即 그들이 呼稱하는 延安派이었다

二七、討共戰의 經緯 (으로부터 對日宣戰)

前述한바와 같이 蔣介石氏가 十餘年 北伐戰爭中에 後顧하는
름이 되는 時機에 海陸豊地帶에 潛伏하였던 共產軍이 漸次
勢力을 擴張하여 江西省의 僻地인 瑞金、興國、等地에 根據
地를 잡고 紅軍部隊로 大々的으로 編成하여 後方治安을

103

攪亂하였음으로 一九三三年頃에 政府는 數十萬의 兵力을 投入하여 四五
年間 討共戰을 展開하여 거의 殲滅段階에 突入하였을 때에
日本帝國主義는 中國이 統一되기 전에 自己의 手中에 全亞細亞
를 支配하려는 野望으로서 滿洲에서는 萬寶山事件、北京
에서는 盧溝橋事件、上海에서는 京滬鐵路侵佔事件 等々을 爲
始하여 繼續 挑戰하여 옴으로 全國輿論이 于先 外敵을 몰아내자
하는 것이 沸騰하였을 때 共產黨은 國民들에게 聲援하였던 軍事
統合方面으로 援助하겠음을 自願하여 왔다 그리하여 政府는
不得已 討共戰을 停止하는 同時에 第二次 國共合作을 提議하였
對日抗戰을 宣佈하게 되었다

二八、對日抗戰中 共產黨의 生長

一九三八年 中國이 對日作戰을 宣佈한 以來 政府軍 主力은 前線

104

에配置하며 對日抗戰中에도 共産軍과 所謂 第八路軍과 新編第四軍은 敵後方에서 游擊戰을 活躍한다는 美名下에 敵國에 衰를 避하며 地外 安全地帶로 撤去하여 軍事力擴張에만 置重하였으며 이것이 七年을 拖延하여 오던 一九四五年 八月에 日本軍이 投降하자 共産黨은 이 機會를 노려 親日派 및 精衛政權 下에 組織編成하였던 所謂 和平軍의 大部分을 接收改編하였으며 또 一方面으로는 林彪 等은 高級指揮者를 率하고 滿洲에 急派하여 所謂 東北民主聯軍을 組織하여 二十萬名을 全部 共軍에 編入하는 同時에 內外에 偽裝한 軍隊 百餘萬名을 確保하였지만 이外에 또 政府軍은 終戰後 政府로부터 復員命令에 依하여 軍隊를 縮少改編에 따라 退役케 된 數萬의 各種 指揮官들을 暗中 招募 任用함으로써 共産軍은 量과 質的으로 擴張과 向上에 突進하였다.

105

以上 事實들에 依하여 歸國하기 前에 있어서도 이미 豫見하였던 바와 같이 一九五〇年 六·二五 動亂戰線에서 捕虜된 中共軍 二十萬名 中에 大部分이 將校는 黃埔軍校 出身이고 裝備는 全部가 日本軍의 것을 持하였다는 것은 確認되었던 것이다.

二九、 國共戰爭의 結果

一九四五年 終戰後 中國政府는 戰後整理 復員에 汲汲하였으나 又 中共軍은 七八年間 實力擴張에만 置重하였으며 또한 新銳兵力과 各種 裝備를 獲得하였으며 또 蘇聯이 北滿에서 公然히 軍經援을 되받았으며 士氣가 沖天하여 政府軍과 一戰을 不辭하려던 차에 美國으로서 所謂 실半聯이라는 討劑를 내세운 國共聯合政權을 세우도록 主唱하였으며 國內 著名人士와 各地 新聞들도 이를 呼應하고

106

하는 同團氣가 濃厚하였다. 이때 中共은 全國民에 意思를 自己
들이 擁護한 듯이 百年戰爭이니 十年戰爭이니 하면서 全軍의 戰
鬪命令을 下達하였다. 一九四七年 十月頃에 黑龍江省 吉林省에 駐屯
한 林彪軍이 奉天 瀋陽方面으로 進出하여 政府軍 杜立明
將軍部隊와 作戰을 開始하였다. 一方의 討戰에서 長春을
四平街 華北地에서 激戰끝에 政府軍이 破竹之勢力으로 全軍이 崩潰
되어 開戰한지 不過 三四個月 내에 北京 天津 華北 諸要地를 失
守하였다. 이렇게 轉戰 二年만에 政府軍 各部隊의 共産軍
에게 反戰歸順 或은 投降으로 全軍이 覆滅로 도하여 大陸全
域이 共産天下로 變轍을 보게 되였다. 그리하여 數十年間
全國統治하여 오던 蔣介石 政權은 台灣으로 亡命하게 된 것이다.

三○ 對共鬪爭의 敗因檢討

107

生命은 一九六五年 軍人 信念에서 刊行하는 雁行 雜誌 第一號에 記載되었다

人生이란 戰場이다. 人間이 世上에 誕生하여 生活을 營爲한다
는 그 自體가 卽 生을 爲한 하나의 戰爭인 것이다. 人生이 眞心으
로 願하던 願치 않던 理解하던 理解치 못하던 認定하던 認定하
지 않던 間에 사람마다 人生의 戰鬪員이란 이름아래 服務하고
있는 것이다. 다만 이 戰鬪過程中에 있어서 優劣勝敗의 差別
은 있는 것이다. 그것이 自身이 主動的이던 被動的이던 征服者이
던 被征服者이던 間에 따는 이 戰爭方式을 習得하여야 하는데
이 戰爭에 參與하여야 하며 나아가서는 戰爭을 完成시키어야만 한
는 것이다. 누구를 不問하고 途中에서 妥協할 수 없으며 더구나
이 戰爭에서 빠져 逃亡할 수 없다. 다시 주음이 當신에게 停戰
命令을 下達할 수 있고 그때에야 비로서 當신은 그 戰鬪序列
에서 물너나게 되고 休息을 取하게 되는 것이다.

108 人生이란 鬪爭을 하는 곳으로서 生存하기 위한 鬪爭으로 무덤에 終末을
짓게 됨으로서 鬪爭이라는 것은 惡은 勵作하고 있으나 善을 爲하여
이 없어질 수도 없으나 예수께서는 天國을 讚美하셨고 回敎에서는 經典과
寶劍을 同等重要視한 것을 보더라도 모두가 다 鬪爭精神을
表示한 것이라 하겠다
生命과 生活이란 不斷한 鬪爭과 征服일 것이며 人生의 戰場에 있어서
두 가지 종류의 戰線이 있음을 否認하지 못할 것이다 精神戰線이요 또 하나는 物
質戰線인데 精神戰線이란 生活의 目的을 追究하며 生命을
完遂하는 데 있고 物質戰線은 生命을 維持하는 手段 方法으로 生
活을 完遂하는 데 있다 다시 말하면 精神은 生命을 完成하는
데 있고 物質은 生活을 完遂하는 데 있다
手段은 目的을 爲하여 存在함으로 이에 服從하여야 하고 生活은 生

109 命을 爲하여 存在함으로 이에 服從하여야 하며 物質은 精神의 依
하여 存在케 됨을 따라 이에 服從하게 되는 것이다
生命에도 精神的 生命과 物質的 生命이란 區別이 있으나 物質
的 生命이란 단지 各種 有機物質의 化合物이며 그 生命은 肉体와 더
불어서만 같이 存在할 수가 있다
그러므로 肉体가 생겨지는 때 따라서 같이 생겨지는 (아래장에 연속)

110

111

것이다 그러나 精神的生命이란 그와는 反対로 國化로서 才德을 이룰 수 있는 偉大한 人格의 陶冶体로서 肉体를 떠나서 存在할 수 있으며 비록 肉体가 죽는다고 하여도 精神은 日月을 따라 같이 빛나며 長生하는 것이다

生活도 亦是 精神的生活과 物質的生活의 두가지가 있다 즉 精神的生活이란 生命을 為하며 生活을 克服하는 것이오 物質的生活이란 生活을 為하며 生命을 毁損식키는 것이다

軍事戰鬪란 다만 人生戰場에 附屬된 한개의 枝葉에 지나지 않는다 故로 軍事戰鬪를 認識하는 데 있어서 人生關係와 明確한 限界를 劃定할 수는 없는 것이다 이 人生戰場을 가리켜 어떤 사람은 人生哲学이라

112

고 부르고 人生觀이라고도 부르고 또는 世界觀이라고도
부른다 그러나 거기에 對한 根本的인 認識과 把握을 한
然後에야 비로소 軍事戰爭의 變化와 發展을 把握
할 수 있는 것입니다
이 人生過程中의 한 枝葉의 戰場인 軍事戰場도 亦是
本質的으로 精神面과 物質面의 두가지 路線에 있는 것
이다 먼저 말한 바와 같이 精神이 모ㅡ든 物質的 問題를
決定하고 物質은 精神에 따라가게 되는 것이다 이런 原則
에 立脚하여 軍事戰爭을 論할 때 이 亦是 精神的인 面
에서 먼저 勝利를 얻어야만 비로소 物質的으로도 勝利할
수 있는 것이다 그렇지 않고 그와 反對로 精神上으로 敗北을
當한 戰鬪은 반드시 物質面에 있어서도 同一한 敗北

113

를 當하는 것이다

三. 中國이 大陸에서 失敗한 것을 回顧

中國大陸의 反共戰爭에 있어서 어찌하여 不過 二三年內의
完全한 敗北를 當하였는가 中國이 八年間에 對日抗戰當
時에 西南 西北 華中 華北 等地에 이르기까지에 廣大한 地域을 終
戰時까지 確保할 수 있었다 그러나 反共戰爭에 있어서는 겨
우 二三年內에 하나의 完全한 地面도 確保치 못하고 廣
大한 地域을 모조리 喪失하였으니 이런 쓰라린 例는 歷史上
볼 수도 없고 있을 수도 없었던 大敗北이었다 참으로
그 敗北란 너무나 빨랐고 悲慘하여 驚愕을 禁치 못할
奇異한 現實이므로 面目을 들고 國民앞에 무어라고
辯明할 수 없었다 이 敗北의 原因은 비단 軍事上의 만

114

局限된 것이었나니라 政治, 經濟, 敎育 等等 全般에 걸쳐 敗北
한 것이다 腐敗하였는가 그 原因조차 究明할 餘裕도 없이
自己自身도 모르는 가운데 混亂한 秩序하에 그 廣大한 大
陸으로 부터 밀려 나온 것이다

當時 軍事上 敗北되어 밀려 나오는 現實을 回顧하건데
여러가지 形形色色 各樣各種의 形式이 있으나 그 例를 들면 臨
戰하며 싸우지도 않고 敵에게 投降하는 것들이다

襄陽防衛司令官 康澤 長春의 鄭桐國 瀋陽의 廖耀
湘 新民의 范漢傑 濟南의 王耀武 等이 모두가 그런 者
들이다 또 하나의 例를 들면 防衛하다가 敵에게 投降
하는 것인데 北京의 傅作儀 長沙의 程潛 西安의 馬鴻賓
昆明의 盧漢 等이고 其外의 杭州의 陳儀 江陰의 戴

115

戎光 長沙의 陳明仁 迪化의 陶峙岳 楡林의 鄧寶珊 等은 軍
民大衆을 거느리고 떳떳이 投降하였다

政治로 올하는 張治中 劉斐 劉不同 楊玉清 邵力子 徐謨上
으로 하는 錢昌照 孫越崎 等 人物들이 敵앞에 무릎을 꿇
고 自進投降한 者들이며 敎育上으로 보는 南京金陵女子大學
總長 吳貽芳은 團體를 組織하여 가지고 江을 건너가서 敵軍
들의 入城하기를 歡迎하였고 上海復旦大學 總長 章益은
直接 敵軍 工作隊에 加入하였고 湖南大學 總長 胡庶華
는 青年團 劉書記長까지 歷任하였고 南京中央大學 總
長 吳有訓 武漢大學 總長 周鯁生 等等이 모두가 沒廉
恥하게 卑劫하게도 敵에게 阿附하여 敎育家의 人格을 餘地
없이 땅에 떨어뜨리고 말았다

116

에게 있어서 여러 사람들에게서 東亞時의 敎育도 많이 받았고 軍服陸時에
高官을 모시고 있었을 때 그네 말로는 다 聲하 自稱愛國者들
나라의 組織을 다하여야 한다고 떠들며 國家에 重職을 차지하고
있었을 뿐이니라 모두가 다 大統領의 側近者로서 陷落도
부터 特別한 厚待와 恩寵을 받은 者들이다 그러나 終末에서
서는 各自 形式을 달니하며 敵에게 阿附하며 投降하고 말았으니 그 原
因所在를, 追究하고자 한다
우리가 反共戰을 論할 때 形式上이니 또 實事上 活動이 最
高位置를 하게 되고 있었기에 따라 實事上 敗北를 말하게 되
한다 戰事上으로 볼 때 戰爭中의 投降한 者 戰爭도 하지
않고 投降한 者 戰爭도 하기 前에 投降한 者 그 外에 投降보다
좀 먼 便으로는 從부터 逃亡은 하는 全滅을 當한 것이 있었다 이런 各

117

種各樣의 醜悪한 現相은 이루 무어라 表現할 수가 없었으나
그는 様相은 姑捨하고 于先 싸우지 않고 敗한 것과 싸우기도 前에
에 毁한 것을 論하자면 이 者들이 말로는 共産黨이 叛亂을
이르킨 것과 마찬가지로 나라의 極害를 준 者들이다 中樞要衝
은 地形이 險惡한 山岳地帶이다 그 地域에 數十萬의 兵力을 가
는 高官들은 每番 後退할 때마다 實力을 確保하기
爲하여 한 일이 없었고 그렇지 않으면 險峻한 山岳을 利用하여 死守
하여야 했다고 辯明을 하였다 그러나 보는 바는 그 險峻한 山岳의
要塞는 繼續하여 陷落되었고 確保한다든 實力조차
바에다 保存하여 두어야 할 수 없었다 그 責任者인 將軍
들은 繼續으로 逃亡은 하였고 幹部나 部隊는 諸各
으로 헤어지고 말았다 나는 이런 現實을 生覺할 때마다

118

는 傳說理想論일지는 모르되 나自身이 萬若의 師團長이
나 聯隊長職位에 있어 數萬은 姑捨하고 단 數千 數百名의 兵
力이라도 指揮할 수 있었다면 그런 有利한 地理的 條件下의
自信있게 英雄的인 抗爭을 할 수 있으리라고 본다 人間으로서
죽기로 榮譽스럽게 죽는 것도 許諾되오 하나 이것만 數百 數十
萬의 精銳部隊들이 가진 이 險峻한 地域을 防守치 못하고
도리어 그리로 다만 崩潰되는 同時에 政治經濟軍事 諸要
地를 双手로 내어 바친 듯이 全部喪失하고도 指揮責任者이
었던 將軍이나 總司令官이나 高官들 中에서 英雄的인 戰
死或은 責任感을 느끼고 自殺者가 있었다는 말조차 듣지
못하였다 우리는 이런 敗北를 他山之石格으로 輕視할 것이
아니라 所謂 三八線이란 鐵絲網 밑에 목숨을 걸고 [illegible] 우리로서는

119

더욱이 그 原因을 糾明하여 勝利의 指針을 얻어야 할 것이다

三, 四一 그 失敗는 精神戰線의 崩潰에 起因한다

우리는 이런 將軍과 元老重臣 政治家 敎育家가 그 무엇때문
에 죽엄을 겁내고 삶을 貪하였든가 좀 研究하여 보려 한다
自己의 人格과 良心을 저버리고 國家와 領首를 背叛하고 [illegible]
部하며 敵에게 投降하였는가 抗日戰勝利初期에 있어서 南
北朝鮮의 輿論이란 때 沸騰한 것을 우리는 아직도 記憶하
고 있을 것이다 民衆의 新聞이라고 불리우든 大公日報도 이
問題에 關하여 數次에 걸쳐 論議하였었다 이 問題는 中華民
國歷史家들 間에 流行된 容疑가 되었고 美國의 新聞들도
이에 呼應하는 듯이 보였다 그러나 이와 反對로 共産徒輩들은
어떠하였던가 그 代辯人 周恩來는 公々然히 百年戰爭을 主

120

張하여 自己 黨을 激勵하며 叛亂의 決心을 發表하였
고 頭目 毛澤東도 있으므로 그 徒黨들에게 十五年 長期戰爭
方略을 指示하였으며 事實은 너무 하였던가 그네들이 믿는
듯이 百年 十五年은 姑舍하고 [illegible] 者들의 理解할수 없이 不過
三年이란 短時日內에 全國 廣大한 大陸에서 完全히 敗하였
으니 이렇게 急速度로 敗하였으며 그 原因은 어데 있는가 萬
一 軍事上에서 찾는다면 到底히 그 理由를 찾을길이 없을것
이다 왜냐하면 그 當時의 政府軍과 中共軍 兩方의 兵力을 比較
하건데 (一) 兵力上 政府軍은 五百萬에 大兵力을 保有하고 있었
고 中共軍은 數十萬의 烏合之衆에 不過하였을 (二) 裝備上 政府
軍은 多部分 美式 新裝備이였고 中共軍은 大部分 舊式 銃과
大刀 長槍 等을 携帶하였고 (三) 軍制上 政府軍은 陸海

121

空三軍을 完全히 保有하였으나 中共軍은 [illegible]
며 全然 그런 名稱조차 가지지 못하였고 (四) 駐屯한 地理的 條件
으로 보면 當時 揚子江 黃河流域의 廣大한 地域과 四五億 萬의
人的資源이 全部 政府軍 掌握下에 있으며 中共軍의 占有
하고 있던 地域은 窮村僻地에 不過하였고 (五) 軍事幹部 上의
指揮能力으로 보면 政府軍內의 中隊長以上 大概가 黃埔士
官 陸大 其他 歐美各國 軍事學校 出身이요
로서 中共軍과는 比較할수 없는 指揮實力을 가지고 있었다
以上 敍述한 바와 如히 數十倍의 優越한 實力을 갖추고 있던 政
府軍은 短時日內에 餘地없이 敗北을 當하고 도리어 [illegible]
原因을 보질것 없는 中共은 勝利하였으니 軍事上으로
其 敗北의 理由를 解明할수 없을것이다.

122

그러나 政治上으로 그 理由를 찾고저 한다면 中華民国政府는 世界各
国에 承認을 받은 合法政府이고 外交面에 있어서도 多方面으로 各
国과 많은 援助를 받았다. 그러나 當時 中共은 비록 蘇聯으로부
터 若干 援助를 받았을 지나 到底히 国民政府와 같은 国際的 便
利를 받지 못하였고 또 數十年間 執權한 国民政府는 制度와 法
規가 確立되여 正統的인 政府로서 全国民心理에 뿌리를 박았
을 뿐만 아니라 抗日戰爭의 勝利를 나은 國力으로서 全国民의
支持와 擁護를 받을 수 있었으며 各級政府 官吏의 實經的으로
論하드라도 數十年間 政黨政治와 対한 認識과 行政經驗이라
든가 모-든 點에 있어서 行政經驗이 全無하다는 中共出身의 官吏
를 보는 比較가 되지 않니 하였다. 그러나 政府側은 비단 軍事面에서
敗北뿐만 아니라 政治的으로도 반드시 가져오 敗北를 當하였

123

은 그 理由를 어떻게 解明해야 할는지 亦是 不解의 宿題인 것이다.
經濟面으로 보드라도 政府는 全国各地에 巨大한 国営工業施設
과 廣大肥沃한 江南地域을 掌握하고 있었으며 그 外에도 英美
各国의 継續不断한 援助까지 받고 있었으니 中共에 経済力보다
는 數十百倍나 優越하였던 것이다.
教育面을 検討하건대 中華民国憲法 第一条의 中華民
国은 三民主義民主共和国이라 하였다. 이에 遵하여 中国政府
는 執政數十年以来에 教育施策上 小學校로부터 最高學部
大學校에 이르기까지 三民主義 黨主義 教育에 徹底하였으나
共産主義는 法的으로 教育界에 浸透치 못하게 되였으나
結局에 가서는 共産黨이 浸透한 곳에 軍隊나 學校들이
団体로 지어 共産黨萬歲를 부르짖으며 阿附投降하

124

었을뿐 아니라 最高敎育元老者들까지도 敵에게 投降하였다. 數十年동안 究研을 쌓은 功績이 一旦에 土崩瓦解되었다는 것은 亦是 理解못할 疑問인 것이다.

以上 敍述한 바와 같이 軍事 政治 經濟 敎育 等 各方面을 比較해 볼 때 果然 그 敗北 理由를 찾아 볼 수가 없으나 但 한가지 그 原因을 追究한다면 그것은 바로 精神上의 敗北이라 하겠다.

精神이 物質을 支配한다는 原則을 根據로 해 볼 때 精神上으로 敗北한 모든 戰鬪者들은 物質上에 있어서 敗하지 않을 道理가 決코 없었던 것이다. 萬若 軍事面으로 敗北하였다면 싸우되 싸움을 한 後에나 비로소 投降하든가 逃亡하든가 敗하든가 하는 것이지 敵과 뚝 떨어져 있는 遠距離에서 投降 혹은 逃

125

亡한다는 것은 다만 精神的인 敗北에서만이 그 解釋을 얻을 수 있는 것이다. 그럼으로 精神戰線에 있어서의 崩潰가 中國大陸에 있어서 敗北를 造成하였으며 또 그 敗北의 遠因인 것이다.

127

一. 後編 歸國의 行路

一九四六年七月頃에 僑胞의 遣送 任務를 完全히 맏치고 信標
團도 結束하고 家內와 子와 女兒 三人家族을 다리고 最後船便에
오는 卅五年만에 國을 떠나 中國을 作別하고 그리운 故國을 向하고
써 떠나오니 깃븐 마음 다할 데 없었는 눈물이 앞을 가리었다. 三日만
에 仁川港에 到着하여 防疫關係로 十日間 船上에서 留宿하였
다가 四弟 基鏞 君과 同壻 朴萬陽氏 等 諸親戚 및 親友
들의 迎接을 받고 下陸하니 當時 美軍政에 情報 要人(…)
二名이 앞을 막으면서 啓仁이 張興이냐고 묻기에 그렇다고 하였
더니 未安하지만 暫時 동안 自己네들의 事務室로 들너 쉬며
가라고 하기에 서슴치 않고 그네들 갓치 家族들 다리고 갓더니
맏침내 準備하여 두었던 洋食으로 午餐을 내여 주기에

126

128

一家族이 幾日間 배멀미로 먹지 못해 주리었다가 맛있게 된 죽을
먹은 後에 韓光軍 將校가 나타나 인솔을 하더니 나의 過去經歷
을 묻기에 一一히 答辯한 것을 記錄한 후 돌아가라고 하기에
나의 家族을 다리고 나와서 迎接나온 一行과 같이 서울로 갔었다
나중에 알고 보니 歸國한지 二個月만에 中國軍籍을 가진 軍
人身이라 하여서 軍政府로부터 出國命令을 받게 된
根據가 된 것을 알게 되었다
서울을 到着하고 보니 五年前에 보던 서울과는 若干 變貌
된 듯하다 三十餘年間 日帝의 侵略과 第二次 世界大戰을 겪
은 關係인지 社會各方面에 生活狀態가 至極히 貧困함
와 허덕이는 것이 歷歷히 보인다 그러하며 祖國이라고 도라오니
반갑기는 하나 生活貧困의 恐怖心이 생기게 되었고 또는 美軍

129

政權治下에 自由를 喪失한 듯이 生覺되어 도로 中國으로 와
도라갈 生覺도 났었지마는 하였다 그러나 既히 歸國하였던 길이
라 數十年 그리웠던 父母任께 차례 뵈옵고 兄弟 親戚도 만나보리
爲하여 三日間 서울에 留宿하며 旅裝을 풀고 三日째 되던 날 서
妻子女를 다리고 列車便으로 서울驛을 떠나 陰谷驛에
다르니 兩親父母任과 遠近親戚 親友數百名의 迎接을 받
고 事實 그리던 父母님께 拜謁하니 數十年間 定省을 못
한 關係로 面目이 老衰하여 얼른 알아 뵈옵기 어려울 程度
였다 中國古語에 이른바 少小離鄉老大回 鄉音無改鬢毛
衰 兒童相見不相識 笑問客從何處來라 하더니 꼭 옳
나를 두고 지은 것 같이 生覺된다 出迎나온 사람 中의 父母任을
除外하고는 其他兄弟들과 親戚들은 누가 누군지 到底히

130

불가하여 살어보듯이 넘었다.
내가 집을 떠날 적에는 祖父母 兩位분이 生存하시였으나 벌서 十數
年前에 다 別世하시고 오직 從祖母 任한 분이 生存하심에 만나게
되였다. 二三日間 故鄕에서 旅勞를 풀고 先祖 墳墓所에 省墓
도 하고 一家親戚 親友도 訪問한 後에 다시 妻子를 다리고 上京
하여 臨時政府 白凡 金九 主席 以下 諸要人들을 一一히 찾아
拜訪하고 歸國報告도 하고 또 앞으로 進行할 國事도 論議하
였다
當年 十月頃에 美軍政廳의 統衛部長으로 계신 柳東悅
先生께서 나를 보더니 하는 말씀이 앞으로 韓國軍內에 憲兵
을 組織하겠으니 이 責任을 맡길 터이니 于先 美軍政으로서
設立한 泰陵士官學校에 入學하여 一個月만 訓練을 받고

131

나오라고 하여서 그 말씀을 듣는 翌日에 그 學校에 入學하여
訓練을 받은지 二十餘日째 되든 날에 突然히 柳部長의 召喚
을 받고 갔더니 그분 말씀이 美軍政廳으로부터 退校시키
는 同時에 出國하라는 命令이 내리였다 한다. 其理由를 質
問한즉 그들이 석저 調査하여 보았던 게 내가 中國의 軍籍을
가진 現役軍人이라는 것을 憂慮하고 도로 中國으로 도라가라고
하는 것이라 한다.
本來 내가 中國 江西地區 憲兵副司令을 하든 時에 金九主
席께서 歸國途中의 나를 보더니 하시는 말씀이 이번에는 우리나라
解放이 되였으니 中國軍職을 그만 두고 같이 歸國하여
서 李靑天將軍을 도와 光復軍을 整理하고 또 駐華
宣撫團을 도와 우리 僑胞들의 歸國事業의 責任을 다

132

하였으며 軍籍을 두게 되었으나 官職만은
辭任하고 重慶과 上海 等地로 往來하면서 上記와 如히 맡
은바 責任을 完遂하고 歸國하였던 것이다. 그러므로 歸國時
에 中國軍籍에서 退役을 畢할 것이므로 當時 나의 心算으로
서는 國土가 南北으로 兩斷되어 美蘇 兩國이 分占하였으며 國
內에서는 左右 翼黨 政派 鬪爭이 極甚하매 社會 秩序가 甚히 混亂
하다는 消息을 듣고 于先 歸國하였다가 形便 보아서 다시 中國
軍職에 復歸하였으면 時機를 기다릴 計劃으로서 現役 身分
을 그대로 두고 歸國하였던 것이나 時局 身勢가 이렇게 되고 보
니 이러한 計劃을 세웠던 것이 가장 賢明하였던 것으로 生覺된
다. 當時 出國 命令을 받고 그해 十二月頃의 駐韓 中國 大使였던
蘇琉麟 氏를 찾아 歸國手續을 밟고 妻子女는 四月 某

133

鏞君에게 맡기고 中國行 船便으로 再次 中國으로 떠났다.

二、再次 中國으로 간 行跡

中國에 到着하자 前日 勤務하던 憲兵司令部를
찾아 司令官 張鎭 氏를 訪問하고 歸國하였던 經緯와
國內 情勢를 報告하고 그 司令部 [illegible] 當時 있었던
外國 情勢를 살피던 中 一九四七年 七月 경에 李承晩 博士께
서 國民外交 代表로 美國에 가셨다가 中國政府의 招請을 받
고 中國에 오셨을 때 처음으로 先生을 뵈옵고 國內外 情
勢에 對한 訓示를 드렸고 紀念으로 先生 揮毫를 받아
가지게 되었다. 揮毫의 文은 磋磨 三千萬, 俱爲有國民,
暮年 湖海上, 歸作 一閒人 이다. 揮毫가 李博士께서 美國
亡命 當時에 著述한 日本 內幕 이라는 册子에 博士

134

任皆像下와 나에게 下賜하였다는 記錄이 記載되어 있음
이 親筆로 揮毫하여 주셨는 바 六·二五 事亂時에 遺失
되었다.
李博士께서 國民外交代表로서 渡美活躍하던 動機는 當時
美軍政下에 있어서 美蘇共同委員會가 있어서 信託統治를
實施할려는 計劃이 있던 國內的으로는 呂運亨 朴憲永 許憲 等
政黨들이 所謂 自稱 人民共和國을 組織하여 政權을
爭取하려 하였고 美駐屯軍司令官 하지 將軍은 共産黨活
動을 合法化시키었으며 社會 各界各層은 分裂 및 共産國
防警備軍內에까지 共産分子들을 받아드리며 潛伏하였
共産軍을 化하여가는 傾向이 濃厚하였다. 그러하며 南韓
一帶가 거의 北韓보다도 比하게 赤化될 危機에 處하게 到達

135

하였을 際에 李博士께서는 이 危機를 打開할 目的으로 渡美하
시어 美國朝野人士들을 만나 交涉하신 결과 于先 容共하던
駐屯軍司令官 하지 將軍을 本國으로 召還解職케 하여
共産黨活動을 制止케 한 大成果를 얻으시고 歸國하였는
消息을 들으시고 當時 中國에 滯在하여 있던 李青天 朴南坡 閔
石麟 나까지 여러 사람이 各方面으로 中國政府에 建議하여 李博
士는 歸路에 中國을 訪問하도록 招請하였던 것이다.
이 招請의 意義는 將來 中華民國에 親善에 至大한 關係도 되
려니와 特히 이분을 招請하여 줌으로서 臨政人 金九 先生과 함께
政治的인 連鎖關係를 맺어드리기 爲한 것이었다. 그리하여
中國政府에서는 國賓으로 맞이하고 盛大히 歡迎하여 드린 同時
에 中國各地에 名勝古蹟을 十餘日間 滯留하시면서 一一히

136

○○○○ 退役時에 退 役[illegible] [illegible]林 [illegible]健[illegible]을 紀[illegible]

觀覽하신 후 蔣總統께 特別機로 歸國하시게 하였다.
그 때 李青天將軍께서는 光復軍結束事務에 未結한 事
務를 나에게 맡기시고 李侍士를 모시고 함께 歸國하시도
록 하였던 것이다.
一九四[illegible]年 [illegible]月頃에 國內에 계신 李青天將軍께서 歸國하라는 電報를
받은 後 歸國次로 現役에서 退役하고 退役金 若干
을 받아가지고 五月頃에 歸國하였다. 歸國하고 보니 國內에는 左右
翼兩[illegible]에 極苦하며 社會秩序가 말할 수 없이 混亂하여서 家庭
에는 姉三女 泰玉兒가 天然痘로 病을 死亡하였다. 運命이라 할
수 밖에 그 뒤 [illegible]戰爭 등의 [illegible] [illegible] 世事에 歸
國하였던 것을 [illegible] [illegible] 하였다.
[illegible]에 李青天將軍을 訪問하였더니 當時 大同青

137

年團의 訓練을 맡으셨다고 하시며 그 후 訓練所를 創設
하여 每期 三百餘名 訓練生을 募集하여 三回生까지 配出하
였다. 本書 李青天將軍께서 一九四五年 光復軍總司
令官으로 在任 當時에 參謀長을 계시던 李範奭將軍
을 光復軍先遣隊長으로 各地에 隊員을 파견하
여서 入國하여 建軍運動에 基礎를 樹立케 하였던 것이라는
民族青年團을 組織하고 李範奭氏 自身이 直接 團長으로
就任하고 全國 著名人士를 招聘하여 團本部 幹部 또는 訓練
教官으로 모시고 各地 精秀한 青年을 大々的으로 募集하여
短期訓練을 實施하여 近萬名에 訓練生을 養出하였다.
그리하여 全國 坊々曲々에서 民族青年團 活動이 가장 組織化되
었고 따라서 李範奭將軍에 名聲이 높은 高潮되어 政治的 地

138

位로서는 李承晩 博士의 位置를 占領하게 되었다 一九四七年
에 李靑天 將軍께서 歸國하자 光復軍國內支隊司令으로
있든 吳光鮮氏가 統率하는 光復隊員과 民族靑年團을 統合
하여 指揮하려든 結局 李範奭氏에 反對로 이루지 못하고 光
復隊員을 基幹으로 하여 따로 組織한 것이 即 大同靑年團
이었으니 結果에 가서는 民族靑年團은 旣成團體로서 美軍政에
서 經費援助를 받기 때문에 組織基礎가 完全히 確立되었을
大同靑年團은 新組織으로서 經費를 대는데가 없어서 組織
基礎確立에 成功을 못하고 失敗할 밖에 없었다 그리하여 이는
이 團合하지 못하는 (政治的) 路에 海外에서 光復軍 以外에서 活躍하던
幹部들을 進路에 있어서 莫大한 打擊을 받게되매 李範
奭氏는 右靑年團에 附屬的 地位로 利用하여 大韓民國에

139

初代國務總理 地位로 就任하게 된 것이다.
一九四八年 八月에 大韓民國政府가 樹立되고 李範奭氏가
國務總理 兼 國防長官으로 就任하였으나 總理秘書室長
으로 任命을 받고 秘書陣營에 組織과 事務的 部面도 大略
總理와 같이 하다가 十二月 二日에 國軍憲兵司令官職으로 轉任命
令을 拜受하였다.

三、憲兵司令官으로 就任하던 經歷

國軍 初代 憲兵司令官에 就任하였을 때 于先 憲兵에 關한 法
的 地位와 民主國家에 憲兵의 基礎를 確立하려 하여 憲兵令
및 憲兵服務令 等 諸般法規를 制定하여 國務會議로
것과 大統領令으로 公布하였으며 憲兵學校를 設立하여 憲兵將
校와 下士官 五百餘名을 國軍將校 및 下士官 中에서 精選

140

修了者를 送出하며 嚴格한 教育訓練을 實施하여 憲兵部隊를
組織하고 國軍全体部隊內에 配置하여 全軍의 軍風紀整理
와 捜査任務를 遂行케 하였으니 其後 憲兵司令部가 編纂
된 憲兵史의 詳細한 記錄된 바와 같이 [illegible] 憲兵은 部
隊로 國軍과 發展하여 부터 長足發展되어 現在에 이르기까
지 歷代陸軍參謀總長들이 三分之二以上에 多數가 大槪[?] 에는
憲兵司令職을 거쳐 昇進되었다.
原來 憲兵의 職責은 陸海空軍에 軍風紀維持와 軍法에
關한 捜査責任에 局限되어 民間人의 犯罪 또는 政治犯에
關하여서는 管轄의 範圍에 두지 않니 하는 것이 民主國家法令
에 符合되는 것이다. 그러나 不拘하고 突然[?]히 當年[?] 一九四九年
三月頃에 所謂 「國會 프락치 事件」이라 하여 國會 副議長 金若水[?]

141

盧鎰煥 等 七名을 國軍參謀總長 蔡秉德氏 命令으로
逮捕하여 司令部에 監禁하고 特別捜査本部를 두게
副司令官 田鳳德君으로 捜査本部長을 任命하고 捜査를
進行하였다. 나는 司令官 立場으로 이 事件 處理를 法院
으로 移牒하자고 主張하였으나 結局 蔡秉德氏에 壓力
과 反對로 移送치 못하고 田副司令官이 直接 取扱하였으
나 나로서는 此 事件의 不同意로서 關與하지 아니한 關係
로 其後부터 蔡君은 나에게 對하여 不滿足하게 生覺하
였다.

四、所謂 國會 프락치 事件과 나와의 關係

이 事件의 內幕을 簡單히 말하자면 國會에서 初代大統領을
選出할 時에 臨時政府 金九主席을 擁立하려던 韓國獨

142

立憲派 十餘名이 國會議員 金若水 等이 南韓에 駐屯한 美
軍撤收案件을 國會에 提議하자 政府 側에서 그들을
反美派니 以北 金日成 政權의 間諜이니 하는 罪名을 씌워 가지고
逮捕하려는 陰謀 事件이었다. 이러한 內幕을 [illegible]
이로서 政治的으로 巨大한 陰謀 目을 實現하려는 [illegible]
였던 것으로 알게 되었다. 말로 因하여 내게 미칠 [illegible] 政治的
生命이 險惡하여질 것으로 豫感되며 言語行動에 極히
謹愼하여 오던 차에 都市 十年間 亡命生活中 累代 祖先山所로
省墓치 못하였기에 六月 廿日 日曜日을 利用하여 高陽郡
元堂面 丹橋里에 있는 九代, 十代, 十一代 先祖에게 省墓하고 도라
오는 途中에 元堂里에 있는 高麗 末期 마지막 王이였던 恭
讓王陵에 到着하여 當時 王氏 朝에 [illegible]

143

兵將들에게 說明하여 주고 隣近 親知 住民들의 [illegible]
參拜를 마치고 午後 四時頃 서울 京畿 途中의 [illegible] 거리를 지나
노라니 거리거리 뒤숭숭하고 白凡 先生께서 [illegible]
哭聲 하며 天地는 震動하였다. [illegible]
車輛이 놓여 있어 살피니 [illegible] 保長 金 [illegible] 三大府 [illegible]
備하였을 때 [illegible] 下車하며 [illegible] 白凡 先生을 거쳐
兇手 安斗熙에게 狙害를 當하여 絶命하였다 하기에
犯人은 잊지 못할 者로다 當場 逮捕되어 [illegible]
部로 데려가 收監하였다 한다
이 소리를 듣는 天地가 [illegible] 憤하여 犯人을 [illegible]
주니 [illegible] 急速히 車를 몰아 [illegible]
長 金 [illegible] 模行 [illegible]

144

內閣을 推測컨대 政治的으로 國會프락치 事件다에 連關
된 [illegible]陰謀事件 발듯 하니 安과 正部 特古들이 다다려 暗殺하
지는 逮捕를 받았다 이때에 미곧서 宋鎭昌 逮言諸氏의 被殺
事件과 同數인 것으로 짐작하였다 그러나 海外에서 歸國한 불였
다 情報上 問題를 다니 걸음 일이 없게 가려고 하니 丁金 陰謀
長의 말이 없는 情報局에서 總出動 하며 京鄉에서 出入을
撤底히 嚴했다 往來人士들의 傳言을 찍고 있었다 하나
가는 길을 막으려 하였다 이때 정게 情報로 綜合할 일이
어느 政派에서 좌익的인 革事업이 分明함을 不得已 親臨하
여러 [illegible]를 表하지 못하고 痛憤 했다음을 抑制 하면서 다음
을 다름 表할 뿐이었다
이 事件의 政治的陰謀가 確實함에 따라 날로 나의 政治的生

145

命도 危險한 方向으로 때때 쫓길 것을 豫測하였다 때
果然 事件 發生 후 三日 되는 廿八日의 新任國防長官 申性
模君에 命令으로 나를 免職시키고 副司令官 田鳳德君
을 司令官의 任命하는 同時에 나를 情報局으로 召喚하며
金九先生께의 關係를 嚴格 받고 나와서 即時 [illegible]
杜撰하다 出하고 一切를 織口無言하고 [illegible]의 韓獨
黨 組織部長 金學奎君이 憲兵令部에 逮捕되며
次에 該黨 其外의 도 要人들이 續續 逮捕되었다 하니
이렇게 政局의 陰惡하여 가는 同時에 軍內部에서도 肅淸旋
風이 일기 始作 嚴格하며 將校 百名의 特務隊에 逮捕되며 下獄
하였다 이때에 나는 [illegible] 近 一日 [illegible]
唯一한 내가 外人과의 接觸을 斷絶하였다 白凡先生 葬

146

儀式을 보니 비로서 孝昌園墓地까지 가서 先生任의 偉德을
生覺하면서 一場痛哭으로 先生任의 冥福을 빌고 도라왔다.
그후 七月十九日 [illegible] 重照氏 忌日을 擇하여 家族을 다리
고 半年間 先生任의 墓所를 하여 參拜하고 綠陰 밑에서 記
[illegible] 消風을 하는 中의 [illegible] 參謀長을 만났더니 곧
이 來日 午前에 國防部로 와 달라고 하기에 [이튿날] 나가서 國防部로
蔡君을 訪問하였더니 그의 말이 나더러 國防部 政訓局長 大
任을 맡으라고 勸告하기에 그 當時의 說明하기를 憲兵에서
나를 臨政派니 金九派니 하는데 그런 方面에 宣傳하는 嫌疑를
받도록 그런 職責을 맡도록 하는가 하고 頑強히 拒絶하는
同時에 軍에서 退役하였으니 그것은 不可能하다고 하면서
[illegible] 하는 職責을 擇하여 보라 하기에 도라가서 生覺

147

하여보고 答覆하겠다고 하고 [illegible] 하였다.
當時 政局에 비추어보건대 中央에서 보던 安戰에 있고 가는 結局
他의 謀略中傷에 걸리게 憂安하고 困難할 뿐 하여 他人의 語에
지않 하는 職을 가지고 보겠느냐 賢明策일 듯 하여 江原道地
區兵事區司令官을 要求하였더니 當日로 發令을 받게 되어
內로 赴任하였다.

且 白凡金九先生께서 被殺當하신 以前 [illegible]
建國은 政府樹立前의 白凡先生께서는 南韓만의 單一
政府를 세우는 것을 極力反對하시고 南北韓을 通하여 聯立
政府를 세우기로 推進하시고 北韓 金日成君을 찾아가서
南北韓協商을 提議할 때 비로소 李承晩博士께서 政權이
樹立하면 李博士께서는 끝내 南韓에서만이라도 民國政府를

148

樹立方案을 研究하기로 主唱하여 結局 一九四八年 八月
十五日에 가서 正式으로 政府를 樹立하고 이로부터 金九先生은 李博
士와의 政敵이 되었다
近因은 政府樹立後에 白凡先生이 韓獨黨 組織部長 金學奎
君을 다리고 南韓一帶를 돌면서 單政反對 運動을 猛烈히 展
開하여 國會로 政府側에 反國을 棺束하게 되었다 그時 마침
奸人 國防長官이었던 申性模君이 八俱樂部라는
親日派 將校들과 韓民黨과 結託하여 白凡先生 狙擊計
謀를 計劃하고 當時 政界要人 暗殺에 能手인 西北靑年會 小
員 安斗熙놈을 買收하여 軍에 入隊시키어 銃 쏘는 것을 가르
치고 韓獨黨에 入黨을 教唆하여 擧事케 한 것이다
安君이 指令을 받고 自己 同鄕이요 韓獨黨 組織部長

149

인 金學奎同志를 찾아가 訪問하여 親近히 하려는 意를 뵈
여주며 各種 禮物을 가지고 가서 忠誠한 態度로 뵈
여주면서 韓獨黨 秘密黨員 資格으로 入黨을 要求
하였던바 學奎君은 그 凶한 陰謀의 때문인 줄도 모르고
자기 同鄕이라는 데서 信意를 가지고 아무런 疑心도 없이
快히 承諾하여 所謂 秘密黨員으로 入黨시켜 秘密
黨員證까지 交付하여 주었으며 忠誠을 다하니 實은 凶人으로만
믿고 直接 白凡先生 앞에도 紹介하여주며 자주 接近케 하는 機會까
지 마련해 주었던 것이 此事件 發生에 媒介가 된 것이다 그리
하여 此事件 發生 前後하여 其罪科에 連累者로 監禁
되어 追究한 바 學奎君도 過失犯으로 主謀者 責任은 免
하고 수년 만에 判明하다 그 후 解放 以後에 政界人士中의

150

서宋鎭禹氏를爲始하여 이런 政治的 陰謀下의 희
犧牲者들이 三中人인지 모르거니와 安在鴻君이 이런 陰謀를
부른 所謂秘密黨員을 入黨하였다 하며 소위 하는 말로 이 自
己自身이 大砲射擊의 下手者임을 自認하고 있다 機會에
黨에서의 命令이 없이 下達하여주면 砲를 擊發하기로 계획된 것이라고
로 들어 爆裏하였다는 거짓 言辭까지 하면서 文書上에
証據를 내드리는 惡質的인 陰謀인 줄로 모르고 있지 말라
心이 없는 無条件信任하였을 뿐이라 도리어 逆利用하려던 것
이 이 事件 發端의 機會를 造作하여 全責任은 金學奎君이
지지 않으면 안 될 것이다.

六、이 事件 發生 당시에 나는 憲兵司令官 앞에 불려나가게
되었을 때 金學奎君은 逮捕 投獄하였다.

151

中美의 憲兵司令官은 任하고 있는데 合 總長 蔡秉
德君이 田鳳德君을 나에게 紹介하였고 時國務總理兼國
防長官 李範奭氏 命令에 依하여 나는 憲兵司令官으로
令을 受하여 田君을 副司令官으로 대로 채택하고
席에서 내 대로 하라고 應諾하였으나 事實에 있어 其爲人을 알았더니
日政時代 滿洲大法科出身으로서 軍官을 參謀課長까지
지냈고 八日 敗戰으로 敗戰하였다는 新聞을 보고 日皇萬
歲를 부르면서 痛哭까지 하였다는 忠誠한 親日份子이었
다. 우리 政府가 樹立되고 國會가 설치되어 國會에서 反民族者를
(反民族行爲特別調查委員會) 組織하고 過去 日政時代에 親日분
子들을 檢擧하려던 此際에 田君이 自己自身의 保護
策으로써 憲兵을 擇하는 志願한 것이었는데 그 當時 日帝時代

尹宇敬 著

152

警察官을 지내던 者十餘名이 全部나 한곳으로서 憲兵隊에
入隊하였기 때문에 그 反民特委 벌서는 憲兵司令部는 惡質親
日派의 避身處와는 같은 곳까지 되어 있었다
또 君이 劉 全官을 就任한 以來 자주 蔡秉德 君에게 接近한
다는 許多 도 듯 거기와 白凡先生 狙擊事件 發生의 그 날들의 言
動을 살펴건대 事件에 있어서 積極關係하면서 나와 對한 謀略 中心人
도 하였을 것이며 進一步해서 우리 獨立運動者人士들의 背
後 運動도 謀議하였을 것으로 推測할 때에 忠實한 親
日輩들의 陰謀下에서 白凡先生의 犧牲當하신 後에 그들
이 計劃的으로 無罪判을 韓國獨黨의 自殺之亂으로 轉嫁
시키어 處理하려 爲하여 手先陰謀에 秘密漏洩防止策으로
나를 同全官에서 모르게 田君으로 代置한 것이며 [illegible]

153

부장은 情報局으로 하여금 그전의 復讎係를 設하여 吳
己 金學奎君을 殺人教唆者로서 逮捕下獄하였으니 無期
懲役에 處하게 된 것이다 그리하여 結局이 事件內容을 自
述 安斗熙 手記 述의 苦悶이라는 冊의 出刊으로 金學
奎君의 首謀者 責任을 면치를 못하였었다
該事件의 主謀者를 보건대 團體로 하는 韓民黨·新
組織된 八·八 憲兵部 西北靑年會이고 個人으로서는 國防長
官 申性模 등이 拮抗할 수 있고 制作하던 白凡先生이 狙擊
당하기에 韓民黨·協會議에서는 白凡先生을 國賊으로
發表하여 新聞에게 發表하였으며 先手 安斗熙는 民國의 忠
臣이라 하여 釋放運動을 展開하였다
韓民黨은 本來부터 親日派의 集團體로서 白凡先生을 仇

154

離叛치를 搆摘할 機會 있는대로 政界에서 沒落시키려는 此際
에 李博士를 따라 韓民黨 總裁로 있으며 對外에서는 國父라고
稱卿을 부치며 李博士政權內에 各要職을 占有하려는
陰謀下에서 安斗熙를 敎唆하여 이 悲劇을 造作케 한 것
이며 申性模라는 者는 原來 海外 亡命當時부터 이런 殺人敎唆
를 造作하여 왔는데 能手로서 韓民黨 傘下團体인 八仙會幹
部盟員으로서 國防部長官職權을 利用하여 犯人 安君을 千
犯人 優待保護하였으며 終身을 받았으나 逃避한지 不過 月餘에 罪
釋放하여 本階級과 軍中尉를 少領級으로 躍進시키어 다시
軍에 復歸시켰으며 一九六○年 四一九革命除에 前駐韓美
大使館情報員으로 勤務하던 高貞勳君이 白凡先生을
狙擊한 計劃을 發表로서 各新聞에 暴露한 바 있으므로

155

보드라도 申君이 主犯이라는 것이 틀림 없는 것이다
이 事件에 對하여 田鳳德君이 憲兵司令官으로 在職時에 上
記한 諸般陰謀를 基準으로 하여 責任使命으로 單獨
에 形式上 法院으로 移讓하여 原案대로 判決公佈케 한 것이다
其後 田君은 自己 家屋을 新築하는데 憲兵司令部에
收監된 罪囚 數十名의 勞役을 利用하여 農地作業中에 重
要한 共產黨員 朴宇重을 (現北韓傀儡의 忠奕西戰와 있으로)
者)을 作業人途中에 逃亡케 한 것이 問題化되어 憲兵
司令官職에서 罷免當하였으나 申性模君이 李大統領에
게 阿附하여 總理 李範奭氏로부터 自己가 總理라는 名稱
을 박치여 國務總理자리를 爭奪하였다 本事實 上觀
上에 依하여 國務總理職은 大統領이 總理職代理를 指名

156

하며 國會에 認准을 받는 前에 大統領이 任命하게 된 것인데
이렇게 遮塞하여서 그 자리를 剝奪하며 간 것을 生覺한다면
들 내 생각으로 그 內幕에 兇惡한 政治的인 陰謀가 介在된 것을
推測된다 더욱이 申君이 總理署理가 된 後에 軍部에서 追放
당한 田君을 總理秘書室長으로 登用하였다 그리하여
世上에서 말하기를 田君이 이런 要職에 있게 된 것은 白凡 先生
事件 處理에 功勞를 세운 代價라 한다
先事件 當時에 나와 같이 軍에서 從事를 함께 한 者이요 功勞
者의 代價를 받은 사람은 田君 뿐 아니라 情報局長 白善
燁은 이 事件을 糊塗하고 自家의 出世로 進出하는 功勞로서 陸
軍 准將으로 昇進하며 陸軍 第五師團長으로 出世하였으며
西北青年會 會長 文鳳才는 治安局長으로 이어 交通部

157

長官까지 歷任하였고 犯人 安君은 事件 직후에 釋放되어 國防
部 陸軍中尉로서 陸軍少領으로 躍進하며 다시 軍에 復歸하여 人
民國會에서 問題化되매 國防長官 申性模와 參謀總長 蔡
秉德 兩者에게 責任을 追窮하게 되므로 國會에 召喚되어
軍에서 退役하는 同時에 軍用燃油工場을 經營케 하고
써 生活을 保護하여 주었다
申性模라는 者는 本來 빛난 人物이었던가 하면 青年時代에 우리
나라의 海外亡命하여 獨立運動에 從事하였으나 英國에 가서
商船學校를 卒業하고 第二次世界大戰 當時에 英國 輸送
船長까지 지낸 者이다 獨立運動 當時에 李博士께서 우리 韓國
을 美國 委任統治 運動(所謂 뭐 되도록 事件)으로 屢
開하고 있는 때 極力 反對를 한 申肅, 朴容萬 諸氏와 諸議

158

하고 李侍士를 殺害하려 하다가 脫露되어 英國으로 逃亡한 것이다. 政府樹立後에 李範奭將軍이 人材登用하려는 見地에서 이 李侍士께 忠諫하여 海軍參謀總長을 삼으려고 하였으나 當時 海軍에 孫元一將軍이 掌握하고 있는 關係로 못하고 入國하여 當時 大韓靑年團長職으로 있을 때에 李侍士에게 接近하여 李範奭將軍이 急進하고 있으니 國防上危殆를 剝奪하려는 陰謀를 하다가 八八俱樂部라는 團體를 組織하며 親日派長官들과 結託하여 李範奭氏가 李大統領에게 甚히 謀略中傷으로 離間질을 일삼아 結局 李將軍으로 하여금 總理職을 버리게 한 후 逆一步 解除로 李將軍側近者까지 모조리 제거되었고 政敵勢力을 排除하려는 陰謀를 策動하며 白凡先生을 手段으로 殺害한 것이다 이런

159

奸賊들이 李侍士 園國을 亡國하고 國權을 弄絡하였기 때문이니 으로 말미암아 오늘까지 混亂貪國地境에까지 되었으니 偉大한 愛國者이신 李侍士에게 末路까지도 安穩한 環境에 지내게 한 것이 모두 그들의 罪科이다. 陰謀惡黨은 惡으로 亡한다는 것과 같이 李大統領께서 下野를 宣佈하신 지 얼마 안되어서 各政黨의 白凡先生 暗殺事件의 實을 世上에 暴露하고 第一 먼저 申性模君이 精神病 衛專을 빙자로 混倒되며 專失지 外 利業大附屬病院에 入院하여 하루아침 治療中에 腦溢血로 急逝하였다.

申君은 以上 敍述한 바와 같이 政治路으로 歷史上 類例없는 大逆罪를 犯하였을 뿐 아니라 軍事路으로 二五動亂을 誘發한 大罪도 犯하게 되었으니 그 實例로서는 陸軍戰史 第四輯에 記載된 原文 그대로 여기에도 記入하며 參考코자 한다.

160

記

戰史四輯第九頁內 豪言壯談으로 自己의 陶醉는 姑捨하고 無誠한
良民들을 當時 [illegible] 그릇 指導하여 國家로 하여금 滅亡에
危機에 빠지게 한 것은 萬古에 容納치 못할 것이다 前國防長
官 申性模氏의 新聞發表의 實例 一月 廿四日字로

問 失地回復方針에 對하여

答 失地回復을 爲하여 모든 準備는 다되어 있음으로 命
令만 기다리고 있다

[illegible] 一九五○年 五月中 中央廳 總理室에서 內外記者團에게
發表內容

現在 우리 海軍은 一朝有事時에는 南北에 對하여 하고
싶은 行動을 마음대로 할 수 있는 힘과 態勢를 갖추

161

고 있다는 것이다

以上과 如히 妄言으로 國民을 欺瞞하였으며 事實上으로
六·二五動亂時에 軍民間에 多數犧牲을 出하였음으로 國民
이 申性模에 對한 國情이 惡化되었던 것이다

自由先生께서도 가신 후에 社會的 輿論이 [illegible]
統領께서 쓰신 것이라도 流言蜚語도 있었으나 實質的으로
[illegible] 親日[illegible]子들이 自身들의 政治的 生命을 [illegible]
[illegible] 李承晩 [illegible] 敎使하신 것이니라
는 것을 過去 그 무렵의 歷史的 行跡에서 證明할 수 있는 것이
다

그 무렵에 過去 [illegible] 記錄한다

自由先生도 가신 후 十數年 自由黨 治下의 政敵들에 耳
目을 [illegible] 爲하여 [illegible] 弟子들이 每年 그 날을 [illegible]

162

로 追悼式을 하였으나 公이 然히 못하였으며 墓所는 保墓로 되며
로 못한 關係로 늘 退居되며 不成 狀態였으므로 一九六〇年
五一六革命以後에 와서 獨立運動者에게로 遺葬하도록 計
劃으로 遺葬委員會를 組織하고 政府當局에 建議하여
國家經費로서 高陽郡 元堂面 元堂里 西三陵으로 墓地를
決定하고 年次的으로 施工할 計劃으로 于先 墓道를 施工하였
다. 그러나 맏손 遺葬을 하려고 할 즈음 그 遺族들의 反對로
말미암아 吳先生의 孝昌公園 原位置에 그대로 묻혔으나 그곳이 市
中心地인 同時에 現在는 運動場을 使用케 되었고 종암은
適當한 時機에 適切한 곳으로 移葬 되어야 할 것이다.

163

白凡 金九先生의 暗殺事件에 最高主謀者는 申性模 國防長
官으로 社會各界에서 異口同聲으로 說傳한 同時에
從軍手上으로도 理然的인 史實이 나타났으며 나는 이를 列擧
하여 記錄하고자 한다. 其眞意를 말하자면 只今으로부터 十五
年前에 내가 陸軍戰史監으로 在任當時에 六二五戰爭史를
編纂中에 申國防의 業績을 敍述하라는 下命에 따라 事實 그대로
記載한 그 原文을 寫成하여 申君에게 보내주고 이에 對하여 適
切한 辯明을 하여주면 參酌하여 修正할 用意를 보여주었더니
其後 申君이 當時 國防長官 金貞烈氏와 陸軍參謀總長
張都英君을 通하여 交涉이 있은 때 그에 對한 回答을 全的으로
삭除하여 달라는 말 하였으나 結局 그 事實을 正史에 올리지
못한 것을 遺憾으로 生覺한 나머지 내가 自敍傳에다 실

164

니 이 後人들의 批判을 받게 할 것이니다

(一) 軍隊編成은 一、現役兵과 豫備兵、四個後備兵으로 區分되는 東西古今에 通例이라. 우리는 國軍組織當時에 처음으로 軍隊를 編成하는 關係로 訓練된 豫備兵力이 없으므로 臨時措置로 後備軍을 組織 訓練하여 各道마다 一個聯隊式 配置하고 國防力을 鞏固히 하였던 것인데 申性模君이 國防長官을 就任하자 아무 理由 없이 後備軍을 解体케 하였고 其後 얼마 아니되어서 六二五戰亂이 터지자 豫備兵力이 없어 束手無策이 되어 政府도 不得已 銃도 쏠 줄 모르는 全國青年들을 마구 逮捕하여 第一線으로 보내는 따라에 無數한 犧牲者만 내고 全戰線은 破竹之勢에 밀리어 潰滅되었으며 이때에 美軍과 유엔軍의 參戰 援助한 關係로 亡國 危機를 免하게 된 것이다 그러하여 軍隊에 豫備兵役을 없

165

앤 것이 申君의 一大 錯誤的 失策이라 아니 할 수 없을 것이니다

(二) 國民防衛軍事件

六二五戰亂中에 豫備兵組織이 없어서 上記와 如한 失策된 때로는 기었던 차 全國青年團体外 已去 解体한 後備軍將兵들을 召集하여 巨額의 軍費를 浪費하면서 所謂 國民防衛軍을 編成하고 總責任者 司令官을 軍事에 知識과 經驗이 秋毫도 없는 自己의 腹心者를 任命하고 또 깡패頭目으로 著名한 金潤根君을 任命하여 統率케 한 結果、戰勢가 不利하게 되자 突然히 首都서울을 拋棄하게 됨에 따라 防衛軍 數萬名을 輸送할 途도 없이 徒步行으로 旅費와 將卒 糧食도 없이 金山으로 모 集結하라는 命令만을 下達하였다 本來 政府로서는 徵送費 巨額을 全達하였으나 그 莫大한 數量에 金錢을 그들의 權勢

을 獲得과 利權의 取得을 위하여 橫領消費한 關係官等이 行하는 青壯年들은 不得已 飢餓에 못이기어 沿途民家에 侵入하며 或은 强奪等의 此等事가 많아서 發生하여 民怨이 極度로 沸騰함뿐 아니라 目的地까지 行軍하는 中에 죽어 버리고 말았고 한 者가 무려 數千名에 達하였다. 이 現狀을 目睹한 全國民이 반드시 國會에서는 政府에 對한 非難이 藉藉하였으므로 政府가 國防을 徹底 究明시키고 그 眞實 除去責任者인 金潤根과 副司令 尹益憲 等 五名을 軍法에 依하여 死刑에 處하였다.

얼 被害者의 家族한 분의 事件 取扱하는 審判官 앞에서 주는 原文 써둔 被告人들은 저 北傀를 救國院一夫로 알며 또 中共으로 가게 되고 不法侵略을 甘心 後退함은 國家에 危機에 民族受難의 逢着하지 軍人의 자격으로 使國衛民의 거룩한 使命을 忘却하고 ... 國民

吾後退를 위하여 今般의 莫大한 數量의 金品을 그들의 權勢에 獲得과 利權의 取得을 爲하여 橫領消費하였던 것입니다. 麾下將兵들의 生命을 不知하고 暗들에 놓는 그 순간에도 그들은 찼었한 高級料亭에서 良酒佳肴로 美女妓生들을 즐기었었고 또, 이다. 이로 因하여 路傍에 餓死된 殘國將兵의 數爻는 몇 만이며 주리다 못해 營養失調와 羅病으로 蒼白한 얼굴이 남루한 옷을 걸치고 거지떼와 같이 거리와 마을을 헤맬 때는 民心의 數는 얼마였읍니다. 그리고 全國坊坊谷谷이 비어 보며는 이들 將兵의 父母兄弟 妻子 親戚 親友 끝이라는 또한 그 몇배를 헤아리겠읍니까. 이렇게 生覺해 보면 三千萬 우리 同胞 그 누구도 直接 間接으로 被害者 아닌 사람이 없는 것입니다. 賢明하신 審判官께서 가만히 귀를 기울여 보십시오. 哭聲이 들립니다. 쓰러

진 愛國者들의 怨痛한 울음소리는 하늘에 가득 차고 수많은 遺家
族들의 悲痛한 울음소리는 땅을 덮는 듯합니다. 이는 實로 三千萬
同胞의 哭聲이 아니고 무엇이겠읍니까. 이 哭聲은 또한 아들을 잃은
어머니의 외침이오 남편을 잃은 아내의 부르짖음입니다. 「내 귀여운 아
들을 내놓아라 내 사랑하는 남편을 돌려다오 그렇지 않으면 우리
에게 被告人들의 목을 달라」 그들은 이렇게 호소하고 있는 것입니다.
被告人들에게 묻노니 그대들 귀에는 이 민족의 아우성 소리 들리지 않는
가. 이 말에 말을 빼앗은 일로 음성을 낮추어 끝으로 내가 改作하여
被告人에게 주는 漢詩 一首를 審判官 諸氏에게 바쳤다.
「金樽美酒民血、玉盤佳肴將膏、頃日流時怨淚
流、笑聲高處哭聲高」로

(三) 六二五當時의 漢江鉄橋早期爆破로 人馬被害狀況

當時 共産軍의 勢力이 議政府와 金浦線까지 侵入하여 不得已 서울을
抛棄하게 되었다. 其時에 申國防은 戰勢가 好轉된 양으로 宣佈하
고 國民을 欺瞞하여 安堵感을 갖게 한 同時에 후퇴하는 部隊 數萬과 市民
과 部隊가 渡江南下하기 전에 陸軍工兵監 崔昌植大領에게
下命하여 漢江鉄橋를 完全破壞하였으므로 渡江 못한 軍民
全體가 敵軍砲火에 悲慘한 犧牲 또는 捕虜되고 重要裝備
까지 敵에게 빼앗기며 全國軍民이 저마다 戰意를 喪失케 되었던 것
이며 그때 美軍의 援護로 保障하여 最後勝利로 거두었으
나 人力物力의 損失은 우리 民族史上 前無後無한 重大事實이었던 것이며 事實에 政府로
서 이 責任을 追究하기 위함이 下命者인 申性模國防과 陸軍
參謀總長 蔡秉德君 等의 命令을 實行한 事實을 否認함으로서
에 헤서도 崔昌植工兵監만 軍法에 依하여 死刑되었다.

170

고등武裝軍이 되었다. 一九六九年 第三共和國 朴政權 任內에 出征工
兵隊에 夫人이 自己 夫君에 대한 抑制된 怨恨을 품고
政府를 相對로 起訴한 結果 同年度에 大法院判決로서 政府가 敗
訴하여 刑事報償金 數千萬원을 받음으로써 怨恨을 풀
게 되었음은 이에서도 中國路에 失策을 엿볼 수 있는 것이다.

(四) 天人이 共怒할 居昌 良民虐殺事件에 내 莫中한 中國路와의 關係

慶尙南道의 西南端에 位置한 居昌郡 神院里(面吉井)라는 마을은 險惡한
山들로 싸여 있는 마을이었다. 六二五 당시 共匪殘黨들이 山속에 숨어 있었기
때문에 이 마을에 出沒하며 良民들을 괴롭히기에 알맞은 地域이었다. 一九
五○年 十二月 五日頃에 共匪들이 當地 警察支署를 襲擊하여
警察三十餘名에 死傷者를 내는 무서운 亂動을 敢行하였다.
이에 中國路는 國軍 第十一師團 九聯隊 3大隊에 一個大隊兵力을 現地

171

로 出動시키며 "交蕩"作戰을 實施케 하였다. 國軍이 現地에 到着하
자 居昌에는 軍民非常對策委員會라는 組織을 두고 郡民들로
부터 多數의 食糧을 强制徵收하는 한편 作戰上 理由로 無數한
民家를 燒却하였다. 그러한 때문 一九五一年 二月頃에 神院
面에서 部落民이 共匪와 內通하였다는 情報를 入手하였다 하고
部隊長 韓東錫少領은 그 部落 靑年 百六名을 끌어내어 共匪
와 連絡하였다는 罪名으로 모두 射殺하였고 그 다음날에는 全部落民
千餘名을 神院國民學校에 集合시키고 其中에서 軍警家族, 公務
員들의 家族을 가려내고 나머지 五百餘名을 朴山골짜기로 끌고 가서 無
差別 虐殺해 버렸었다. 事件이 新聞에 全國에 傳播되자 國會
는 발칵 뒤집혔고 政府는 處理하며 時局이 至極히 混亂하였다.
그러나 中國路의 態度는 至極히 냉정하며 도리어 事件에 責任을

172

隱蔽하면서 情報提供者를 國賊이라 할 뿐 외라 國會로서 調査
團을 派遣하려는데 戒嚴民事部長 金宗元 大領을 시키어 調査工作
을 하지 못하도록 百方으로 妨害한 結果에 있어 調査團이 出發하
여 事件現場인 神院面과 南上面 사이에 險峻한 산기슭에 共匪로 假
裝한 國軍을 潛伏시키어 調査團 一行이 山모퉁이로 들어가려는
瞬間에 一齊히 威嚇射擊을 加하는 西部劇 같은 襲擊을 하였다 끔
찍한 申國防과 金宗元君이 한 짓을 隱蔽하는 國會議員들이
한 外에 世上을 亂射하여 事件을 破損한 調査團으로
하여금 前進을 못하게 함으로 回程하도록 하였으니 申國防
에 惡毒한 手段이 이러하니 實例이라 그후 申國防은 國會에서
罷免決議에 依하여 免職當한 後 駐日代表部大使로 轉勤
되며 赴任하여 東京 上野公園에서 散步하는 中에 駐日僑

173

胞들에게 몰매를 맞고 大使行勢를 할 수 없게 되며 할 수 없이
歸國하여 釜山海洋大學 學長으로 있을 때 白凡先生 暗殺事
件이 世上에 暴露되자 이것으로 말미암아 腦溢血이 突發되어 急
死하였다

174

175

七

◎ 李博士와 白凡金九先生두분의 過去實際

己未三一運動以後에 두분이 다같이 上海로 亡命하여 大韓民國臨時政府를 創立하고 李博士께서는 初代大統領으로 계시다가 美洲로 건너가서 臨政駐美外務部를 組織하고 對美外交의 積極活躍하시며 獨立을 爭取하였고 白凡先生께서는 最初臨政國務委員兼警務部長으로 계시다가 數十年동안 臨政主席을 계시며 最後까지 政府를 領導하시다가 一九四五年 八月十五日 解放을 맞자 李博士께서는 美國으로부터 白凡先生께서는 中國重慶으로부터 各各 歸國會合하여 當時 美英蘇三國의 所謂 莫府(모스크바)三相會議에서 議決된 信託統治案을 反對하는 反託會를 組織하여 建國大計의 活躍하였다

176

八·一五解放으로 歸國하시기 前에 當時 國際情勢가 美
國이 全世界를 統制中 対美外交가 極히 重要함으로 臨政에
서는 李博士를 大統領으로 韓國獨立黨에서는 黨總裁로 모
시기로 決議하고 李博士에게 電報로 就任承諾을 받은 同時
에 白凡先生께서 李博士께 交涉하여 対美外交費로 使用
할 臨政資金(全) 美貨 貳拾萬弗을 貸與하였고 全部 李
博士께서 보시었드래요. 이러케 두분께서 서로 往來한 電報原
文은 前臨政秘書長을 게시던 閔石麟(弼鎬)가 保管中 作
故하신 후 閔先生 家族들이 지금까지 保管하고 있읍니다
白凡先生께서는 以上과 같이 自身의 地位와 地位慾을 버리시고
오즉 國家와 民族을 爲하여 李博士를 忠心으로 모시려고
하시던 大義는 滿天下가 다 公認하는 바이다

177

이렇게 두분이 一生을 國家와 民族에 받치며 鬪爭하시던 中 公私間
에 親密하시였던 經路로 볼때 絶対的으로 서로 政敵이 되실 줄
은 꿈에도 生覺치 못하였것만 엇지하여 그 두분 사이에 間隔이
생기기 始作하였는지 回顧하매 불가한다
내가 보건데 이 두분께 建國目的과 反共思想에 있어서는 秋毫
의 差異도 없으시고 同一하시지만 但 理念과 方法에 있어서 若干의 差異
가 있지 않았나 生覺된다 例하면 李博士께서는 四五十年 동안
居華盛頓과 歐美各國에서 基礎識見으로서 反共思想이
徹頭徹尾하시며 共産黨과는 不共戴天之讎로 認定하시
였으나 同一民族國家內에서 民族分裂과 戰爭에는 慈悲한 慘狀
은 聽見이 없었으므로 이에 対한 認識이 薄弱하시였다 그리하여
그분께 主張은 벌써 해도 于先으로 南韓만이라도 自由友邦께 協助

178

을 벗어서 政府를 위해 힘을 蠶食하며 가지고 蘇聯 操縱下
에 組織된 北韓政權을 擴張시켜가지고 統一을 完成하려 하였다
라는 것이고 白凡先生께서는 反共思想에 있어서 李博士와 다름 없이
激底하시나 그분은 일찍이 中國에 계실 때 國共(國民党, 共産党)兩
黨의 數十年 戰爭 中에 國民生活이 塗炭에 빠져 죽음의 至危境에 臨
한 狀을 親히 目睹하신 關係로 우리 韓半 國內에 있어서는 民族分裂
戰爭이 있을 수 없다는 認識을 가졌을 뿐이다 當時 國際情勢
로 보건대 美蘇兩國 共存論이 擡頭하여 中國에 있어서도 마샬 將
軍에 주관의 依한 國共聯立政府論이 抬頭되었고 國內로서는
北韓政權內에 主動人物들이 거의가 過去 臨時政府에서 數十年을
같이 獨立運動하던 親知들 뿐으로 그들과 한자리에 앉아서
協商을 通하여 聯合 統一政府를 세우는 同時에 後日에 悲慘

179

한 民族戰爭이 없는 國家建設에 蘇聯을 期하자는 데서 서로
의 方法을 달리하신 것 뿐이었다
一九四七年에 歸國한 李青天(池大亨)将軍께서 組織한 大同
青年團 幹部 訓練所 長 青年들을 데리고 每期 訓練生
卒業時마다 그 두 분 先生의 祝辭와 訓示를 要請하였다
그 訓示들을 적마다 두 분께 訓示 內容이 서로 相左되는 點을
發見할 수 있었다 寫例를 들면 第三期 卒業式에서 李博
士께서 訓示하시는 말씀이 現在 보다 우리 南韓에 政府 樹立
하는 것을 反對하는데 그것은 그릇된 生覺이라고 指摘하고 싶
다 例를 들면 우리는 우리 몸에 두 개의 다리(脚)가 있는데 한 다리
가 不具가 되었다고 해서 永遠히 이러나지 않고 (앉아) 坐而
待死 格을 할 것이 아니라 한 쪽의 다리라도 튼튼 고

180

이러서서 鬪爭하게마련이다 만일 말하면 全体南韓은 收拾乱
고 濟州島에까지라도 政府를 세워가지고 以北共産党을 討
부시는 力量을 培養하게마련이라는 論法을 들을때 그는
貝의 見解와 建國方略이 서로 差異點이 있는것을 發見할
수 있었다
一九四五年 十月 歸國하여 白凡先生이 臨時政府 全体閣僚를 統率
하고 入國하실때에 全國으로서의 臨政의 対한 期待와 熱狂의 高潮
되매 大熱狂的 歡迎을 하였으나 臨政要員들이 入國한후
에 國內에 著名한 財閥과 및 教育文化界 人士들에게 親日派라는 罪名
을 씌워가지고 接觸하기를 拒否할뿐외라 臨日政權을 樹
立하게되면 肅淸할것이라는 宣傳까지 하였든것이지
財閥界에 金性洙氏와 文化界에 宋鎭禹 張德秀 等이 金性

181

洙中心으로 韓民黨을 組織하여 李博士를 總裁로 모시고
反國又는 呼稱하면서 臨時政府側과 対立하여 政治的 鬪爭을
展開하는데 이어서 그리하여 李博士와 政敵이 되기 始作되었다
위에서 敍述한바 蔣介石總統께서 代貸與한 臨政資金 美貨弍
拾萬弗의 [illegible]에서는 本來 蔣總統이 이 資金을 가져 李博士
에 갔지 使用하여 달라는 付託이 있었고 또 當時 對美外交가 至極히
重大하므로 白凡先生께서 一部로 重慶을 떠나시기 前에 그 資金全部
를 中國中央銀行으로 通하여 美國의 계신 李博士에게로 보내 드렸으
나 그 돈이 李博士께 傳達되기 前에 博士께서는 臨政의 連絡도 없이
먼저 歸國하시자 白凡先生께서도 그뒤를 따라 還國하였으므로
其後의 그 돈이 中國으로 되돌아서 當時 臨時政府 駐華
代表團으로 朴南坡(贊翊) 先生께서 맡아 관리해서 團內로 [illegible]

182

白凡先生께로 傳達되였다 先生께서는 이돈을 받드신후 最初意圖대로 李博士와 共同使用하여야 할것이나 이러한 까닭 같지 두분의 路線을 달리하여 同僚로 全額을 白凡先生 單獨으로 大部份 韓獨黨 組織費用으로 消耗하셨다 한다 其後 李博士께서 一九四七年 團民代表로 渡美하셨을때 中國을 經由하여 歸國하셨을 적에 蔣總統의게서 이 事實을 드르시고 白凡先生에게 그돈을 要求하셨으나 結局은 一分도 받지 使用치 못한데 대하여 두분사이에 感情이 못지 않게 하셨던것으로 思料되는 바이다. (白凡先生의 [illegible])에서

183

一九六六年 九月 五日 京鄕新聞社 記者 孫忠武氏 編著인 「이것이 眞相이다」라는 冊子 209頁에 「神仙을 윤의 명령되어」編 아리송한 몇 要點을 記錄하여 보건데

총소리를 듣고 제일 먼저 현장에 달려온것은 그당시 京郊莊을 警護하던 趙기행 巡警이었다

趙巡警은 이날 京郊莊에 파견 立哨巡警이었다

犯人 安의 쏜 총소리는 應接室에서 라디오소리 때문에 잘 들리지 않았다

安이 秘書들에게 잡히어 몇차례 두들겨 맞고 있을때 朴東燁씨는 急히 醫師를 부르기 위해서 경교장 入口로 나갔다

184

그때 憲兵 金某大尉를 태운 지프차 一台가 경교장의 入口를 한바퀴 돌고 나갔다. 金某 憲兵大尉가 탄 차가 다녀가자 憲兵 三○名이 밀어닥쳤다.

그리고 安을 실고 어디로인지 가버렸다. 누구[illegible]게 까지도 아무런 소식이 없었다. 그래서 憲兵司令部에서는 다음과 같이 발표했다.

「憲兵司令部 [illegible] 第○課長 金某大尉는 事前에 赤十字病院에 入院中인 部下 安某를 面會次 京橋莊 앞을 지나는 途中 同事件이 發生함을 周知하고 京橋莊으로 달려갔으나 警備警官에 制止되어 들어가지 못하고 憲兵司令部로 急히 오다가 司令官에게 報告했다.

185

憲兵司令官은 憲兵 數人을 帶同하고 自動車로 同日 下午 一時 四十五分에 京橋莊에 到着하여 犯人 安斗熙가 秘書들에게 얻어 맞는 것을 인수하여 三一에 醫務將校에 加療를 받게 하였다」

以上과 같은 談話를 發表했다.

그런데 筆者와 [illegible] 十餘名의 記者들은 한결같이 거짓된 發表라고 主張했다.

卽 이날 事件이 나자 守衛 巡警 二名은 二層에 올라오고 玄關에는 아무도 없어서 누구든지 들어 올 수 있었다.

金大尉가 탄 지프차가 京橋莊을 돌아서 나가는 것을 본 證人이 있었다.

186

金大射가 自動車를 타고 지나다가 同事件이 난 것을 알았을 하지만 라디오의 소음때문에 應援官에서는 듣지 못한 총소리를 京鄕莊에서 150미터 떨어진 행길에서 차를 타고 지나다가 총소리를 들었다는 것은 납득이 안가고 筆者와 만난 사람들은 主張한다.

한편 당시 경교장에서 急히 뛰어나와 病院으로 가든 B씨의 말에 依하면 赤十字病院의 근처에 憲兵과 피한 青年들이 많이 있었으며 憲兵들이 京鄕莊을 유심히 직키고 있었음을 감득할 수 있었다 한다.

司令官이 늦으나 副司令官이 늦으나

187

京鄕莊에서 실려온 安斗熙는 그 길로 憲兵司令部로 끌려갔다 安은 거기서 午后 늦도록 治療를 받고 病室 寢台에서 누워 있었다

누구 하나 와서 말을 건네는 사람이 없이 한산했다 憲兵들이 玄關門에서 지키고 있었다 이날은 日曜日이라 아무도 없는 病院에서는 손이 모자라 바둥거릴 때 安君이 들어왔다 그 時 軍醫官 中尉 一名과 衛生兵이 安을 治療했고 犯人 安君은 얼굴에 君平의 傷처가 나고 머리에 구멍이 났을 뿐 아무 이상이 없었다 階級[illegible]리 때들이 棚帶를 감어 논 자리에 달련들 뿐이다

그 후 田鳳德 憲兵副司令官이 安을 조혼 寢臺

188

쇼에 숨게할 二層司令官室으로 옮기게 命令
했다 愛國者를 죽인 殺人者를 영창으로 이므 司令
官室로 옮기는 것을 部下들에 못마땅하게 생각하기
도 했다
한편 이날 아침 七時頃 憲兵司令官이었던 張興氏
는 開城(坡州)에 있는 자기 先親(先祖) 墓地에 省墓를
하러 갔다 張氏는 이날 늦게 서울에 到着하며 이事
實를 알고 急히 憲兵司令部로 왔다 그랬더니
重大犯人인 安이 좋은 待遇를 받고 있지 않은가?,
그래서 張司令官은 크게 화를 내며 命令했다
「아이 놈들아 저런 犯人을 寢台에 재워? 빨리 영
창에 넣지 못해 ―」 하지만 副司令官 일이 시켜서

189

「시끄러워 빨리 넣어!」 安은 다시 들것에 들리어 地下
室 영창으로 옮겨졌다 ○ 조금후 田副司令官이 왔다
가 安이 없는 것을 알고 발칵 화를 내었다 이래서
安은 다시 二層 좋은 방으로 옮겨졌다 部下 憲兵
들은 어리숭했다 安이 二層으로 옮겨진 얼마
후 司令官인 張興氏가 다시 와서 보고 부하에게
물었다 「누가 여기에다 데려다 놓으라고 했어
네」 「田副司令官님이 옮기라고 해서」 「이새끼야
司令官이 높아 副司令官이 높아!」 安은 다시
영창을 갔다
화가 난 司令官은 田鳳德副司令官실로 뛰어
갔다 그러나 그때 벌써 田副司令官은 參謀總

190

長과 高信會에 報告를 하러 갔을 때 없었다 이들
이 만나서 말다툼을 한 것은 사실이다
司令官에게도 報告를 하지 않고 副司令官이 直接 報
告를 한 것이었다 그러나 田鳳德 副司令官이
승리했다 즉 다음날 사건의 진상 채 발표도 되
기 전에 安을 영창에 넣게 한 張司令官은 一線
의 某師團長으로 좌천이 되고 田氏가 憲兵司令
官 자리로 昇進 發令이 난 것이다
그날 밤 가지고 憲兵司令部에서는 安에 對한 取
調가 進行되지 않았다 憲兵中尉 一名이 安에게
姓名 本籍 住所 계급 年齡만을 물어 갔다
또한 그날 밤 陸軍參謀總長 蔡氏는 憲兵

191

司令部에 電話를 걸어 安을 CIC(情報局)로
넘기라고 指示했다는 것이 밝혀졌다
당시 市民들은 憲兵司令官 張氏가 韓獨黨
계열인 安을 학대했기 때문에 쫓겨난 것이라
고 수군대었다

西紀一九七三年 八月 八日 朝鮮日報에 白凡金九先生이 狙害當時에 서울地方檢事長이었던 崔大教氏가 第一共和國秘話로 發表한 內容은

金九先生의 暗殺急은 큰 衝擊을 몰고 왔다 悲報를 듣고 제일 먼저 달려온 사람은 臨政財務部長 趙琬九와 宣傳部長 嚴恒燮이었다 趙琬九는 「우리 金九 主席을 뺏던놈이 죽이였느냐」며 통곡 했다 嚴恒燮도 오열을 가두지 못하고 「큰 별이 떨어졌으니 이제 大韓民國에 앞날에 어두워졌다」며 땅을 치며 통곡 하였다

金信은 용진에서 이 悲報를 들었다 愛機 L5를 몰아 급히 서울로 돌아 오는 金信의 눈에는 계속 눈물이 쏟아졌다 「차라리 떨어져 박살날 것을 아버지는 내가 죽인거나 다름없다」

* 174쪽은 192쪽을 오기한 것이다.

그 몇번이고 후회했다 그러면서도 사실이 아니기를 마음속으로
빌었다 서울상공에 들어오며 金信은 機首를 낮추어 京橋
莊위에 몇바퀴 돌았다 이때 京橋莊周圍에는 수많은 사람들
이 모여있지 않은가. 金信은 또 한번 가슴이 내려앉았다
정말 아버님이 변을 당하셨구나 서둘러 汝矣島 飛行場
에 내려 달려왔다 아버지 이불효자식이 이제야 왔읍니다
金信은 金九의 싸늘해진 손을 잡고 흐느꼈다

憲兵들 京橋莊 出入통제

한편 京橋莊周圍에는 어느샌가 陸軍憲兵 數十名이 달려드
는 사람들의 出入을 통제하고 있었다 「犯人에 背后를 밝혀라」
「왜 못들어 가게 하느냐」 고 아우성이었다 무슨 事態가 큰일
일어 날것만 같았다 서울市警察局長 金泰善은 사건이 났을

超非常戒嚴令을 서울일원에 내리고 通禁時間을 밤十時
로 앞당겼다 서울地方檢事長 崔大教는 日曜日인데도 檢察
廳에 출근하고 있다가 西大門警察署로부터 一時頃 急
報를 받았다 崔大教는 즉시 高直部長檢事 李元熙를 데
리고 現場에 달려가는 길에 西大門警察署
를 들렀다 「누구던지 事件現場좀 案內하라」 崔大教가 들
어서며 소리치자 署長보이 宿直室에 계십니다 하면서 한 巡警이
地下室 宿直室로 案內했다 숙직실에서 신발을 신은채 누워
있던 李夏成署長은 崔大教를 보자 벌떡 일어났다 어떻게
여기까지 몸소 오셨읍니까 「金九先生이 狙擊당했다는것이
事實이오?」 네 報告 드린대로입니다 그럼 왜 現場에 가지 않고
여기 있는게요 빨리 안내좀 하시오

196

쫓겨온 관할 警察署長

崔大教의 이 호통에 李夏成은 겁에 질린 表情으로 손을 내저었다. 「檢事長님 가시지 마십시오. 못갑니다. 憲兵들이 지켜서서 절대로 못드려 가게 합니다」 「아니 설혹 金九先生이 아니래도 民間人이 射殺되었는데 檢事의 臨檢이 (現場에) 못간다는 게 말이되오」 崔大教가 역정을 내자 李夏成은 自身이 당하고 온 自初至終을 설명했다. 이날 事件發生 직후 李夏成署長은 급히 京橋莊을 달려갔으나 憲兵들이 막았다. 「당신 警察署長인데 왜 못드려 가게 하느냐」 잔말 말고 돌아가라는 憲兵들이 윽박지르는 바람에 겁에 질려 돌아왔다는 것이다. 現場檢証도 못했으니 나중에 責任추궁이 돌아오면 어떻게 할 거요. 떨기가 불안했다

197

檢事長도 못들어 갑니다

이렇게 해서 崔大教 檢事長, 李元熙 檢事, 李夏成 警察署長은 京橋莊으로 向했다. 警備 森嚴한 正門 앞에 이르자 憲兵大尉가 길을 막는다. 「누구요」 「서울地方檢事長인데 現場檢証하러 왔소」 「모두들 갑니다」 「殺人事件이 나면 法으로 檢事가 檢証을 하도록 돼있는데 왜 막소」 「우리는 任務를 수행하고 있소. 여기는 못들어 갑니다」 「그럼 憲兵들이 총으로 京橋莊을 못들어 가게 했다고 上部에 보고 할 테이니 당신 이름이나 알아 둡시다」 崔檢事長은 밝히다 못해 그 憲兵大尉의 이름만 알아가지고 檢察廳으로 돌아왔다. 그는 바로 金炳三大尉였다. 憲兵司令部 巡察課長. 얼마뒤 金炳三이 찾아왔다. 가서 現場을 보셔도 좋다는 것이다. 崔大教

198

뒤늦게야 가서 現場檢証을 대강 마쳤다

뒤늦게 現場檢証을 마쳐

陸軍法務監室 檢察課長 洪英基少領과 陸軍情報局직속 S-S 特殊情報隊의 李珍鎔中尉가 現場檢証을 다녀간 뒤였다 이날 洪英基少領은 日曜日이라 모처럼 市公館 現代劇場에서 영화를 보다가 法務監室 士兵으로부터 「金九가 暗殺당했다」는 보고를 받고 급히 京橋莊으로 달려가 一次現場檢証을 했으며 李珍鎔中尉도 비슷한 때 陸軍情報局長 白善燁大領이 生日이라 명륜동 白大領 집에 招待를 받아 갔다가 급보를 받고 京橋莊으로 달려가 現場檢証을 하게 됐다 「朴通發 記者취재」

憲兵副司令官 진두지휘

199

金九가 銃彈을 맞고 쓰러진 직후 現行犯 安斗熙를 現場에서 체포한 軍服青年들은 쓰리쿼터를 달려 곧장 憲兵司令部로 압송했다

이날 憲兵司令官 張興大領은 서울에 없었다 張興은 二十六年間 海外를 돌다 보니 先山을 한번도 찾아보지 못해 마침 日曜日이라 틈을 내어 京畿道 광주로 省墓하러 갔었고 副司令官 田鳳德이 司令部에 나와 있었다

田鳳德은 직접 京橋莊에 나와 사건 수습을 진두지휘했다 田鳳德은 西大門警察署에서 범인 安斗熙가 持品이었으며 犯行에 使用한 「美製 四五구경 총」을 金炳三大尉로 하여금 주서오게 받도록 했다

憲兵出動경위에 대해 당시의 憲兵副司令官 田鳳德씨는 다

220

음과 같이 말하고 있다
張興 司令官이 不在中이라 내가 部隊에 나와 있는데 金炳三 巡察
課長으로부터 電話가 걸려왔어요 「金九先生이 狙擊當해서
는데 犯人이 軍人이니 빨리 憲兵 몇 명을 [illegible] 보내
달라고 그래요 그래서 즉시 조치를 해주고 나도 現場을 갔어
갔지요 犯人時刻에 마침 交通事故患者를 慰問하기 위해 京橋
莊옆인 赤十字病院을 가던 金炳三大尉는 京橋莊 앞 한길을
지나가다 銃聲을 듣고 金九暗殺을 알게 됐으며 즉시 이 事實을
나에게 報告한 것으로 알고 있어요

깜짝 놀란 張興 司令官

한편 田鳳德은 司令部로 護送한 犯人 安斗熙를 于先 치료
하도록 醫務室 軍醫官에게 말했다

201

安斗熙는 京橋莊에서 秘書들에게 맞아 머리에서 피를 흘리고
있었다 그런데 이날 오후 憲兵司令部 內에는 묘한 분위기
가 흐르고 있었다 午後三時頃 張司令官이 司令部에 돌
아온 것이다 金九가 殺害됐다는 말을 들은 張興은 무슨 소
리야 하며 깜짝 놀라 京橋莊을 차로 몰았다
京橋莊 앞길은 공기가 험악해서 들어가지 못한 金炳三大尉
를 길에서 만나 犯人을 司令部에 檢擧해다 놓았다는 事實과
事件 경위 등을 들은 다음 司令部로 돌아왔다
暗殺事件이 난 후 景武台 會議에 參席한 當時에 國防
長官 申性模 陸軍參謀總長 申泰英 憲兵司令
官 田鳳德(田鳳德은 事件이 나자 바로 憲兵司令官
으로 승진했다

202

田鳳德지시로 警務室에 犯人은 山꼭대기 警務室에서 채로를
빠고 머리에 부대를 감은 채 누워 있었고 警務室周
圍엔 警備가 허술하기 짝이 없었다 犯人이 軍人이기 때문에 憲兵隊
에서 데려온 것은 理解가 갔으나 이런 警務室에 허술하게 넣어 둔
警備가 허술한 데는 납득이 안 갔다
「도대체 누가 이런 重大犯人을 警務室에 넣어 두라고 했어」
張興이 노발대발하자 憲兵들이 田鳳德이에 指示라고 했다
張興은 즉시 安斗熙를 地下室 監房에 가두도록 하고 憲兵
들로 하여금 철저한 警備를 하도록 했다
張興은 中國正規軍 憲兵大佐 出身으로 中國에서부터 金九
를 補佐 臨政이 還國한 후 中國에 남아 臨政에 뒷수습을
마치고 歸國한 말하자면 金九 側近者에 한 사람이었다

203

무슨 영문인지 金九가 暗殺된 이날 저녁 景武台에서는 張興
의 司令官職을 解任 問題가 擧論되었다 張興이 歸廳하
기 前 田鳳德은 金九事件을 報告하기 爲해 이미 아현洞 國防
長官 申性模에 앞서 집에 가 있었다 이 자리에는 陸軍
參謀次長 申泰英도 와 있었다 陸軍參謀長 蔡秉
德少將은 이날 옹진에 가고 없었다
申性模는 지금 景武台에서 이 問題로 國務會議가 열리니
가자고 田鳳德 副司令官에게 말하였다 申性模 申泰英
田鳳德은 함께 景武台로 向했으며 田鳳德은 그때 李大統
領에게 金九暗殺事件을 보고한 경위를 다음과 같이
진술했다

憲兵司令官 교체지시

犯人이 現役軍人 少尉이고 政治的인 犯行으로 生覺된다고 報告
하자 李承晩은 침통한 表情으로 듣고 있다가 「다른 將校들의
犯人 接近을 禁止하고 搜査方針을 잘 세워서 調査하라」는 지
시를 받았다 李承晩은 國防長官 申性模에게 이 지시를 田鳳
德 副司令官을 불러 수사를 맡기도록 하라」
고 指示 이 자리에서 이미 憲兵司令官 張興과 田鳳德의 교체
가 內定됐다는 것이다

事件 직후인 午後二시에 있은 憲兵司令部의 첫 公式發表는 이미
田鳳德 副司令官의 이름으로 돼 있었다 「韓國獨立黨 委
員長 金九가 正体不明의 괴한에게 狙擊돼 절명했는데
犯人은 現場에서 즉시 逮捕拘束中이며 犯人이 現場에서 傷처를
입었기 때문에 意識의 回復을 기다려 그 背後를 嚴重

調査하겠으나 「軍紀犯行인 것 같다」 이것이 憲兵司令部의
첫 公式發表였다

이날 저녁 張興은 뒤늦게 이현洞을 申性模國防長官을 찾아가 犯人安
斗熙의 警備문제 처리경과를 물어보았으나 申國防은 犯
人이 많이 맞아 의식이 없다니 잘 치료를 하라고만 말했다
申國防은 景武台와 景橋莊까지 다녀온 뒤 두통감기로 머리가
아프다」면서 그때 宿所인 麻浦莊을 피해 이현洞 딸집에 와 누
워 있었다

張興은 事件發生이 훨씬 지나 늦게 上京한데에 대한 미안한 마
음도 있는데다 申性模의 퉁명스러운 한마디를 듣고 멋쩍
하니 물러나왔다

犯人捜査 軍에서 맡아

206

殺害當한 사람은 民間人이었지만 犯人이 軍人이라는 理由로
犯人 搜査는 金昌龍 軍에서 맡았다 따라서 軍當局이
발표하기 전에는 一般사람들은 그 內容을 全然 알 수 없었
다 田鳳德이 憲兵司令官을 事實上 口頭任命을
받았지만 이런 內幕을 알지 못하는 張興은 자신이 正式
히 司令官인 줄만 알고 있었다 그는 이 방 犯人이 憲兵隊
에 넘어온 以上 철저히 그 背后 수사를 해보겠다고 다짐하
기까지 했었다 그러나 張興에게는 이미 實權이 없었다
悲劇에 밤이 지나고 二十七日 아침이 밝았다 市民들은 이른
아침부터 무슨 소식이라도 있을까 하고 라디오와 新聞
에 귀와 눈을 모았으나 헛수고였다 市警局長 金泰善
의 超非常警戒令을 내린데에 관한 짤막한 解明이 있

207

을뿐이었다 不意에 생긴 일이라 무어라고 말할 수 없으나 治安
은 念慮할 것 없다 超非常警戒에 들어간 것은 治安狀態
를 우려해서가 아니라 단순히 金九先生께서 不意에 兇變을
當하신데 대하여 市民이 自肅하고 좀더 참된 弔意를 갖도록
하기 위한 것이라고 市警局長은 알쏭달쏭한 解明을 했다

申國防長官의 묘한 發言

市民에 있어서는 어느덧 千千한 억측이 나돌고 있었다 서
울地方檢事長 崔大教도 事件當日에 있었던 일들에
석연치 않았다 事件이 나던 뒤늦게 現場檢證을 마친 崔
大教는 檢察總長 金翼鎭에게 이 사실을 報告하고 다시
西小門洞으로 法務長官 權承烈을 찾아갔다 權承烈은
이미 사건을 알고 있었다 「이거 말로 큰 問題거리가 되겠는데

208

하며 權承烈는 崔大教에게 「좀 다녀보자」고 했다 法務長官이
된지 한달도 못돼 이事件을 當한 權承烈은 難処한 表情
이였다 權承烈과 崔大教는 장충洞으로 國務總理 李範奭을
찾아갔으나 大門에 「出張中」이라는 쪽지 나붙어 다시 國防長
官 申性模에게 달려갔다 잠옷바람에 몸이 아프다고 누워있던 申
性模는 이러나 앉으며 어서들 오시요 이제 民主主義가 됐지라
며 쓴웃음 봤다 崔大教는 아무리 생각해도 이 말이 무슨 뜻인지
를 알 수 없었다 金九가 죽더니 이제 民主主義가 잘 될 것이라
는 뜻이라면 너무나 가혹한 말이 아닌가 그래도 申性模는 事件
직후인 오후 二시경 재빨리 京橋莊에 問喪을 다녀온 사람이
였다 長官으로서는 첫 問喪客이였다

陸軍特殊情報隊로 移謀

209

犯人 安斗熙를 拘束한 필洞 憲兵司令部에서는 事件當
日 저녁늦게 司令部에 돌아온 田鳳德은 張興의 指示로 地下室
監房에 収監된 安斗熙를 医務室로 옮기도록
지령했다 負傷한 사람은 우선 치료하고 봐야 되지 않나
田鳳德의 혼자말이였다 이날 밤 옹진에서 늦게 도라온 陸
軍總參謀長 蔡秉德은 다음날인 二十七日 아침 일찍
田鳳德에게 電話를 걸어 政治事件인 만큼 이사건을
憲兵司令部에서 搜査할 것이 아니라 S-S(陸軍特
殊情報隊)로 넘기라고 지시했다 田鳳德은 一차 犯人調査
書類와 압수품 일체를 챙겨 이날 밤 이事件을 犯人 安
斗熙의 身柄과 함께 소공洞 朝鮮호텔 맞은편 「」의 S-S
로 이첩했다

210

犯人 安斗熙([illegible])의 身柄이 [illegible]로 넘어간 다음날 二十八日 午前九時 國防部 報道課는 [illegible]에 事件捜査의 中間發表를 했다

犯人 安斗熙(三三)는 平北 龍川郡 출생하며 음산洞에 本籍을 두고 서울 中區 太平路에 現住所를 둔 자로 四八年 十月 十一日 陸士官學校에서 八期 卒業生으로 ○○司令部 將校로 配屬되어 있는 자

安斗熙는 韓獨黨 黨員으로 金九의 가장 信賴하는 자로서 측근자로서 때때로 金九를 만나 직접 指導를 받던 자다 事件當日은 人事차 金九를 만나러 갔다가 言爭 끝에 격분한 나머지 犯行을 한 것이라는 내용이었다

이것은 또 하나의 衝擊이었다 犯人이 韓獨黨員으로 金九의 측근자였다고 하지만 그것이 事實일까 金九의 측근자라

211

그의 지지자들은 "造作"이라고 고개를 돌렸다

國防部 報道課는 이를 뒷받침하는 發表文을 내놓았다

"韓獨黨 組織部長 金學奎(白波)가 犯人 安斗熙를 韓獨黨에 加入시켰고 동시에 金九에게 紹介하여 수차 面接시킨 사실이 있어 그 관계를 추궁키 爲해 二十七日 下午 六時半 中部警察署가 金學奎를 拘束 調査 中 金學奎는 安을 韓獨黨에 加入시키고 계속 指導해 왔으며 安은 韓獨黨에 普通黨員 外에도 秘密黨員이 있음을 확인했다"는 내용이었다.

이 發表에서는 또 그 確證으로 韓獨黨 幹部 金顯默이 建國實踐養成所 員 가운데 ○○명의 韓獨黨 入黨者를 확보했다고 金學奎에게 報告하는 同時에 그 中 犯人 安씨는 秘密黨員의 資格이 있다고 그 수를 보고한 書翰과 四九年 四月

212

十冒安이 秘密黨員으로 수후된 韓獨黨員 發起表가 있다는
그 斷語다 安斗熙가 韓獨黨員이였다는 것과 言爭끝에 金九
를 殺害했다는 軍当局의 發表에도 불구하고 「金九狙擊犯에
背後가 있지않겠느냐」 구가 安斗熙를 사주했을가 하는 것보다 疑
雲이 知識層에 더했다 韓獨黨의 熱識青年黨員들은 金九
를 주이도록 사주한 것이 李承晩大統領으로 믿고 있었다 이들은
흥분한 나머지 景武台로 行進할 것을 꾀했는 바이고 우기기도 했다
趙琬九 嚴恒燮은 韓獨黨 주 간들을 니들을 무마하는데 땀을
뺐다

憲兵司令官 警告文발표

이런 분위기에서 田鳳德 憲兵司令官은 다음과 같은 警告文을 냈다
「最近情報에 依하면 韓獨黨員 중에 병정을 입고 다로히

213

흥분이 왔는 듯이 보이며 主觀的으로 이번事件을 마치 背後에
政治的 사주가 있는 것처럼 문자로, 벽보로, 暗暗裡에 暗視로 주고
있는 것은 설로 白凡先生의 영령을 모독하는 처사라 아니할 수 없다
本官은 事件眞相 解明에 直接責任者로서 이미 알맞한 정도의
수사결과를 발표했으며 빠른 시일안에 眞相을 천하에 공개할 것이다
國家治安을 위해 嚴肅히 警告하노니 言動에 각별 주의해서
法網에 걸리지 말 것이다 냉정히 事件결과를 企待해 주기바란다
田鳳德 司令官은 이번 犯人 安斗熙는 여러가지 狀況判斷과 증진술
에 비추어 金九를 낮十二시 三十五分경에서 十二時 半경까지 十二三分間 말
씨고 받고했다 軍當局이 犯人에 金九 面談 시간에 神經을 쓰
는 것은 무려가 아니었다 왜냐하면 事件當時 京橋莊에 있었던
金九秘書들은 모두 安斗熙가 京橋莊 二層으로 올라간지

214

三 四분에서 犯行을 했으므로 言爭을 벌일 여유가 없었을 것이라
고 주장할 수 있기 때문이다. 또 赤十字病院 李基燮 外科과長
이 쓴 金九의 死亡診斷書에는 金九의 死亡時間이 12時45分으로 되어있었
다. 四日 金宮은 또 犯人 安斗熙가 韓獨黨員이었다는 증거로 中
區 太平路一街 四○의 二에 있는 安의 아파트에서 秘密黨員 九호라는
黨員證과 金九가 安에게 준 親筆 족자 二幅을 物的 證據로 압수했
다고 밝혔다

入黨을 맡어준 洪鍾萬

安斗熙는 어떻게 現役軍人으로서 韓獨黨에 入黨하게 되었는가
安斗熙를 韓獨黨에 入黨하도록 맡어준 사람은 洪鍾萬(당시
韓獨黨 中央黨 執行委員)이었다. (黃海出身)인 洪鍾萬은 北韓
에서 某種의 指令을 띠고 南韓에 내려왔다가 轉向한 사람으로 알려
졌었는데 文學趣味가 있는 獨立志士로 통해 金學奎에게 소개돼

215

四八年 二月 一日 韓獨黨에 入黨한 사람이었다. 洪鍾萬은 入黨后 韓獨黨
員들에게 信任을 받기도 했다. 金學奎에게도 鍾路에 있는 「운곤자절」이
란 술집에 자주 초대 술대접을 하는 등 信望이 두터웠다
그러던 중 金九 暗殺 事件 三개월 전쯤인 三月에는 또 洪鍾萬은 砲兵
少尉 安斗熙를 金學奎에게 소개시키며 「金부장님 安少尉는 나와
같은 고향사람인데 現在 영등포에 있는 砲兵司令部에 근무중입니
다. 어려서부터 白凡先生을 숭배해 왔는 靑年將校로서 우리
黨에 入黨을 希望하고 있으니 善處해주십시오」 洪鍾萬은 金學奎
에게 安斗熙의 入黨을 주선했지만 金學奎는 처음 이를 拒絶했
다. 軍人이 어떻게 政黨을 加入하나 하고 거절하던 金學奎는 洪
鍾萬의 간청에 못이겨 결국 安斗熙를 韓獨黨에 入黨시키
는데 [illegible]한 것이었다. 金九를 暗殺하기 두달 전인 그해 四月十四日이

216

었다

秘密黨員에 의문 많아

金學奎는 최근에 軍人이기 때문에 安斗熙에게 黨員證을 내줄수 없다고 거절했으나 洪鍾萬과 安斗熙는 國軍內에 同志들을 포섭하려면 黨員證이 없으면 믿으려 하지않아 곤란하다고 우겨 金學奎로부터 黨員證도 받게 했다 그후 安斗熙는 金學奎의 業內로 金九를 몇차례 만났다 한번은 彈皮로 만든 꽃병 2個를 선물로 京橋莊에 가져다 놓기도 했으며 또 한번은 金九를 만난자리에서 金九에게 親筆을 써달라고 간청 그자리에서 써준 휘호 一幅을 가져가기도 했다 金九는 自身에 揮毫를 써주는 것을 즐거워했다 安斗熙가 韓獨黨에 入黨함은 金九를 [illegible]하려 決心한 것은 사실이었다 그러나 安斗熙가 果然 秘密黨員이었는지는 의문이다 軍當局은 安斗熙가 갖고있었다는 黨員證에 적힌

217

「秘」字 도장과 安斗熙 洪鍾萬 진술로 安이 秘密黨員이었다고 주장할 뿐 韓獨黨組織部長 金學奎의 말은 이와는 다르다 韓獨黨 안에는 秘密黨員制度가 없으며 安斗熙의 黨員證에 「秘」字 찍힌 것은 秘字가 있으면 同志들을 포섭하는데 더 편리를 꾀할 수 있으니 찍어달라고 조르기에 事務局 도장을 찍어준 것에 불과하다는 것이다 또한 그 秘密黨員證을 한번도 가지고 다니지 않고 그의 妻의게 맡겨놓았다는 安斗熙 자신의 말로는 그가 韓獨黨 黨員이었다는 근거는 될지언정 秘密黨員의 입증자료로는 충분치 못한 것으로 해석되고 있다

李大統領 特別聲明

金九暗殺 一週後 七月 二日 李大統領은 金九暗殺에 對해 [illegible]기까지 特別聲明을 내놓았다 法廷에서 가려지겠지만 白凡의 殺害는 순전

218

히어떤行動路線이 祖國을위해 더유익한 길인가하는 [illegible]의
意見차이에서 비롯됐다고 본다 아주 韓独黨內에 意見対立
이 外部에 알려진일이 없는데 白凡에 추종자가 그 意見차이에 온
갱을 걸말 짓고자 취한 격렬한 수단은 결국 비극을 초래했
다고 볼수있다 金九暗殺은 韓獨黨內部의 결과로 보는 內容
이었다 李大統領 노발대발

李承晩대통령이 부인 프란체스카와 함께 京橋莊으로 問喪
行次를 나선것은 이 特別聲明이 있은후였다 그사이 內務長官
金孝錫으로부터 金泰善서울市警局長에게 걸려온 電話 보고
다 大統領 內外분이 問喪次 京橋莊을 가는데 앞장서 案內를 해
주시오 金孝錫內務는 病院에서 이렇게 指示했다 그는 金九暗殺
事件이후 胃病을 理由로 醫專病院에 入院해 있었다 —

219

金孝錫에 電話를받은 金泰善은 당황해서 말했다
閣下가 行次하시는데 長官께서 직접 가셔야지 제가 어떻게 모시고 갑
니까? 그래도 金局長이 모시고 가시오 나는 몸이 좀 불편해서 —
이렇게 金孝錫이 살짝 빠지는 바람에 金泰善은 하는수 없이
景武台 秘書室과 連絡 李承晩內外분을 案內해 景武台
로 돌어갔다 그러나 金泰善市警局長이 혼자 景武台에
들어온것을 보자 李大統領은 버럭 화를냈다 [illegible] 內務長
官은 안왔나 內務長官은 病院에 入院中인데 몸이 불편하여 제게
閣下를 모시라는 電話로 連絡이 왔습니다 金泰善이 말에 李
承晩은 더욱 怒氣를 띠며 그래 病勢가 어떻길래 오지도 못해
그사람 生覺지도 않은 사람을 長官에 任命했는데 그 이상한
사람이야 정말 몸이냐 [illegible] 九조차해봐 李承晩에 怒氣

앞으로 金泰善은 떨떠 內務長官하길 바빠 나올 이런데 끌어들여
임장난처하게 맨드나 하는 金孝錫 內務가 원망스러웠다 金孝
錫은 본래 李承晩 사람이 아니었으나 申性模 추천으로 內務長官
이된 사람이었다 最終搜査결과 발표
金泰善 市警局長에 案內로 京橋莊에 도착한 李承晩 大統領
의 표정은 침울했다 지난날 金九 씨와 다정했던 시절이 마음속
에 되살아 나서일까 京橋莊은 李承晩에게 낯선 곳이 아니었다
政府樹立이전 李承晩은 여러번 京橋莊을 訪問했었고 金九 씨
李承晩 內外는 함께 사진 찍었었다 金九의 靈前에 나서선 李承
晩은 모자를 벗고 묵묵히 고개를 숙였다 七月五日 金九의 葬禮
가 끝나고 보름 事件에 대해 발표가 있을 것이라는 預告를 했지
해오던 軍당국은 드디어 七月二十日 陸軍報道課 이름으로 最

終수사결과를 발표했다 그것은 당장 납득하기는 어려운 엉뚱한
것이었다 安斗熙의 犯行動機에 대한 軍당국의 發表는 이러했
다 그는 韓獨黨에 入黨한후 여러번 있어 金九를 직접 만나 지도
를 받아보다 점차 韓獨黨과 金九의 思想및 政治路線에 회의심
을 품게 됐다 特히 韓獨黨의 細胞組織의 모는 大韓民國政府를
顚覆시키려는 것이었으며 南北聯合에 主張에 따라 美軍의 完全撤
收를 추진시키는 데 주력하고 있어 그陰謀에 危險性이 大韓民國
政府에 절박해 옴을 느꼈다
安斗熙는 脫黨하려 했으나 脫黨후의 테러위협을 받아 끝내
金九를 殺害했다는 것이다 軍當局의 발표는 또한 安斗熙를
憲兵司令部와 情報隊에서 범죄 무조건 결과 犯人에 진술과 그밖
의 여러가지 증거에 의해 韓獨黨의 政治노선과 秘密黨員에 대한

222

指示內容이 드러났다고 밝혔다 韓獨黨政治노선 밝히
軍當局이 發表한 골자는 韓獨黨의 政治路線이 ㈠ 五十選擧에 대한
大韓民國政府樹立 부인 ㈡ 平和統一이라는 아래 共産黨과 제휴
를 꾀하고 北勞黨員을 韓獨黨 主要幹部에 주입 ㈢ 南北政治
協商에 依한 聯立政府樹立기도 ㈣ 美軍撤收를 主張하고 철수
후에 軍事顧問團 設置反對 ㈤ 美國對韓經濟援助反對
㈥ 北韓政權 찬양 남북 獨立鬪士등 革命家에 대한 政府의 박해를
공격 ㈦ 南韓의 [illegible] 발생 預言등을 들었다 또 韓獨黨의
秘密黨員들은 첫째 黨生活은 秘密第一主義를 할 것 둘째 細胞
組織에 있어서는 精神的으로 결합할 것 셋째 橫的인 組織을 피하고
縱的인 組織과 連絡망을 취할 것 넷째 黨一黨의 命令이 있으면 統
一的으로 움직일 수 있게 組織할 것 다섯째 第一黨籍을 離脫하면

223

生命이 위험하다는 다섯까지 指示를 黨員들로부터 받고 있었다고 軍
當局은 主張했다 ○ 安斗熙 單獨犯 처리
韓獨黨의 路線을 전하고 共産黨視한 當局에 發表
는 그러지 않고 金九의 暗殺은 爲政者들의 所行이라고 보고
있는 韓獨黨人사 金九側近者들에게 불을 질렀다 白凡
先生의 暗殺이 韓獨黨의 內部에서 나온 것이라고 몰더니 이제
는 순리 韓獨黨과 몰아가 金九 선생에게까지 共産黨에
누명을 씌워 괘씸한 자들 그러나 분개를 해 보는들
소용이 없었다 安斗熙에 대한 5-5의 수사결과는 背後
없는 單獨犯行으로 處理되고 말았다
이제 나라가 잘 돼가는데 金九가 南北協商을 한다고 北韓
을 다녀오는 등 방해가 심해 의분심으로 빚어진 사건이 아니

226

부딪혔다 軍檢察에서의 安斗熙의 태도는 너무도 뻔뻔했었다
安斗熙는 마치 精神착란증 환자처럼 앞뒤가 맞지 않는 말을 늘
어놓는가 하면 남에게 거물을 물고 두러[illegible]는 등 엉뚱한 짓을 했기
때문이다 安斗熙 殺人및 政治關係혐의로 기소하고 나서 며칠 뒤 陸軍
總參謀長 蔡秉德은 洪英基를 自己 방으로 불렀다

「求刑十年은 理解 안가」

洪領 安斗熙에게 얼마나 求刑할 生覺인가 뜻밖에 質問에 잠
시 머뭇거리던 洪英基는 그의 소신대로 대답했다 殺人者는 마땅히
死刑을 받아야지요. 「死刑은 너무 심해 내 생각으로는 징역十年
만 求刑하는게 좋겠어」 이에 할수없다는 蔡秉德의 말이었다
「안됩니다 殺人者는 死刑이라는게 우리나라 不文律인데 하물며 現
役軍人이 戰鬪에 使用하는 武器를 남용 愛國者를 살해

227

있는데 求刑十年이라니 이해하기 어려울 것입니다」 「그것은 貴官에 生覺
이나 내 生覺은 十年이 적당해 檢察官은 總參謀長에 지휘를 받는거
아」 蔡秉德 총참모장의 고집도 대단했다 洪英基의 머리엔 事件
當時의 일이 스쳤다 金九暗殺된 다음날 屍體檢證을 하러가야
겠다는 그에게 蔡秉德은 「屍體檢證이 무엇에 必要한거야 이번 사
건은 犯人에 陳述대로만 처리토록 하시오」라고 말하지 않았던가

大法院을 公判廷으로

그렇다면 혹시 洪英基는 자꾸 의심이 생겼지만 그것을 겉으로
나타낼 수는 없었다 安斗熙 감방에도 特別대우 받아
이러한 陸軍의 최고위층으로부터의 압력뿐만 아니라 正体不明
의 愛國靑年이라는 사람들의 협박 또한 대단했다 金九에 暗殺
의 對해 분격한 사람들 못지않게 安斗熙의 소행을 장하게 여기

228

는사람도 적지 않았다. 法務監室 檢察관장의 官舍에 까지 愛國
者 安斗熙를 석방하라 反逆者다라는 삐라가 뿌려지
기도 했다. 安斗熙에 對한 陸軍中央高等軍法會議의 公判
廷을 大法院의 大法廷으로 정한 것도 政治的인 압력이 있어 떠들
판에 일반의 여론을 되도록 덜어보자는 뜻에서 였다. 軍法會
議公判廷은 때로 있었으나 洪英基등이 法務監室 李 執衛
에게 전의한 결과였다. 犯行 39日만에 審判은에
洪英基少領은 該會에른이 軍法會議에서 犯人을 다루면서
않기 어물어물 말것으로 의심할 때 法廷부터 民間法廷
으로 책해야 한다고 우겼었다. 八月三日 金九가 凶彈에 쓰러진
三十九日만에 드디어 安斗熙는 審判을 받았다. 이날 法廷에는
憲兵과 警察이 물샐틈 없이 警備를 담당 하고 있었지만

229

法廷近處 담과 電信柱에는 大韓民國의 주적이며 愛國者인
安斗熙를 釋放하라는 등의 비라가 곳곳에 나붙어 있었다. 하
지만 憲兵이나 警察은 이 비라를 떼지 않고 그대로 두었다.
安斗熙의 妻 朴玉女는 法廷에 나와 열심히 방청했다. 安斗熙
와 顔面이 있는 듯한 青年 여러명도 맨 앞줄에서 진을 치고
앉아 무엇인가 귀엣말로 주고받는가 하면 이따금 安斗熙가 뒤를
도라보며 손짓과 눈짓으로 격려를 보내기도 했다. 四회에 걸쳐
安斗熙의 公判은 速決로 進行했다. 每日 傍聽客들로
붐비는 西大門 貞洞의 大法廷周圍에는 騎馬警察隊까지
配置됐고 機關銃까지 動員됐다. 二회와 三회公判은 주로
事件 當時 京橋莊에 있었던 秘書들과 警衛 警察官
들의 證言과 安斗熙의 犯行경위등을 들었다.

230

安斗熙는 事件前까지 金九를 네 번밖에 만나 나눈 이야기가 무엇이냐는 裁判官에 質問에 金九先生은 外軍撤收를 主張했고 一億五千萬弗의 美國援助를 反對했으며 先生은 京橋莊에서 獲得이 가기를 警戒하는 것이 아니라 自身에 動向을 探知하기 爲해 때때로 차려진 것이라고 主張했었다고 답변했다 또 證人으로 나온 民主國民黨宣傳部長 咸尙勳은 세가지 글을 들어 韓獨黨을 비판하고 했다 첫째 韓獨黨은 五十선거를 反對했고 둘째 南北協商을 主張했으며 세째 現政府에 協助하지 않았다 咸尙勳에 證言은 安斗熙에게 유리한 인상을 주었다 八月六日 마지막 求刑대로 判決이 났었으므로 金에 心情은 어떠한가 마음이 쓸쓸할 뿐이며 또 政治的 변명은 없었으나 지금은 세가 할 일을 다 한 것으로 生覺합니다

辯護人 ·又華(?) 執行猶豫로 主張

231

裁判長 元容德 准將에 물음에 安斗熙는 이렇게 해명하게 대답했다 檢察官 洪英基少領은 韓獨黨은 大韓民國이 수립된 후 유변(?)을 제기한 合法政黨이며 政府를 전복시키려는 그런 政黨은 아니다 金九先生이 南北協商을 다녀온 후의 聲明을 보드라도 결코 共産黨과는 영합할 수 없는 故黨임이 명백하다고 역설했다 洪英基는 이어 陸軍少尉 安斗熙가 老革命家 金九先生을 殺害한 동기가 주관的이든 객관적이든 그 결과는 거대한 죄악임에 틀림없으며 國軍에 威信을 크게 손상시킨 것으로서 더구나 복잡미묘한 現下 國內情勢에 비추어 軍紀秩序를 確立하기 爲해서나 大韓民國에 존엄을 위해서나 단연히 처단해야 한다고 강조했다 그러나 安斗熙 변호인단은 安斗熙를 實刑에 처해서는 안 된다

232

그 범죄했다

被告人의 犯行目的과 動機는 正當하다 國家가 重要한 범이주
보하고 피告人의 行爲는 大韓民國에서 表彰할 일이다 피고인은
대의상으로 범행을 하지는 않았다 自首까지 했으니 재판하되
또 二年 執行猶豫 程度일 것이다 이와 같은 변호인의 변론 後 法
廷内에는 난데없는 박수소리가 터졌다 傍聽席에 앉은 安斗熙
와 親近한 靑年들이 이런 분위기를 만들었다 執行猶豫
를 主張하는 변호인의 의도를 모르겠소 변호인은 法律에 의
家들에는 너무 상식에 벗어나는 말을 하고 있소 洪英基 검찰
관이 듣다 못해 이렇게 반박하자 裁判長 元容德은 檢察
官은 변호인에 위신을 손상시키나 個人 人身 攻擊은 삼
가시오라고 더 말을 못하도록 제지했다

233

裁判長이 檢察官에 호통

같은 軍人 입장에서 求刑하고 裁判하게 됐지만 감상적인
인정에 끌리는 빛이 없이 법대까지 지나 냉정한 처신을 한 裁
判部에 대한 檢察官 洪英基의 말이 채 끝나기도 전에 호
통이 터졌다 檢察官의 말은 우리 裁判官을 모욕하는 처사요
취소하시오

元容德 裁判長의 호통에 검찰관은 正式으로 發言을 취소했
다 三회 공판때는 蔡秉德 陸軍參謀總長도 특별裁判
部 뒤에 자리잡고 앉아 裁判 광경을 지켜보았다 마지막 공판
날에 子正을 넘겼다 검찰관 洪英基는 이윽고 論告를 마치
고 安斗熙 피고인에게 國防警備法 第四十三條(政治關與)
와 罪八條(殺人)을 적용 銃殺刑을 求刑하자 法廷内는

234

소란해졌다 判決직전 犯人에 연진술
安斗熙에 最後陳述 韓独黨에 行爲는 僞善이라고 봅니
다 第一 이자리에서 共産黨과 韓獨黨이 같은 路線이 아니라
고 生覺하는 사람은 손을 들어 보십시오 安斗熙는 이렇게 말하며
뒤를 돌아봤다 재판장 元容德이 被告에 말을 가로채며 이로
써 피고인의 陳述은 모두 마치기로 하고 十分間 休息한다고 宣言했
었다 裁判官들은 投票로 判決을 決定했다 피고 安斗熙
判決직전의 마지막 호명이었다 순간 安斗熙에 泰然自若하던 態度
도 헬쑥해졌다 廷內는 숨을 죽이고 安斗熙에게 내려질 判決에
귀를 기울였다 陸軍少尉 安斗熙에 대한 최후판결에 앞서
審判官들에 合意를 보면 범죄사실 一의 有罪 범죄사실 二의도
有罪를 만장일치로 可決했으며 量刑판결을 無記名投票 했고

235

라 과반수 동의로 安斗熙에게 終身刑을 判決했다
四九年 六月 金九暗殺 梨泰院의 陸軍刑務所 安斗熙에
매일수번 金九를 殺害하던 날 아침의 아내의 모습이 떠올랐
다 임신 三個月의 몸을 한 아내 朴玉女는 며칠째 몸져 누워
있었다 여보 일요일인데도 출근을 해요、 며칠 쉬었지만
오늘만은 部隊에 꼭 나가봐야겠어 아내의 걱정스런 물
음을 뒤로한 채 집을 나섰던 것이 아닌가 安斗熙는 그길로 宗
橋莊으로 向했던 것이다 그러나 安斗熙에 監房生活은 그렇
게 苦痛스러운 것은 아니었다 그에게는 每日같이 面會客이 찾아
들었다 面會客 中에는 金志雄 金聖柱 등의 얼굴도 보였다
安斗熙가 終身刑을 받은지 六日만인 八月 十三日 安을 韓獨黨
에 入黨시키는데 앞장섰던 韓獨黨組織部長 金學奎

236

를 따라다니며 그로부터 중성심을 보이던 韓獨黨 中央黨部 執行
委員 洪鍾萬이 突然 韓獨黨 脫黨 聲明을 냈다 金九 暗
殺事件 以後 종국은 모든 方向으로 돌아가고 있었다
洪鍾萬은 韓獨黨의 政治路線이 反政府的이며 韓獨黨內에는 小
組會 같은 黨幹部 政治모임기관이 있는데 이것은 反政府組織이라고 주
장했다 또한 洪鍾萬은 黨幹部가 自己에게 말하기로 南北協商이 이
루어지면 金九가 大統領이 되고 金日成은 國務總理에 金學奎는
國防長官에 앉힐 것이라는 등 一般國民들이 金九에게 反感을 품
도록 하는 말을 발설했다고 주장하기도 했다 그렇게도 韓獨黨을
아끼는 체하던 洪鍾萬이 하필 金九가 殺害된 한달도 못돼
불난집에 부채질 하는 격으로 이렇게 어마어마한 내용을 폭로
하고 韓獨黨을 脫黨해야 했던 실제 내막은 과연 무엇이었을까.

237

일반의 분노는 洪鍾萬의 폭로 못지않게 커져만 갔다 일련의 사태는
미리 짜놓은 스케줄에 따라 進行되는 것으로 믿기까지 했다
服役 불과 三個月 밖인 그해 十月 安斗熙에게 懲役 15年의 減刑措置가 내려
지면은 安斗熙에 대한 收監이 앞으로 얼마나 갈 것인지 짐작케 했다 事
實사태는 바로 그 方向으로 나가고 있었다 그 이듬해인 五○年 六月 廿五日 動
亂이 터지자 사흘 뒤인 六月 廿八日 大田陸軍刑務所에 移監되었던
안 安斗熙에게 空軍情報課長 金昌龍 少領(뒤에 特務
隊長)이 찾아왔다 이날로 安斗熙는 殘刑執行停止 조치에 대[illegible]
다 전에도 여러번 刑務所로 安斗熙를 찾아 무엇인가 이야기를 주
고받았던 金昌龍은 이날 즉시 安斗熙를 석방조치한 후 釜山으로
데려가 ㄷㅡㄷ(陸軍特務隊) 文官으로 採用했다 이어 七月十日 國
務總理署理겸 國防長官인 申性模는 國防特命으로 安

斗熙를 陸軍少尉로 復職시켰다 그 뒤 전에 나는 戰爭 중에서 큰 공
避亂民이 아무 영치는 혼란 중에서 이루어진 이러한 安斗熙에 대한 特
惠조치는 몇 사람의 당사자 외에는 아무도 알 수 없었다 安斗熙는 그해
九月十五日 中尉로 進級됐으며 이듬해인 五一년 二月十五日에는 다시 陸軍
中央高等軍法會議 命令 第五十六호로 刑이 免除되었다 그해 二
月十五日에는 大尉로 승진했다 安斗熙에 대한 刑免除 처분이 문제
된 것은 避亂國會에서 野黨議員들의 항의 때문이었다

李起鵬 國防長官 就任하자 軍復歸 취소

李起鵬이 國防長官에 起用되자 그는 輿論이 좋지 않다고 해서 대통
령에게 건의 安斗熙의 軍복귀를 취소시켰다 그것은 安斗熙가 大尉
진급을 한 지 十日만인 十二月廿五日이었다 國防部特命 二百廿九호에 따라
安斗熙는 다시 軍服을 벗게 되었지만 그가 예편과 동시에 다시 一계급

특진 陸軍少領으로 軍服을 벗게 된 것은 그를 保護하는 끈
질긴 세력이 있음을 짐작하는 것이었다
한편 安斗熙를 韓獨黨에 入黨식켜 金學奎도 四九年 末 軍
事裁判을 받았다 軍人을 政黨에 가입시켜 殺人을 방조했다는 혐의로
징역 15年을 선고받았으나 六·二五動亂 직후 刑執行停止로
풀려났다 金九를 殺害한 安斗熙는 軍服을 벗은 후 나는 듯 모
르는 듯 自由스런 民間人으로 社會에 발을 들여놓았다 勿論 그
들을 밀어준 李承晩政權은 繼續執權하고 있었다
除隊한 뒤에 安斗熙는 어떻게 지냈는가 한때는 憲兵司令部에 文官
으로 채용돼 元容德 司令官으로부터 매달 卅萬환씩 月給과
접대까지 제공받았고 金昌龍特務隊長으로부터 자주 찾았
다 五六年九月에는 江原道 楊口에다 軍納工場을 차려 두

240

부와 콩나물을 근처 부대에 져서 독점납품하여 상당한 돈을
벌기도 했다 그러나 그의 편안한 생활도 길게 가지는 않았다
六○年 四月 自由黨政權이 무너지자 十餘年 간에 원한을 품어온 金九
측근자들은 드디어 白凡 殺害 진상 구명 투쟁위원회를 만들고
그들의 영도자였던 金九 殺害와 背後를 가려낼려고 나섰다
二十四개 政黨과 社會團体가 呼應한 이 委員會의 長에는 金昌淑
이 추대됐다 四一九 후 九日만인 四月 二十八日이었다
孝昌公園 金九墓所에서 結成大會를 가진 투쟁위원회는 곧이
어는 (殺人者 安斗熙를 處刑하라) 白凡의 殺害배후를 밝히라
는 口號를 외치며 數千群衆을 綜合모임까지 벌이기에 이르렀다
江原道 楊口에 살던 安斗熙가 이미 身邊危險을 豫見하고 자
취를 감춘 뒤였다

241

鬪爭委員會 陳情에 따라 檢察은 十餘年 전의 事件을 다
시 수사하기 시작했다 공교롭게도 自由黨政權沒落 후 새 法
務長官은 바로 十二年 전 金九暗殺 當時의 法務長官이었던 權
承烈이었다 檢察에 수사 착수와 함께 金九 측근자들은 「眞
相은 이렇다」는 책을 통해 그들의 주장을 공표로 했다 忘都측에 분
해버렸던 金九暗殺사건이 다시 화제로 등장할 줄은 누가 짐작
이나 했으랴 「高貞勳 朴東燁의 폭로」
더구나 五月 前救國青年黨 高貞勳의 폭로는 그 진실 여
부는 뒤로 하고 세상을 떠들썩하게 했다 그는 金九暗殺에 背后
人物은 申性模 國防長官 高位關係였으며 砲兵司令官
張銀山 中領을 시켜 安斗熙를 下手人으로 골라 金九를 狙
害케 했다고 주장했다 大光中學校 교감 朴東燁의 폭로는 더

242

우엄청난것이었다 朴東燁의 主張은 이러했다 事件前날 午后五
時半頃 그가 戰場에서 돌아와 저녁을 먹으려는데 옛동지인 金積鎭
이 달려와 무시무시한 情報를 알려주었다 六月二十五日 밤十一時半경 京
橋莊 맞은편 동양극장 앞에서부터 속도를 줄인 두대의 짚차가 머뭇
머뭇 무엇을 노리다가 赤十字病院앞을 돌아 貞洞入口까지 가서는 다시
京橋莊入口로 와 또 머뭇머뭇 이렇게 세차례를 배회했었다는 것이다
다음 廿四日밤에도 짚차에 탔던 그 수상한 靑年들이 그들의 아지트인
계洞에서 밀회한 후 二十五日 金九의 公卅行을 노리기로 謀議 다음날
인 二十六日 水原附近 군리고개 마루에서 대기했으나 建國實踐員養成
所 개소식이 취소 金九의 公卅로에 가지 않는 바람에 허탕을 치고 돌
아왔다 그들은 少尉大尉 階級章의 憲兵으로 假裝하고 있었다
는 것이다 「暗殺모의에 낀 洪鍾萬」 허탕을 치고 돌아온 이

243

수상한 靑年들은 二十六日에는 무슨 일이 있어도 金九를 해치우기로 陰
謀議 이날 오전중으로 行動隊員 한명을 京橋莊에 보내 動情을 면
밀히 살피게 하고 다른 行動隊員은 아지트에서 正午에 만나기로 하고 헤어졌
다는 情報였다 京橋莊에서 二十六日 正午 動靜을 살피기로 했다는 行
動隊員은 바로 韓獨黨員 洪鍾萬이었다는 情報였다 金積
鎭은 行動隊員中에 한명인 親舊 吳炳順이 양심의 가책을 느끼고
事前에 어떻게 했으면 좋겠느냐고 찾아와 호소를 하는 바람에 이
와 같은 무시무시한 陰謀를 알게되어 끝 옛 은사인 朴東燁에게 이
事實을 알렸다는 것이다 「金九에게 陰謀 미리 알려」 金九와 平素 가까
히 지내던 朴東燁은 이와 같은 情報를 듣자 金積鎭과 함께 金承學에게
달려갔다 金承学은 金九와 數十年이나 海外에서 獨立運動을 같이
한 사람이었다 朴東燁과 金承學이 京橋莊에 도착했을때는 벌써

244

쥐었던가 넘어 갔다 金九는 二層에 南向한 窓가 복도에 앉아 崇德

学舍 苦学生들에게 卒業記念 글을 보낼 것이라 하면서 白凡逸志에 사

인을 하고 있었다 朴東燁이 金九에게 (요즘 선생님 무슨 不吉한 소문이 많으니

들의 일을 없애시기 하며 드는 情報를 말했더니 그는 그런 소리야 늘

듣는걸 하며 아주 예사스럽게 말했다 할수없이 金永学과 朴東燁

은 인사를 하고 아래층으로 내려와 응접실에서 金信과 海翁에게 歸國

한지 얼마 안된 李相萬 牧師에게 情報를 계속 傳達하고 돌아왔다

는것이다 끝

245

一九七四年 五月十四日 東亞日報 白凡金九先生暗殺 多係 真相 詳報

安斗熙 共犯인 洪鍾萬君씨 手로 (行動隊員 安斗熙 一號 南京 李春日 몇몇은 現生存)

모든 事實을 털어놓고 보니 짐을 벗은듯 마음이 후련합니다 白凡

暗殺씨 真相을 그 시간에 걸쳐 녹음에 담아주고 나간 洪鍾萬

씨(五五)는 번민과 생활에 지쳐버린 듯한 채 얼굴에 가벼운 미

소마저 지으며 이렇게 그때 심정을 표현했다 白凡先生 殺害陰謀

에 가담했던 洪씨는 事件직후부터 줄곧 후회해 왔었다는 洪씨는 이

제 모든 벌을 달게 받음을 覺悟가 되어 있다고 말했으나

사건직후 한번도 金志雄이 保障했던 生活費도 제대로

안주고 배신 金志雄을 만나기만 하면 목을 졸라 죽이고 싶었다면서

四一九革命이 났을 때 가진 돈도 없이 무작정 大邱 金

山 崇山善地로 숨어 다닐 때 많은 苦生을 했다고 말했다

246

洪氏는 現在는 서울 성동구 신당동에서 五남중 한 아들과 부인과 같이
근근이 살고 있으며 四형제는 軍隊에 복무중이라고 했다 洪氏는
그를 百方으로 찾던 白凡紀念事業会理事 金龍然씨와 연
락이 닿아 自白의 뜻을 밝혀옴에 지난달 보름인 十二일 낮 본기자
와 三者対面한 자리에서 白凡殺害陰謀에 얽힌 진상을 폭로하
기에 이르렀다

「計劃殺人 立証時効 넘어 検察 취급에 곤란」

廿五年前 事件當時의 單独犯行으로 処理된 白凡暗殺事件은 自
由党政権下에서는 犯人 安斗熙가 불가사의의 특전을 누리는 가운데
철저히 事件背後가 隠蔽되었다 그후 四一九革命과 五一六革
命후 民族的良心이란 매전제에 따라 検察수사가 재개되기도
했으나 역시 관련자들의 함구로 배후가 밝혀지지 못한채 흐지
부지 돼버렸다

247

그러나 지금까지 추측이나 전문(傳聞)등으로 막연히 떠오던
白凡暗殺의 내막은 이제 당시 음모에 직접 가담 행동대원으로
암약했던 洪鍾萬氏가 긴 세월이 흐른 뒤에나마 처음으로 진상
을 폭로함에 따라 활연 구체화됐는데 추측으로만 떠오던 계획
殺人陰謀가 立証이 된 셈이다 當時 行動隊員이던 吳炳順
이 良心에 가책을 느껴 白凡殺害陰謀를 事前에 스승인 白凡
先生의 子 朴東燁씨(당시 大光中高等学校教監)에게 발설
대비케 했다는 朴씨의 주장은 廿五年만에 확인이 된 것이다
이밖에 洪氏의 폭로에 따라 共謀者 또는 背後人物로 밝혀진 金志
雄 張銀山 등은 어떤 人物인가 王人金山이란 別名으로 日本에서 現
在活動中인 金志雄(62)은 平北義州出身으로 卅一歳 때에 서
울軍官学校를 나오고 中国廿九路軍 육부少尉로 義務

248

한적도 있다 전국을 遊說해서 巨物級 政治부로커로 행세하
며 주로 警察, 憲兵隊 등에도 자주 드나들었다 金聖柱 殺害
事件, 「뉴델리」 會談 造作事件 등 큰 政治事件이 일어날
때마다 그의 이름이 항상 입에 오르내렸다 金九 殺害 指揮者였다
는 理由를 들어 日本에 亡命을 要請한 그는 六0年 八月 日本에 密入
國한 혐의로 「후꾸오까」 地方裁判所에서 十個月 징역에 三年 간 執
行猶豫 宣告를 받고 中國에서부터 親히 있던 日本人 (中山)
씨의 身元保証을 받아 日本에 定着했다 金志雄 씨 政治亡命
要請은 當時 日本 國會에서도 큰 問題가 되었다 張銀山은 當時
永登浦에 本部를 두었던 砲兵 司令部 司令官으로 함경도 출
신. 그는 特히 당시 陸軍 參謀長 蔡秉德 將軍의 信
望을 받고 있었고 軍內部에서도 安斗熙 등 [illegible]에 西北靑年

249

會員을 砲兵少尉로 한꺼번에 入隊 任官시키기도 했다
張銀山 中領 밑에는 情報參謀 金千根 中尉가 심복으로 있었으
며 秘密連絡責任을 맡았다고 한다 當時 憲兵 司令官 張
興 씨 (現 光復會 會員)는 張銀山은 그때 말해도 기밀 무器였던 대
로 國防長官 승낙도 없이 요處한 데다 전시해 놓을 정도로 위력
이 강당했다고 말했다 張銀山은 犯行成功 후 그 은전으로 美國留
學까지 갔다 왔으나 歸國 후 金재이에서 각종 背後關係에 대해 論議
하기 始作한 軍高位 要人士가 張銀山을 檢擧 立증하며 625 동
란 후에 刑務所에서 출사케 했다고 金九 殺害 주명 후 위기사였던
咸宗性 씨가 檢察에서 陳述한 적도 있다 現在 行動隊員 中에 있는
安斗熙 韓宗一 李春昭 등이 살아 있다 洪民도 말했듯이 法的
으로 공소시효는 끝났다 해도 良心에 時效는 살아 있어야 할 事件이

250

너무도 본국인에게 충격을 안겨주었던 것만큼 세월이 많이 흘렀다 해도 共謀者에 임을 통해 처음으로 밝혀진 이事件의 진상을 現在에 檢察이 어떻게 취급하게 될지 궁금하다

251

八

六二五 戰亂前의 國際情勢

一九四三年 6月 [illegible]에 美大統領 루스벨트와 英首相 처칠과 中國總統 蔣介石 總統과 카이로 [illegible] 會談 開催時에 우리 臨時政府 主席 金九 先生께서는 其會議에 參席하여 請 [illegible] 蔣介石 總統께서는 會議에서 우리나라 獨立案을 提議하였는데 [illegible] 建議하였던바 [illegible] 要를 提하자 英首相은 우리 獨立問題에 [illegible] 議決 되는 [illegible] 主問題에 連係될 것을 直接 [illegible] 하는데 對해 積極 反對 意思를 表示하였으나 [illegible] 中國 [illegible] 리나라 獨立案의 議決 된것이다 本事는 [illegible] 國際 會議之事前에 通常 附議 [illegible]을 制定하여야 하였지마는 開催하기 [illegible] 任意로 提案하지 않았으니 이런 問題로 [illegible]

252

獨으로 援助하여 準備되었던 것을 실현하였으며 오직 金氏派는 蔣介石氏에게 무한한 感謝를 드리지 아니할 수 없으며 特히 何應欽 全先生 諸氏에게 不忘하신 部分에 대한 感謝를 드리며 바랄뿐이다.

이 會議를 마치고 第二次 世界大戰의 終戰될 무렵에 不幸하게도 美蘇兩國이 協定 準備에 의하여 兩國이 北緯 三十八度線을 境界로 하여 北은 蘇聯이 南은 美國이 相互分占하여 오늘에 와서 南北兩政權이 樹立되었으나 民族의 悲劇을 造成하였으니 그 후 一九四七年에 와서는 UN總會에서 附託하였고 亞細亞政策을 發表함에 韓國은 自己 防衛에 依하여 除外된다는 同時에 南韓에 駐屯하였던 美軍도 全部撤去하게 되었다. 그때 蘇聯으로서는 金日成 傀儡로

253

내를 撑據下에 두는 데 千載一時의 機會임으로 생각하여 一方面으로는 北軍隊를 擴張組織하고 一方面으로는 南韓靑年을 모집하여 自己國內로 데려다가 各種 軍事訓練 敎育을 實施하면서 積極的으로 南侵할 計劃을 推進하였던 것이다.

九. 六二五當時의 國內情形 (軍幹部)

一九四八年 八月에 우리 大韓民國政府가 樹立되자, 美軍政 때부터 左右兩翼政黨들에 分爭으로 社會가 極度로 混亂하였으나 政府를 整理하면서 共産黨 活動을 法的으로 不法化시키는 同時에 共産黨 徒輩들에 麗水順天 叛亂事件에 追滅을 하였으며 智異山 일대 巢窟 討伐作戰으로써 南韓에서 그들을 一掃하고 諸般建設에 着手한지 僅僅 一年이 되

에政治經濟軍事各方面에建國基礎가되어堅固히되었
하였고 國土를 防衛하는 國軍總兵力은 韓美軍事協
定에依하여 陸海空三軍 都合이 六十七萬名이고 裝備
에 있어서는 重裝備는 하나도 없이 全部 輕裝備로만 制
限되었으며 指揮官을 論하면 全國軍을 統轄하는 國
防長官이라는 者는 軍隊라는 軍事學도 理解치 못하는
申性模君이었고 所謂參謀總長이라는 者는 蔡秉德
君인데 日帝時代 日本士官學校를 卒業하였고 日軍
內에서 高級將校로만 있고 實務指揮에 있어
서는 小隊長 勤務經驗조차 없었던 者이고 其外各個
師團長中에는 日軍에서 大隊指揮官을 歷任한 金錫源
將軍과 中國軍隊方面指揮官이었던 崔德新將軍

蔡元凱將軍三人外에 其他는 部隊指揮經驗이 全然
없는 者들이었다. 以上 敍述한 바와 如히 兵力裝備指揮能力
各方面에 있어서 敵과 比較하면 天壤之差가 되어 있으므로
戰爭勝敗는 싸우기 前에 三尺童子라도 豫測할 수 있게 되었다.

一〇 六二五戰亂當時情形

一九四九年十月에 國防長官申性模君이 就任한 以來 北進
權을 專斷하는데 四五萬兵力과 五千噸軍艦으로서 넉넉
하였고 大言壯談하며 所謂 全兵力으로 組織된 護國軍
二十萬名의 兵事隊를 取扱하는 各國으로 軍事[illegible]全
部가 解体하였고 一九五〇年六月廿五日 開戰時에 廿萬餘에
敵軍大兵力이 重砲와 五十臺重裝備로서 破竹之
勢로 前進해오는데 所謂 國防을 擔當한 軍事當局으로서

束手無策 慌惶하여 兩日만에 首都서울을 陷落당하
고 陸軍參謀總長 蔡秉德君은 兵器等 軍需物資
를 全部拋棄하고 甚至於 作戰地 七兵을 張도 가지못한 채
釜山方面으로 逃亡하고 各部隊는 敵과 對戰하던 卽刻的으
로 全軍이 崩潰되고 官兵들은 列各으로 散되어 逃亡하는 [illegible]
에는 一般市民들이 敵軍 砲火에 犧牲을 當하였다 나는 又
當時 江原道參事官으로 있었기에 機關이 解體되자
高級參謀訓練班에 入學하여 敎育을 받던 途中에 事變
을 當하여 訓練班도 解體되고 各自行動을 取하게 되어서
로 臨時當하게 되니 二十六日에 前線 司令官 宋
虎聲將軍을 訪問하고 急速히 漢江을 건너가서 前線에
서 後退하는 兵力을 모아 漢江以南에서 防衛線을 치고 又抵抗

해보자고 勸告하였더니 그분 말이 現下 美國의 政策이니까 韓國
을 對共防衛線에서 拋棄하는 策略이니 美軍의 援助
가 없이 若干의 敵들이니 보다 抵抗해 봤자 以卵擊石이
될것이고 江南에서 釜山까지 後退한 후 其後에는 새로 一大反攻할 것
이라 하면서 拒絶함으로 할수없이 가던길로 돌아와서 重病으로
病席에 누워계신 父親께 하직하고 同時에 內子에게 付託하기
를 나는 國家民族을 爲하여 戰場으로 나가겠으니 그때는 辭
亂한 生覺하였던 것이 오늘 지키고 있어서 病中에 계신 父親님
께 病患을 잘 看護하여드리고 내 子息 敎養을 잘 해
달라고 부탁 作別하고 그길로 軍用自動車에 올라 漢
江을 건너 金弘一將軍을 訪하여서 金錫源將軍과 次次 水原
農科大學을 가서 李大統領을 謁見하고 漢江以南에서

258

防禦陣을 치고 抵抗하자고 建議하였더니 大統領께서는 金將
軍을 上揚하여 激讚하시면서 即席에서 前敵總司令官으
로 任命하심으로 命令을 받은 即時로 다시 始興步兵學校로
로 와서 總司令部를 設置하고 作戰參謀 人事參謀
謀로서 後退하여 오는 將兵들을 收容하여 混成戰鬪部隊
를 組織하고 漢江附近으로 進出하여 防禦하던 戰에 死力을
江하여 到着하였으니 川에서 滿五日間 抵抗하여 敵軍의 前進을 抵止
시키는 동안에 日本에 駐屯하였던 美第廿四師團이 安養一帶
에 到着하여 佈防하게 되였다 大田戰況을 보는 金將軍의 漢
江以南에서 防禦作戰이 없었던들 全美軍援護部隊가 到
着할 時間餘裕를 얻지 못하였을 것이며 明하고 戰勳
는 釜山까지 밀려 되었을 것이다 其後에 다시 李大

259

統領께 勸告하여 韓美聯軍事同盟條約이 締結
되었고 美極東軍總司令官 맥아더將軍이 直接來韓하여
美軍이 本國으로부터 續續增援되매 一方反擊을 開始하여 北
韓軍을 大奔潰하고 鴨綠江附近까지 進擊하였으나 中共軍
大部隊가 敵을 도와 參戰하는 때에 兵力上 衆寡不敵으로
우리 部隊가 不得已 서울南漢江까지 後退하여 大激戰
을 치르고 長期戰으로 突入하게 됨에 UN總會로부터 世界
各國軍隊가 增援되어 四年間이나 戰爭에 慘狀을 發하게
되었다 此 次의 戰亂에 있어서 우리 自身이 人事改論
各方面으로 戰爭準備에 對한 盲點이 있었음은 勿論이려니와
하였지만 特히 美國의 極東政策에 있어서 우리 內部를 自己
네 極東防衛線內에서 拋棄하였다는 失策에서 起因되었

260

이라 하나 잊을 수 없을 것이다
이 戰爭中에 있어서는 金將軍과 함께 五個月동안 最前線에서
作戰中에 陸軍本部로부터 全國各部隊를 맡아 달라는
命令을 받고 釜山으로 도라와 軍事司令官兼戒嚴下에 全
官으로 就任하여 退去에 際하여 되었다 又 後法을 戰時體制
에 맞도록 改正修正하고 事業部隊를 整理하여 合法的으
로 運用케 하였다
其後 戰勢가 好轉되어 서울 北上하게 되여 部隊가 北進
出하게 됨에 따라 [illegible] 運轉士 [illegible] 兩人을
서울에 派遣하여 家族을 찾았더니 父親께서는 戰亂中 [illegible]
十歲를 一期로 하시고 別世하셨고 母親님은 兄弟 妻子
들은 悲慘하게도 모두 外 戰爭을 겪어 九死一生으로 苦楚

261

를 겪고 [illegible] 生命을 維持하였으며 半年만
에 金家族을 釜山으로 다려와 만날 수 있게 되었었다
이 戰爭中에 第一 印象 깊이 悲慘하게도 生覺되는 것은 二病
中에 계신 父親께 藥한첩 써드리지 못한 채 戰亂中에 別
世하신 것이 怨恨에 맺히었으며 또 七八代를 繼續하여 오던
[illegible] 爆擊을 맞아 全部燒盡되는 바람에 保管
하였던 中國에서 抗日戰爭하던 日記와 官署에서 받은 [illegible]
般文憑도 全部燒失된 것이 生涯에 잊지 못할 遺憾이
되었다 其後 家屋에 [illegible]
新屋을 建築하고 [illegible]
을 [illegible]
리실 것 같아서 一九五〇年 一月 一日에 七十七歲를 一期로 하시고

262

刪去하였다

一 軍에서 退役後 [illegible]

[illegible]

263

一 六二五當時改寫數句

中共이 人海戰術을 襲用하여 數十萬의 力을 北韓에 投入시키어 北韓共產軍과 合流하여 大擧侵犯하여 오므로 我軍이 漢江以北을 全部喪失하고 洛東江以南 馬山以大邱山地區로 後退하여 全軍이 崩潰할 危機를 逢着하고 政府에서도 甚히 唐慌하여 政府를 濟州道로 遷都 [illegible] 日本에 對馬島로 亡命하자는 論議까지 流布되는 同時에 閣僚에서는 美軍事機關에 勸誘를 받아 自由中國 台灣軍兩個師團(三万名)을 出軍시켜 萬一에 增援軍을 請願하자는 議案이 國會로부터 論議되어 議長 申翼熙先生으로 全體議員이 李大統領을 訪問하고 以上 意見을 建議하였다. 大統領께서는 默然히 深思熟考하시다가 하시는 말씀이

이그러나 過去 四十年間 日本은 政下에서 거의 滅種될 번 하
였던 事實이 있음도 우리 頭腦에서 사라지지 않니 하였거니와
現下 敗戰危機에 빠졌을 때에 日本軍隊에 援助를 주는
이 一時的 勝利를 얻는다 하드라도 結局에 가서는 日本을 하
여금 漁夫之利로 얻게 하는 機會를 주어 우리는 또 滅種
될 危機를 招來케 될 것이 明若觀火할진대 오히려 民族
을 援助提携하며 民族에 生存이오 救出하는 것이 國民된 道理
에 符合될 것이라고 强力히 主張하시면서 도리어 國會議員,
들에 質問하시는 閣僚님이 假使 우리가 今日 本軍을 믿어드려
였다가 後日 終戰에 日本軍隊를 우리 國內에서 驅出시킬 自
信이 있는 분이 있으면 擧手하여 보라고 하시었더니 그 자리에서
한 분도 擧手하는 이가 없었다 그러면 各議員께서 擧手하는 분

이 없는 것으로 보아서 自信이 없다는 意思表示인 것으로 알
것고 또나 自身도 이에 對해서는 自信이 없음이다 그렇다면 現下
世界自由友邦國家 中에서 美, 英, 佛 加拿大 濠洲 等 十六個
國軍隊가 V.N軍이라는 名義로서 우리나라에 派遣되며 우리와
같이 손을 잡게 하여 反共戰에 參加하고 있는 것은 내가 說明치 아니하여도
여러분도 잘 아실 것입니다
우리 韓國과 日本과에 過去 兩國史로 보아서 數百年부터 우리나
라를 侵呑하려는 것이 傳統的인 政策으로 確立되어 있음으로 所
謂 日本과 和親이니 國交回復이니 해가지고 結局에 가서는 國家民
族的으로 悲慘한 恥辱을 當하지 아니하였던 때가 없었던 것을
우리는 到底히 잊을 수 없을 것입니다 더욱이 現下 日本國
內外 情勢로 살펴 보건대 第二次 世界大戰後에 日本이 植民地七

266

領土로 全部 喪失하고 故로 各地에 散居하였던 日僑들이 國內로
流入됨에 따라 國內人口가 突然 激增되었고 食糧等 生産品에
不足으로 不得不 國外로 進出 移植하여야 하는 現象이 特히 美
國에 対해 極東政策에 있어서 対蘇 対中共 戰略上 日本을 極東
에서 反共盟主國으로 育成하려는 路線에 따라 日本으로서는
千載一時의 機會에 韓國으로 進出하여 勢力擴張할
意圖가 明顯한 此際에 日本援軍을 맞아 드리였다가 後日
에 다시 結果를 招來하게 될 것은 우리 民族에 生存을 爲
하여 至極히 警戒하여야 할 것입니다
여러분도 아시는 바 日本도 UN에 會員國으로서 우리 反共戰線
에 參加하려고 猛活動中입니다 萬若 UN總會에 議決로서
日軍隊가 UN에 帽子로 假裝하고 長時駐屯하면서 우리

267

羊頭狗肉格으로 自己에 侵略的 野慾을 敢行하지 않나 할 것이
며 누구도 保障할 수 없게 될 境遇에 우리 自身이
UN에 援助를 받는 立場으로서 其軍隊를 逐出할 수 있을 것
입니까 또 百度 [illegible]되는 此時 하여 日軍에 增援을 强力히
拒否하는 것을 내가 當時 [illegible] 戒嚴司令官으로서 國會議
員들과 同行하여 大統領官邸에 갔든바 現場에서 目睹 謹聽하였
다 其當時 李承晩大統領께서 贊成하였든들 美軍增援
部隊가 派遣되지 않았을 것이며 또 다시 陸軍에 英雄的
인 仁川上陸作戰도 없었을는지도 疑問이 있을 것입니다
以上 事實을 其當時 國會議員이었던 李在鶴氏가 一九六五
年 三月 廿日字 東亞日報 第一面에서 朴正熙 政權에 韓日國交正
常化를 反対하는 社說에 詳細히 投稿하였습니다

268

歷史는 반복되나니 循環함이라 지금으로부터 四百年前 壬辰倭亂

史上 空前한 倭將 豊臣秀吉이 數十萬 軍隊를 統率

하여 我國을 侵犯하였을 때 不過 數個月 만에 首都 서울을

失守하였다. 當時 政府에서는 宣祖大王 以下 各大臣들이 全部 義

州로 避亂하여 國家危機가 六二五 動亂 때 環境과 같았으며

敵軍이 저의 附近까지 몰려들며 遼東 避難하자 國王께서는 滿朝

百官들로 하여금 今後의 進路를 下問하니 全体閣僚들이 众

論이 鴨綠江을 건너 明나라(滿洲)로 亡命하자는 것이 支配的이

었으나 獨特한 領相 西厓 柳成龍의 反對上疏로서 國策을

確定하고 事前 惡戰苦鬪한 結果로서 李朝天下로

回復하였던 것이다.

參考 上疏文 內容 摘要

269

都承旨 李恒福은 遠征하되 義州에 避亂해 있다가 萬若 勢

窮力盡하여 全國이 失陷되게 되면 明나라(中國)로 亡命하자는 것이

었고

原文ㄱ 駐可戰 若勢窮力盡 八道俱陷則 可赴天朝云云

右領相 尹斗壽 遠征하되 咸興鏡城의 地形이 險峻하고 人民이

頑強하니 可守可抗할 곳을 하옵니 그리로 避亂하였으면 事不如意하

면 滿洲로 亡命하자는 것

原文ㄱ 北道士馬精強 咸興鏡城皆天險足恃 可踰嶺北行

領相 柳成龍은 遠征하되 上監께서 萬若 國內에서 一步라도

떠나시면 滿洲로 亡命하신다면 朝鮮은 우리의 所有가 되지 못할

것이옵니다 그러므로 國內에서 死守하자고 強力히 主張하였던 바

國王께서는 이를 採納하시고 國策을 確定하였다.

270

意也「大旗龍虎士一出朝鮮非我有也 王曰內附出弟意
也」
成龍이 恒福 李德馨 兩人을 책망하되 君들은 엇지하여 輕率
히 藩國論을 主張하는고 萬若 이말이 世上에 流佈되면 人心이
渙散할터인데 그때가서는 엇덯게 收拾하랴 하는가 하였다
이두분이 謝過하였다
原文「成龍責恒福德馨曰何爲輕發藩國論乎
言一出人心瓦解誰能收拾 兩人皆謝云」
中國과 우리나라는 壤地相接되었고 國防上 唇齒相依的 關係
가 있어나 只今이나 옛날이나 從來 倭敵이 破竹之勢로 我國
境線까지 오게되니 當時中國朝野에서는 自己네 國防上
境外部隊로 派遣하여야 할것을 알고 結局 陳璘 이라는

271

人을 總司令官으로 任命하고 三十萬援軍을 이끌고
派遣하였으니 軍隊와 合勢하여 八年間抗戰끝에 비로소 李氏
朝鮮을 回復하였다 이 歷史的事實로서 檢討하건대 壬辰
倭亂時에는 西崖柳成龍의 國去就에 對한 建議가 없었던들
또는 朝鮮은 滅亡되며 倭의 屬地가 되었을것이고 一九五○年六
二五動亂時에는 倭의 援軍投入을 李承晩大統領이 拒否치 않았
던들 西是倭의 天下로 變貌되며 只今韓日國交正常化交
涉에 있어서 倍償金이니 平和線이니 하는 等等의 諸般問題가 根
本的으로 論議조차 되지 못할것은 明若觀火한 事實이 있다
바꿔서 말하면 壬辰亂時에는 西崖先生과 李博士같은 偉
大한 指導者가 나와서 國家民族을 救出하게 됨으로보건대
우리民族은 永遠히 世上에서 生存할것을 나는 自信한다

2
213

리었다

3
214

二 六二五動亂時의 政界要人들의 末路

第二次世界大戰時에 獨逸힛트러軍은 佛蘭西巴里를 占領後
에 人質滅殺政策을 敢行하여 全國各界各層에 指導的人物과
各種科學技術者들을 모조리 虐殺또는 拉致하여 버렸는 故로 戰
後에 指導的人物이 枯渴되여 (모든면) 全國은 民이니 無據之中 갈피를 못잡고 政府
內閣은 자주 交替됨으로 政局이 安定되지 못하였든 그후 獨逸이
敗戰하여 蘇聯軍이 獨逸에서 따온이 人類毒策을 踏襲하는데
六二五動亂時에 金日成共產軍이 南韓에서 따라이 惡質的인
毒策을 敢行하는데 그 사람에 우리 政界에 最高指導層에 계시던
이 金奎植 趙素昂 鄭寅輔 洪命熹 李克魯 崔東五,
尹琦燮 安在鴻 吳夏泳 元世勳 趙琬九 明濟世 金鵬
濬 嚴恒燮 等 諸氏와 著名한 醫師 各種科學技術者

2784

華 等 千名을 全部 잡아다 拷殺케 하고 虐殺하는 獄死케 하였다
敗戰退去하는 날에는 수많은 良民들을 뒤에는 대로 無慈悲하게 虐殺
하여 우리 民族史上 前無後無한 慘案을 敢行하여 民族繁榮을
씨를 말려버렸고 우리 第一民族의 国家內에서는 同族戰
爭이라 滅種되는 地獄길 밖으로 도와서 白凡 金九先生께서 南北
協商으로 統一政權을 樹立하려고 努力하시던 것이 세상 殺害케
마지 않았다

~~一. 軍에서 退役과 經過~~

~~國家와 社會와 軍隊等을 莫論하고 그 団体에 있어서는 반드시 그 構成分子들의~~
~~團結이 잘되려면 派別이 없어야 함은 再言을 要치 않으며~~
~~必要치 않은 것인데 不幸히도 우리 軍隊內에는 組織初期부터 各種各樣의 派別~~
~~이 있어서 暗々裡에 指揮權爭奪이 심하여지고 있는 惡習이 있었음은 否認할 수~~
~~없는 事實이라 보겠다 其實例로서는 첫째 地方派別로서 畿湖, 咸鏡,~~
~~平安道派로 되어 있고 学閥派로서는 中国黃埔士官 및 獨立軍派~~
~~滿洲士官派 日本士官派 学兵派 志願兵派가 있어서 各派에 領導者는 指揮~~
~~系統 … 中國士官 및 獨立軍~~

2785

十三 軍에서 退役과 經過

國家와 社會와 軍隊等을 莫論하고 그 團体에 있어서는 반드시 構
成分子들의 團結을 힘써야 하고 그 團結이 잘되려면 첫째 派別
이 없어야 하는 것은 再言을 要치 않는 것인데 不幸하도 우리 軍隊內
에는 組織初期부터 各種各樣의 派別이 있어서 暗々裡에서로 指揮
權爭奪이 심하여지고 있는 惡習이 있었음은 否認할 수 없는 事實
이라 보겠다. 其實例로서는 첫째 地方派別로서 畿湖, 咸鏡, 平
安道派로 되어 있고 学閥派로서는 中國黃埔士官, 및 獨立軍
派, 滿洲士官派, 日本士官派, 学兵派, 志願兵派가 있어서 각
各派에 領導者는 陸軍參謀總長 職位를 가지고 싸우되
中國士官 및 獨立軍 (以下 缺 頁)

派系領袖들의 最高階級이 陸軍少將級에 制限된 것
이며 一律的인 現實로 되어 있음을 보아 此 實을 指摘하는
바인데 職業으로 저들을 制限하는 現像이 없으며 이런 派別이 있어왔던
國이 없게 되었다 하지만 初期 鄕土軍에 軍事知識이 있는 人材
들을 보호하는 것을 위하여 國家에 因緣이 있는 關係로서 自然發
派別이 생기게 되었으니 그러한 軍統帥權을 掌握하기 始
作 大總統에서는 其派로 利用하여 軍內에서 反動이 일
을 相互牽制하는 道具로서 施用하였다 그리하여 殺生權
을 中國士官 出身은 單派로 하여 工陸階級에 制限
을 받게 되어 있는 將官으로 大統領이 下
面으로 關에 職에 있는 軍隊에서도 이런 段階
影響이 미치게 되었으니 其後에 過去觀 日本 李

278

將士를 自己國의 軍政兩界로 安配하는 現實임으로 獨立
軍出身者로 되는 發展할 餘地가 없어 되었으니 이런 環境
에서 氣分이 不快하며 各自의 意志와 能力으로 發展
揮하지 못하게 되는 軍에서 繼續 勤務할 意慾이 消
喪되었을 뿐 아니라 나로서는 年令이 近 六十에 達하였으니 미리
退役하여 後進軍들을 育成하는 意味에서라도 讓步하며
이外 數十年은 亡命生活과 軍隊生活하기에 不顧하였던 家
事를 整理하고 子女敎育에 致力하여가 餘生을 보내는 것
이 가장 賢明한 策이 될 듯하여 一九五六年度에 退役을 志願
하였더니 當時 陸軍參謀總長 宋堯讚君의 付託이 있으되
陸軍에서 六二五 戰史編纂을 整理完成하여 주고 退役에 對
하여서는 今明간에 詳論議하자 하므로 不應할 수 없어 不得已 一年

間 陸軍戰史總監으로 留任되어 任務를 完成하여 上
下兩部로 成冊된 것을 各軍部隊 및 各官公立學校에
配付하였으므로 一九五七年 四月에 退役하였다

退役의 自修

自問自身何事爲 風發雲從已多辭 共濟艱苦總
來? 夏 輕薄人情去? 移 不欲當年妻子養 只如
前? 國家悲 從軍十載末年空 白髮日生? 附勢違

一四 結論

以上에서 敍述한 바와 如히 廿五歲에 中國에 亡命하여 四十五歲에
歸國하였으니 廿餘年 동안에 軍事學校를 卒業한 後에 十四
五年間은 中國軍官으로서 勤務하였으며 中國軍隊에서 勤
務한 것이 우리 獨立運動에 있어 急速的 ?像으로

280

가지고 있는가 하면 한편 黃埔學校나 軍隊에 드러가려면 臨
時政府에 推薦이 없이는 不可能하였음은 제三이 되어 独立運
動을 하려 爲하여 中國軍警에 投身하여 된 것이 아니냐
하였던 云云 當時 中日關係를 論하였던 中國은 弱者에
屬하고 日本은 强者에 國力으로서 中國 到處에서 自己네들
任意로 우리 韓國人에 對하여 自己네 國民이라고 憑藉하
고 司法權을 行使하여 우리 独立運動者를 逮捕하여
가는 事例이 極時 憂慮됨으로 于先 우리에 身柄保障에
便宜를 得하기 爲하여 臨政에 指令을 받어 捜査審判
兩權을 兼全한 憲兵司令部에 入隊하여 [illegible]
음으로 独立運動者에 保護役割을 成[illegible] 日誌를
에 活動을 執筆하는 總責을 지고 十餘年에 勤務하

281

게 된 것이라
이러하여 나 自身이 中國軍隊에 있었음이 精心兩面으로
全力을 다하여 独立運動에 傾注하였었는 것을 내 自身
이 良心에 부끄럼이 없이 自認하리라 独立運動에 領導
者이신 白凡 金九先生님 臨政 全閣僚와 独立軍으로 欽
慕하여 李青天 李範奭 吳光鮮 諸先輩들께서는
以上 記錄된 事實을 證定하여 주실 줄로 믿는 바이다

獨立運動者로서 受勳 :

一九六八年 十月 廿五日 國史編纂委員會 建國功勞者審査
委員會 委員長 白樂濬 博士 主裁下에 開會되여
서 受勳 關係 審議 一段으로 通過되었으며 [illegible]會 調査課
長 金厚卿氏로부터 電話 通知를 받었다.

283

李朝時代에 國家有功者(所謂忠臣)에게 對하여 施賞하는 方
法은 生前에는 絶宿로 勅命하며 死後에는 生存現職者는 今日과 같
이 職位昇進과 國王으로부터 金銀封製紀念品等下賜이고
死後에는 絶宿에 贈職, 諡號規定, 墓地山坂(所謂 賜地)
賞賜, 그 先代祖, 文의 五代人에게 追贈職等으로 區分되었다.
以上에 待遇를 받은 사람은 原則으로 生存時 職位로 文官에
參判(從官) 監司, 判書, 領議政, 武官으로는 訓練三營
捕盜大將, 統制使, 都元帥, 以上現職으로 있었든 분이라
야 資格이 附與되었으니 그리고 五代是들의 事績이 國史에
明記되어 있는 故로 數百年이 지난 오늘에도 그들 子孫은 同論
민은 民族全體에서도 追仰을 받고 있는 것이니
우리 先代祖上任은 太常卿으로부터 나에게까지 十八代中에 十四代

282

284

祖「哲經」이신 분께서 吏曹判書로 追贈을 받으신 外에 中始祖까지
는 中堅級 該當하는 武官職을 지내어 왔으나 九代祖부터는
官路(벼슬길)가 끊어져 所謂 行勢하는 西班側에 끼어지 못하여
한미(寒微)한 선비의 집으로 轉落되었던 것으로 보이며
祖上任中에서는 諡號나 贈職等을 받을 만한 官職에 계신 분이 없었
기에 國史上에서는 諱號(이름)를 찾지를 못하였다.
十三代先祖께서 三兄弟분 中 맏분은 振文進士公이신데 이분께
後裔子孫으로서 나의 先考 行列字에 이르기까지 十三代中
에 參判級 官職에 계셨던 분이 七八분이나 계신 外에 中堅級 該當
에 文武官으로 官路(벼슬길)가 끊기지 아니하여 所謂 班列
(양반)級에서 行勢하였고
둘째 분은 孝友이신데 우리의 直系祖上任이시고

285

셋째 분은 季文 舍人이신데 左贊成(左議政의 補佐官職)으로 追贈을
받으시었고 後裔子孫中에는 國史上의 著名하신 孫子의 忠定
公「曉」七代孫 武肅公「鵬翼」外에 文官級에 判書, 參判, 武
官級의 三營, 總戎使, 捕盜大將, 大將等의 高官을 歷任하
신 분들이 數十분이나 出世하였으며 武官집으로서는 李朝時代
에는 第一級의 班貴族으로 屈指되었다 그리하여 이 派의 분들이
관직의 高官職에 계셨던 祖上任을 말하자면 없을 때문에 先代始祖
이신 太常卿奉祀에는 別로 參與치도 않고 할 뿐 외라 保墓에 關
心조차 低下되어 顯著하였다 그런데 門中宗親間에 班, 常(양반, 상놈)
을 가리는 惡習인데 自己네 派는 貴族(兩班)인 양 우리 派를 賤
民(상놈)視하고 言語行動上 나무라는 것을 듣고 분에
마지 못하여 方法을 달리 出世의 學問을 배워 가지고 저런 惡

287

習을 創歷할수 있는 位置에 서도록 奮鬪努力하니라며
海外로 亡命하여 救國運動에 参加하였던 때도 在國에 一端 되리
하였다
에서 재에는 經歷을 回顧하건대 우리 祖上任 中에서 보지 못할 經歷
歷을 하는 中國에서 高級指揮官級에 屬하는 官職을 지냈던 것이며 救
國運動 運動에 有功者로 指定되여 政府로부터 建國功労表彰
을 받은 同時에 孫子代까지 學費, 生活費 等의 恩澤을 받게
된것인데 이런 榮譽로운 祖上任께서는 앞으신 분이 넉넉했으며
玄官職에 있어서는 大韓民國 初代 憲兵司令官으로부터 慶南全羅
兼地區軍司令官, 國防部 兵務局長 忠南地區司令官,
師團長, 軍團長 陸軍少將으로 退役後의 軍警援護委員長
을 歷任하였으며 以上 行績이 우리 家譜에 明記되어 있을뿐 現在

288

社會에서 編纂中인 歷代傳記事傳과 政府로서 編纂하는 獨立運動史
에도 詳記되어있다
自古로 있던 個人의 事績이지만 그 事績에 價値가 國家的 見地에서 關係로
볼때는 國史에까지 編述되기가 그리 容易한것이 아님을 想起하여 그 偉大性
을 評價하게 되는것이며 上古後나의 後裔는 앞으로 나의 救國建國
運動에 歷史的 精神을 이어받아 國家建設에 邁進하며 나와 行
績보다 더욱 빛나는 歷史를 創造하여 주기로 바라는 바이다
歷代祖上任의 名錄과 職別을 添付해두니
參考하라

代別	諱	職	諡號	墓所	備考
一代	伯	太常卿		楊州龍池洞	
二代	洪壽	通訓判司宰監事		仝上	
三代	智	通訓吏部令		仝上	
四代	哲堅	贈職 吏曹判書		廣州仙掌洞	
	振文	이派後裔는全南高興에多居中大小文武官職을不少히歷任			
五代	孝文	通善郎副司直		黃海道平山	
	李文	이派後裔는廣州開豐等地에多住中文武大官을歷任한者가數十名			
六代	仁傑	從仕郎副司勇		仝上	

289

288

290

代	名	官職		墓	備考
七代	昱	副司猛		仝上	六寸從之[illegible]되신忠定公 諱曉
八代	希翰	通訓兵曹參議		壬辰倭亂戰亡	淑夫人晋州姜氏墓在黃州大井里
九代	興周			高陽丹楮里	
十代	安康	通政大夫		仝上	
十一代	贊顯			高陽星沙里	
十二代	哲翼			仝上	十一寸 同 [illegible]書公 鵬翼

291

代	名	官職		墓	備考
十三代	志岐			仝上	
十四代	鎰裕			仝上	
十五代	七汲			仝上	
十六代	東植			仝上	
十七代	大壎			仝上	
十八代	基鎮	[illegible]			
	基徹				

基瑩

基勳

基鏞

十九代 錫綿

錫立

家譜以後入到山甫略歷寫本

西紀一九二五年廿三歲時日帝暴政下寧死不願爲亡國奴隸生活故抱極秘逸出程乃向後國志士鈎合爲參加救國運動計亡命于中國上海、參加我臨時政府諸抗倭救國運動之際,西露學習軍事知識、奉臨政指令、入黃埔士官學校受業、卒業后、被任中國蔣介石幕下憲兵各級部隊長,歷任日外侵江西省地区憲兵團中校副團長及其他長等職,一九四五年三月退職、同年四月、被任韓國光復軍總司令部少將高級參謀,兼任臨時政府駐上海宣撫團團長,保護在中僑胞生命財產並處理其遷歸國之事。一九四七年七月攻率家歸國矣

一九四八年大韓民國政府樹立後歷任初代憲兵司令官

憲兵學校長、慶南 全南 警備地區 兵事區司令官 武器廠長 兵事部
長 國防部兵務局長 陸軍第三管區司令官 陸軍戰史監
修。一九五九年 四月 以陸軍少將 退役。第三共和國成立後 被任
援護處次長。以上 各職 在任時 功績 如下 以 創設 憲兵
令 及 憲兵服務令、兵役法、兵役法施行令 及 施行規則、軍
事援護法 等。以上 具有 援護國防 [illegible] 表彰 [illegible] 編纂
六二五 動亂 陸軍戰史 之冊。一九六八年 三月 [illegible] 政府 頒下 之 節
三四九四號 愛國志士 表彰狀 一九七二年 十二月 十二日 政府 授下
1122號 建國勳章 受 [illegible] 又受 一九七八年 月 日
建國褒章

愚石 張興將軍 行狀

公의 原名은 基鎭이며 後에 興字로 改稱行世하나 號는
愚石이요 本貫은 仁同 始祖 高麗 三重大匡 神虎衛上將軍
諱 金用이시고 中祖 太常卿 諱 伯이시니 公에게 十八代祖
이시다 配 慶州金氏 父 明濟 祖 商彥 外叔 中溪 李
源喆 天文學博士 「大韓民國 初代 公報部長官」 公이
一九○三年 一月 廿日 京畿道 高陽郡 元堂面 星沙里 205에서 出生하다
年僅 十五歲에 四書三經을 精通하였고 言行이 非凡하여 鄕里
父老들의 後日 建國人材가 될 人物이라는 稱頌을 받아 왔다
公의 年齡 弱冠이 되었을 時에 倭敵이 我國을 強佔하고 京鄕
各地에 獸兵을 駐屯시키어 놓고 暴力政策을 強行한 나머지
擧國이 民生活이 塗炭에 빠져 거의 死境에 達하자 一九一九年

296

297

에 擧族的으로 蜂起抗爭하여 國權을 回復하려 하였으나
敵兵의 無慈悲한 彈壓下에 數萬의 達하는 愛國志士가
犧牲을 當하는 慘狀을 實로 目不忍見이었다. 此際에
公은 亡國의 悲劇을 痛恨한 나머지 奮然히 蹶起하여 救國大志를
抱負하고 當時 愛國青年 吳世德(高陽郡守 吳台煥 長子)
申岳、朴始昌(「臨政」第二代 大統領 朴殷植 長子) 廉溫東
「臨政秘書 重慶서 病死) 朴基成、朴宇均(黃埔軍校
同窓生) 諸同志와 秘密結社하고 救國運動에 共謀推
進하다가 一九二○年 五月에 다같이 中國上海로 亡命하여
大韓民國臨時政府指揮下에서 繼續 救國運動에
活躍하던 中 一九二三年 三月頃에 우리 臨政으로서 軍事(村名
養成코자 中國軍事當局과 交涉하고 優秀한 青年을 選

299

扳하여 當時 中國人 革命家 孫文 先生이 創立 經營하시는 黃埔
軍官學校에 派遣하여 委託敎育을 實施하던 此際에 公은 諸同
志들과 함께 該校 第五期 步兵科에 入學하였다 卒業后에 或者는
國內外에 密派되어 救國運動에 活躍하는 外에 多部份이 中國軍隊에
配置되어 直接으로 指揮幹部의 方策을 硏究實習하다가 一九四○年
中國政府後援으로 韓國光復軍을 創設한 后에는 많이 光復軍
에 轉勤되었다 其時 公은 中國憲兵隊長職으로 在任하면서
一面 多數의 우리 靑年將兵을 各戰線에 配置하여 敵軍內에
韓籍官兵을 誘引歸順시키는 工作을 推進함과 同時에 또 自
發的으로 歸順해오는 官兵들을 收容保護하였다가 韓國光復軍
으로 編入시키는 任務를 專担하였다 그리하여 光復軍官兵은
擧皆가 公을 經由하여 轉編된 關係로 公에 軍籍은 中國憲兵

298

201

班隊長이었으나 實際로는 光復軍徵募班隊長職을 代行하였음
以上과 如히 中國軍에 軍籍을 두고 우리 獨立運動의 協力鬪爭
하였다 一九四五年 八月十五日 解放과 同時에 光復軍總司令部로
轉勤되어 當時 國際(美蘇)의 不得已한 關係로 解体된 光復軍
結束處理에 全責을 지고 二年間이나 上海殘留하면서 全部
整理淸算하고 一九四七年 七月에 家族內子 金旬卿 長女 漢玉
次女 繼玉 三人을 데리고 二十五年만에 그리웠던 祖國을 돌아오다
一九四八年 우리 大韓民國政府樹立后에 國務總理 李範奭
將軍의 要請을 總理秘書職에 任命되어 四個月間 勤務
하였다 國防軍이 組織編成됨에 따라 初代 憲兵司令官을
任命되어 勤務中 一九四九年 六月廿五日 白凡 金九先生이
狙擊當하신 후에 本事件을 憲兵司令部로 移管시키며

200

302

303

搜査取扱等之 中樞機 國防長官의 指令이 下達되
同時에 今은 故(金九)氏 暗殺에 人物로서 指目을 받고
憲兵司令官職에 올랐으며 이 事件 內容은 今에 自
敍傳에 詳記) 其後 國軍 師團長, 慶南·全南 江原 各道
兵事司令官 兼 戒嚴司令官, 國防部 兵務局長 第三軍
管區司令官 陸軍 戰史總監 等 職을 歷任하였다—
一九五九年 四月에 自中國軍으로부터 光復軍 國軍을 거쳐
近卅年間 軍人生活에 終止符를 찍고 當五十四歲에 退役
하였다. 軍服務中에 憲兵令, 및 憲兵服務令, 憲兵에 關한
諸法規, 兵役法 및 施行令, 軍事援護諸法規 等 制定에
功績으로 國防部長官께 表彰을 받았음.

3045

〈公이 退役時 自吟

自問自身何事爲、風餐露宿已支離、炎凉世態未変、輕薄人情去々移、不顧靑年妻子養 只知昨日國家悲、從軍十載未安宅、白髮星々時勢遲

一九六一年 第三共和國政府(朴正熙)成立后에 援護處 援護委員長 任命을 받고 全援護對象者(二十萬) 光復會員 傷痍軍警及遺子女들에 所關團体를 再整編하고 賞勳等級外 褒賞給與制度 諸法規를 整備하여 正常軌道에 올려 놓았다. 一九六八年 三月에 政府令第三四九四號로 愛國志士 (一九七○年 十二月 二十二日 政府令第一三三五六號 建國勳章) 褒賞狀을 受領하며 一九七二年 二月에 七○歲 高齡으로 援護委員長을 辭任하다

〈公이 中國으로 亡命하여 中國軍에 軍籍을 두고 우리 獨立

3044

運動에 協同作戰하였던 實記外 特히 八年間 中日戰爭
中에 中國各地에서 發生되는 韓國籍僑胞들에 事件取扱記
記錄(萬寶山事件 天津何梅協定事件、蘆溝橋事件等)
을 成冊한 八卷을 携帶歸國하여 慎重保管하였다가
不幸히도 一九五0年 六二五 戰亂時에 鄕里本家(高陽)가
敵機에 爆擊을 當하는 바람에 全部燒失되었다 其后에
此를 補完하기 爲하여 公이 親히 自叙傳을 쓴 것인 바
退官后에도 獨立運動者 公法團体인 光復會副會長을
推戴되어 現在까지 至하였고 晩年事業을 宗人 基榮
(前經濟計劃院長官兼副總理) 基廷 基善 基浚 錫宙
諸氏와 協力하여 先祖에 墓域整治、齋室及廟祠增築
位土墓碑等을 整理하여 後裔로 하여금 永遠守護에

遺感없도록 함과 同時에 自派總譜를 發刊하여 宗族
間에 親睦團結과 崇祖精神을 確立을 期하였다
以上 記錄에 依하여 公에 一生을 分析하면 一歲로 二十
歲는 父母의 恩寵과 敎養을 받고 自立할 計劃을 定하는
時期이고 廿歲로부터 四十五歲까지는 救國運動에 獻身抗爭
時期이고 四五歲로부터 六十歲까지는 建國에 盡忠한 時期
이고 六十歲로부터 七十까지는 家事整理時期로 三分하
였음은 公의 生活이야말로 一生 計劃表를 定해놓고 遺漏
없이 實踐躬行하였다 本人이 海外亡命時부터 公과
같이 獨立運動에 獻身하며 生死苦樂을 같이한
同志關係로서 若干 重要한 經歷만을 摘要記錄하여
貴門後裔로 하여금 處世處事에 參考하기를

317

顧하며 謹撰하다

前大韓民國臨時政府 國務委員兼

議政院秘書長

白岡 趙擎韓 撰

310

313

太常卿派宗門會趣旨文

惟我 中祖太常卿諱伯字(京派)徃古来
今에各門戶族으로宗族이繁昌하야 京鄕
各地에散居子孫이數萬을算하니 此莫非
先蔭積善垂德也哉아 然이나 族譜發刊時
以겨우 收單하여 數次成譜頒帙而已오 其後
生아서 連絡도 없고 宗門會의 組織은 있으나 年
一次의 會合도 못하고 있는 實情이며 더우기
公의 墓所가 坡州郡 州內面 延豊里、龍池洞

312

314

(음구끝)에게서고每年陰十月初一日로時祭日
로定하여享祀를奉行하고있으나年々히祭
官이줄어들어子孫이不過몇분모이며特히
時事로問題는墳墓가修築한지年久歲深
하여境内가荒廢하고墓所를守護하는位土
가없어酒果脯醢에祭需도제대로갖우지못
하며兼하여齋舍도東頹西落하여不蔽風雨
에倒壞即前에있는實情이매子孫된道理에
恒常悚懼한마음禁치못하니참으로痛歎之
事며한便부끄러운일이아닐수없읍니다

315

元是 우리宗派는自古及今에國家危急之秋
에는많은名賢将相과忠臣烈士가継承하여李
朝登極甫末 領議政玉川府院君諱麒字禎
字(明宗)、資憲刑曹判書玉川君諱富字
禎字(明宗)、八道都元帥玉城府院君諱晩字
(仁祖)、領敦寧玉山府院君諱馥字(仁祖)、
訓正三間摠戎使三營大將武肅公諱鵬字
翼字(肅宗)、訓正兩間統制使摠戎使三營
大將諱志字恒字(英宗)、以上顯祖를모시고
八、一五解放後大韓民國建國後政府樹立以來

316

에드人材가輩出하며副總理兼經濟企劃院
長官을爲始國會議員및長官、將星이連
綿續出하여國政에參與하였으며現國會
에生炯淳、榮淳、基榮이當選되였으니이
얼마나榮光스러고聖스러운일입니까赫々한
宗門임에는틀림이없으며政界、財界各階
各層에많은重職과屈指가되고있거는況
且 中祖에時享과香火곳아끄게되었다
함은實로寒心하고慨歎함을禁할길없음
니다 이에奮發하여這間有志宗人

317

과數次에亘하여協議한바墳墓改築및
設壇、位地및位土基金造成、墓舍重修케
로決議하였으며앞으로門會를健全히
運營하고爲先事業을創意發展시키
어우리宗門의光榮을빛내고崇祖睦宗과
子孫繁榮의機틀을確立하여 先祖의遺
訓大德을遵奉하고恩惠를報答코저
하는바입니다

以上事業에各自誠意를다하여 우리宗門의
偉大한根本趣旨를實踐邁進하기爲하여
茲而發起하오니 江湖諸宗께서는繼蹤
起하여 先祖의赫々하신懿德潛光을景仰
追慕하며遠通雲裔로하여금 그流風遺
澤을瞻仰襲世케하고 吾族의末日에繁
榮을期約하는後孫들에게 尊祖收族과
相扶共榮의氣風涵養케하고저하는見
地에서 이에贊同副應하시와各々熱意

를發揮하고宗族總和로一致團結하여
誠金奉納에積極參與廣傳하시와
所期의目的을達成하도록獻身協力
하여주심을懇切히바라는바입니다

一九七三年十二月 日

仁同張氏太常卿派宗門會

發起人 會長 錫圭
基榮
炯淳

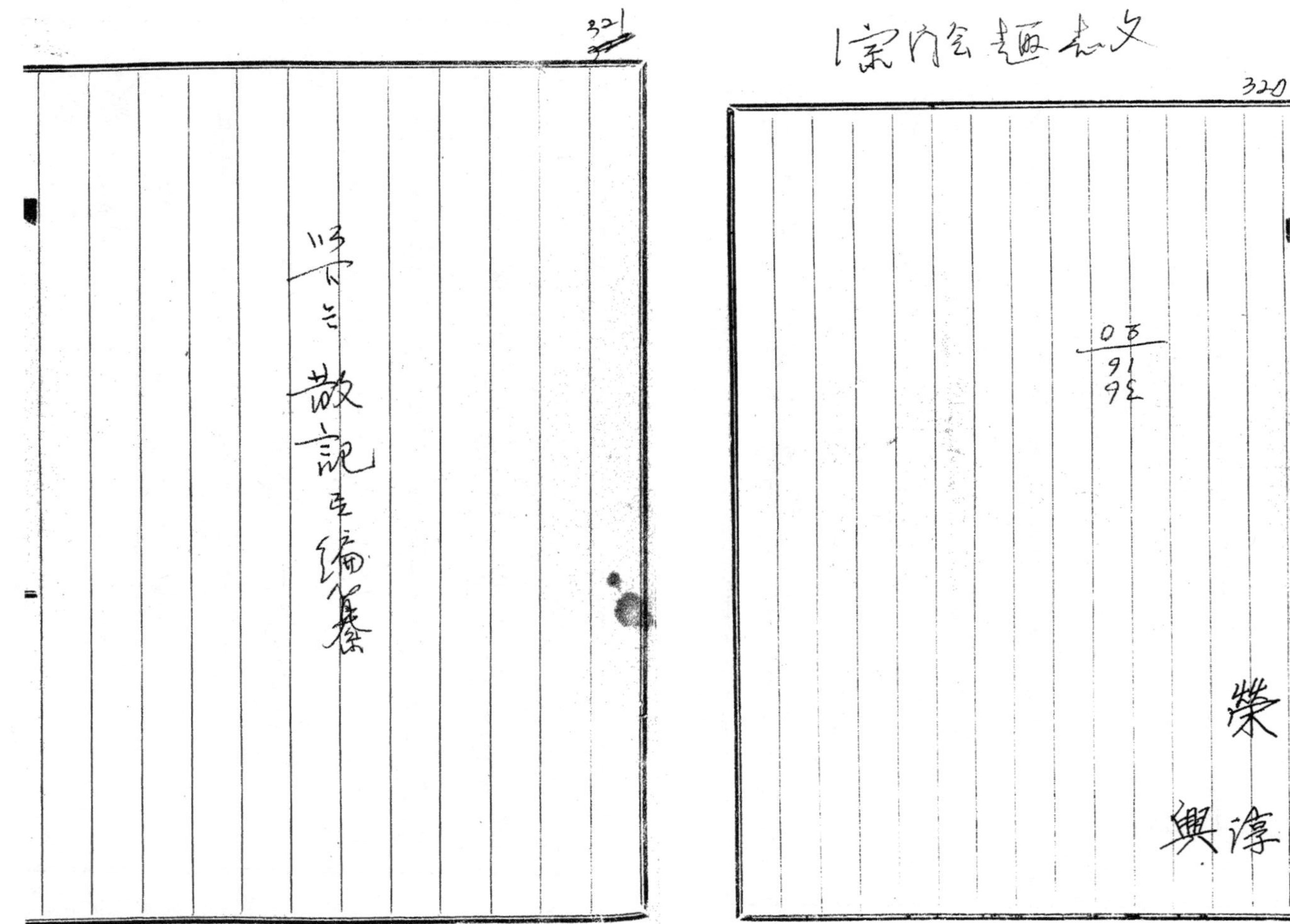
320
榮
興淳
321

322

323

324

를 지번 先生님 墓參해서 모본 것만은 같은 듯입니다
그러므로 오늘 여기 탄식이 있다면 같은 탄식일 것이오 또 부르짖음
이 있다면 그것도 같은 부르짖음일 것이오 그리고 또 誓願과 盟誓
가 있다면 그것도 같은 誓願 같은 盟誓일 것입니다
지금 先生님 靈前에 드리고 싶은 말씀이 많습니다 그러나 저는 여기서
무슨 儀禮的인 글이나 말을 만들어서 그것이나 읽으려 나온 것은 아
닙니다 各自의 목멤이 되었든지 다만 마음에 實感되는 몇 말씀만
願하는 드리고 싶은 것이 있어서입니다
先生님! 先生님 한平生 所願하신 것 다만 하나 祖國獨立이라 革
命鬪士로서의 先生님은 海外 [illegible] 日帝와 抗爭하실 때는 勿論이
오 解放과 함께 故國에 돌아오셔서 國內外의 錯雜한 情勢 속에서도
다만 하나 南北統一의 完全自主獨立國家를 세우는 것으로 최 唯一

325

最大의 理想을 삼으셨던 것입니다마는 하늘은 우리에게 그렇게도 吝
嗇했던지 國際的 事情은 마침내 우리들에게 南韓만의 獨立만
에 容納해주지 않았습니다 窮餘의 策이나마 卓見이라 할 말씀이
다만 先生님 所願하시던 것과는 너무나 거리도, 두고 完全한 사내大丈夫
같은 그런 統一獨立國家를 낳지는 못하고 北韓 한쪽은 눈이 멀고
또 南韓만도 남의 援助를 입어야 하는 그런 애꾸눈이 딸 子息 같은 未
完成獨立國家 하나를 겨우 낳았던 것이 아닙니까
그래도 日帝의 毒手를 벗어난 것만이 그렇게도 기뻐 또 우리 손으
로 세운 名分 뚜렷한 제나라이기 때문에 그래 이것이나마 붙안고 몸
土壘之 싱싱하게 잘 기뤄나가야 하는 것이 우리들의 使命이 아니겠
습니까 그렇건만 우리들은 識見과 能力이 모자라 不足해서 이것
마저 病들게 하여지고 있는 現象입니다

326

자나 깨나 祝願이라고 다만 하나 「나라」뿐이었던 그러한 先生님이 없으시기
에 萬一 先生님이 그때 더 계셨더면 비록 未洽한 나라이기는 할망정
그 至誠, 그 義氣 가지고 이 나라를 잘 키워갈 수 있도록 指導해 주
셨으리라 생각하니 오늘 따라 先生님이 더 간절 그립습니다 비기, 이
다 幸 오늘 여기 모여 우리들이 先生님 잊지 못하고 思慕하는
회째가 됩니다
그리고 先生님 — 한 가지 부끄럽고 戰慄하고 痛憤한 것이 있습
니다 解放된 지 이제 거의 二十年 남짓밖에 안 되었는데 어느 결
엔지 獨立精神, 獨立思想 等 獨立국家 같은 것이면 사람이고 路
線이고 모두 다 蔑視받고 千대받는 世代가 된 그것입니다 先生님
이 나라 이 世代가 왜 이같이 되었는지 모르겠습니다 이렇게 된 것 생
각하면 그때 진작 돌아가신 것 오히려 先生님께는 多幸일 게로 모

327

르겠습니다 그러나 하시 한편 생각하니 만일 先生님이 더 오래 계셨
더면 敢히 獨立精神, 獨立路線을 병신 여기는 世代가 될 수 있
을 것입니까
그렇기 때문에 남아 있는 우리들이 스스로 돌아보매 뉘우치고
反省할 다시금 우리 자세를 바로잡아야 할 것을 깨우치게
느끼는 그때로 廉恥없이도 先生님이 思慕되는 것이란 事實
입니다 이것이 오늘 우리들을 여기 모이게 先生님 잊지 못하고 애
타게 思慕하는 둘째 까닭입니다
그러나 先生님 비록 先生님도 가셨고 또 우리들의 獨立運動
先輩元老들께서 하나하나 모두 가셔서 오늘은 우리 周邊
이 寂寞한 느낌 禁치 없지 않고 또 輕薄한 世代라 이것을
貴히 여기주지도 않습니다마는 그래도 獨立路線에 무너진 것

왔나 봅니다 또 이 길을 가는 同志들이 많이 없어진 것도 생각합니다
때 千古에 따져봐도 이 自主獨立路線만이 나라를 살리는
길임을 이끌어가는 것을 認識한 사람은 아무도 없읍니다
그러기에 오늘에 설사 苦難의 道程을 밟는 限이 있다 하더라도
라도 이 길을 가는 同志들이 넘어지지 않을 것입니다
그러합니다 確實히 우리 눈앞에 이 獨立路線이 보입니다 또 同
志들도 보는 것이 옳습니다 눈물 머금고 이 길을 가는 同志들이 分明
히 있읍니다 … 무리나 있는 우리들에게 行動面에서 보이나이
다 前進할 命令하시던 先生님을 이 땅에 바친 우리들
되는 세월을 흘려 보내고 혹은 돌아서고 그래서 散漫한 隊列이 되고
말았기 때문에 이를 수 없는 先生님이 더 한편 그리운 것을 어
찌합니까 이것이 보일 우리들 머리에 떠올라 先生님 잊지 못

할 사무치게 思慕하는 까닭입니다
先生님 우리는 뼈저리게 率直히 告白합니다 우리가 願하는 統一
된 나라는 아직 멀었다 그래도 제 나라를 세우기는 해놓고서 그
것을 바로 이끌어갈 줄도 모르고 또 眞心을 외하고 사랑할
줄도 모릅니다 또 헤아려보면 오늘 우리가 이만큼이라도 獨立
의 恩惠 속에 살면서 도리어 獨立路線을 무시할 또 우리들
自身부터가 苦難의 길을 같이 가는 同伴者들을 나가라 하면서도 서
로 무시하고 아끼고 사랑할 줄을 잊어버린 것을 어찌합니까
先生님 이 나라는 不安과 危險이 언제고 도사려 있는 地帶입니
다 그런데도 不拘하고 날마다 되어가는 社會現狀이 왜 이렇
게 되는 겁니까 不幸과 苦難 속에 누벼가는 그런 나라의 國
民들 되기에는 우리들의 생각과 行動이 너무도 不足합니다

330

모두가 中心을 잃어버렸읍니다. 또 새 삶의 價値觀이 비뚤어지고 말았읍니다. 이 생은 精神을 불사뤄야 하겠읍니다 이 麻痺된 正義感을 한번 무섭게 매질 해야 하겠읍니다. 나라를 사랑한다는 말이나 民族正氣란 말 같은 것은 모두를 거꾸로 李朝末期의 遺物같이만 여기는 그런 어이없는 世代가 되었읍니다. 이렇게 자면 結果는 어떻게 될는 것입니까.

先生님 오늘 先生님의 忌日을 지키는 이 式典을 보시옵소서 이나라 獨立 그것 하나 위해서 七十年 平生 바치시며 生命까지도 祭物로 바쳐버린 先生님 이건마는 이 나라 指導層이나 國民들이나 잘살았어 모두가 獨立路線과 함께 先生님 마저 忘却의 地帯로 돌려버리는 그렇게 無嚴한 薄情한 社會가 되어갑니다. 후세 子息들이 잘살게 되고 나면 그것이 비로소 그게 [illegible]

331

된 것으로만 알고 不孝하게도 어버이를 잊어버리는 수가 많습니다 萬一 그같이 우리도 나라를 잘 이끌어갈 獨立精神 가지고서 歷史를 바로 잡아가는 光明한 나라 平安한 나라 잘사는 나라가 된 뒤의 후세 先生님을 잊어버리는 것이라고나 한다면 괘씸하기야 하오만 정 그것은 죄라니 先生님의 本願이시기도 할 것입니다 先生님은 우리가 배부를 自由를 잊어버릴지라도 그대신 잘사는 나라 잘사는 民族 되기를 眞心으로 願하실 것이기 때문입니다

先生님! 차라리 우리 모두 잘사는 나라 잘사는 民族이 되어 우리 鄕에 계셔서 先生님을 잊어버리게 해주소서 우리 自身은 不孝子息 같이 괘씸하기 짝이 없는 者들이 될망정 그것이 도리어 先生님의 眞正한 本願이기에 말씀입니다

그러나 그렇게 되기 前에 차마 어찌 先生님을 잊어버릴소냐 ―

332

있겠읍니까
우리가 술에 깊이 새긴 그대로 언제나 그모습 그敎訓 받고 가겠읍니다
先生님 우리는 결코 先生님을 英雄化하거나 偶像化하려는 것
은 아닙니다 다만 先生님께서는 秋毫에 私心이 없이 祖國과 正義
만을 사랑하시던 民族正氣에 化身이요 抵抗精神의 表象
이셨기 때문에 先生님 뜻을 그대로 生活化하며 이땅에 先生님이
鎭導하시던 우리들에 獨立自主路線을 永久히 設定하고서
기에 우리들의 精神的 定着地를 마련하자는 것입니다
先生님! 우리는 先生님을 路程表 삼아 오직 祖國 위하는 길로
그리고 짧은 一生을 永遠한 祖國에 바치는 길로 가셨읍니다
이것이 오늘 先生님의 靈前에 바치는 우리들의 誓願인 것입
니다 先生ㅡ! 先生ㅡ! 이나라 民族自主 獨立路線으로 새

333

겨주시고 또 이길로 가는 뒤쫓은 同志들의 힘이 되어 주시고 마치신
이길이 勝利할수 있도록 加護해 주소서 ─ 으

追慕辭 (李始榮先生님 十九周忌 追慕에) 五三年五月

省齋先生 앞에 後學 張湖는 敬虔히 焚香하옵고
아뢰옵니다 先生은 가셨으나 先生의 金南宗事業은 宮으로 花
晩年時 先生께서 貴門中에 보낸 書生中의 生머슴 後學
係를 不問하고 四十四年 來에 (下書를 手受한 中 謹)
하옵신 광산에 青天霹靂같이 先生의 逝去하셨다는
訃音을 들으며 生時처럼 어리둥절하였지만 答을 하매
痛哭하였다 날이 어찌 길어 生覺되는데 어느듯 十九周忌
를 맞게 하였사옵니다 오늘 당에 先生의 앞에 追慕辭
를 드리게 되었사옵는 슬픔 恒常 先生의 追慕
하던 嚴徽으로 于今껏 悵望히 生각하였던 是敢後繼業
인 遺墨 一張을 幸運 已知에 嶽勢 代身 先生의 앞에

336

땅히 옷깃 여며 追慕의 뜻을 表합니다 在天하신 先生님 平
안히 쉬시옵소서
先生은 가신 곳 山川도 人情도 모두 變하였읍니다 先生이
가시던 그해부터 이 땅에는 모진 風雨도 많았읍니다 거듭한
風雨속에서 變하지 않게 한것보다 모든것이 變하였읍니다,
다만 그中에 變하지 않은것은 오직 우리 同志들이 先生님
을 思慕하는 情만 남았읍니다 先生님 따라 先生님 가시
던 길로 갈때 同志들도 後輩들이라 先生님 그리운 情에
[illegible]속에 살구에 빠져 잊기 때문입니다
只今 여기 先生의 遺宅 앞에 모인 우리들 서로가 [illegible] 경우
는 다를지언정 先生을 思慕해서 모인 것만은 같은
뜻입니다

337

그러므로 오늘 여기 歎息이 있다면 같은 歎息일것이요 또
부르짖음이 있다면 그것도 같은 부르짖음일 것이요 그리
고 다시 所願과 盟誓가 있다면 그 [illegible] 같은 所願과 盟誓
일 것입니다 只今 先生의 墓前에 드리고 싶은 말씀이 많음
니다 그러나 生은 여기서 무슨 儀禮的인 말씀이나 글을 만들어서
그것이나 읊조리러 온 것은 아닙니다 爲國이야 무엇이 되었던
저 다만 마음에 實感된 몇 말씀 歎願하여 드리고 싶은 것
이 있어서 입니다
先生님 先生의 平生 所願하시든 것 다만 하나 祖國獨立
이라 革命鬪士로서 海外에 계셔서 日帝와 抗爭하실 때는
勿論이오 解放과 함께 故國에 돌아오셔도 國內外에 錯雜한
情勢속에서도 다만 하나 南北統一에 完全自主獨立國

家를 세우는 것을 唯一한 最大의 理想을 삼으셨던 것
입니다마는 하나님이 우리 民族에 對하여 베고러 번씩 하였지
國際的 事情은 따짐에 우리들에게 南韓만의 獨立을 容
納해주었습니다 그래서 率直히 말씀한다면 先生任 許諾하
지만 결과는 버리신다 해도 두눈 完全한 사내大丈夫 같은 그런
統一獨立國家를 남기는 못하고 北韓 한쪽은 눈이 멀고 또 南
韓마도 남의 援助를 받아야 하는 그런 애꾸눈의 딸 子息
같은 未完成 獨立國家 하나를 겨우 나았던 것이 아닙니까
이런 追慕에 말씀을 드리나니 先生任 가시던 날 雩
南 李博士께서 先生任 靈前에 오시어 哀慟하시던 말씀은
가운데 단 한 분 日帝 魔手를 벗어나서 生存해서 歸國
하기에 最後 그런 祖國 땅에 安葬케 되었으니

幸福이 아니겠소」 하신 한 귀절이 문득 生覺됩니다 몇 차례
였던지, 우리가 日帝 魔手를 벗어난 것만이 그렇게도 기쁠
따우리 손을 쥐시고, 爲先 무엇한 제 나라 이기 때문에, 그저 이
것이옵니다 부둥켜안고 愛之重之 싱어 하게 잘 키워 나가야 하는
것이 우리들에 使命이 아니겠습니까? 그런 하건만은 우리들
은 識意와 能力이 아울러 不足해선지 이것마저 病들어 허덕
이고 있는 現象입니다
지나, 깨나, 祝願이라고는 오직 하나 나라 뿐이었던 그러한 先生님
이었기에 萬一 先生이 그저 生存해 계셨드라면 비록 未洽한
나라 일망정, 그 至誠과 毅氣 가지고 이나라를 잘 키워
갈 수 있도록 指導해 주셨으리라 生覺하오니 오늘 따라
先生님이 더 한결 그립습니다 더욱이 우리를 指導할 때

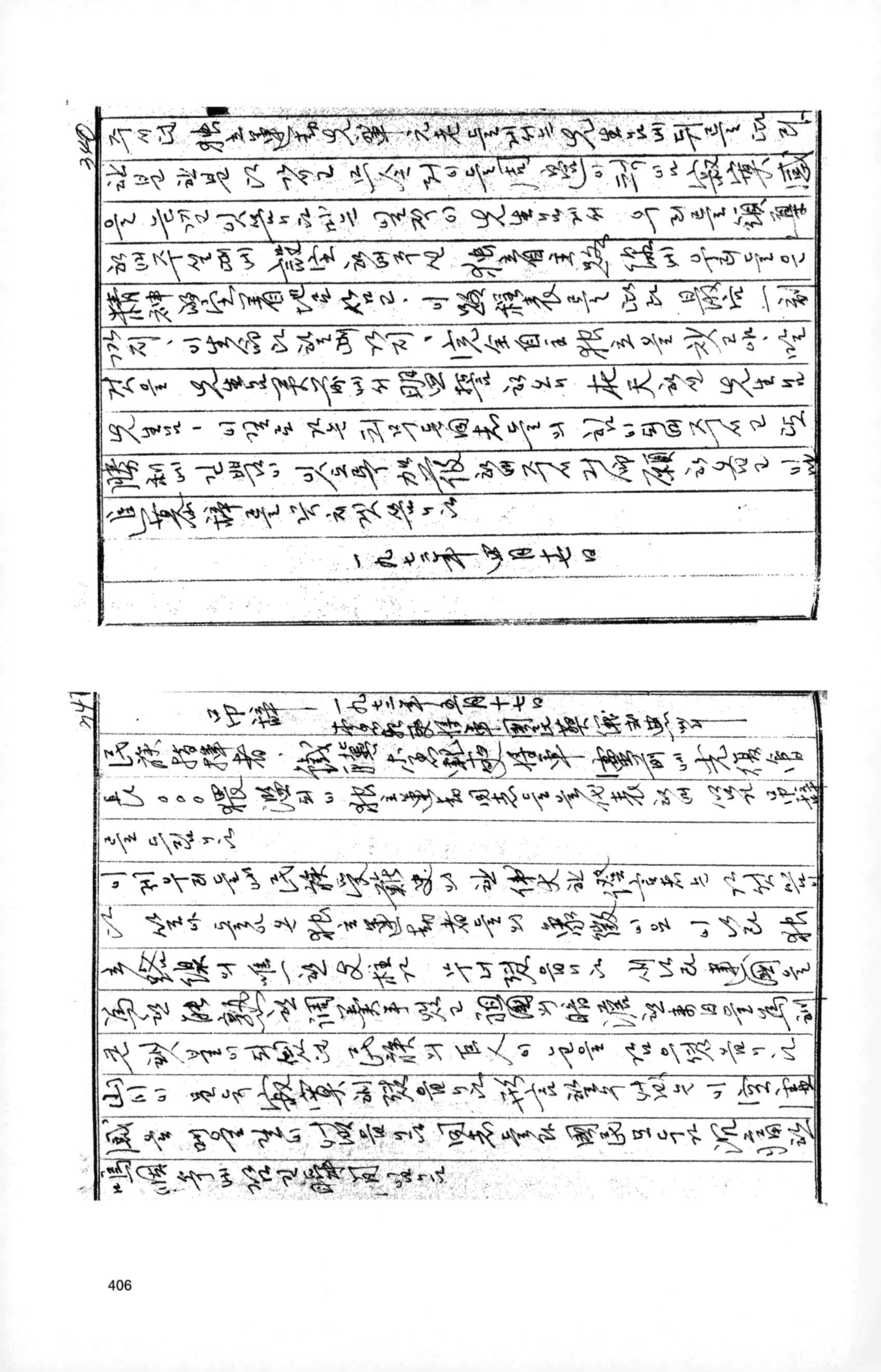

342

十代의 少年때로부터 靑春三十年을 오직 祖國의 國
權恢復을 爲한 抗日鬪爭의 革命生活에 將軍의 그 숱한
때는 눈물과 피와 大戰과 情熱만이 끓어 올라 뿜어 메
우친 것, 살속에 배어든 것은 오직 하나 새나라 생각 그
것이었읍니다 滿洲로 시베리아 蒙古로 中原大陸을 踏
破하며 人家里를 쓰러 잘날 없이 흙을 넘고를 가림없이
고락 마구를 수호치 않고 밤낮없이 헤매시면서 오직 새 나
라 대붙에 내 겨레, 배달에 自由한 몸의 安樂이나 榮華나
하는 것은 손가락 끝에도 만져보지 않았읍니다
鐵驥將軍 ─ ─
鐵驥라 그 이름 ─ 무쇠 千里馬! 과연 將軍은 千里馬
였읍니다 그 千里馬는 그 힘을 일컫는 것이 아니요 그 德을 일

343

컫는 것이라 하며 孔子의 말 그대로 힘과 德을 갖춘 그러한 千
里馬였읍니다 우리는 일찌기 將軍의 英雄的인 모습을 보
았읍니다 靑山里에 先鋒將으로 光復軍의 創設者로
말위에 눈이 앉아 馬鞍의 칼을 휘두르며 腥風血雨의 抗
日戰線을 달려나가던 힘의 鐵驥를 보았읍니다
그리고 우리는 또 將軍의 多情多感한 人間으로서의 맛을 느꼈
읍니다 國家를 위해 대한 뜨거운 사랑 擁護하고 가난한 國民
들을 생각하던 德望은 鐵驥로 보았읍니다
果然 偉大한 一生이었읍니다 志節과 高潔로써 一貫한 生
涯였읍니다 눈물겹도록 숱한 一生이었오 그러나 [illegible]고
못살 高邁한 七十平生이었읍니다 이제 그 같은 歷史的인 人
物로서의 一生은 끝났읍니다

344

指導者의 숨을 거두시기 直前에 우리 國民들의게 마지막
할말이 있다고 하시면서도 千萬번 遺憾스러도 미처 말못할
눈을 감으셨던 指導者!、
우리는 하고자 하던 그 말씀이 무엇인지를 새겨볼 수 있습니다
獨立을 爲한 一生의 主人公이 마지막 할 말씀 남기신 獨立 그
것밖에 더 있겠읍니까
리 이해하기는 獨立路線! 무너져가는 獨立精神! 그
것 가지고서라야 이 民族이 살고 그것 가지고서라야 反共도
統一도 할수 있는 바로 그 獨立精神이 왜 이렇게 抹殺되
려고만 하는 것입니까
그러기 때문에 指導者께서는 마지막 눈을 감으면서도 우리 國民
들 속에 제몸보다 나라를 더 사랑하는 愛國精神이 그리고

345

당시는 依存과 屈辱이 없는 自主獨立精神이 불일듯 일어
나지기를 애닯은 목소리로 懇曲히 당부하려고 했던 것
아니겠읍니까
받들겠읍니다 그 뜻을 意識으로 받들겠읍니다 우리 政治
인 社會의 指導者들이나 四千萬國民同胞 모두가 틀림없
이 다 우러할 없이 民族의 唯一한 活路인 이 獨立路線의 길로
가야 할 것을 다짐하는 것으로써 이 時間 여기서 指導者를 모시지
않고 보내는 우리들의 되물린 永訣辭를 삼으려는 것입니다
民族의 指導者 鐵驥將軍!、
이제 祖國의 땅 포근한 흙속에 永眠하시고 冥福하신 中에서
우리들의 힘이 되셔서 自主統一을 爲한 우리 民族의 精神
的 依據精神的 嚮導者가 되어 주소서 平安히 가시옵소서

346

出典 文敎部 國史編纂委員會出 其他原稿本

349

記述

一、姓名 張興 原名基鎭 號愚石 貫仁同

父 大煥의 長子

一、生年月日 一九〇三年一月二十日生

一、出生地 京畿道 高陽郡 元堂面 日山里 二〇五

一、學歷 經歷

A 中國廣東大學政治科中退、黃埔士官學校

五期卒業

B 大韓民國初代憲兵司令官、兵事區司令官

師團長 兵務局長 戰史監 等 歷任

一、抗日實蹟

가 一九二五年우리 臨時政府推薦으로 黃埔士官에入學

348

하며 一九三三年 八月부터 洛校 卒業后 우리 獨立軍으로
[illegible] 派遣受訓하는 學生과 越南籍 學生으로 此編
成된 學生隊 敎練官으로 勤務하며 日帝의
情報員 및 秘密警察들이 中國到處에 派遣하여
우리 臨政에 對外活躍을 阻害하는 우리 要人
들에 對하여 注意로 暗殺逮捕 等等 事件이 續續發生하
므로 臨政으로부터 中國憲兵機關에 數十名 要員
을 派遣 勤務케 하여 이런 不祥事를 未然防하고
저 하는 臨政에 本人은 中國憲兵部에 派遣받아 우리
臨政要員 및 家族들에 安全保護責任을 專擔하
였음

다 一九三四年 ─ 三六年 度에 우리 獨立運動政黨이 臨

349

聯合組織한 民族革命黨 中央監察要員으로 選
任活躍하였고 當時 獨立軍總司令官 池青天將
軍께서 幹部로 吳光鮮 池達洙 等 二名을 引
率하고 南京에 到着하여 軍事訓練을 實施하
는데 本人이 往 其責을 周旋하려 爲하여 南京市
中央軍校 訓練總團本部 機要幹事로 就職
하면서 上記 二名을 當團特務 名簿에 編入하
여 軍事訓練에 하는 期間을 完遂하는 同時 그들에
(食糧과 其他 俸給等을 받아가지고 其配慮하였고)
家族生活까지도 保護維持하였음

다 一九三七年 大東亞戰爭 當時는 憲兵司令部 警務部
職을 利用하여 日軍內에 우리 韓籍士兵들에 脫出工作
을 專擔하여 光復軍 兵力擴充에 從事하였음

350

되고 一九四五年光復軍總司令部少將高級參謀로 被
任되며 擴大編成으로부터 解散收拾時까지 諸般
責任을 完遂하였으며 駐華代表團 駐上
海韓僑團長에 被任되며 解散된 光復軍將兵
과 家族들의 集結 및 僑胞等 五萬餘名을
保護管理하며 全員歸國시키는 責任을 完遂
하고 一九四七年三月에 中國政府로부터 抗日功勳
章(35397)號를 받고 當年七月에 最後로 歸
國船便으로 光復軍과 함께 歸國하였음

ㅅ 光復後의 重要經歷

一九四九年 大韓民國初代憲兵司令官 被任
一九五〇年 嶺南北兵事區司令官 被任

351

一九五一年 全南兵事區司令官
一九五三年 國防部兵務局長
一九五六年 陸軍戰史監督職歷任
一九五九年 陸軍少將으로 退役

文敎部國史編纂委員會

一九六六年 拾壹月 日

少將 張興 謹呈

354

355

一九四五年 二次世界大戰 終了后 解散된 우리 光復軍 在中
僑胞들을 善後處理한 經過 一九四五年 八月에 倭軍이 投降崩潰되자
各地倭軍內 服役하던 韓籍將兵들 數万名이 續續히 光復軍에 入隊
를 自願하였으나 不幸히도 美蘇兩國의 壓力으로 因하여 光復軍이
解散됨으로 이들을 받아들일수 없었음。 當時 本人이 光復軍 總
司令部 少將 高級參謀로 在職中 總司令 李青天 將軍 命에
依하여 解散된 光復軍 善後策을 處理次 重慶으로부터 上海에
到着하자 各地로부터 僑胞와 軍人 四五万名이 集結되었으나 統率
하는 機關이 없음을 街途에서 방황중 生活対策이 全無하였으므로
治安狀態가 極度로 惡化되었음。此際에 마침내 當時 光復軍
參謀長 李範奭 將軍께서 幹部 數百名을 引率하시고 歸國
途中에 이 現狀을 目見하시고 本人에게 責任지고 그들에 善後策

國史編纂委員會 ... 手本

354

을 處理한 後에 歸國하라는 指示를 받음과 同時에 當時 臨時政府
駐華代表團 所屬인 上海宣撫團長職을 兼任하면서 中國政府와
現地 美駐屯軍司令部에 交涉하여 그들에 生活을 維持하여 주는
한편 駐韓美軍政廳을 부터 派遣한 金演起를 協助하여
全体 歸國事務를 完全處理한 後 一九四七年 七月 最後船
便으로 歸國하였음 以上 要 事實은 當時 光復軍參謀長이던 李
範奭 將軍과 現地 上海宣撫團 涉外責任者이던 現 共和党 中央
委員 金正柱氏 兩位께서 證明하실것임

一九六八年 月 日

陳述者 張興

355

履歷書

一、本籍、京畿道 高陽郡 元堂面 星沙里 二〇五番地

一、現住所、서울特別市 西大門区 舊岩洞 三五八의 十二號

一、姓名、張興

一、生年月日、一九〇三年 一月 二〇 일생

學歷

一、一九二六年 三月 日 中國黃埔士官學校 入學

一、一九二七年 八月 日 右校 卒業

經歷

一、一九二七年 八月 日、至 一九三五年 階級은 少、中尉로서
小隊長 大隊本部 副官、船舶檢査員、等職 歷任

一、一九三五年 五月 日 憲兵司令部 大尉 警務處員과 昇進

356

一、一九三五年七月 日 中國南京特別市壯丁總隊「兵事區
司令部」機要幹事兼任

一、一九三八年七月 日 中國憲兵少領副大隊長職에 昇
轉任함.

一、一九四〇年十二月 日 憲兵團 少領 團附로 轉任함

一、一九四三年三月 日 憲兵中領 大隊長으로 昇轉任함.

一、一九四四年十月 至 一九四五年十月 江西省肅奸委員會
督察處長 兼任함.

一、一九四五年十月 日 光復軍總司令部 少將高級參謀로
轉任과 同時에 派駐上海臨時政府
宣撫團 團長으로 兼任하고 僑胞歸國
事務를 專担 處理함

357

一、一九四七年七月 日 歸國

一、一九四九年三月 日 大韓民國初代憲兵司令官 被任

一、一九五〇年八月 日 慶尙南北道 兵事區司令官 被任兼
慶尙南北道 戒嚴民事部長

一、一九五一年二月 日 全南兵事區司令官兼戒嚴民事部長

一、一九五三年五月 日 國防部 兵務局長 轉任

一、一九五五年十月 日 第三軍管區 副司令官 轉任

一、一九五八年八月 日 陸軍戰史監으로 轉任

一、一九五九年四月 日 陸軍少將으로 進級

一、一九五九年五月 日 退役

一、一九五九年六月 日 韓美産業株式會社 專務役으로 就任

一、一九六七年二月 日 右 專務 辭任

一、一九六七年四月 日 援護處援護審査委員長就任
一、一九六八年三月 日 大統領令第三四九一號로 愛國表彰(獨立運動者)狀을 授與받음
一、一九七二年三月 日 援護委員長을 辭任
一、一九七三年四月 日 社團法人 光復會 副會長就任
至現在
以上

右와 相違 無함

一九七三年 五月 日

張興

喪禮 및 祭禮에 關한 準則

時代潮流에 따라 社會의 全般的 儀禮가 改良되어야 할 것은 更言할 바 없고 政府가 旣히 國民儀禮準則을 制定公佈한지도 十數年이 되었지만 우리 社會의 喪祭禮儀式은 如前히 安舊한 弊端에서 벗어나지 못하였으니 本會는 우리 社會의 喪祭禮式에 있어 儒教封建時代의 儒家傳來의 禮를 採擇하되 其中 九甚한 複雜多端한 時間의 浪費와 經濟的 弊端을 없애기로 하고 새 條項을 制定하여 實行하기 바란다.

祭禮

一、祭祀는 忌祭 墓祭式으로 한다.

一、追慕式에 있어서는 지방 代身에 寫眞을 使用할 것
一、賛(頌)하는 것을 默(念)을 못하고 祈禱할 것、
一、讀祝을 하지 않고 또 그 대신에 略歷報告로 할
것

◎ 略歷內容은 一、生年月日 二、学歷 三、経歷、四、國家
와 社會에 貢獻한 功績、家事에 対한 功績等
一、祭物을 前과 같이 호화찬란함을 하지 말고 茶祭한
人數에 適合토록 簡単準備 接待할 것

喪禮

一、訃告는 前과 如함
一、葬禮期間은 三日로 原則을 定하되 不得已한 경우
는 五日까지 할 것

一、葬礼는 埋葬이나 火葬에서 擇一하되 適合한 葬地
가 없을 경우에는 火葬하는 것이 第一 上策이다
一、屍体앞은 總封로 飮食物을 차리지 말고 香燭
만 할 것
一、喪服은 舊習을 하지 말고 男子는 黑色洋服에 백에
너비로 女子는 白色 喪服을 着用한다
一、大聲痛哭하는 悪習을 禁할 것
또 弔問客의 現在 一般 弔客 人士를 家庭에서
行하는 通例 없음은 이상하였다
一、喪守設置를 하지 않는 同時에 朝夕 上食 等도 하지 말되
亡人의 寫真이나 걸어놓고 初하루 보름날은 香燭이나 피
우는 追慕할 것 期間은 一年間

3692

一九七二年 十二月 日 鄭 興 筆者

3693

筆者가 光復會副會長在任時의 即 一九七二年 十二月 二日
八·一五 解放을 紀念하기 爲하여 民族正氣宣揚運動
事業으로 實施할 때에 計劃書 序論의 것

民族의 歷史는 同一 勢力의 行進이다. 이 行進의 힘을 얻고
方向을 바로잡으면 勝利와 光榮이 있지마는 第一 힘을
잃고 方向을 잘못 잡으면 敗亡과 屈辱이 있을 뿐이다.
그러므로 우리는 우리들의 行進의 힘을 얻어야 하고 方向을
바로잡아야 한다. 그 힘이 곧 民族正氣요 그 方向이 곧 自
主路線이다.
지난날 우리는 敗亡과 屈辱의 쓰라린 歷史를 맛보았다.
그때에 우리들의 救國義烈과 革命先輩들은 때맞추어
民族正氣를 부르짖고 自主路線을 외쳤던 것이다.

36앞

거기서 힘을 얻고 方向을 바로잡아 勝利와 榮光의 歷史를 되찾기 爲해서였다

그것이 바로 光復運動이였고 거기에 身命을 바친 先烈들의 偉功으로 우리는 마침내 民族의 解放을 이루었던 것이다

그러나 우리 民族에게는 아직도 試鍊이 끝나지 않았다 民族行進의 앞길에 숱한 苦難이 가로놓였다 그러므로 오늘도 우리들에게 必要한 것은 역시 힘이요 바른 方向이다 民族正氣요 自主路線이다 救國救民革命先輩들의 一擧一投足 一言一句가 지난날에만 敎訓이 되었던 것 아니라 오늘 와서 더욱 더 그립고 아쉬움을 느끼는 까닭도 또한 그때문인 것이다

36뒤

글월의 기친 한조각 종이 한줄 筆蹟을 써재 凡常한 종이와 글씨만 보아 넘길수 없을것이 많이 있는바 書家들의 篆隷行草 빛나는 글씨들은 사람의 耳目을 흔드는 ■ 千紫萬紅의 꽃들에 비기려니와 先烈들의 구김없는 眞墨이야말로 밖으로는 華奢한것 아니로되 거기에는 님의 가슴을 파고드는 松柏의 기운 香氣가 배어있는 것이다

비록 水雲紙 값진 종이가 아니요 한조각 구겨진 종이일망정 비록 松煙墨 향기가 풍기지 않고 毁墨의 희미한 물을 적셔 쓴것일망정 또 비록 羊毫筆을 휘두른 것이 아니라 禿筆로 지우고 고쳐쓴 글씨일망정 尋常書家의 것은 銀錢으로 能히 바꿀수 있지마는 先烈의 그것은 값주고 살수없는 돈주비 길이 빛난

366

荊山璞玉이 아니겠느냐

그러고 위당 선생의 典雅辭美하고 맑고 그같이 流麗한 文章이 배어나올 듯한 그런 글의 內容은 한편 잔잔한 淸流에 비길 것이로되 民族正氣를 외친 文句는 거기에 눈물과 피의 祈願과 呼訴들이 있는 것이요 소리쳐 우는 絶諫激諭의 비길 것 없어 우리가 글이 읽기에 그런 글만 모아 特書한 展示會를 마련하는 까닭도 여기에 우리 民族의 行進에 힘을 주고 方向을 바로 잡게 하려는 一念에서인 것이다.

그림으로 先賢들의 書畫事蹟이 결코 글씨의 目的이었는 것 아니오 그 뜻을 傳함에 있었던 것 같이 오늘 우리들의 企畫하는 바도 또한 결코 展示會에 目的이 있는 것 아니오 親睦愛國하는 우리들의 뜻을 묻고 同胞

367

들의 드러운 대답을 들으려 함에 있는 것이다. 뜻있는 君子들의 指導와 鞭撻과 도움이 계실 것을 믿고 疑心하지 않는다.

368

369

(一)

略歷　太常卿派 仁同人、大旗 長男、

此에 本名은 其代籍에도 鄕를 思하여 石이라 記錄하였가나
中國으로 亡命後에 侵略者에게 恨國을 避하고져 張興으로
記錄名을 歸國後에도 繼續 이 姓名으로 行世하다.

出生年月日 家庭狀況 出身經歷

一九〇三年 當時 日本 明治時代에 日本이 우리 韓國을 侵
略하려는 野慾이 露骨化되어가는 正月廿日에 高陽郡
元堂面 星田里 山百에서 出生하였다. 小家庭에 맞으셔는
祖父母 任 및 兩親父母 任에 膝下에서 生長하여 六歲
時부터 十七歲까지에 漢文을 배울 時節에 六合으로
부터 (총명하여) 칭찬을 받으며 詩書經을 通達하였다.
내 年齡 七八歲 때에는 나의 國權을 侵奪當하

(二) 此 略歷은 一九七三年 七月에 우리 大宗會에서 우리 宗門의 著名한 先人들의 歷史編纂을 하는데 提供한 것임으로

370

때라、高陽各地에서 義兵運動이 猛烈한 時際이라 倭寇暴虐들이 到處에서 우리 國民에 虐殺行爲를 이따금 이루 形言할 수 없게 갖은 殘毒하여 가는 것을 目睹할 때마다 나는 매우 悲痛이 더할 地境이었다 이런 環境에 고나 내의 獨立思想을 싹트게 한 左証이라 할 것이다

(三) 獨立運動에 參加한 動機

人生에 出世는 環境의 支配를 받게 되리라는 것이 通例 이와 같이 悪毒한 環境속에서 生長하였기 때문에 排日 抗爭하는 精神이 強化되었을 뿐이라 特히 當時 安重根 [illegible] 金相玉 烈士들의 愛國運動이 各處에 蜂起하여 國內外에서 救國運動이 날로 熾烈해 가는 時際에 이 運動에 加擔할 決心을 굳게 하던 中

371

其時 高陽郡守 였던 閔氏의 長男인 世德君이 義烈團의 一員으로서 上海臨時政府 指令을 받고 國內에 潛入活躍하다가 逮捕되어 下獄된 後 數個月 만에 其 父親의 運動으로 假出獄되어 나와 있을 때에 秘密裡에 그를 訪問하고 上海로 亡命할 것을 相議한 結果 나에 土地賣買代金 七百 원을 받은 것을 내놓게 되자 一九二五年 三月頃에 日本을 經由하여 上海로 亡命하여 卽時 臨時政府 外務部長인 金奎植 先生을 訪問하였는데 그분의 指導를 받게 되었다

(四) 中國黃埔軍官學校에 入學 受業한 經緯

내가 上海로 脫出時에 決心하기는 美國留學가서 實業家 되고 知識을 배워서 後에 祖國光復運動에 投身하려

3712

하였다. 그러나 그 當時 滿洲에서 活躍하는 金佐鎭, 洪
範圖, 李靑天, 李範奭, 張氏 等이 이 地에서 獨立軍 幹部
를 養成하기 爲하여 新興武官學校를 創設하였고
伯吾 李東寧氏는 俄領에서 朴容萬氏는 美
國에 가서 士官學校를 創設하여 軍事人材를 育
成하였으며 臨時政府에서는 中國革命家 孫文氏와 結託하
黃埔士官學校와 雲南省督軍 唐繼堯氏와 結託하여
雲南士官學校에 많은 우리 靑年들을 選拔派遣하여
訓練을 實施하였으며 武力鬪爭을 繼續하였던 것이
다. 李承晩 先生께 指導를 받아 美洲에서 ...하였다
到底 一九二三年 靑年 同志 申岳 朴英
朴孚均 等 十餘名과 같이 黃埔士官學校 第五期에

3713

(六)

入學하여 軍事教育을 받게 되었다.

中國軍隊에서 勤務하던 經緯

士官學校를 卒業한 後에는 中國 參謀部에 配屬되어
六個月 間에 見習士官으로 勤務하는 것이 通例인데 同時에
嚴格한 三年間은 軍에 服務하고 戰場에 出生하게 되는 것이
었다. 우리 卒業生들은 特別히 見習期間을 짧게 하고 우리
의 獨立軍에 配屬되게 하였던 것이다. 이외에 權晙 李春山 등
李範奭 中 卒業한 八九名은 卒業當時에 臨時政府 指令에 依하여
特殊任務를 맡아 中國 軍事機關에 派遣 勤務케 되었다.

回顧 (回想)

甲子年 卒業 當時에는 滿洲에서 活躍하던 獨立軍과 敵軍
이 金滿洲를 侵入 統治하고 있어서 根據地와 人士 部 見解

3784

되자 總司令 池青天將軍이 幹部數百名을 引率하고 光復
軍으로 合流되므로 獨立軍活動은 終止되었으며 또 光復
軍은 此를 組織하였었던 時期보다 軍人生活하려면
不得已 中國에 投身하는 수밖에 없었던 것이다. 그리고 一九
四○年에 中國軍事委員會 積極援助下에서 光復軍을 創立
하였으나 中國軍과 協同作戰을 約束하게 됨으로써 中國
軍이나 光復軍이나 다 같이 第一線에서 勤務하던
지라 論功行賞에 있어서 彼我에 差別없이 同一한 待遇를 받
게 되었다.

乙 僑民에 强壓政策에 依하여 우리 國民을 滿洲一帶에서 보
내 왔으며 繼續 中國을 侵略하여 前衛隊로 驅使하며
中韓兩國民을 離間하여 仇讎狀態를 造成하려는 政策

3785

中에서 저 有名한 萬寶山事件을 비롯하여 國內에서 華僑
虐殺事件, 北京에서는 敵國黨軍에 敎唆를 받은 韓
人들이 銅貨收集한 것을 中國官憲에게 押收當하자 報復
行動으로 中國軍事委員會事務室 襲擊으로 因하여
屈辱的인 何梅協定(何應欽 梅津美治郎) 締結, 中
國各地에 日韓浪人을 派遣하여 雅片密賣作業 等으로
到處에서 韓僑들의 蠻行이 續出됨으로 治安當局에서는
큰 頭痛거리이며 苦心焦思하던 中 말할 나위 없다. 各地當局
에서는 우리 獨立運動者로서 甚至於는 우리 愛國運動者에
게 食糧까지도 끊게 되는 運動이 展開되었던 것이다.

丙 駐中日本大使館에서는 所謂 治外法權을 빙자하고는 報
社, 警察을 配置하여 全域으로 우리 獨立運動을

326

逮捕 및 殺害하는 데 全力을 다하였을 時 尹奉吉義士가 白川

大將을 狙擊事件 當時는 日警의 活動에 대한 積極化로

우리 獨立運動者들의 生命安全의 危機가 危殆한 地

에 빠져 있었다

丁 中日戰爭中에 日本軍으로부터 脫出歸順하여 오는 韓籍官兵

收容하며 光復軍으로 編入케 하는 措置 및 그 韓籍兵士

捕虜들의 管理措置 問題

戊 收復地區 내의 우리 僑胞들의 生命財産 保護管理 等

以上 列擧한 諸問題들을 研究, 調査, 檢討, 措置하기 爲

하여 中國 各 通信 및 憲警治安機關에 臨時로부터

此는 同志들을 密派하여 該同 勤務하였다

(六) 中國 憲兵機關에서 勤務한 經歷

327

憲兵司令部 警務處 員 憲兵大隊長(中校)

副隊長(副團長) 等職에서 南京壯丁總隊(當事員)

機要幹事 南昌書記 所屬 警察處長 職

을 兼任하였음

以上에 對한 中國軍警機關 職員으로 在任時에 大部份

處理事務가 우리 獨立運動에 直接間接으로 關聯된

事務 및 特히 自身도 民族革命黨의 黨員이었으므로 我

黨團黨員으로서 活躍하였으며 또 池靑天將軍이 引率

入關한 獨立軍幹部 및 近二百名을 南京壯丁總隊

要員으로 假編入시키어 食糧配給 및 모든 工作을 採定

하기 爲하여 本人이 壯丁總隊機要幹事를 兼任하였

던 것이다.

378

七、一九四五年 八一五 終戰 后의 經歷

中日戰이 끝나기 直前에 中国 憲兵 副隊長으로 收復地 南
昌에 進駐하여 敵地復舊, 治安確保, 干諜肅淸 等에 致力
하던 中, 八月十日 敵이 投降하였다는 消息이 傳播되자 全国各民
이 狂喜으로 晝夜不歇한 坊々谷々 爆竹 一路 哄하다
고 [?]時 光復軍 總司令官 池靑天將軍으로부터 本人더러
還報할 것이니 光復軍으로 復歸하라는 電令을 받았으
나 十三日 池將軍 長男인 達洙君이 直接 復歸하라는 命令
을 傳達하였음으로 그 때 重職으로 辭去하여 池總司令
官을 만났으나 于將軍 高級參謀의 要任을 받고 臨政駐
華代表團으로부터 上海 宣撫團 團長職을 兼任 指令
을 받은 바 있어 上海 僑地로 飛航하여 現地 僑胞를 보고

379

光復軍에서 鮮散된 兵士들을 끌어 總合하여 五萬餘名에 生命
財產保護와 輸送 歸国事務를 全担執行完了하고
一九四六年 七月頃에 最后船便으로 家族 妻 一女三男을 帶同하고
廿四年만에 그리운 祖国으로 돌아왔다.

(八) 一九四八年 우리 大韓民国 政府樹立 后 經歷

우리 政府 樹立 后에 国防部 長官 李範奭 將軍에 要請으로
国防部 秘書 職으로 四個月 勤務하고 国防軍
이 組織된 后에 初代 憲兵司令官으로 暫時 있다 勤務
하였고 一九四九年 六月에 白凡 金九 先生이 狙擊 당하였을
때 이 事件을 憲兵司令部 主管下에 捜査 一切 取扱하였고
申性模 国防長官의 指示가 下達되었을 時에 이는 臨政
系統의 人物이라는 指目을 받고 憲兵司令官職에서

380

을 이끌어 왔으며 動亂中에 憲兵令 및 憲兵服務規定
等 諸法規를 制定하여 憲兵部隊를 創設하였으며
功勞로서 國防部令 第13號로서 表彰狀을 받았음
憲兵에서 있으면서 以後에 國軍第六師團長、慶南、全南、江
原各道 戒嚴司令官 및 兵事司令官 國防部
兵務局長、陸軍戰史總監、等職을 歷任하였으며
一九五九年 四月에 中國軍 [illegible] 國軍을 [illegible] 三十
年間 軍隊生活에 終止符를 찍고 [illegible] 國에
退役하였고
國軍에 兵務總責을 맡은 六二五大戰亂을 겪으면서도
兵役法 및 施行令、軍警援護法 等을 制定하였음
으나 國防長官에 表彰을 받았음

381

退役을 記念하기 爲한 自吟詩

自問自身何事爲 風餐露宿已支離。 大笑世態[illegible]
哀矜薄人情去ᄒ 移ᄒ 不歸光陰歲暮春 只知前日
國家紀綱 從軍十載未平定 白髮[illegible] 時勢遷

本人이 中國으로 亡命한 經緯、中國軍隊에 있을 때에
獨立運動을 幫助한 實記、特히 八年間 中日
戰爭中에 憲兵將校職에 있으면서 全國各地에서 [illegible]
生한 韓僑關係事件 取扱한 記錄으로 成册한 八卷
을 整理하여 故國에 [illegible] 持來 [illegible]
假名에 [illegible] 傳記 資料等에 [illegible] 愼重保
管하였으나 六二五 動亂時에 鄕里本家
에서 敵機에 爆擊을 當하여 全部 燒失되었다

3882

이를 補充하기 爲하여 앞으로 제게는 經歷을 生覺되는 대로
記錄하여 우리 後裔에게 傳하고저 하니 經過한 地域 및
日時를 記憶하는 대로 簡傳으로 順序 없고 詳細한 傳記
가 되지 못함을 甚히 遺憾으로 生覺한다.

九、
五一六 革命 后에 一九六七年 四月에 朴正熙 大統領 閣下께
부터는 援護處 援護保償審查委員長으로 就任하였으며
一九七二年 三月에 高齡으로 退職하고 社團法人 光復會
副會長으로 就任하여 現在에 至하였으며
一九六八年 三月에 大統領令 第三四九四號로 建國表
彰狀을 受하였음.

以上 相違 無함

No. 3883

遺蹟碑文草案

俗談에도 죽을 때는 머리를 제가 살던 고향을 向해
놓고 죽는다는 것과 같이 人間도 죽을 때는 自己 鄕土를 찾
지 못하는 것이 通例이나 그런데 나는 왜 先塋墓域
을 떠나 國立墓地에 묻히기를 子女들에게 遺言하느냐
나는 咸興에서 一九〇三年 陰正月 二十日에 北에서 出生하여
二十三歲 때까지 祖父母와 兩親 父母님을 모시고 學業
에 致力하였으나 當時 倭敵 暴政下에서 吾國民에 屈辱
을 받을 수 없는 나머지 秘密結社에 同志들과 糾合하여

No. 3844

救國運動을 계속하던 중 上海로부터 臨時政府國內派遣員呂世德君과 連絡이 되어 一九二五年 三月에 日本을 經由하여 上海로 脫出하였으며 到着하자 즉시 臨時政府外務部長呂運亨先生을 拜訪하고 그의 指導를 받아 先生이 領導하는 濟難會에 協力하는 以外 其他靑年團體에서 獻身鬪爭하여 오다 一九二六年 三月에 臨政指令을 받고 廣東黃埔士官學校에 入學하여 中卒業하여 半島解放運動에 生命財産을 保護하여 敵警들의 行動을 監視하는 責任을 지고 中國憲兵隊

No. 3845

機關에 勤務하면서 한편으로는 青年同志들을 糾合訓練에 致力하였으며 一九四五年 八月에 解放되자 곧 光復軍總司令部少將高級參謀로 轉任되어 同時에 臨時政府上海宣撫團團長 戰을 完遂하면서 解散된 光復軍將兵과 現地에 集結된 僑胞를 五萬餘名을 中國、美國兩當局과 交涉하여 全員歸國시키고 一九四七年七月頃에 最後船便으로 團長、二十五年만에 그리던 祖國으로 돌아오자 當時美軍政統治下에 共産徒黨들의 跳梁을 放任하는 데에 대해 李承晩

No. 7896

金九先生을 擁立하는 民主陣營과 正面으로 鬪爭이
展開되어 政治의 秩序가 極度로 混亂中의 國民生活이
塗炭에 빠져 있었던 中 一九四八年 八月 15日에 李承晩博士를
首班으로 하는 大韓民國政府를 樹立하며 同時에 憲法을
宣佈하고 民主体制를 確立하였으며 內閣에는 國務總理
로 李範奭將軍이 選任되자 本人은 總理秘書室長의 職을
맡고 數個月을 勤務하다 一九四九年 三月頃 大韓民國初
代 憲兵司令官으로 被任되었다. 其後 軍地發展에
따라 湖南 全南 地區의 戒嚴司令官 등 要職을

No. 7897

司令官, 國防部 兵務局長, 第三軍管區司令官, 陸
軍戰史編纂委員長 等職을 歷任하였으며 一九五九年 五月
에 軍을 떠나 退役하였으며 一九六七年 第三共和國이 成立
되자 軍事援護處 援護審查委員長으로 被任되었다
一九七三年 四月에 依願을 辭任하였다
以上 記錄과 如히 내 生涯全般을 分析한다면 一歲부터 22歲까
지는 被保育時期였으며 23歲부터 45歲까지는 救國獨立運
動時期였으며 46歲부터 70歲까지는 建國建軍時期로
比重을 비교하여 보더라도 내 生涯에 三分之二는 國家民族을

No. 388

爲하여 獻身한 歷史를 所持하였음으로 一九六八年 三月

에 大統領令 第三九四一號로써 建國志士表彰狀을 받았

(또 一九七七年 十二月 [illegible] 光復節 三十二周年에 建國勳章 [illegible])

었다. 上記와 如히 國內 國外에서 五十年 동안 抗日救國

運動線上에서 生死苦樂을 같이 하였던 李[illegible] [illegible]

李俊植 金學奎 諸位 同志들은 벌써 世上을 떠나 [illegible]

이 國立墓地에 묻히시었고 나도 死亡 以後는 이 國立墓

地 墓域에 묻히려고 [illegible] 하였[illegible] 世를 떠나게

遺[illegible] [illegible] 運動에 [illegible]

로 父[illegible] [illegible] 墓에 [illegible] 이다

No. 389

을

부[?]에 安葬된 나의 出生地인 [illegible] 遺跡碑를 세울 [illegible]

[illegible] 墓域을 남겨 [illegible]

一九七五年 12月 13日

李[illegible]

| 지은이 |

장흥

張興, 1903.1.20(음)~1983.2.6(양)

1903년 1월 20일, 고양군 원당면 성사리에서 태어났다. 1925년에 상해로 건너가 한국청년동맹회에 가입, 활동했다. 여운형의 추천으로 황포군관학교에 입학했으며, 졸업 후 중국군에 입대했다. 중국군 헌병사령부 경무처 상위(上尉), 헌병 제8단 제2영 소교영장(少校營長), 중교영장(中校營長) 등으로 복무하며 독립운동가들의 신변을 보호하는 활동을 했다. 광복 후에는 광복군 참모로 전임되어 교포들을 안전하게 귀국시켰다. 대한민국 정부 수립 후에는 헌병사령관, 국군 6사단장, 경남·전남·강원 병사사령관, 국방부 병무국장, 제3관구 부사령관, 육군 군사감 등을 역임하고 1959년 4월 퇴역했다. 1968년 3월 1일, 애국지사포장을 받았다. 1990년에는 건국훈장 애국장(1977년 건국포장)이 추서되었다.

| 해제 |

한홍구

성공회대학교 석좌교수이다. 역사와 현실을 접목한 역사대중화를 위해 활동하고 있다. 국가정보원 과거사건 진실규명을 통한 발전위원회 민간위원을 지냈으며, (사)평화박물관 건립추진위원회 이사로 활동하고 있다. 2015년부터 반헌법행위자열전편찬위원회 책임편집인을 맡고 있다.

저서로 『유신』(2014), 『사법부』(2016), 『한일 우익 근대사 완전정복』(공저, 2021) 등 다수가 있다.

전격 교체된
대한민국 초대 헌병사령관
장흥 자서전

지은이 | 장흥
해　제 | 한홍구
펴낸이 | 김종수
펴낸곳 | 한울엠플러스(주)
편　집 | 최진희

초판 1쇄 인쇄 | 2025년 1월　5일
초판 1쇄 발행 | 2025년 1월 14일

주소 | 10881 경기도 파주시 광인사길 153 한울시소빌딩 3층
전화 | 031-955-0655
팩스 | 031-955-0656
홈페이지 | www.hanulmplus.kr
등록 | 제406-2015-000143호

Printed in Korea.
ISBN 978-89-460-8364-6 03910 (양장)
978-89-460-8363-9 03910 (무선)

* 이 책에는 코펍체(무료 글꼴, 문화체육관광부, 한국출판인회의)를 사용했습니다.
* 책값은 겉표지에 표시되어 있습니다.